杨学礼先生

丛书主编简介

杨学礼　男　1939年12月生　北京人。1961年毕业于北京师范学院物理系。曾任首都师范大学校长、首都师范大学学科教育研究中心主任、研究员。

杨学礼长期从事高等师范教育的教学、科研和管理工作。曾为本科生、研究生讲授普通物理学、理论物理学、普通物理专题研究等多门课程，教学经验丰富，教学成绩显著。已发表著作两部、论文20余篇。社会兼职：北京市教育学会副会长、北京市青少年科技教育协会副理事长、北京市性健康教育学会副理事长。

常锐伦先生

作者简介

常锐伦　1960年毕业于北京艺术师范学院美术系。曾任首都师范大学美术系教授，博士生导师。早年多次参加全国性美展，中国美术家协会会员。已出版著作有《绘画构图学》、《中学美术教学》、《小学美术教学论》、《美术教材教法》、《中学生美术学科能力目标与培养》、《美术欣赏基础》等；主编工具书有《中国中学教学百科全书·美术分卷》、《中国小学教学百科全书·美术卷》等；主编教材有《中学美术教师合格证书考核教材》、《小学美术教科书》、《高中美术欣赏课本》、《中等师范学校美术教科书》及与各部教科书配套的“教师教学参考书”。共撰文350余万字。

光绪年间出版的图画教科书封面

我国最早的由国家审定，于光绪三十二年（丙午年，1906年）正月出版的图画教科书——中学铅笔习画帖。该书出版距1904年颁布的《奏定学堂章程》仅一年有余。

《中学铅笔习画帖》中人像素描范图之一

首都师范大学美术系学生在中学教育实习，运用一定数量的精美范作和演示法讲授“纸造型——有特征的脸”

首都师范大学美术系1987届学生在北京地安门中学教育实习，所教初二纸造型作业

在首都师范大学美术馆展出的“1998年北京市中小学生工艺美术教学作品展”之一隅

1985年北京171中学第四届美术作业展之一隅

1998年北京市第20中学刘明才老师为北京国际美术教育研讨会代表作课，学生完成头饰纸造型作业后享受成功的愉悦

小学生浸沉于美术创作之中（京华学校）

学科教育学大系

学科教育学大系

美术学科教育学

常锐伦 著

首都师范大学出版社
CAPITAL NORMAL UNIVERSITY PRESS

图书在版编目（CIP）数据

美术学科教育学/常锐伦著．—北京：首都师范大学出版社，2000.9（2013.11 重印）

（学科教育学大系）

ISBN 978-7-81064-149-4

Ⅰ.①美…　Ⅱ.①常…　Ⅲ.①美术理论：教育理论—小学②美术理论：教育理论—中学　Ⅳ.①G633.955

中国版本图书馆 CIP 数据核字（2000）第 37386 号

首都师范大学出版社

（北京西三环北路 105 号　邮政编码 100048）

北京泽明印刷有限责任公司印刷　全国新华书店经销

2000 年 9 月第 1 版　2013 年 11 月第 3 次印刷

开本 880×1230　1/32　印张 14.375

字数 368 千　定价 33.00 元

为了迎接新技术革命知识经济信息时代的挑战，本着解放思想实事求是精神，“按照中小学生所能接受的程度，用先进的科学知识充实中小学的教学内容”，为此要大力加强学科研究，探讨适合国情的课程设置、课本教材，这是提高教学质量的基础工程。

張健 1998.5.19

序

张承先

学科教育学是20世纪新开辟出来的学术领域。它是适应社会发展的需要、教育事业发展的需要而出现的。就我们现在所接触到的材料看，在20世纪30年代，美国就出现了各学科教育学的博士论文。现在，美国是世界上学科教育学研究最发达的国家。日本等国家也在大力开展这方面的研究，70年代以来，日本已推出多套“学科教育学研究丛书”。

我国在“文革”结束，拨乱反正，实行改革开放政策以来，也积极地开展这方面的研究和教学工作，并由北京师范学院（今首都师范大学前身）于1988年发起，在北京召开了我国第一届学科教育学研讨会。之后，又在大连、长沙、福州、烟台、上海等地相继召开了这样的学术研讨会。在此期间，我国陆续发表了许多这方面的文章和专著。现在，在首都师范大学出版社的支持下，由首都师范大学学科教育学研究中心组织校内外的专家、学者撰写出版了“学科教育学大系丛书”。这是一件很有意义的工作。它必将推动这一新学科的进一步发展。

21世纪正向我们走来。科学技术突飞猛进，知识经济已见端倪，国际竞争更加激烈。国际竞争首先是人才的竞争。适应21世纪经济建设和社会发展需要的人才，必须具有很强的奉献精神，很强的知识创新能力。在学校教育、学科教学中，要培养具有这种素质的人才，必须以“三个面向”为指针深入进行改革。学科和教学改革成为一个迫切需要解决的问题。希望学科教育学的研究与研究成果的出版有助于解决这方面的问题。

我为“学科教育学大系丛书”在总结以往大量实践经验基础上所取得的突破性的成就感到欣喜，并祝愿我国的学科教育学的研究与教学以更快的速度向纵深发展。

丛书前言

2000年的脚步已经临近，世界翘首以待。

在世纪之交，前瞻与预测，回顾与总结，抑或其他什么方式，似乎成为历史赋予的使命和人们的自觉。这是一种世纪情结，一种弥足珍贵的关照，其中有经济的、文化的、艺术的、教育的……而长期从事祖国的高等师范教育事业，耕耘于高师学科教育学教学与研究园地的专家、学者们，则钟情于中国与国外学科教育学的兴起、滥觞，以及未来走势，试图建构中国的学科教育学体系与框架，这种探索、追问与建设是诸关照中颇令人心仪的一道风景。

100年以来，无论中外，学校教育的主要渠道就是分学科的教学。它所占用的时间最多，教师和学生所花费的精力也最多。期间，尽管世界各国的教育改革运动从未停止过，近年来且十分活跃，但学科教育仍是通过学科教学这一载体，自觉不自觉地进行的。

随着时代的发展，教育在促进经济和社会全面进步中所提供的精神动力和智力支持，益发重要。培养既具有专业知识和技能，更具有远大的理想、高尚的情操、健康的体魄、坚定的意志和积极乐观的人生态度，富有开拓进取的精神和创造意识的人才，已成为21世纪教育的目标。这是一个划时代的转变。

新兴的学科教育学，顺应了这种转变，它运用教育学、心理学和相关理论对各专业学科教育进行研究，着重解决如何通过学科教学把知、情、意、行统一起来，如何在一定的高度、在一门门的学科教学中，全方位地塑造人、培养人。应当说，这是一门充满生气、蕴含潜质，极具研究意义的应用教育理论学科。

发达的欧美国家和日本等国家在学科教育学领域的研究上已走在世界的前列，且进入分专题、形成学派的发展阶段。我国的学者从80年代起，也把研究的触角伸向这一领域，且已经形成一些研究群落和学术带头人，并取得一定的成果。首都师范大学是我国最早倡导和发展学科教育学的高师院校之一。该校很早即取得各学科教学法硕士学位授予权，且国务院学位委员会根据首都师大的建议，正式将学位学科名称“教材教法”更名为“学科教学论”。这不是简单的更名，其意义在于从此确立了我国这一学科的学术地位。嗣后，首都师大组织召开了全国第一次学科教育学学术研讨会，出版了第一部学科教育学论文集……这一切推动了本学科的研究与发展。几年来，经他们与兄弟院校同行的共同努力，已有多种专著和文章陆续出版，并孕育和积蓄着力量，欲接触学术探索的最新前沿。

首都师范大学出版社恰好瞄准了这一目标。于是，一部以世纪之交为时空背景，吸收、借鉴以往的论著和经验，较具规模、成系列，较全面反映、描述学科教育学研究成果和动态的作品——“学科教育学大系”展现于人们面前。“大系”由三个层次构成：第一层次为学科教育概论，从宏观上阐述本学科的基本内核和原则；第二层次为各学科的教育学，涵盖基础教育所涉及的各主要学科教育的方向，是“大系”的主体；第三层次为学科教育的专题研究，包括有关学科的心理问题、智力开发问题等。作者的遴选以首都师范大学学科教育研究中心为主，但不囿于本校；信息和材料的占有，力求捕捉国内外最新学术动态，突出鲜活性。谓之大系，是喻其研究的方向和成果的形式犹如系统工程，也略含阶段性回顾的意味，而不是说它已经完善、已经成熟，如何集大成。

这确是一个事实：迄今为止，学科教育学尚未形成权威性的体系与框架，甚至未能在基本的理论问题上取得完全的共识。即使已经出版的不同版本、名称相近或相似的学科教育学著作，在内容、体系、研究的深度和广度等方面，也存有很大差异，且此种状况或许还会持续相当长的一些时间。然而，这又确是一个可以有所作为、富有生机、充盈诱惑的原野，是一个活的探究历程。世纪之交是一种机遇，新学科是一种挑战。本书的作者和首都师范大学出版社正是试图通过“大系”的编写与出版，为推进我国学科教育学事业的发展和素质教育战略的实施，做出一点尝试，并以此引起同行和学界的关注。这种尝试不揣浅陋，亦不成熟。但是，非唯如此，不能表明著作人和出版人所共有的“探路者”精神，也难以了却吾辈的世纪情结。

“学科教育学大系”的编写与出版，得到了国家教育行政管理机关有关领导、教育科研单位，以及学科教育学同行专家、学者的关心、支持与协助。教育界德高望重的前辈和领导张承先老、张健老更是厚爱有加，热情为“大系”作序、题词。对此，我们表示衷心的谢忱！也诚挚地希望得到指正。

当这部丛书策划的时候，距离2000年，尚有五个春秋，时间似乎还从容。从容中，我们投入了紧张的写作，书稿里倾注了心血凝铸的智慧与真诚；当这部丛书编辑出版的时候，走向新世纪，已经进入“倒计时”，本世纪剩下的岁月已经不多，不多的岁月里，我们默默地劳作，将以“大系”的付梓，献上一片世纪的书香。

编　者

1998年5月

前　　言

《美术学科教育学》是全国教育科学“九五”规划重点课题的研究成果。其着重回答中小学美术学科教育是什么，干什么，为什么和怎样的美术学科教育才能适应当今社会对培养现代化高素质人才的需要。这些貌似简单的问题，回答却很艰难，原因有三：

一是，前三个“什么”，是美术教育哲学性质的问题，需要以深厚的美术学、教育学、社会学和美学等为基础支撑的深刻思辨。这对我这个将半生的时间与精力耗于画笔和教学实践的半路出家研究美术学科教育的人来说，确有难度。况且，撰写之时正值跨世纪，教育观念和教育的许多问题正处于讨论和变动之中。

二是，怎样的美术学科教育才能适应当今社会对培养现代化高素质人才的需要，涉及美术课程与教学一系列理论与实践，必须在分析社会和个人发展对中小学美术教育之需要的基础上，有对全国美术学科教育的宏观把握，有对具体教学情况的全面了解和科学预测，有教学实践经验，并且紧密结合中小学美术教育实际，才能做出准确的回答。

三是，美术学科教育在我国曾长期遭受冷落，20 世纪 70 年代仅是恢复期，80 年代才走上全面开课的轨道。在此期间，高师虽然有“教材教法”课，但那是在计划经济体制下让大学生对统编教材和教法有所了解以应付教育实习的，谈不上学术性。90

年代随着国家对艺术教育的重视，美术学科教育研究才方兴未艾。但普遍存在两大缺憾：或是局限于狭隘的经验总结而理论苍白；或是机械套用教育学、教学论的理论，而显得自身理论底蕴之不足和实践经验的匮乏。因此，未有可供借鉴的成熟成果。

我深知作为全国教育科学规划重点课题成果的学术专著，不仅应该具有逻辑层次的严谨性，概念界定的准确性，教育观念、艺术观念的时代性，而且还应具有解决当前我国美术学科教育存在的和最需要解决的问题的理论价值，具有指导实践意义的价值。这对我是压力也是鞭策，使我努力扬鞭奋进。也正是因为有压力有难度，使我在撰写时如履薄冰似的试探行进。如今，虽然走过来了，拿出这个成果，却不敢说做得很好。因为作为新兴学科的美术学科教育学正处于创建阶段，关键是使之有个大轮廓模样，以便将来发展得更健壮更丰满。

对美术学科教育学的研究，必然以教育学、课程论、教学论为基础，深入论及美术学科这方面的问题。本书在“教学原理”、“教学目标与教学内容的关系”、“选择教学内容的依据”、“教学方法分类系统”等几处，与目前国内外教育学、课程论、教学论等学者的理论与提法相异。这并不是笔者有意为“创新”而标新立异，而是美术学科教育实践经验与教育原理、规律相结合的思辨结果使然。我虽然深知时代需要创新，需要理论的突破，但也清醒地认识到“创新”、“突破”必须经受住实践与时间的考验。不然，很可能有如某些前卫艺术那样闪光一下便熄灭了。然而，完美则是永恒的法则。所以本书还有几处自视为将《教育学》原本不够深入和不够完整的疏漏之处，予以深入或完整的论述。例如，针对各种版本《教育学》的“教学原则”之不同，提出制定教学原则依据的理论；针对教学方法过去侧重于教法角度的总结，改为从教法与学法双向呼应的论述等。本书中对教育学、课程论、教学论等专家的理论在某点上说的“不”，读者如果予以认同，我将窃喜作为美术学科教育研究者对上位学科做出的点滴贡献。读者如果认为我的理论是谬误，自不会被笔者所误导，并以本书的错误引以为鉴。

本书即将付梓之时，适逢1999年全国教育工作会议召开，中共中央国务院颁布了《关于深化教育改革全面推进素质教育的决定》（以下简称“决定”），将美育正式列入教育方针，并指出：“美育不仅能陶冶情操、提高素养，而且有助于开发智力，对于促进学生全面发展具有不可替代的作用。要尽快改变学校美育工作薄弱的状况，将美育融入学校教育全过程。中小学要加强音乐、美术课堂教学，高等学校应要求学生选修一定学时的包括艺术在内的人文学科课程。开展丰富多彩的课外文化艺术活动，增强学生的美感体验，培养学生欣赏美和创造美的能力。地方各级人民政府和各有关部门要为学校美育工作创造条件。”这是对我国教育出现的异化现象——重视理性，不重视感性；重视知识传授，不重视情感培养；重视升学考试，不重视素质全面发展的纠正。素质教育为美术学科带来了令人欣喜的春天。“决定”也为本书的观点提供了来自体现国家意志的最高权威的理论依据，给予了作者极大的精神支撑。本书的出版，如能化作春雨中的一滴水，对美术学科教育之树以一点滋润，有助于推动其理论体系的生成和发展，便是笔者最大的欣慰。但是，由于结题交稿时间的制约和本人学术水平的局限，本书的缺点和失误是肯定的。因此，诚请美术教育界同仁予以斧正。

著　者

于千禧年初

北京花园村

目　录

Contents

绪　论

1913 年鲁迅在教育部做干事，发表《拟播布美术意见书》和办美术班时，应者寥寥。蔡元培向科学家提示：治科学之余从事美术，可以活泼其感情和增强其科研活动，也并未得到人们应有的重视。即使爱因斯坦发现了相对论，当时人们也未将爱翁的科学灵感与其艺术爱好联系起来，未与形象思维挂起钩来。随着脑科学的进步，人们豁然明白：原来，历史上许多伟大人物不仅左脑发达，右脑也很发达，右脑的发达与其艺术爱好有关。美术教育可以开发右脑潜能，具有培养人的发散思维、形象思维和创造力的价值。尤其当人们发现科学家美的感受力对科学创造的重要性时，才越过旧有美术本体教育论和美术工具论的教育观念，重新认识美术学科于现代教育中促进人格全面发展的重要意义。

美术作为造型艺术，是一种非语言的通过视觉形象传达信息、感情与观念的行为方式，是人类交流的重要方式。美术作为社会文化的造型载体，被一些学者视为人文教育的中坚。历史留下的美术遗产，展示着各时代人类的智慧、文化和观念，是研究历史、社会、文化的重要资料，是从事人文研究必须具备的知识。在现代社会中，人的视觉所触及的一切人造物都是经过美术设计的，社会生活节奏的加快，人们愈来愈重视各种媒体以图像为传达信息的方式。因此，理解美术语言，会运用美术传达信息和接受视觉传达，会美化生活并且能够享受美术化了的生活，将是21世纪每一个公民提高生存和生活质量所必备的素质。

21世纪的国际竞争，是综合国力与公民素质的竞争，首先是人才的竞争。由于人对美的感知力、鉴赏力、表现力和创造力是现代社会人的文化素质高低的重要体现，为了培养在国际上具有竞争力的人才，许多发达国家将美术学科列入12年制基础教育的核心课程之中，给予艺术教育以重要地位。在美国这个教育自由化的国家，却由国家统一制定艺术学科的课程标准。在我国，人们已经认识到，"没有艺术的教育是不完全的教育"。近些年来从幼儿园、九年义务教育至高中，都将美术列为必修课，而且在消减其他学科课时的同时增加美术课时。这种巨大变化，正是教育适应社会发展的需要，适应培养21世纪现代化未来人才的需要所做的调整。美术学科教育学顺应教育的发展和社会的需要而产生，这是教育的进步，是教育向现代化迈进的体现。

0.1 美术学科教育学的界说

0.1.1 美术学科教育学的概念

美术学科教育学，是以普通学校的美术学科教育为对象，研究其教育现象，揭示其本质和规律，以提高学生的美术文化素质和促进其人格全面发展为目的的教育科学。它是在美术学科教学法与教学论基础上发展起来的新兴的学科教育科学，是教育学的下位学科。美术学科教育学是以美术学、美学、教育学、教育心理学、心理学等科学理论和美术教学实践经验为基础，针对美术学科教育这一具体对象进行研究的边缘交叉学科，属学科教育理论与应用相结合的教育科学的分支学科。

0.1.2 美术学科教育学是一门新兴的教育科学学科

20世纪30年代，美国学者便开始了对学科教育学的研究，至七八十年代，日本、前苏联等国学者也从学科教学转向学科教育学的研究，并出现了一批著述。自新中国成立后的几十年来，我们一直是使用统编教材，课程标准、学科目标和教学内容都是由国家统一制定的，从事学科教育的工作者只需研究教学法就可以了，所以学科教育学未能提上日程。

1978年中国共产党十一届三中全会以后，随着改革开放和教育的发展，从事各学科教育的学者，觉得有必要对学科教育从本质、功能、原理等方面进行研究，以确定其教育的价值。尤其从事美术学科教育的学者，为了引起政府和人们对艺术教育的重视，争取在基础教育中应有的地位，更是如此。

80年代，邓小平提出“教育要面向现代化，面向世界，面向未来”的方针。随着国外各种先进的课程教学理论的引进，以及我国课程政策的变化，各地先后开始以“三个面向”为指针编写地方教材。各地美术教材以其新颖活泼的面貌出现，大大促进了对其理论依据的研究和学科教育全面深入的研究。1986年国务院学位委员会正式将“教材教法”更名为“学科教学论”，确定其学科地位。但是，随着研究的深入，我国学者认识到为适应社会对现代化人才的需要，现代化的学科教育应加强对教育目标整体化、对教养与训育的统一、对教育目标、教学过程、教学内容、教学方法的统一性的研究，突出对学生主体发展的自主性、能动性学习的研究，以促进人格的全面发展，不仅过去的“教材教法”已经过时了，甚至“学科教学论”也不能满足教育发展的需要。因此，提出建立“学科教育学”。

北京师范学院（今首都师范大学前身）于1986年成立了“学科教育学研究中心”，并于1988年率先发起有28所高等师范院校参加的“学科教育学研讨会”。此后，高校对学科教育学的研究方兴未艾。随着1988年国家教委颁发新的美术教育大纲和各地新一轮教材的编写，美术教育研究愈加深入。在教育发展的潮流中，美术学科教育学以活跃的英姿诞生并趋向成熟，是历史发展的必然。

0.1.3 研究对象与学科名称的界定

学科教育学在我国作为一门新兴学科课题研究的初始，学者们对“学科”一词和课题名称概念的界说予以探讨。因为课题名称涉及课题研究对象与方向的定位，所以本书也对本课题名称加以探讨。

“学科”一词，有两个含义。一是指科学学术分类的学科——“科学学科”，可以指学科领域的总称，如人文学科、自然学科；也可以指一门具体科学分支，如文学、美术。二是指学校设置的教学科目，如语文、数学、美术。上述两次出现的“美术”一词，显然是两个概念。当“美术”一词单独出现时，人们往往理解为是“科学学科”之美术，而不会往教学科目方面去理解。只有在普通学校的特定环境和师生人群中谈到学科课程时，人们才将美术学科简称为美术或美术课。即便如此，如果不联系言语的前后关系，对美术一词仍会回归到科学分类上去理解。

因此，“美术教育”这一词，便存在着是指美术的教育还是指学校美术学科教育的两个概念相混淆的问题。如果本课题名称用“美术教育”，将书放在书店的美术专柜上，容易使人误以为是谈论泛美术教育的书。

作为科学学科的美术之教育，是个大概念（见表0-1），在横向上它包括社会、家庭、学校三类不同场所的美术教育，在纵向上包括人生从幼儿到老年不同年龄阶段的美术教育。而这些美术教育又都存在传艺与育人两类价值的取向。

作为学校美术教育又有专业学校美术教育与普通学校美术学科教育之区别。专业学校的美术教育，其设置的教学科目是用美术分支学科称之，该校教师自称油画教师或中国画教师。只有在普通学校将美术作为一门教学科目设置，称美术学科。对其教师称美术教师。普通学校中又以基础教育阶段的中小学校设置的美术学科，进行的是全面综合性的“教育美术”的美术教育，而不是从美术中有所选择地进行专科或专题的美术教育。

由于本学科课题始终瞄准的是基础教育阶段的美术学科教育，以其为主要对象，对其教育现象及其规律进行全方位、多层次、立体的系统研究。因此本学科课题确定以“美术学科教育学”称之。虽然最准确的表述应是“普通学校美术学科教育学”，但其显得冗长，又因本课题纳入“学科教育学大系”之故，而予以简化称之。

表 0-1

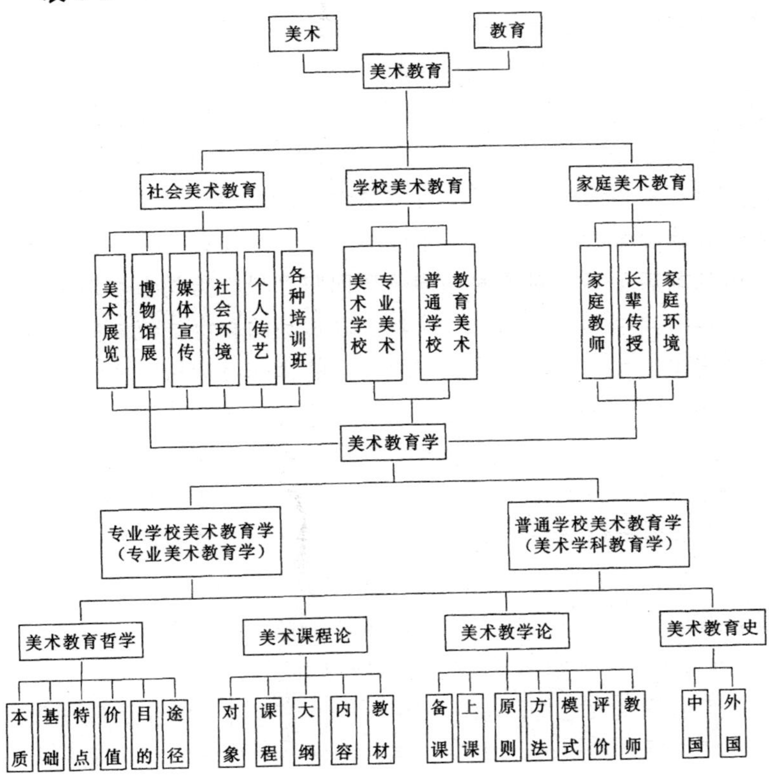

0.2　美术学科教育学研究的领域与任务

美术学科教育学是对以美术教学为中心的育人活动的整合的研究，着眼于为社会主义现代化建设服务，传递美术文化，强化育人效应，培养德智体美全面发展的社会主义事业建设者和接班人。这一美术教育整体化、综合化的系统研究工程，其研究领域及任务如下：

0.2.1　美术学科教育哲学的研究

所谓美术学科教育哲学，是研究美术学科教育的根本问题，回答美术学科教育是什么，干什么和为什么的问题，即研究其本质、特点与价值；研究美术学科教育与学校教育的关系；研究社会对美术教育的需要；研究美术学科的教育目的以及制约美术教育发展的因素，等等。通过研究，以便明确美术学科教育观念，从现代育人角度确定美术学科教育价值的取向与定位，制定美术学科的课程标准。

教育观念是对教育的总体的认识与思想，国外也称理念。它与一般的教育理论、学说不同，是以明确的教育价值取向和目标统管整体教育过程，也就是围绕教育的育人目标从整体上控制整个教育活动全过程的基本思想。它反映的是集团的、社会的、国家的意志，而不是个人的意志。作为美术学科的教育观念，是对其教育目的、教育手段、教育内容与方法的总体思想，是怎样使美术学科教育服务于国家的教育方针，以及如何为培养适应现代社会需要和未来社会发展需要的理想的人才服务所应具有的教育指导思想。这当属美术学科教育学研究的首要问题。

0.2.2　对美术学科教育的构成要素的研究

美术学科教育是由课程目标、教材、教师、学生、教学设备与环境等要素构成的。课程目标、教材、教学设备与环境，相对教师和学生是美术学科教育的硬件，这需要对它们的性质、功能加以认识和分析。硬件也是随着时代的发展而不断地更新变化，需要研究它们依据什么变化和如何更新，以便为美术学科教育奠定基础。

美术课程是由教师、学生依据课程标准和教材，通过教学的运动过程来完成的。教师、学生相对上述硬件来说，是美术教育全过程中最富于变化的最活跃的两个因素，是教学过程运动的“两条腿”。

教师遵循课程教育目标，围绕学生的学习，可以将教材用活，使教学过程能够达到课程目标、教材、教法的统一，达到教养与训育的统一，可以引导学生走上自主灵活、能动创造的学习轨道，使之素质提高或成才。与之相反，同样“敬业”地从教，也可能将教材用死，将教养与训育分离，教法古板，将学生变为课堂上的听客或看客，使学生不知所为或走上错误的学习之路。因此，对现代美术教师的素质结构应加以研究，以适应现代美术学科教育。

学生作为学习的主体，更是美术教育过程中最活跃最多变的要素，尤其美术学科不是升学考试的学科，对学生来说无强迫学习的动因。因此，研究作为学习主体的学习心理特征、学习动力与机制，怎样使学生能动自主学习掌握美术知识和技能，如何提高学生的美的感知力、表现力、创造力、鉴赏力，以及如何通过美术教育培养和发展学生的非智力因素，使学生身心全面发展等，是美术学科教学的关键之所在，也是美术学科教育学研究的重要任务。

0.2.3 美术教育整体运动规律的研究

美术教育是由上述诸要素构成的整体，是一个运动状态互相制约的构成关系。美术学科教育学有必要对美术教育的构成关系及其运动规律予以揭示，尤其要研究教育的运动规律，包括教学原则、教学方法、教学模式、教学设备、教学过程等一般规律与优化的研究。这是对教学理论的总结与提纯。在这同时也不可忽视对教学艺术的研究，以便为教师的教学提供可借鉴的经验，以期达成推动教学的目的。这是最贴近教师教学实际的内容。此外，还有对美术教学评价的标准与依据，对评价方式方法的研究，以利于教学管理和促进教学。

以上可以说是美术学科教育学的主干，即以教学为中心的规律的揭示与经验的总结，是为教学服务的理论干线。本书将主要围绕上述问题进行研究。

0.2.4 纵向理论的研究

任何理论体系的构建，都应以对历史的考察和对现实的把握为基础。美术学科教育学的纵向领域，包括对美术学科教育过去历史的考察与总结，对目前现状的分析、归纳，对未来教育的预测与展望。对美术学科教育历史发展进程的考察研究，是为了从中总结历史的教训和找出影响美术教育发展的因素，是为了以史为鉴和批判的继承，以便于使美术学科教育及其理论建设健康地发展。这是在对美术教育史料大量掌握基础上的研究。美术学科教育学不能脱离实际，不能架空地构建，必须对教育现状进行研究。对美术学科教育现状的研究，是以对其现状的熟悉与全面掌握和了解教育理论、美术学科教育理论以及具有一定的美术教学实践经验为基础的。对美术学科教育现状的研究，是为了分析归纳美术教育现状的优点和存在的缺点与不足，以使其研究对现实具有指导意义。作为一门科学研究还应有超前性，所以对美术学科教育的展望与预测是美术学科教育学研究的一种必然。对美术学科教育发展做出正确的理论思辨，设计出合理的科学的美术学科教学体系，是对学科教育发展的贡献。

0.2.5 横向领域的研究——比较美术教育

横向领域的研究，主要是与当代发达国家、与邻近地区的美术教育进行比较研究。其中包括教学管理、课程计划与目标、教学内容与体系、教学模式与方法、教学设备、教师队伍素质等方面的比较研究。研究的目的是为了找差距，吸取适合国情的能为我用的先进的理论与经验，推动我国美术学科教育的发展。尤其我国基础教育的美术学科教育及其研究比主要发达国家起步迟、历史短、从事理论研究的人员少，所以比较研究更有必要。随着网络信息沟通的便捷，横向领域的研究会进行得更顺利。

0.2.6 教学管理、教学资源开发领域的研究

美术学科的教学管理包括两个方面：一个方面是行政领导对美术学科教育的管理，包括校领导、市区教研员等如何开展工作，如何领导教研工作、对教学评估、组织教师进修、继续教育与考核、比赛，如何进行经验总结与管理规律的探索等方面的研究。另一个方面是教师的美术教学的自理，包括教学设备、教具、学具的购置与管理，教学活动的组织安排，作业展览、学生美术活动的管理，以及自律要求的继续学习等方面的研究。

在教学资源开发方面，由于美术创作对物质的依赖性，决定美术学科教育离不开对教学设备、教具、学具等物质材料的依赖性。教具、学具和教学设备材料，是由美术教学课业内容决定的。目前，按现行教材内容规定，师生应准备的教具、学具很多。但教具、学具有的适用性欠佳，有的应随着教学内容的改革而扬弃，有的则随着时代的发展而增加，如电脑美术等。现在有许多学校因教学条件、物质材料的原因，不能实施教材内容的教学，而有的教学设备使用欠佳，等等，所以对教学设备、学具材料等还应做科技的开发和发明。这是促进美术学科教育发展的不可忽视的物质基础。

现代的美术已是多元化，生活中触目可见的人造物都是经美术家设计的，这本身就是可利用的一种教学资源。

我国遍地都有古代美术遗存，其教学资源的丰富，有待于与教学内容同时考虑予以开发。

未来教学将是开放性的。走出去，请进来，充分利用博物馆、电脑网络、家长、附近单位和社区内人才等教学资源，是美术学科教育研究的新的领域和任务。

0.3 美术学科教育学与其基础学科的关系

美术学科教育学是一门具有鲜明特点的理论与应用相结合的学科教育科学。其学科性质决定它是以美术学、美学、教育学、心理学等相关学科的理论与美术教学实践经验相结合为基础进行研究与构建的。它是一门具有综合性理论特点的边缘交叉学科。

0.3.1 美术学是美术学科教育学研究的学科理论基础

美术学，按国务院学位委员会目前的学科分类，未将其限定于研究美术现象的理论学科，而是包括美术技法与创作以及美术史论的综合学科。美术按物质材料与制作方法区分为绘画、雕塑、工艺美术、建筑艺术四大门类，此外中国特有的书法、篆刻和新兴的现代设计等，也都属于美术范畴。与其相关的美术理论，是对各门类艺术的原理与造型经验的总结，既有相对的独立性又有对各门类美术的依附性。随着美术理论研究的日趋成熟，美术史和美术论已各自成为独立学科。美术史是汇总研究历史上美术名家及其代表作品以及美术遗存，是研究美术发展轨迹的科学。其下位分别有各门类美术的发展史。美术论则是从社会学角度研究美术现象的本质、特点、美术创作与接受、美术批评等的科学。

如此庞大的学科群构成的美术学，是基础教育美术学科内容的基础。因为普通学校美术学科教育，不是进行美术某个门类的专业教学，而是面向全体学生进行的旨在开发学生美术素质和提高审美素养而对学生进行的美术基础知识与技能的全面综合的美术教育。因此，美术学既是构建美术学科教学内容的基本的学科基础，也是研究美术学科教育的学科理论基础。

所谓构建美术学科教学内容的基本的学科基础，是指基础教育的美术学科教学内容，不同于专业美术的教学内容，不能是从美术学中抽其各门类的基础的拼盘构建，而应根据学生的年龄特点、生存与发展需要和社会需要，根据基础教育的宗旨和目标，予以选择合适的内容，以其为素材创造性地重新构建和编制出新的教学内容体系。这是美术学科教育学区别于美术学基础的独特之处。关于美术学科教育学涉及的美术诸多形态和多元的创作观念、创作方法以及美术史、美术评论等，又都与美术学是一致的。因此，美术学是美术学科教育学研究美术教学的依据和学科理论的基础。离开美术学的基础，美术学科教育学便无本无源。

0.3.2 美学是美术学科教育学研究美育的理论基础

“美育，是党的教育方针的重要组成部分，是对青少年进行素质教育的重要内容。”[①] 而美术学科是基础教育中“对学生进行美育的重要途径”。[②] 美术教学要引导学生感受客观世界的美和表现对美的感受。这一切都会涉及什么是美、审美对象、美在哪里、美与现实的关系、美术形式美的规律……都属于美学的范畴。按美国以学科为基础的全面综合美术教育（Discipline Based Art Education，简称“DBAE”），即通过美术创作、美术评论、美术史和美学四个学科领域对学生进行全面综合的美术教育，美学被明确提出作为一个学科领域的内容纳入美术教学之中。

美学是什么，其创立者鲍姆嘉通（1714—1762，德）认为美学是研究美的，是研究感性认识的完美。黑格尔（1770—1831，德）认为“美学”是研究美的艺术。车尔尼雪夫斯基（1828—1889，俄）认为“美学”是研究艺术，强调艺术与现实的关系。李泽厚认为“美学”一词的正确翻译“应是‘审美学’，指人们认识美、感知美的学科”，“是以美感经验为中心，研究美和艺术的学科”。尽管美学家在美学定义上存在一些分歧，但美学研究的“大部分一直是美的哲学、审美心理学和艺术社会学三者的某

---

① 李岚清：《美术鉴赏》序，1页，高等教育出版社，1998。

② 中华人民共和国国家教育委员会制定：《全日制中小学九年义务教育美术教学大纲》，1页，人民教育出版社，1992。

种形式的结合”[①]。

美术学已经融进美学，美术教育以美术学为理论基础，必然离不开美学问题。又由于美术学科教育学要着重研究审美教育，研究美术教学如何“以马克思主义的审美观念教育学生，培养他们正确的审美理想，健康的审美情趣，提高对美的感受力、鉴赏力、表现力”[②]，必然借助于审美心理学理论，所以美学是美术学科教育学研究美育的理论基础。美术学科教育学对美育的研究，是针对具体对象的更加切合实际的研究。其研究成果，必将充实、丰富审美学及审美心理学的内容。

0.3.3 教育学是美术学科教育学的教育理论基础

教育学是研究教育现象的科学，是通过对整个教育现象的宏观把握来揭示教育规律，阐明教育工作的组织形式、一般原理和基本要求与方法，是对教育实践的高度概括和科学总结，是对教育的深刻、正确、完整的反映。虽然教育学不同于国家的教育方针政策，但它是国家教育方针、政策、体制的客观反映。因此，教育学对包括美术学科在内的一切学科教育实践都有指导意义。

教育学的目的论，为学科教育明确了教育为谁服务，培养什么样的人的总目标，为美术学科教育明确了价值取向。美术学科教育目标是依据教育总目标和根据美术学科特点、教育价值而制定的。

教育学的课程论、教学论，是对学校课程与教学的抽象论述，为美术学科教育学制定课程计划、课程标准和美术教学提供了原则理论基础。作为教育学下位学科的美术学科教育学，在其课程、目标、内容、方法等的研究又是教育学的具体和深入，是对教育学的补充，其成果必然丰富教育学的内容。当然，随着学科教育学的发展，其学科领域的研究可能会走在教育学的前面，

---

① 李泽厚：《美学四讲》，11页，生活·读书·新知三联书店，1989。

② 李岚清：《美术鉴赏》序，2页，高等教育出版社，1998。

如此成果又将促进教育学的研究与发展。就目前来看，也已经起到这种互补的作用。但不可否认的是：教育学原来是，今后仍然是学科教育的基础理论和构建学科教育学的理论基础。

0.3.4 心理学为教育过程的科学化提供理论依据

心理学主要是研究人的心理活动形式和规律的科学，包括个体心理与群体心理。美术学科是个特殊的学科，研究美术学科教育、教学处处离不开心理学相助。

首先，美术不是升学考试的学科，美术教学碰到的第一个问题便是，小学高年级与中学生无升学考试分数需要的诱因，怎样启动学生学习动机的内驱力，需要心理学理论的指导。

其次，美术是不存在标准答案的学科，学生对客观世界的艺术观察可以有不同的审美感受，对美也可以有不同角度的表现。学生作业面貌差异性很大，这种差异性不是指表现能力的差异，而是表现题材、内容的差异，以及表现手法与“风格”的差异，这种差异是由学生的气质、性格、情感、经历等因素决定的。对此，教师应怎样因材施教，才既符合艺术表现规律又符合人的心理规律。这也需要心理学理论指导。

此外，还有诸如艺术创作需要想象与灵感，如何引导学生进行艺术想象，怎样激发创作灵感，等等许多问题，需要心理学相助。

美术学科教育的根本目的是人格的全面发展。美术学科如何在人格发展过程中促进内化与外化的辩证统一，发挥美术教育应有的功能，也需要心理学的理论武装。

可以说美术学科教育、教学，从内容的确定到教学方法的选择等，都需要研究学生的心理及其规律。所以，心理学是美术学科教育学的理论性与实践性得以统一的关键所在。

由于我国的心理学并不很发达，美术学科教育的许多问题，我国心理学界尚未涉及。所以，美术学科教育学如何结合心理学基础理论予以研究有成，也将是对心理学的补充。

0.4 美术学科教育学的研究方法

美术学科教育学的研究，不外乎是对其历史、现状和未来三个方面的研究，历史的研究是今日之鉴，现状的研究是为总结提高，在此二者的基础上预测未来的研究，是为了发展进步。研究就要有方法。正确的方法，是正确的认识客观世界和改造客观世界的必备条件。

0.4.1 唯物辩证法是研究美术学科教育学的方法论基础

唯物辩证法将客观世界看作一个矛盾运动的整体，一切客观事物都是互相联系的、有规律的、发展变化着的。要了解某一事物，就必须对其内部诸要素以及同其他事物之间的各种联系，分别地具体地加以研究。研究问题，解决问题，要善于观察和分析事物的矛盾运动，要抓住主要矛盾和矛盾的主要方面。唯物辩证法这种科学思维方法，无疑为研究学科教育学所面对的教育目标与内容、教材与教法、教师与学生、教养与训育、教学经验与现代教育观念等一系列矛盾，提供了正确的解决问题的方法论基础，即按照唯物辩证法，运用对立统一规律和理论联系实际，具体问题具体分析的方法去研究、实践、论证。

实践论的观点，是辩证唯物主义认识论的第一的和基本的观点。认识来源于实践，又反过来为实践服务。毛泽东在《实践论》中指出："实践、认识、再实践、再认识，这种形式，循环往复以至无穷，而实践和认识之每一循环的内容，都比较地进入了高一级的程度。这就是辩证唯物论的认识论，这就是辩证唯物论的知行统一观。"[①] 美术学科教育学，本来就是从教学实践经验基础上发展起来的学科教育科学，其理论又是为了指导美术教育实践的。这个特点决定美术学科教育学必须以教学实践为中心

① 《毛泽东著作选读（甲种本）》，54 页，人民出版社，1966。

进行研究，脱离教学实践的研究，势必偏离学科教育学研究的轨道。美术学科教育学研究的结果，须经教育实践的检验，实践是检验真理的唯一标准。在实践的检验中不断修正错误，弥补不足，不断提高研究的科学水准。美术学科教育学研究的目的也是为了指导教育实践，为教学实践提供理论依据，美术学科教育学离开为教育实践服务，其研究也是没有意义的。因此，教育实践经验不仅有助于对美术学科教育学的理解，而且也是美术学科教育学研究的出发点和落脚点。始终不脱离教育实践，实践，认识，再实践，再认识，也是美术学科教育学研究的根本方法。

0.4.2 美术学科教育学研究的具体方法

教育科学的研究方法已有学者予以著述、专论。目前有李秉德主编的《教育科学研究方法》，有裴娣娜的《教育研究方法导论》等，他们总结出很多的研究方法。美术学科教育学的研究方法与其是一致的，只是根据研究的具体内容需要灵活地采用某种方法或某几种方法，现简介如下：

（1）美术教育的历史研究法

其方法是通过搜集历史遗存的美术教育的文字资料、实物、图像等，进行分析、研究、归纳整理。其研究或着眼于美术教育活动史，或着眼于对美术教育发生发展演变过程的研究，构建美术教育发展史，以揭示美术教育发展的规律、特点和认识现代美术教育的实质；或着眼美术理论发展的研究，构建美术教育思想史，借鉴历史经验提高目前的教育科学理论水准。

（2）美术教育的调查研究法

这是对美术教育现状研究采用的方法。其研究方法是通过观察、问卷调查、访谈、测试、个案分析等，以获得资料并对其整理分析。其研究的目的和侧重点很多，如为了熟悉美术教育的普遍情况，以便总结规律；如调查美术教育现状存在的问题，以便有针对性地提出解决办法；如研究先进美术教育典型，以便总结其先进教育思想和先进经验，或为教学管理和教育预测服务等。

对于一个教育研究者来说，凡参加美术教育的学术研讨会、情况交流会、先进经验介绍会、教学观摩、教学评比活动以及平时阅读的有关文章等，都应视为是美术教育研究的调查资料内容，做积累资料的有心人，美术教学现状便了然于胸，研究起来才便利。

(3) 美术教育比较研究法

这是根据一定的标准，对某种教育现象在不同时期、不同地点、不同情况下的不同表现进行比较分析、区分异同，以便揭示美术教育的普遍规律及独特之处，求得符合实际结论的研究方法。例如，进行中国与外国美术教育的比较，以便吸取适合国情的外国先进经验。又例如，发达地区与滞后地区美术教育进行比较；同一地区不同学校美术教育的比较；不同教育教学模式或不同教学法的比较；现状与历史的比较等。比较研究法又分为同类比较与异类比较研究，还有横向比较、定性分析比较、定量分析比较等。

(4) 实验研究法

为了实现教育理论的科学化，为了解决某一问题，根据一定的教育理论或设想，组织有计划的教育实践，到一定时间后就实践效果进行比较分析，从而得出科学结论的研究方法。例如，对新编的教材实施可行性的研究实验；对一种新的教育思想（包括引进的先进的教育思想，或教学模式，或新的教学设计，或新的教学方法等，研究实验其正确与否、有无推广意义等），都要通过实验，以便改进、推广或予以否定。所以，实验研究法是美术教育研究常用的重要方法。

1 美术学科教育的本质

研究美术学科教育，从何入手呢？唯物辩证法告诉我们：本质就是事物的根本性质，是事物本身内在固有的根本的具有决定性的东西。事物的性质都是由它的本质决定的。现象是指事物本质的多方面的表现。本质是现象的依据，本质决定现象。现象不是本质，现象所表现的是本质的表面、片面，有时甚至是反面。与本质相反的现象，就是假象。所以，毛泽东曾说过："我们看事情必须要看它的实质，而把它的现象只看作入门的向导，一进了门就要抓住它的实质，这才是可靠的科学的分析方法。"①

作为美术学科教育的哲学思考，回答美术学科教育是什么，就要研究美术学科教育的本质，研究它的属性与特质等根本问题。根据本质分辨现象的真伪，以便准确地揭示美术学科教育的规律，使美术学科教育现象更符合它的本质。

1.1 决定美术学科教育属性的两大因素

美术学科教育是学校以美术为教学内容的学科教育实践活

---

① 《毛泽东选集》第一卷，96 页，人民出版社，1966。

动。对其可用图 1-1 做一比喻。图中左侧的圆好比是美术，将其视为红色；右侧的圆好比是教育，确切地说是基础教育，将其视为黄色；两个圆形重叠部分所构成的枣核形，便是美术学科教育，其色应视为红黄二原色混合的间色——橙色。图中美术学科教育的枣核形，分别属于美术与基础教育两个圆形，但它不是两个圆的全部重叠，是两个圆形的局部重叠，从基础教育圆形来看，这个局部是与美术相结合的、以美术为内容的教育——美术学科教育；从美术圆形来看这个局部，它不是纯红色的美术，而是融进基础教育性质与特点的“教育美术”。于“色”来说，橙色是红色与黄色的本质的融合，包含有二原色的全部色素特质。也就是说，美术学科教育虽然在形上是属于圆的局部，但却具有美术与基础教育双重的色彩本质。但它又不同于两个原色，因此枣核形的橙色是独立于原色的间色。其本质又是由两个圆的原色决定的，并形成其独特性质。

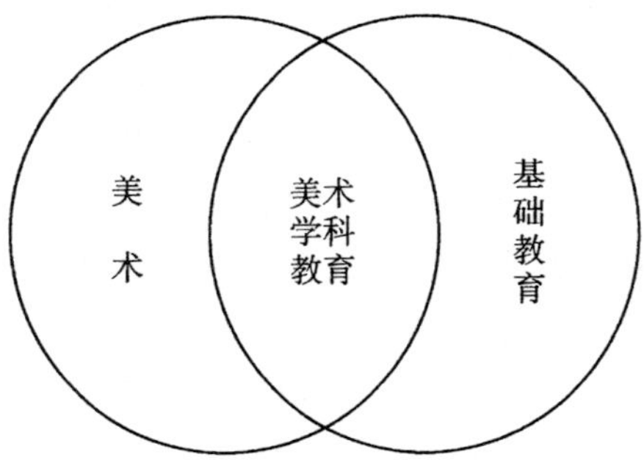

图 1-1

唯物辩证法认为，事物的性质在于其内在的规定性和内部矛盾的规定性。也就是说美术学科教育的性质，既受美术规定性的制约，又受学校基础教育规定性的制约。美术学科教育，就是美术基础与学校基础教育这一对矛盾的统一体。为此，我们有必要分别考察美术与基础教育二者对美术学科教育的规定性的制约，以及在两个规定性的制约下美术学科教育所具有的独特性。

1.2 基础教育本质对美术学科教育本质的规定性

1.2.1 美术学科教育于基础教育本质的从属性

教育是一种培养人的社会实践活动。广义的教育，指一切有意识有目的增进人的知识、技能、体质和影响人的思想意识、行为、品德的活动。狭义的教育，指学校教育，即学校的教育者根据社会要求，有目的有计划有组织地对受教育者的身心施加影响，将他们培养成为社会所需要的成员的社会实践活动。

学校是国家教育机构之一。学校教育分为幼儿、小学、初中、高中、大学等各种层次的教育，又有普通学校教育与专业学校教育的区别。这里所说的美术学科，是中小学基础教育以美术为内容的教学科目。从1999年中共中央国务院《关于深化教育改革全面推进素质教育的决定》（以下简称“决定”）中关于“在城市和经济发达地区要有步骤地普及高中阶段教育”和在高中开设美术课的规定来看，笔者这里所说的基础教育，虽然主要指九年义务教育，但也应将高中阶段的教育包括在内。美术学科是这些普通学校教育的一个教学科目，属学科教育，它与学校教育的关系是从属性的，是基础教育的组成部分。其从属关系主要表现在如下3个方面：

（1）教育目的的依从性

教育目的是国家为教育培养什么样的人规定的总目标。中共中央国务院“决定”明确了我国教育是“以提高国民素质为根本宗旨，以培养学生的创新精神和实践能力为重点，造就‘有理想、有道德、有文化、有纪律’的德智体美等全面发展的社会主义事业建设者和接班人”。这一教育目的包括了教育性质和人才规格质量，反映了适应21世纪现代化建设的社会需要，不仅规范了基础教育的目的，也规范了各学科的教育目标。各级各类学校的教育，都应为实现这一总目标服务。基础教育的性质与目的，在九年义务教育法中将其明确规定为是为实现国家教育目的，为使学生成为“四有人才”和全面发展的社会主义新人打好基础的教育。作为基础教育的美术学科，不能有与其相悖的教育目的，只能围绕着为实现基础教育目的和教育目的充分发挥其教育功能，实现美术学科的教育价值。

（2）教育方针的依从性

教育方针，是国家为实现教育目的对教育工作规定的总方向和总政策。其包括教育的性质、目的、指导思想以及实现教育目的根本途径和方法。“决定”是在新形势下对教育方针的全面阐述。对此，陈至立部长将其概括为：“强调素质教育就是要在新的形势下全面贯彻党的教育方针，以提高国民素质为根本宗旨，以培养学生的创新精神和实践能力为重点，倡导尊重学生身心发展特点和教育规律，使学生生动活泼、积极主动地得到发展。强调要把邓小平同志提出的‘三个面向’（教育要面向现代化，面向世界，面向未来）和江泽民总书记提出的‘四个统一’（使受教育者坚持学习科学文化与加强思想修养的统一，坚持学习书本知识与投身社会实践的统一，坚持实现自身价值与服务祖国人民的统一，坚持树立远大理想与进行艰苦奋斗的统一）作为实施素质教育的根本指导思想。强调加强德育，培养学生正确的世界观、人生观和价值观，树立爱国主义、集体主义、社会主义思想是素质教育的灵魂，并使德育、智育、体育、美育、劳动技术教育和社会实践诸方面相互渗透，相互促进，贯穿于教育的各个环节和阶段。”①

各级各类学校必须遵循“决定”贯彻我国的教育方针，美术学科也毫无例外地必须遵从教育方针进行美术教育活动。

---

① 《第三次全国教育工作会议文件汇编》，49页，高等教育出版社，1999。

（3）教育观念的从属性

教育观念是对教育目的、育人目标、课程与教法等的总体认识，是紧紧围绕某一特定教育目标而构建的从总体上控制整个教育活动过程的基本观点。教育观念是从现实实践中获得的经验，既具有认识的现实性，又具有超现实经验的理想性，可以表现为人们头脑中感性的直观的反映形式，也可以表现为概念的和理性的形式。教育观念可以是个人的，也可以是集团的，也可以是社会的。一旦成为国家的教育观念，那便成为国家的意志，具有强大的权威性。教育目的、课程标准、教学原则和教学实践运用的教学方法、选择的教学模式，等等，都必须受其制约。教育观念的形成，是以教育的客观存在及其发展规律为前提和以社会为基础的。教育是随着人类社会的发展而发展的，所以教育观念必然也随着社会的发展和在不断审视原有教育的适应性及预测未来教育的可能性过程中，不断发展变化。教育观念的变化，又反过来促进教育随之发生变化。

当今社会，科技迅速发展，“知识爆炸”、“信息高速公路”已使地球变为“小村落”，加之知识经济的提升，使美国的比尔·盖茨这样的年轻人，很快成为富翁，他们以知识和创新占领某个领域市场，并带动世界跟着奔跑。这就使各国都认识到“当今世界范围的经济竞争、综合国力的竞争，实质上是科学技术的竞争，是民族素质的竞争。从这个意义上说谁掌握了面向21世纪的教育，谁就能在21世纪的国际竞争中处于战略主动地位”。[①] 时代的这种迅速发展及其严峻的激烈竞争，既向教育提出了如何适应时代需要，培养高素质的人才，又向社会上的人提出了如何适应如此严峻的挑战。这一切都在改变着人们原有的教育观念。

首先，使人们认识到社会的飞速发展，学校教育已经不能满

① 《中国教育改革与发展纲要》，《新华月报》，1993年第2期，98页。

足人的一生所需的知识与技能。因此，要促进人的文化素质的不断提高，就要建立全时空的大教育观。这不仅包括不同时空场所的教育，如学校、家庭、社会的教育，而且还包括时间概念的终身教育。终身教育，即人的一生将不断接受不同阶段不同类型的教育，如就业准备阶段的以学历教育为主的各层次的学校教育（包括初等、中等、高等学历教育和职业预备教育），在职阶段的职业资格教育（包括在职培训、转业转岗培训、学历补偿等继续教育），退休后的继续教育（如以适应再就业的教育、以适应社会发展的继续教育和为充实文化修养及休闲的教育等）。人人都要接受终身教育，就需要建立一个将学校教育与社会上的公共教育机构（如教育电视台、图书馆、博物馆、文化馆等）结合起来的多样性的教育结构体系。由此来看，传统的各层次学校的学历教育将不是教育的终结，而只是为终身接受教育打好学会学习的基础的教育。九年义务教育，是为儿童少年学会生活、学会学习、学会做人和可持续发展打好基础的教育，是使其德智体美全面发展、获得创新精神和实践能力打基础的教育。美术学科教育也必须从这一根本点上加以考虑，为学生打好基础。

其次，使人们认识到教育的社会基础发生了如此巨大变化，传统的人才模式以及应试教育培养的高分低能人才，因缺乏创新精神、创造能力和实践能力，适应不了信息时代和知识经济时代。教育培养的人才规格，是受社会历史条件制约的，人们规定的教育目标是以社会客观存在及其发展规律为前提的。教育是培养未来人才的事业，社会对人才的要求是随着生产力的发展而不断地提出新的标准。21 世纪的人才是什么样的，20 世纪末的几年中教育家们对其进行了研讨。黄济先生指出：“一个现代化的未来的人，应是一个主体性高度弘扬的人，他要有现代意识和创造才能，又要有良好的个性修养和健全的心理和道德品质。也就是说，既要有开拓、竞争意识，又要有团结协作的群体意识；既要有敢想敢做的创新精神，又要有严格的科学态度；要善于处理人与自然、人与社会以及人与人之间的关系，使其得到协调、互动的发展。”[①] 这实际上，就是中共中央、国务院《关于深化教育改革全面推进素质教育的决定》中所概括的有创新精神与实践能力的人，是德智体美等全面发展的人，是有理想、有道德、有文化、有纪律的人。有创新精神的人，必然是思维活跃、勇于开拓、勇于创造的人。有实践能力的人，必然具有科学精神、实事求是、能干好事业的人。

为了扭转“应试教育”在培养人才上的弊端，早在1996年第八届全国人大第四次会议批准的《国民经济发展九五计划和2010年远景目标纲要》中规定，将“改革人才培养模式由应试教育，向全面素质教育转变”，作为实施科教兴国的具体战略目标，这无疑是对教育观念转变的具有法律效应的规定。1999年6月13日，中共中央、国务院颁布的《关于深化教育改革全面推进素质教育的决定》，说明了中央对教育的重视，对教育观念更新的重视。

美术学科教育在“应试教育”模式下问题也很多，有的课堂教学重视“教养”而忽视“训育”；有的只重视对报考美术专业学校的学生的格外培养而忽视课堂教学；有的因美术学科不是升学的考试科目，而无人问津课堂教学情况，有的美术教师自身就放松了质量要求等。现在，由于素质教育的提出和教育方针对美育的重新确定，美术学科教育模式必须转向素质教育的轨道，以培养创新精神和实践能力为重点，注意“教养”与“训育”的统一，使学生在提高美术文化素质和美术实践能力的同时在道德、情感、情操、意志、创新精神与创造能力、责任心、自尊心等诸多方面得到培养。这样，美术学科教育在培养未来社会所需要的人才中，才能真正成为有分量的组成部分。

---

① 《中国教育家展望21世纪》，13页，山西教育出版社，1997。

1.2.2 学校教育赋予美术学科教育与其同一的本质属性

美术学科教育从属于学校教育，学校教育使之具有与其同一的本质属性。其本质属性可归纳为两点：

（1）教育是传递人类文化的社会实践

教育产生于人类为了生存而传授生产经验的需要。随着社会的发展和人类各方面经验积累的丰富，便逐渐形成了文化体系，人类便以教育为手段，促使受教育者承接、延续和发展人类文化。

所谓“文化”，是指人类社会历史实践过程中所创造的物质财富和精神财富的总和。物质财富包括人类创造的一切人造物（含造物自身的造型风格）。精神财富包括科学、艺术、文学、道德、宗教、法律，以及人习得的一切知识、能力、风格和社会形成的习俗、习惯等。

教育就是促使受教育者对人类文化，从无知变为有知，从知之不多变为知之较多，从不会做变为会做，从不能变为能，从不习惯变为习惯。教育的过程，就是将人类文化内化为个体的知识、能力、经验、习惯与素质的社会实践过程。教育不仅是为了社会的需要，也是受教育者个人于社会生存和发展的需要。教育的这个本质，决定了美术学科教育是传递美术文化的社会实践活动。

（2）教育是有目的的促使个体社会化的社会实践

人生存于人类社会，人类生活是社会化的。所谓“社会”，是以共同的物质生产活动为基础而相互联系的人们所构成的整体。社会是人们由于共同的物质条件相互交往作用的产物。正如马克思所说：“生产关系总合起来，就构成所谓社会关系，构成所谓社会。”① 在现代社会里，有生产关系、法律和道德规范着人们的行为与交往。在现代社会，单个人已不能游离于社会之外而单独生存，而且需要掌握人类文化才能取得社会的认可成为社会化的人。

---

① 中共中央编译局编译：《马克思恩格斯选集》第1卷，363页，人民出版社，1977。

教育传递人类文化的目的在于使个体学习到人类的知识、技能和社会规范，获得被社会承认、接纳的资格，从而变为社会化的人，并于社会中发展自己的社会性。教育的过程，就是有目的地促进个人社会化的实践过程。这个过程，不仅是一个把人类文化转化为个体精神财富的过程，也是一个使个体通过掌握人类文化促进其社会性得到发展而同化于社会的过程。

因此，教育过程所传递的人类文化，不是单一的，而是复合性的整体的文化，是促使受教育者成为有理想、有道德、有文化、有纪律的德智体美等全面发展的社会主义事业建设者和接班人的社会化过程。美术作为学校教育的一个学科，从其学科特点出发，在传授美术文化的过程中承担促进受教育者成为社会化的人、成为全面发展的有健全人格的优秀人才的教育任务。

1.3 美术本质对美术学科教育本质的制约性

1.3.1 美术是美术学科教学内容的本源

美术学科教学内容，是由美术中选择素材构建的。因此，美术可谓是美术学科教学内容的本源，其教学科目名称，在一定程度上也说明学科性质和教学内容的构成。

过去，中西方都曾有过将美术学科称为图画科或绘画科的历史，故教学内容局限于绘画。我国对美术学科曾几易名称，初始，1904 年称图画课，1923 年一度曾改称形象艺术科，1928 年改称美术课，1956 年又改称图画课，“文革”期间与音乐合并称“革命文艺”课，1979 年至现在又定名为美术课。美术学科便是以美术为教学内容的教学科目。

据艾中信考证：美术一词源于古罗马的拉丁文“art”。“art”在欧美拉丁语系国家既作“艺术”解，又作“美术”解。其原义是指相对于“自然造化”的“人工技艺”，泛指各种用手工制作的艺术品及文学、戏剧、音乐等。中国古代所谓“百工技艺”，也是包括同样广泛的范围。在古代，无论东方或西方，都只有“工艺”、“手艺”这样的概念。在欧洲，“艺术”和“美术”这两个概念，直到文艺复兴时期才确立并被公认。在当时，“艺术”、“美术”是指含有美学意味和美的价值的活动及其活动产品，如绘画、雕刻、建筑艺术、文学、音乐、舞蹈等。18世纪产业革命后，技术发展日新月异，商业美术、工业美术、工艺性美术品类日增，发展迅速，艺术、美术的范围越来越扩大。蔡元培在本世纪初所用的“美术”一词，也包括诗歌、音乐、文学、舞蹈等。后来人们才把“美术”和“艺术”的概念逐渐区别开来，将“艺术”作为一切艺术门类的总称，按空间艺术、时间艺术、时空艺术分类。“美术”仅作为“艺术”的一个门类，是空间艺术。凡是人类通过造型用来传达意识与精神的物质实体形态，皆属于美术。作为空间艺术的美术，包括绘画、雕塑、工艺美术、建筑艺术，在我国还包括书法、篆刻。此外，有人认为美术还应包括摄影。

由于美术作品，一般既有社会的生活的实用目的，又是以物质造型形式作为人的认识、情感、观念等表达的载体，是人类审美意识的一种物化形态和人类文化存在形式的一种，又由于美术与社会、宗教、政治、经济以及社会文化发生普遍的密切的联系，所以美术具有浓郁的人文内涵。因此，将美术称为物质形态的文化。

但是，作为科学学科的“美术”，不单指美术创作及其作品，还包括对美术创作和美术作品进行研究的美术理论与美术史。美术理论是对物质形态的美术及其创作，从社会学、美学角度或者说以社会学、美学等为科学基础，对美术的本质、特点、功能、形式规律、创作与接受、美术批评以及作品所包容的人文精神，等等问题进行研究的科学。美术史则是对历史遗存的美术作品的整理归纳，对历史各时期美术家及其创作的研究，对美术发展史的研究的科学。二者都是对物质形态美术深化认识的科学。它是由美术创作和美术作品派生出的理论系统，它既依附于物质形态的美术，又有相对的独立性，因此美术史论应属于观念形态的文化。

所以，“美术文化”既包括物质形态的美术创作与美术作品，也包括观念形态的美术理论与美术史。美术文化是集人类历史上创造的物质形态美术与观念形态的美术史论的总和，具有专门性和独立的体系性。美术文化是美术学科教学内容的基础，这也就决定了美术学科内容构成是综合性的。

我们这里之所以强调“美术”的物质形态性与观念形态性两个方面文化的构成，主要在于避免在美术学科教学内容的构成上，或只重视美术创作的技能训练，忽视人文内容与鉴赏的教学；或又走向另一极端，只重视鉴赏理论而忽视技能训练与实践能力的培养。

1.3.2 美术的本质决定美术学科的本质

美术学科作为基础教育的一门教学科目，是以美术作为教学内容的。美术学科与其他教学科目本质不同之处，是美术赋予它的美术本质。对美术本质，可归纳为以下主要三点：

（1）美术是人类意识的物化的可视形象

美术是人类改变物质原有形态为适用的美的物质形态；或是人类以物质材料为媒介，通过形色构成的形象样式，表达对客观世界的认识或主观世界的情感、思想、理念等造型活动和造型成果。这种将人类的意识以可视形象的物化再现，使得美术属于人类意识形态的一种。因此，美术学科教育与人类意识形态息息相关。

从美术的起源看，美术源于人类为了生存需要而制造工具、实用物品和沟通信息的形象传达。人在造物时，对形的要求的适用功能便是美感和审美意识的产生。原始人用绘画图形向同伴传递“此处有鱼和动物出没的信息”，“在身上涂画部落的标记”①，

① ［俄］普列哈诺夫著，曹葆华译：《没有留下地址的信》，载于《论艺术》，168页—169页，生活·读书·新知三联书店，1964。

以图形符号记事等，都是以图形作为象征标记的一种意识的再现。随着人们交流和传递信息的需要，逐渐形成为某一人群的形象符号系统，人类为了集体生存出现部落图腾，为了生存的精神需要，出现了原始宗教和祭祀的神的造像，精神性美术随之产生，又逐渐发展为多方面的意识形态的物化形象的表达方式。例如青铜礼器成为商周时期统治者的权力象征，又如玉器既有用于祭祀和礼仪的“礼玉”，又有作为身份象征和赋予社会道德含义的佩玉等，我国封建社会的建筑、雕塑，甚至服饰、服色等，都被人们赋予了封建的等级观念。绘画作为“成教化，助人伦”的载道工具和表达情感与思想观念的手段，更是人类意识的再现。例如，周代于明堂的门楣、壁面上画尧、舜、桀、纣和周武王事迹的壁画，使人戒恶、思贤和宣扬威德；楚墓出土的《引魂升天图》、《龙凤人物图》，也是表达对世界的认识和死亡之后的理想；民间美术赋予花卉鸟兽等形象以象征性含义，是先民们万物有灵的原始宗教观念的再现，它所表达的祈子延寿、驱邪禳灾、招财纳福等主题，是先民们为了生存繁衍、追求幸福的理想和愿望。这是一种替代语言又不同于语言的社会意识观念的表达形态。

美术的这种表达，必然同人类社会其他方面的意识形态相关联，人们以其可视性、审美性的特点用于宗教、政治和教育等意识形态。所以，美术便成为人类意识形态的一种。

人类对世界的认识和思想观念虽然发生了极大的变化，但美术作为人类意识的物化形态的本质是不变的。现代人在敌人和否定的事物形象上常用画“×”的符号，虽然是非常简单的形象表达方式，却是非常明确地再现了的反对或否定的意识。对美好的人物和事物，总是以崇敬和热爱的心情去加以描绘。儿童画花、画妈妈、画天安门、画五星红旗，艺术家对世界美好事物的赞美与对祖国的赞美的作品，同是将意识化为可视形象。

人的意识是以客观物质世界为基础的主观映象，所以是主客观的统一。意识不仅表现为对客观对象的近似摹写的反映，而且还表现为貌似的反映，甚至还表现为同现实毫不相干的虚幻的荒诞的潜意识形态和观念形态。所以美术的表达不仅是客观世界的再现，而且是能动的反映。因此，在美术作品中，也就有逼真写实地再现客观物质世界的质感、空间感的作品，有以抽象形态表现情感、情绪的作品，也有以现成物品表达某种哲理的作品，等等之不同。少年儿童的美术，不论是绘画、雕塑、纸造型的建筑，还是设计制作的贺卡、标志等，也都是他们对客观世界能动的反映形式，是意识表达的物化形态。

（2）美术是人类创造的审美对象

人类初始，在制造为满足生存需要的劳动工具和生活用品的同时，便产生一种超生物的符合视觉感官享受的一种审美需要，即形的适宜与美。随着生产力的提高，这种对美的需要更加突出，从而使劳动工具、生活用品的制造以及视觉传达的一切形象，便注入了审美意识而成为一种审美形态。因此，美术具有精神产品与物质产品的双重属性。

美术作为再现和表达人的意识的手段，也使之成为人认识世界和改造世界的一种手段，成为促进人类社会发展的一种生产力。美术活动不断创造出崭新的审美对象和审美的现实世界，不断地构建着人的精神文明和物质文明。

美术对现实世界的认识和反映，是以现实生活中的美的事物和美的形态为依据，反映这种美并揭露与其相对应的丑，从而不断地创造出新的美的形态和审美对象。美，应该是美术作品的灵魂，是美术的核心本质。这种本质是为了满足人的审美需要。从这一点来说，美术是以物质为媒介，以审美观念为灵魂的造型艺术，是人类为了审美需要而创造出的新的美的形式和美的物质实体。

由于人对客观世界是能动的反映，又受社会经济、文化的制约，其审美观念是不断发展变化和多样的，因而便出现了不同艺术流派和艺术形式。这不同形式的美术作品的差异，是从不同角度认识世界和反映世界的结果，是不同审美观念的反映，也正是如此，才创造出丰富多彩的美术世界。少年儿童的美术作品有其独特的面貌。这是他们对事物的认识、审美的特点和形象表达能力的独特性所致。少年儿童如此画出他们认为的世界形象，丰富了美术的样式，致使许多艺术家从儿童绘画中汲取表现形式和表现手法的营养，以丰富自己的艺术表现力。

从人类创造美的物质实体来看，本身就是人的智慧与精神力量的体现，而且由于它蕴含着人的意识、情感，且是人对客观世界的认识的一种表达方式，是人的审美观念的再现，所以美术便成为一种审美文化，成为人类自身的观照对象，从中可以看到人的本质力量，看到人的精神和美的智慧，而获得精神的满足。由于人从不同角度和多方面感受世界之美，使美术创造出美的多样性和多样性的美的物质形态，从而也扩展了人类认识美的视野，使人的感官——“内在自然的人化”得以进步和解放。

（3）美术是人类文化的造型载体

由于美术的造物造型功能、存形功能和审美特征，而使其和社会经济、政治、宗教、道德、民俗、文学等文化都发生密切的联系，并在美术作品得到形象的反映。建筑、工艺美术等又和科学技术分不开，所以美术又直接反映着当时社会的科技水平和文化水准。仅以绘画为例，我们从中国绘画的形象资料中，直观地看到中国历代经济发展状况、建筑特点、民俗风情、衣食行居情形、伦理道德、礼法制度、军事战役、军阵队伍、佛陀生平、法事活动，等等，所以美术是各时期诸文化的形象载体。美术是人对客观世界认识和审美观念的反映，是人的意识的可视形象的物化。这种物化是各历史时期人对真、善、美认识的统一，是情与理的统一。美术不仅能再现客观世界，而且由于人的精神与观念的注入，必然于作品中得以折射，传达着人在不同历史时期对世界的认识和精神风貌。

美术作为人类文化的造型载体，成为人类历史与文化的形象足迹，成为现代人认识人类历史与文化进程的观照对象。现存的各个历史时代的美术遗迹，都以其各自的特点再现了历史，成为后人认识历史的依据。例如，原始劳动工具的粗笨、图腾的野性、奴隶社会的青铜饕餮的狞厉与神秘、秦始皇陵兵马俑军阵的逼人气势、汉画像砖石与霍去病墓雕塑博大而浪漫、北魏佛陀造像的悲苦与简洁、盛唐美术造型的雍容华贵与辉煌、宋代美术的典雅、精致与昂然诗意，等等，都以其特有的形象风貌展示出时代精神，使我们感受到历史进程的兴衰与人的情感脉络。美术的这种对历史的再现又创造了自身的历史，使我们得以认识美术文化的足迹和美术负载的人类文明的进程。

如果翻开各时期的美术教科书，从其选图范作的风格中，也可以感受到各个时期的历史面貌。而且从 1949 年以来的可以查阅到的儿童绘画作业，从其使用的工具材料、作画方法、题材主题、作品风格以及画面上的人物形象的衣着、环境等来看，同样打上时代的烙印，折射出不同时期的政治、经济、文化和社会的精神风貌。中华人民共和国成立初期手法单一的质朴和反映抗美援朝的激昂情绪，“大跃进”时期的热情与不切实际的幻想，60 年代初学雷锋的热潮和振奋的精神面貌，“文革”期间被扭曲的激情和艺术的“红光亮”，以及改革开放以来的思想的活跃性、开放性，就是共和国的时代步伐的写照，是社会精神的写照，是美术观念发展变化的反映。

因此，通过美术学科教育，既应让学生理解美术所负载的丰富的人文内涵，又应让学生知道如何运用美术手段传达对世界的认识和他们的思想情感、美的观念。

1.4　美术学科教育的本质

通过对美术学科教育与教育、与美术关系的分析，可以认为：美术与教育二者的统一决定着美术学科教育的性质、面貌和发展的根本属性。因此，美术学科教育的本质，概括地说就是传递美术文化与育人相统一的社会实践活动，也可作如下的表述：美术学科教育是根据社会需要，有目的、有计划、有组织地传递美术文化，提高学生的美术文化素质，促进学生全面健康的发展，成为社会需要的合格成员的社会实践活动。

传授美术文化，最根本的出发点是为了满足人类生存、发展和精神的需要。这既是美术教育的原始目的，也是现代美术学科的教育目的。因为现代社会人的衣食住行都注入了美术，美术是现代社会人的生存方式和精神生活的重要因素，一个人如果不懂图像传达，不能识读生活用品的图像说明书，便无法操作使用空调器、彩色电视机、VCD影碟机、照相机等（如图1-2）。一个人如果不能识辨生活中随处可见的标志，将于现代生活中困难重重、举步维艰（如图1-3）。如果对人类创造的美术文化不能享受、不会运用，便不可能谈到生存质量。因此，传授美术文化，首先是传授人类以美术的方式进行造物的经验，传递应用美术美化生活和以美术的审美眼光观察世界的方法，传授以美术的方式表达对世界的认识、主观情感、思想和审美理想的方法，使人接受美术的传达。其次，是传递对人类美术文化遗存的认识与理解，使人了解其丰富的文化和精神的内涵。现代生活离不开美术，培养人接受美术能力，就是为了人能适应由美术营造的视觉世界的社会生活，培养人的美术能力，可使美术得以继承、延续和发展，进而更好地创造新的美的世界。而且美术知识与美术能力，是现代人必备的知识与能力结构的重要组成部分。没有受到美术学科的教育是缺憾的不完全的教育。

美术学科作为学校的教育科目，必须承担育人的任务。教育的育人，就是使学生的人格得到全面发展，成为社会需要的人。育人不能凭空地说教，是通过传授人类文化知识和技能过程中形成人的社会性，是依托学校诸多学科共同完成的。教育的最终目标，是人格的全面发展，是塑造社会需要的完美的人，必须所有学科参与。各学科借助于人类创造的精神财富与物质财富的文化价值、教育价值去发展人格，使学生形成伦理、道德、心智、身体全面发展的人。

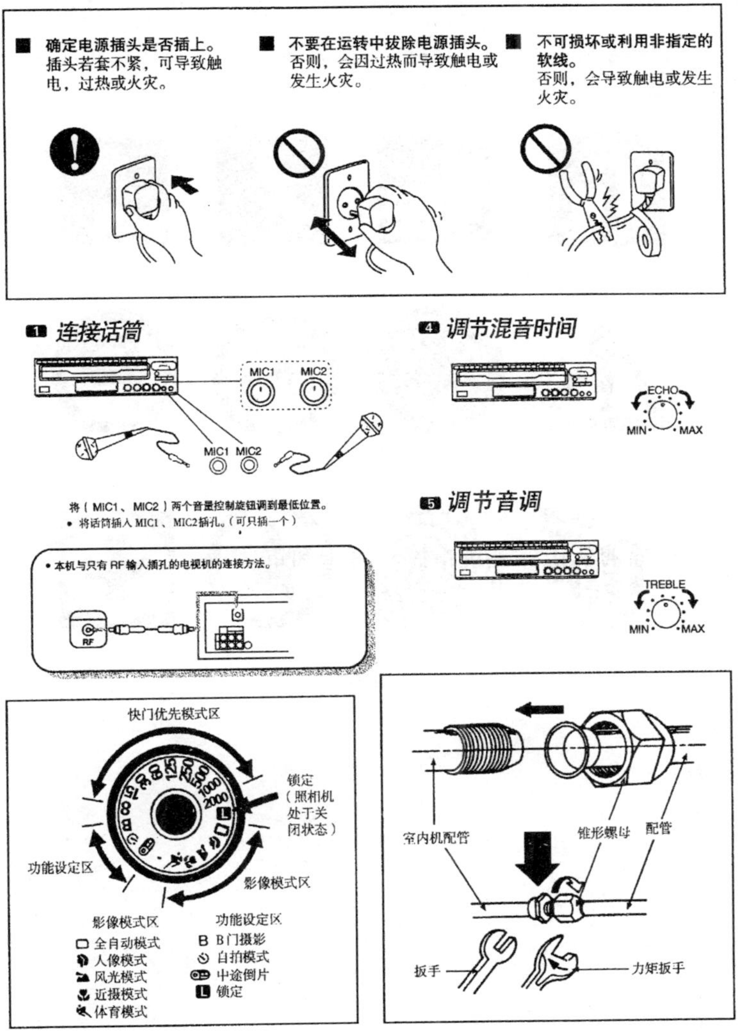

图 1-2

美术学科不可能脱离教育的育人的本质和目标。这不仅由于有《中华人民共和国义务教育法》的规定，而且因为传递美术文化的自身就是审美教育，含有道德教化、认识美丑、陶冶情感等等内容和功能。现代教育已将教学过程的诸环节、诸因素，都作为育人的重要手段。所以美术学科教育必须是促进学生美术文化素质提高、人格全面发展的教育。

图 1-3

2

美术学科教育的特点

美术学科教育的特点，是美术学科教育本质的重要方面，是不同于其他学科教育的根本所在，也是不同于其他美术教育的根本所在。研究美术学科的特点，是研究美术课程和教学的基础，也是美术学科教育学必须回答的问题。因此，具有重要的理论意义。

美术学科教育的特点，是由中小学校教育和美术的特点所决定的，所赋予的。

2.1 中小学教育赋予美术学科教育的特点

2.1.1 全体性、质量性与素质教育性

我国对儿童少年实施九年义务教育。中小学校是对儿童少年进行有目的、有组织、有计划的九年义务教育的教育机构，其宗旨“必须贯彻国家的教育方针，努力提高教育质量，使儿童少年在品德、智力、体质等方面全面发展，为提高全民族的素质，培养有理想、有道德、有文化、有纪律的社会主义建设人才奠定基础”。[①] 这是以立法形式写入《中华人民共和国义务教育法》

① 《中华人民共和国义务教育法》第三条。

中的。

中共中央、国务院1999年6月13日《关于深化教育改革全面推进素质教育的决定》（以下简称“决定”）指出“实施素质教育，就是全面贯彻党的教育方针，以提高国民素质为根本宗旨，以培养学生的创新精神和实践能力为重点，造就‘有理想、有道德、有文化、有纪律’的、德智体美等全面发展的社会主义事业建设者和接班人”。这是在教育观念发展的新形势下，国家关于教育的性质、目的与培养人才质量规格要求的进一步阐述。该“决定”还指出“全面推进素质教育，要坚持面向全体学生，为学生的全面发展创造相应的条件，依法保障适龄儿童和青少年学习的基本权利，尊重学生身心发展特点和教育规律，使学生生动活泼、积极主动地得到发展”。这说明国家特别强调基础教育面对全体学生的全体性。其中所说的“依法”，便是指的依照《中华人民共和国义务教育法》。

美术作为中小学校教学学科，是中小学校进行素质教育的组成部分，是中小学校教育的工具和手段。它协同其他学科和其他教育方式，对教育对象施加影响，培养受教育者成为未来的高素质的国民和时代需要的有用人才。所以，中小学校美术学科的任务，也必须是面向全体儿童少年进行的有质量的素质教育。其全体性、质量性与素质教育性，便成为与其他美术教育——社会美术教育、家庭美术教育和专业美术教育不同的根本所在。

（1）全体性

首先表现在以年级制、班级授课为主要的教育方式。这是自三百多年前捷克教育家夸美纽斯（1592—1670）提出学校教育以学年制班级授课以来，成为对入学全体成员都受到同样教育的保证，因此，沿袭至今。在当今学校教育改革声浪中，不断有人提出开放式教学以打破课堂的局限，有其一定道理。但年级制，班级授课的教育方式，在今后很长的时期内也不会有根本性的改变。班级授课的形式，是教学面向全体学生的根本保证。

但是，美术课堂教学，大部分时间是教师辅导学生创作练习，这就要求教师以同等的态度善待每一个学生，不能将教学精力、时间集中于某几个学生身上，予以长期特殊辅导培养，而忽略了受教育者的大多数、全体性要求教师于辅导练习时，也要着眼于全体学生，一个学生不落下地辅导，使所有学生都受到教师的关注、指导和鼓励，使全体学生都学有收获、都获得成功的愉悦。

其次，课堂教学的组织性。为了保证全体学生真正学习到知识与技能，教师不能不顾及学生的接受状态与学习情绪而自顾讲授，也不能允许个别学生扰乱课堂秩序影响全体学生的学习。因此，要加强课堂教学的管理，进行组织教学，以保证全体学生精力集中地正常学习。

（2）质量性

为了保证全体学生受到有一定质量标准的学科教育，国家或地区制定了统一的课程标准、教学大纲和编写教科书。师生的“教”与“学”是遵循课程标准，按着规定的教科书和学校课程计划进行的。教学大纲目前是由国家制定的，是学科教学指令性文件，具有法定性。教科书是将教学大纲具体化的教材形式，是教师课堂教学的依据。由于教科书是专家集体编撰的，一般会比教师个人设计的教学进度与教学内容更科学更全面准确地体现教学大纲的教学要求。教师的任务是作为教科书与学生之间的桥梁，将教科书上的知识与技法转化为学生的知识与技能。一个地区诸多学校使用同一版本的教科书进行教学，也是为了便于教学的研讨与管理，利于提高教学质量。按学校计划进行，是保证全校各学科课程的实施和教学有序地运行。这一切都是为了避免教学的自由化、随意性，以免降低教学的质量。

教学目标是全体学生可以达到的，教学内容也是全体学生可以接受的，这本是在教学大纲与教科书中已经解决的问题。但是，任何一个教师的教学，都会根据本地区特点和本校学生的具体情况在教学目标和教学内容上有些许调整、更改或补充，尤其美术学科的自由度更大些。但调整、更改或补充必须符合美术学科教学大纲，符合学生实际，是学生可以达到和能够接受的。

教学内容涉及学生美术能力的差异性，这是任何学科都存在的问题。美术学科只要理论性内容讲授做到深入浅出、通俗易懂，使学生能理解明白，至于在艺术表现能力的差异性则可于个别辅导中对其分别提出不同的具体要求。在艺术表现上，只要学生学有收获，则不必严格划一。因性格、气质等原因表现出差异则应予以爱护、保护，并引导正确发展其个性表现的差异。这是与理科教学不同之处。

课堂教学，如果只顾少数超常学生的兴趣和水平，或者只顾及少数滞后学生的兴趣和水平，而使大多数学生的学习受到损失，都是有悖于教育、教学的全体性和质量性这一规定性的。

为了保证美术学科教学质量，还制定了一系列的教学应遵循的教学原则。有关领导部门还要组织教师对美术教学方法进行研究。

为了保证美术学科教学质量，教学管理人员尚要对教学进行评价。

全体性与质量性是各学科都具有的共性。我们之所以提出，一是以此区别于社会和家庭的美术教育；二是由于美术学科是非升学考试科目，个别不懂教育的学校管理者经常占用美术课时为他用；三是美术教学由于领导不检查不重视等原因，教学自由度大，个别学校的美术教学存在不注意全体性和质量性的现状。后二者都属于有悖于《义务教育法》第三条与《未成年人保护法》第十八条的教育行为。

（3）素质教育性

九年义务教育不是应试教育，而是素质教育，是为奠定人格的全面健康发展之基础的教育。从人的遗传素质来看，除个别先天生理缺陷，如失明、失聪、色盲外，人的感官都具有感知世界的能力，如眼睛能感知客观世界的形与色，手能触摸分辨物体的柔软与坚硬、光滑与粗糙等肌理、质感。我们将人的感官与身体机能等，视为遗传素质。人的感官是不断进化的，是由生物性经过社会实践的影响而人化。人与动物都能听声看物，但人感受音乐与美术作品的内在精神与情感的耳朵和眼睛是动物没有的。这就是所谓的“内在自然的人化”。内在自然的人化程度，即感官的素质水平，是和教育有关的。教育学的素质概念，不仅包括身体素质，还包括文化艺术素质、思想品德素质、意志品质素质、创造性素质，等等。而这些则更是与人的社会教育分不开的。人的这些方面的素质的普遍提高与完美，就是人格的全面健康发展与完美。

由于人的素质的形成主要是在幼儿和中小学阶段，基础教育是人的素质形成的主要的关键阶段，所以基础教育更加注意对学生素质全方位的培养。因此，中小学校的美术教育，既要着重以美术为中心对学生进行全面综合的美术教育，又要于学科教育过程中注意充分发挥美术教学的智育功能，开发学生的右脑功能，培养学生的观察力、想象力、形象思维能力，使学生心灵手巧；充分发挥美术教学的培养创造性功能，培养学生创造性思维的流畅性、变通性、首创性，使学生树立创造意识和提高创造力；充分发挥美术教学的陶冶、教化、提升情感的功能，使学生形成高尚的情操与品格；充分发挥美术的情趣性和情感性特点，使学校在偏向严肃的理性的约束的学习生活中增添活泼的非理性的自由的情趣与活力，使学生被压抑的情感得以宣泄，从而获得情感的平衡，使身心和情感得以健康发展和提高。美术教学中要注意对学生进行多层面的教育，亦即身体、心理、文化、思想、品德等方面素质的培养以及学习习惯和行为的培养。这就是整体综合素质的培养和使人格得到全面健康的发展，这也就是通常所说的教养与训育的关系的统一，也就是中小学美术学科教育与其他美术教育的最大区别之一。这既是学生个体成长的需要，也是社会对高素质人才的需要。

但是，美术教育毕竟是以美术为内容的学科教育，要对学生进行美术基础知识与基本技能为主的传授美术文化的教育，要对学生进行培养和提高美术能力与美术审美素养的教育。它更着重于对学生美术素质潜能的开发和美术素质的发展的培养，即以提高学生的美术能力素质与审美能力素质为核心的美术文化素质教育。对学生其他多层面的素质教育，只是在美术素质教育进行中不可忽视的教育内容。

提高学生的美术能力素质，是指提高学生美术地认识客观世界和将认识以美术方式进行表达的能力，以造型作为传达手段的能力；审美能力素质即是指对客观审美对象的感受力、鉴赏力和对美术文化的理解与批评能力。前者偏重于技艺与艺术创作，即美术创造与视觉传达的教育；后者偏重于美术史、美术评论与美学等方面的美术知识，即美术文化的传播与接受的教育。

所谓对学生进行全面综合的美术教育，就是指上述两方面教育的不可偏废性。这是由美术学科本身内容的全面性及综合性决定的。在美术学科教学中，不可单打一地进行绘画教学或美术某项专业技能的教学，也不可以只侧重理解美术文化的教育而忽视美术表达技术与美术应用能力培养的教学，而应是包括绘画、工艺、欣赏等的美术基础知识、基本技能的综合教育教学，亦即美术技能与创作、美术评论、美术史与美学等基础知识的综合教学。

美术是人类文化的造型载体，因而美术具有认识功能，在讲授美术的经典作品涉及历史与文化背景知识时，要注意美术教学特点，美术教学不是历史或文化史的教学，也不是社会学教学。美术还具有辅翼德育的功能，但在进行时要注意美术教学不是思想教育课。也就是说在对学生进行除美术之外的其他方面的教育，如爱国主义教育、思想品德教育、历史与文化知识等方面的教育，一定要融化在美术内容之中进行，对学生的意志、品质心理素质、品德素质、良好习惯等方面的教育，是在课堂进行的各环节中和在学生学习过程中注意培养的教育。

面向全体学生的素质教育，是针对应试教育使学生被动的学习提出的。因此，素质教育强调突出学生的主体地位，着重培养学生自主地能动地创造性地进行学习，使其主动地发展，身心健康地发展，成为现代化的个性丰满的人。美术学科教学过去在这些方面做得比较好，今后应更自觉。

既然美术学科教育强调全体性和素质教育性，那么对美术素质超常学生应如何呢？如果只提高全体学生的美术文化素质，而忽略了美术素质超常学生的发展，就是说只提高全体公民的素质，不注重也没有培养出精英人才，这也是教育的失败，恰恰是与素质教育背道而驰的，素质教育强调学生的主体地位，提倡鼓励自主能动地学习，强调学生身心健康地主动地发展，就应对学生先天遗传素质特点和个人发展兴趣予以充分肯定和支持，为其后可持续发展创造条件。因此，除美术课堂教学之外，还应安排课外美术小组或美术兴趣小组为美术素质超常学生将来的美术发展奠定基础。这也是使美术学科教育在中小学校进行真正意义的素质教育。

2.1.2　美术学科是对学生进行美育的重要途径

李岚清副总理著文，“美育，是党的教育方针的重要组成部分，是对青少年进行全面素质教育的重要内容。因为，美育不仅是人类认识世界、改造世界的重要手段，也是实现人类自身美化、完善人格塑造的重要途径。美育有着独特的功能和作用，这是其他教育所无法替代的。”[①] 而且还指示“不论是基础教育还是高等教育，都应把全面提高学生素质作为主要目标。离开了这个基本点，就谈不上教育教学质量”。[②] 1999 年 6 月 13 日《中共中央国务院关于深化教育改革全面推进素质教育的决定》指出，“美育不仅能陶冶情操、提高素质，而且有助于开发智力，对于促

① 李岚清：《美术鉴赏》序，1 页，高等教育出版社，1998。

② 李岚清：《美术鉴赏》序，1 页，高等教育出版社，1998。

进学生全面发展具有不可替代的作用。要尽快改变学校美育工作薄弱的状况，将美育融入学校教育的全过程。中小学要加强音乐、美术课堂教学”。这是我国高层领导人和国家教育方针对我国教育异化的现状——重视理性，不重视感性；重视知识传授，不重视情感培养；重视升学考试，不重视素质全面发展的及时纠正。

美育，亦称审美教育、美感教育，是指用美的观念和美的形态感染人、陶冶人的情感，提高人的审美素质和精神素质，使人格内在情感高尚的一种教育。是由 18 世纪德国哲学家命名的。

在我国东周时期出现的“六艺”教育，其中的“书”、“乐”与在教育场所明堂的壁面、门楣上画的起教化作用的壁画，便含有丰富的美育思想。至孔子则明确提出造就文质彬彬的“君子”，应“兴于诗，立于礼，成于乐”的教育理论。学诗为其奠定学识的基础与情感的陶冶；识礼使其懂得行为规范与法度，方能立足和有人格的建树；最后有成，在于“乐”的教育，即通过接受艺术美的感染，使之精神升华内化成性，达到人格完美的塑造。其后，历代的诸多哲人、教育家发扬孔子的教育思想，重视美育的人文功能，使得中国的文化人，一直对琴棋书画的陶冶，情有独钟。

20 世纪初，我国引进西方美育思想和康德、席勒的美育理论，梁启超、王国维、蔡元培等人将其与中国的美育思想相结合，都把美育界定为情感教育。认为美育“陶养吾人之感情，使有高尚纯洁之习惯，而使人我之见，利己损人之思念，以渐消沮者也。”“则其明以陶养性灵，使之日进于高尚者，固已足矣。”①朱光潜 1940 年于《谈美感教育》一文中，不仅强调“美感教育的功用在怡情养性”，而且重视美育的解放功能，即解除压抑、释放郁积、眼界解放，将美育的意义予以扩展。李泽厚认为美育有广义与狭义。“从广义看，美育不简单地是一个艺术教育问题，它是指一个人在人生境界所达到的最高水准。它是某种新感性的

① 《蔡元培美学文选》，70 页、72 页，北京大学出版社，1983。

建立。”“在这个意义上，美育就关系到每个人，关系到每一个人怎样去追求和建构自己的人生，不仅是追求灵魂的完美，而且是超过这种完美的天人合一。”“狭义的美育，主要指艺术教育。”①

什么是“新感性的建立”和美感呢？李泽厚在《美学四讲》一书中对此有详尽的论述。他认为“新感性”就是指人从动物界脱身出来形成人性心理，是人类自己历史地构建起来的心理本体。它仍然是动物生理的感性，但已区别于动物心理，是人类将自己的血肉自然即生理的感性存在加以“人化”的结果，也就是所谓的“内在自然的人化”。自然的人化，包括外在自然的人化和内在自然的人化。外在自然的人化，指山河大地通过人的改造而发生了的改变的成果。内在自然的人化，指人本身的情感、需要、感知、愿欲以至于器官的人化，使生理性的需要的内在自然变成人化，也就是人性的塑造。这两个“自然的人化”，都是人类社会整体历史的成果。外在自然的人化，使客体世界成为美的现实；内在自然的人化，使主体心理获有审美情感。前者就是美的本质，后者就是美感的本质，美感便是对自己存在和成功活动的确认，成为自我意识的一个方面和一种形态。它是对人类生存所意识到的感性肯定，所以称它为“新感性”。这就是解释美感的基本途径。所谓“新感性”，乃是自然的人化之成果。建立新感性，也就是建立起人类心理本体，特别是其中的情感本体。

建立“新感性”或“自然的人化”，都需要教育，其必然注意到审美过程和审美心理解构的完成，即人的审美能力（审美趣味、观念、理想）的拥有和实现。这即是人的感知心意和内在精神的塑造建立。李泽厚将人的审美能力的形态展现，分为“悦耳悦目”、“悦心悦意”、“悦志悦神”三个方面。

由于人的耳目是人化的感官，悦耳悦目已包含着人的想象、理解、情感等多种功能的动力综合。人与机器不同，人需要休息

---

① 李泽厚：《美育的广义与狭义》，载于《光明日报》，1986年11月28日。

和变异，要求新鲜的刺激，才能获得活动的生命力。因此，艺术和审美需要变异，一部艺术史实际便是风格史，也即是耳目感受的流动变迁史。这多变的现实，对人的耳目是一种培养、锻炼、陶冶和塑造。这样也就使人的耳目感官日益拥有丰富的包容性。耳目不仅从自然生理要求中解放出来，而且也从纯社会意志支配下解放出来，而成为自由的感官，即耳目的功能不只是认识事物，而且是享受美。这享受不只是生理快感的功能，而是身心愉悦。耳目愉悦的范围、对象和内容在日益扩大，这具体标志着陶冶性情、塑造人性、建立新感性的不断前进。

悦心悦意，是通过耳目，愉悦走向内在心灵。通过审美使压抑获得解放，本能得到宣泄以及心意的满足和愉悦，这是对人类的心思意向的某种培养。读一首诗、看一幅画、听一段交响乐，常常通过有限的感知形象，不自觉地感受到某些更深远的东西。从有限的偶然的具体的诉诸感官视听的形象中，领悟到那日常生活的无限的内在的内容，从而提高我们的心意境界。悦耳悦目、悦心悦意和悦志悦神三者虽然有区别，却又不可截然划开，它们都助成着也标志着人性的成长、心灵的成熟，今天能够欣赏抽象艺术和所谓“丑”的作品，实际表明心灵的接受量包容量的扩大，它不只是耳目感官的“进步”，更是心灵境界的提高，是人的审美能力（趣味、观念、理想）的扩展。

悦志悦神，是人类具有的最高等的审美能力，是在道德的基础上达到某种超道德的人生感性境界。“悦志”是对某种合目的性的道德理念的追求和满足，是对人的意志、毅力、志气的陶冶和培养；所谓“悦神”则是投向本体存在的某种融合，是超道德而与无限相同一的精神感受。在中国，悦志悦神则呈现为与大自然相融合的“天人合一”的精神境界。[①]

---

① 李泽厚：《美学四讲》，110页－170页，生活·读书·新知三联书店，1989。

正因为如此，美育的性质应是建立新感性的教育，是内在自然人化的教育，是建立人类心理本体的教育及情感本体的教育，是构建审美心理结构的教育，是提高审美趣味的教育，是促进人体健康发展的教育，完善人格的教育。尤其在人际关系功利性太强、竞争日趋激烈的当今社会，学校对学生灌输大量理性知识使其精神受到压抑，美育作为以情感为中心的综合教育，无疑具有协调素质教育，促进协调学生具有和谐心理状态与人格状态及和谐的人际关系等诸多方面的巨大意义。所以，李岚清副总理说："美育'主旨在育人'。"

学校各学科都肩负有美育任务，包括校园文化的美育。学校教育，是多方面营造的美育氛围和进行的不同的美育内容，来完成美育任务。

狭义的美育，是指艺术教育，即通过艺术学科教学和艺术活动进行的美育。作为"人文教育之中坚的艺术教育"[①] 的美术学科，是以美术为内容构建的教学学科。美术作为人类文化的造型载体，是人类的美的观念的典型代表，是人文科学研究的重点对象。而且现代人类视觉触及到的一切人造物都是经过造型设计与美化，可见美术于人类生活关系密切程度。人造物既是自然的人化亦即人类美化自身的表现，是人类文明程度的体现。正因为如此，九年义务教育中小学美术教学大纲，将美术学科规定为"是对学生进行美育的重要途径"。美术学科教育可充分发挥其特有的认识功能、审美功能和形象表达能力的训练，对学生进行审美教育，使受教育者通过美术学科教学提高"对美的感受力、鉴赏力、表现力和创造力"，"以美引善，提高学生的思想品德；以美启真，增强学生的智力；以美怡情，增进学生的身心健康"，[②] 促进学生全面和谐的发展。

---

① 滕守尧译：《美学·设计·艺术教育丛书》总序，四川人民出版社，1998。

② 李岚清：《美术鉴赏》序，1页，高等教育出版社，1998。

2.1.3 基础性

中小学教育的对象是儿童少年，其教育被称为“基础教育”。顾名思义是强调基础性，即为儿童少年打好基础。那么“基础性”是什么呢？根据国家总的教育目标和《关于深化教育改革全面推进素质教育的决定》，概括地说就是为使儿童少年学会做人、学会做事、学会学习和为一生可持续发展奠定扎实的基础。基础教育的基础性于美术学科教育表现为两个方面：一是美术课程内容的基础性；二是育人内容的基础性。

（1）美术课程内容的基础性

作为基础教育的美术学科，承担着为学生学习美术、理解美术、具备美术文化素质奠定扎实基础的任务。美术课程内容的基础性表现如下：

1）传授美术学科的基础知识与基本技能

为中小学生上美术课，尤其是对毫无美术基础的少年儿童来说，谁都不会传授高深的知识与高难的技巧，都会想到以最基础的知识和最基本的技能作为传授与训练的起点。但是以什么作为基础知识和基本技能，却存在着认识上的分歧。

我国美术学科教育，自 1904 年《奏定学堂章程》颁布之日始至 20 世纪 90 年代，其基础教育内容虽然在发展变动，却一直是从美术那里选择其基础知识和基本技能——西法素描、写生、色彩、中国画等及其相关的基础知识，作为课程内容，旨在为学生打下扎实的写实造型能力和中国画的美术基础。但是，由于美术学科课时有限，其教学内容并未被大多数学生所掌握，没有起到打好基础的作用。这是值得我们反思的。必须重新认识美术学科的基础，重新认识美术课程的“双基”。对此，笔者留待于教学目的和教学课程两章中进一步深入探讨。

2）为学生打下学习美术兴趣的基础

课程内容如果以远离学生认识能力和生活实际的西法素描、写生、色彩和中国画为基础，学生于有限的课时内不仅学不会，还会将学习美术视为畏途。学生失去了学习美术的兴趣，即远离了美术。所以，美术学科的基础性，要体现能为学生打下学习美术兴趣的基础。学生有了学习美术的兴趣，就会产生学习的积极性，并能运用和关注美术。这便为学生学习美术奠定了基础。

3）为学生形成健康的审美情趣和提高审美能力奠定基础

审美情趣有高低、雅俗之分，有文野、广狭之别，是人生观、世界观的组成部分。审美能力也有高下之不同，是人的修养的重要方面。审美情趣和审美能力，是在审美活动中培养形成的，是审美实践的产物。所以，美术学科基础教育要通过广博的、多元的、健康向上的教学内容使学生从小得以形成健康的审美情趣，使之道德纯洁、审美理想崇高、情趣高雅、情操高尚，为提高对美术的识辨力和审美判断力打下基础。

4）培养学生的美术能力，为其发展打下基础

人的美术能力是由多方面能力构成的。其包括观察能力、想象能力、形象思维能力、形象表达能力和创造能力等。培养学生的美术能力，是美术学科教学的基本任务。美术能力表现为：会观察，能进行选择性的观察，具有观察的敏锐性；想象力的丰富性和创新性；形象思维的活跃性；发散思维与聚合思维的统一性；形象表达的技能性和将想象、思维等的创新性能落实为现实存在的创造性。这些美术能力需要从小为学生奠定基础，要使学生能够审美、理解美术和运用美术。这是为学生可持续发展所要奠定的基础。

（2）育人内容的基础性

我国教育的任务和特点是培养学生成为社会化的人，是造就全面发展的社会主义事业的建设者和接班人。对此，中共中央、国务院《关于深化教育改革全面推进素质教育的决定》已做了明确具体的指示。作为基础教育的美术学科，必须于教育中予以体现以下育人特点：

1）授业与传道的统一

我国自古便有“文以载道”的美术传统，讲究艺品与人品的统一，画品即人品的体现，认为人品不高画品也不会高，讲究以人品带动画品。师传徒艺，尚要进行职业道德教育，做人做事的教育。从古至今，我国还有将学习美术作为修身养性陶冶情操手段的传统。

1999年，中共中央、国务院《关于深化教育改革全面推进素质教育的决定》，要求教育“在培养学生的思想品德和行为规范方面，要形成一定的目标递进层次”，并将对学生的思想品德教育列为教育的首要任务。美术学科更应保持美术“授业与传道”统一的优良传统，于课程内容与教学中目标明确地融入思想品德教育。这个教育，主要是于美术创作和美术欣赏教学活动中，通过激发情感的作用使学生形成集体主义、爱国主义情操，树立社会主义信念和社会责任感，并于教学中指导学生必须遵循行为规范而使人格高尚。

2）为学生形成创新精神与实践能力奠定基础

《关于深化教育改革全面推进素质教育的决定》依据现代科学技术的飞速发展，提出教学要以创新精神和实践能力为重点。美术学科早在20世纪80年代，便根据美术贵在创新的特点将培养学生的创新意识与创造能力作为学科的教育目标之一，并将启发创造性作为教学原则。美术学科教学历来对学生的创新性是予以鼓励的，褒奖富有创造性的作业和认可学生个人对美术作品的独特的审美感受与审美评价。

美术学科的动手操作性，即是培养学生实践能力的一个方面。美术学科的许多课业，如绘画创作、雕塑创作、工艺设计、贺卡设计、邮票设计、手帕设计、居室布置、服装搭配设计、标志设计等，都是与学生生活实际紧密联系的动手实践锻炼。这种教学与生活实际的联系性，即是为培养学生运用美术的实践能力奠定基础。

3）为学生形成独立自主、自尊自强的个性品质奠定基础

未来社会的人才，应是主体精神高度弘扬的人。这就要求从小培养独立自主、自尊自强的精神。我国现在的独生子女被家庭过分的关心、溺爱，容易在人格上受到扭曲，显得过分脆弱。学校的基础教育，应该培养他们独立思考、独立做事，能够经受得住竞争中的挫折与失败，使其树立坚韧不拔、吃苦耐劳的奋斗精神。这是人一生追求个人发展实现个人价值的基础。

由于美术的多元化、开放性、强调艺术个性等特点，以及美术学科教学的学生独立进行艺术创造，尊重和承认学生主体表现意识、独特的艺术手法、创作个性等特点，使美术学科教育与现代教育强调培养学生独立自主、自尊自强的品格而合拍，成为美术学科的突出特点之一。在美术学科教学中，学生对艺术大师的作品和传统艺术规范可以说“不”，并可以以自己完成的作品证实个人创作的价值。完成一件作品需要战胜困难，需要不怕苦累追求完美的精神和学习艺术大师的奋斗精神。艺术个性化，也使学生能够尊重他人的艺术个性和艺术创造，为形成对多元文化包容的现代人格特质奠定了基础。

4）民族传统与面向世界、面向未来的国际性结合

美术学科教学内容，既有原始美术、民族传统美术、民间美术的学习与实践，又有对当代前卫艺术的介绍与实践（如抽象立体构成、抽象绘画等）。在美术学科教学中，古老传统的民间美术可以变为现代艺术，现代美术也可以融进传统的精神与技法。这种直观性的结合，是其他学科难以做到的，然而在美术学科的教材和学生作业中是可以做到的，也已经做到了。

2.2 美术赋予美术学科教育的特点

2.2.1 对物质材料的依赖性

美术是将物质材料的原来形态，经过意识的、技术的加工处理，变为艺术形态的形象和新的存在形式的视觉艺术。美术创作是以物质材料为媒介进行的，生产出物质形态的精神产品（如绘画、雕塑）和融入精神的物质产品（如建筑、实用物品造型）。美术的分类，也是依物质材料的性质及其构造和结构方式的实用性质以及占有空间方式来界定的。虽然，外国现代“观念艺术”中有的艺术家以自己的身体的展示作为“作品”，但也是将自身置于某种特定的物质环境中来表达意图的，而且从严格意义上讲，人的自身也是物质的形式。但这样的“艺术”，毕竟偏离了美术概念的原意，未经观众的承认和历史的筛选，只能作为有过的一种艺术现象而已。经过历史筛选的美术作品，都是美术家依赖物质材料为媒介，通过设计与制作过程予以形象化、形式化，用以表达其审美意象和审美理想。

美术形象与形式的以物质形式的存在性，使得美术作品的内容以及美术作品创作过程都与物质材料有不可分割的紧密的直接关系。汉白玉大理石的《宋庆龄》雕像，其所用的材料贴切地表现了这位伟大女性的高洁人品。泥塑《收租院》的泥土材料，与旧中国农民的平凡、驯服、质朴的特质相一致。试想将《宋庆龄》改用泥土材料，将旧中国生活无着饥寒交迫的农民塑像改为镀金材料，不仅失去原有材质的艺术语言的表达魅力，而且对内容来说也是严重的扭曲。人对物质材料的特质，有大体一致的审美感受的认识与感情的联想。玻璃面的建筑与土坯的建筑；陶罐与瓷罐；塑料项链与钻石项链；草鞋与皮鞋……皆因材料质地的不同，而展示不同的审美品格。因此，物质材料在构成作品的形式与形象之时，它的内容性便也随之产生。所以，美术家在创作之初便将材料因素考虑在内，或在创作过程中为其艺术形式选择何种材料而煞费苦心。

图 2-1　黑鲷　邢成林

画家一般是用固定的材料进行创作，这是因为他费了长久的时间方熟练地掌握了材料的性能和技术技巧。如果让一位油画家用中国画材料进行创作，他首要的任务便是对材料的熟悉，否则便影响作品的艺术效果和内容的表达，平凡的泥土、石块、竹根、树桩等，对雕塑家来说似乎都在对他呼唤，是激发其创作灵感的因素。《黑鲷》（图 2-1)，便是利用那个石块的形状及中间有一条天然黑色斑纹，引发作者的创作灵感雕刻而成的；霍去病墓前的巨石雕，也是运用所用石块的天然形状稍事加工而成的。玉雕艺人讲究因材施艺，即巧妙地利用材料上的色斑将其雕成白菜上的小昆虫、美人头上的一朵花，等等，使其成为世界上的不可仿制的唯一的作品。所以一位雕刻家在其《雕塑札记》中写道：物质材料“它是雕塑创作的参与者，是构成创作全部内容的重要因素。它是雕刻的终极，更是雕刻的起点。它是雕刻的结果，亦是雕刻的动机。雕塑的材质观孕育着雕刻的现代精神。”

“雕刻的精神，就生存在这物质美的观照中。”[①] 我们从图 2-1 中可以领略艺术家这段话的精神。

美术的物质材料的特殊的审美属性，使得美术家在创作过程中花费相当多的精力构思于材质的体现。美术家一旦掌握了物质媒介的表达自由，物质媒介的天然审美属性便得以通过美术作品而显得更美。尤其是青铜器、玉器、漆器、陶瓷、刺绣、玻璃制品、木器、竹器、编织，等等，不仅都是以材质来区分，而且我们在欣赏它们时，除了体味艺术家注入其中的审美意识和意蕴之外，不就是在感受它们的形态与材质构成的意味之美吗（图 2-2）？

图 2-2　两头羊（钢切屑）张万新

美术这个对物质材料的依赖性特点，决定了美术学科教学对物质材料的依赖性。这个依赖性不是指对教学设备的依赖性，而是指美术技法与创作教学对物质材料的依赖，如果教师和学生没有备齐作为教具和学具的物质材料，例如泥塑用的泥、剪贴用的彩纸、版画用的板材和刀具、色彩画用的颜料等，美术教学便无

① 中央工艺美术学院学术委员会主编：《装饰艺术文萃》，27 页，北京工艺美术出版社，1991。

法进行。学生进行美术创作，首先要对所用工具材料的性质、性能有一定的认识与初步的掌握；学生在鉴赏美术作品时，要能理解材料对形式、内容的作用，以及认识材质的美感，学生才能创造出良好的美术作品，才能于未来创造出更新更美的物质世界。

2.2.2 可视的占有空间的静态形象性

美术的特质，在于其可视可感的形象性。没有可视的艺术形象的作品，不能成为美术作品。从艺术形态分类学角度来看，美术是以占有二维或三维空间的具体的可感的、可视的静态形象性为其基本特征，从而区别于音乐、舞蹈、戏剧、影视等时间艺术和时空艺术的形象性，更区别于文学通过想象感知的形象性。

美术创造由于是以物质材料为媒介，所以其形象是占有空间的静止的艺术形态。其形象的静止性，使龙门、云冈的石佛已经在洞窟中静坐了千年，画中的仙女虽然对人间含情脉脉却不能走向尘世间。他们在美术家笔下、刀下从出现之日起就静止地亮相于画面之上，或洞窟或博物馆之中。人不搬动，美术形象便不会自行离开供人观赏的“舞台”。建筑艺术，即使经历风蚀日化，也依然凝固于原地唱出自己优美的和弦。虽然绘画、雕塑也表现出动态形象给人以动感，但这是艺术家施用“定身法”捕捉到的动态的瞬间。未来派画家、达达派画家，虽然也表现人与兽在空中运动，但这些运动过程是永远植根于原位置不动，展示着画家为它们安排的静止着的动态。

美术的艺术形象，是物质形态的，是具体明晰的，是视觉一目了然地感知和把握的，而且不存在感知的时间过程，也无须通过中介和想象才能感知它的存在。古代先人为我们留下的诸如青铜器、秦兵马俑、《清明上河图》、故宫等无数璀璨万代的美术珍品，就是以其形象向人们展示自己的形式与内容，以其形象陈述当时的历史风貌与时代精神。早在西晋，陆机就说过：“宣物莫大于言，存形莫善于画。”[①] 达·芬奇也说：“有哪一位诗人能用语言将你心爱的人表现得像画家作的画像一般惟妙惟肖呢？谁能比画家更真实地将那体现了往日的欢乐的河川、树林、山谷与原野显示给你呢？”“绘画能够创造自然中存在与不存在的形象。”[②]

陆机、达·芬奇对绘画形象性的解释，也有其时代的局限性与片面性。应怎样理解美术的艺术形象呢？达·芬奇的《蒙娜丽莎》（图 2-3），那端庄美丽微笑的女人是形象，它是那么具体逼真、栩栩如生，这是人们对绘画通常的形象观念。可是，一个四岁儿童画的《妈妈》（图 2-4），画中几根线条的图形代表了孩子要表达的妈妈的形象，你能不承认孩子画的是妈妈的形象吗？我们从孩子画的这个与《蒙娜丽莎》相距甚远的女人形象，却感受到孩子童心童趣的可爱。

图 2-3　蒙娜丽莎　达·芬奇（意大利）

图 2-4　妈妈　杜雷（四岁）

① （晋）陆机：《中国画论类编》，载于《士衡论画》，13 页，人民美术出版社，1986。

② 汪流等编：《达·芬奇论绘画》，载于《艺术特征论》，34 页、39 页，文化艺术出版社，1986。

我们再看，米罗《女人与鸟第二号》（图 2-5）画中的线条与色块构成的女人与一位三岁半儿童画的妈妈的形象（图 2-6）多么相似！

图 2-5　女人与鸟第二号　米罗（西班牙）

图 2-6

蒙得里安《百老汇爵士音乐》（图 2-7），它的构成形式同样表达了作者对客观世界的认识和他要表达的意图，同样是形象。其他抽象派作品中的线条与色彩构成也同样是形象。

我们再看雕塑天然的圆石上稍加雕凿成形的汉代《霍去病墓石雕·伏虎》（图 2-8），是形象；现代英国雕塑家摩尔的《斜卧像》（图 2-9），那类似有凹洞的天然“石块”也是形象；美国雕塑家格诺切创造的以一角撑地置放奇特的《红色立方体》（图 2-10），也是形象。

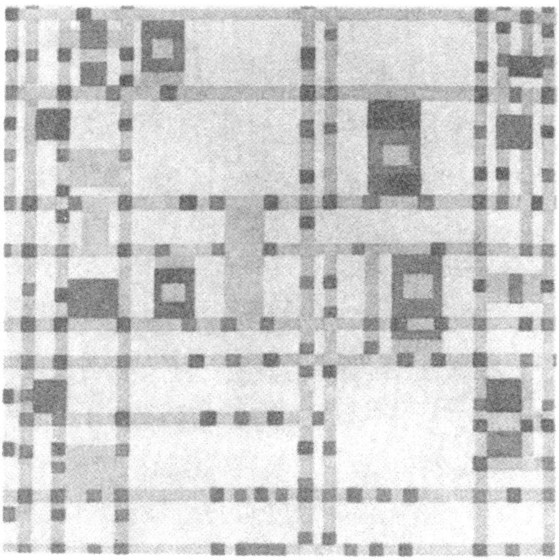

图 2-7　百老汇爵士音乐　蒙得里安（荷兰）

图 2-8　霍去病墓石雕·伏虎

图 2-9　斜卧像　摩尔（英国）

图 2-10　红色立方体　格诺切（美国纽约）

因此，美术作品的艺术形象，既指作品中的具体的人物、动物、植物、景物、事物，更是指作品给人以视觉感受的总体构成的形式；既是指抒发感情或表达审美理想的物化形态形式，也指表达观念创造的物态形式。

美术的视觉形象或艺术形象，就是诉之于欣赏者感官的艺术形式。商代《大禾人面铜方鼎》，给人以厚重、庄严、狞厉的美感，是由它扁方形的鼎腹、竖直的方鼎耳、粗实的圆柱鼎腿，以及鼎腹上的人脸、夔纹等具体细部形象构成的整体形象，及其形式给予人的视觉感受。莫奈的《青蛙塘》，画面有树、有人、有船和小码头，但画面给人的视觉感受却是那耀眼的阳光与水波倒影涟涟的光影景色形象，树、人、船、码头等形象都没有给人留下什么具体的印象。吴冠中的《松魂》（图 2-11），不是要创造优美的松树形象，而是要创造从松的形态中获取的苍劲虬曲的线条所构成的生命的联想的美——一种意象的美的形态与美的观念的表达，作品给人的感受也正是来自那苍劲虬曲线条所表达出的生命力，其线条形象也引发观赏者对人生对艺术的思考。

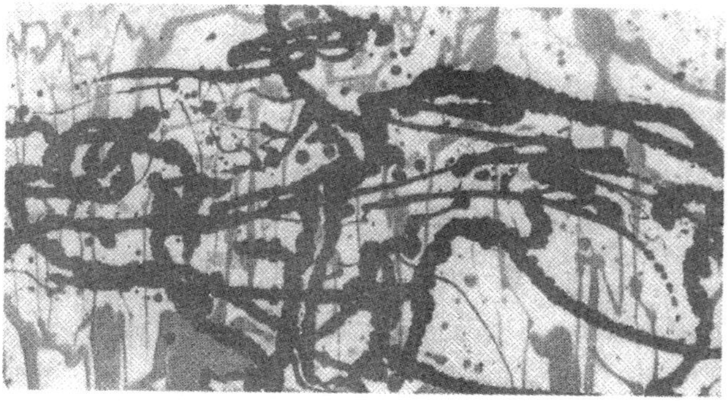

图 2-11　松魂　吴冠中

因此，美术的形象之所以是艺术的形象，在于其形象既是物质存在的形态，又有它深层的精神内涵；既要有感性外观，又要有理性内蕴；既是外在的显现的形式，又要有它的审美情感内容；既是源于审美客观，又是主体头脑中的审美意象。美术形象可谓是主客观的统一、感性与理性的统一、形式与内容的统一、情感与理智的统一的产物。美术形象既可一目了然，又能耐人寻味，使人从中获取新的感受和理性思考。

美术形象不仅是确定美术之所以成为艺术的基本素质，而且其艺术品格的高低、细粗、文野也是确定美术作品所具有的艺术价值的基本标尺。

美术的形象性特点，还表现在美术的创作过程中。美术家的创作灵感一般来自客观世界的形象对他的触发，艺术的构思便是以头脑中的表象为开始，经过草图（构图）捕捉表象，以草图呈现构思，构图的形式与形象是审视构思成熟与否的视觉效果的依据，并从构图中得到启发而深入构思，构图随着构思的深入而不断改进。构思与构图始终是在可视的形象基础上进行的。构思与构图互相促进螺旋式上升，达到作品形象的完美。这便是所谓的“雕塑家捏泥运思，画家握笔思考”。也就是说，不见于可视的形象性，是无法进行美术创作和完成美术表达的。

美术的这一形象性特点，决定美术学科教学不能离开形象性。美术学科的教学内容、教学原则、教学方法等，都是依据美术的形象性而设计和提出的，都必须充分体现出形象性特点。

美术教学内容的形象性，首先是使学生认识和理解美术家创造的艺术形态和形象。这是通过美术形象和对美术形象的分析进行的。学生是通过对美术形式与形象的把握，而接受美术作品传达出的信息的。

美术教学又是创造美术形象的艺术教学活动。教师所教技法，是为了使学生掌握并形成技能，以便去应用创造作品及其艺术形象。这也就是说美术学习，是创造艺术形象的实践活动。美术的许多课业，都可以说是围绕着怎样创造艺术形象和用什么方法去创造美术的艺术形象，以表达学生对客观世界的认识、主观情感、审美理想。

美术的形象性，决定其教学原则与教学方法都离不开形象性。观察、演示、练习等所有的教学方法，都是围绕着美术作品及其形象进行的。例如观察法，观察什么？观察的是客观对象和主观创造的审美对象，其二者都是以形象之形态呈现的。观察主要是观察形象的特征、构成要素等，观察所创造的形象是否符合形式美与心象的一致性等。这些观察又都是为了创造新的艺术形象。又如演示法，教师所演示的技法、方法、步骤，也是通过形象展现的，演示所出现的点、线、面、用笔、用色和所构成的形象以及物质改变形体的形象，等等，都不能离开形象性。美术的讲授法离开了形象的直观，便说不清楚美术的问题。

因此，离开形象性，便无法进行美术教学。美术教学培养学生以美术的方式认识客观世界和以美术形象表达对世界的认识，以及审美的改造世界、创造世界，这一切都是基于美术的形象性。形象性和创造美的形态、形象性，便成为美术学科区别于其他学科的最主要的特点之一。

2.2.3 "美"与"术"的统一性

"美术"这一概念所包容的门类范围，是不断变化的。但美术是人类创造的人们所需要的审美对象，这是不会改变的。美术一词，从字面上也可以理解为"美之术"。

什么是"美"，这是美学家一直探讨和争论的问题，据朱光潜解释："美是客观方面某些事物、性质和形态适合主观方面意识形态，可以交融在一起而成为一个完整形象的那种性质。"[①] 李泽厚也说："美是离不开审美对象的，人的主观情感、意识与对象结合起来，达到主客观在'意识形态'即情感思想上的统一，才能产生美。"[②] 把凡是能够使人得到审美愉快的欣赏对象都叫美。笔者赞同二位的解释。所以，也就有自然美、社会生活美与艺术美，或者说存在着这三类审美对象。

美术这个人类创造的审美对象之美，在于内容美与形式美的统一。内容美，是作者的思想境界与审美境界赋予作品的；形式美则是作者表达思想意识和审美趣味的艺术境界的体现，是通过"术"——技艺达成的。美术创作都是通过改变物质材料的原有的形态以表达作者的审美观念和审美意象，也就是都需要通过制作完成的。因而，美术创作是需要技术和技巧的。

所谓"术"，是泛指各种合于规律的工艺操作方法、手段和技能。美术家将客观世界作为审美对象去认识感受，获得审美感受和产生表达其审美意象的创作冲动。这个表达是需要方法和本领的，尤其是再现性的美术，不仅需要技艺，而且需要高超的技巧，才能制作精美的作品。中国画画家需要长期的训练，才能掌握笔墨技巧，使笔墨在宣纸上按意愿自如地流动变化，呈现出表

---

① 李泽厚：《美学四讲》，54页，生活·读书·新知三联书店，1989。

② 李泽厚：《美学四讲》，54页，生活·读书·新知三联书店，1989。

达审美意象的图形。雕塑家需要高超的技巧方法，才能将顽石雕刻成美丽的少女，才能化冰冷的石头为富有弹性感与体温感觉的肌肤。工艺美术家将瓷泥拉制成胚，烧制成光洁的瓷器，把玻璃制成各种水果形状、雕刻精美的纹样等，都离不开技艺。马克的表现主义绘画，蒙德里安的抽象绘画，以及现代抽象的雕塑等，也需要按其表达意图进行制作的技艺。圆形做不圆，需要光滑的表面而做不出光滑的效果等，即未能达到表现意图。这就是说，无技艺便无法表现审美意识和意象。

美术创作，是表达美术作者思想、感情、理念、审美理想的制作，其技艺不同于一般的劳动技能。而是智慧技能，包含着贴切地表达思想感情之心象和创造美的技能。

美术的“美”在于形式的美，形式美不仅在于作品艺术语言的构成符合形式美法则，还在于其艺术功力美和工艺美。任何人都可以画出线条和调出色彩，但与美术家画的线条和调出的色彩相比，在审美品格上相距天涯，这便是艺术功力差距的体现。美术创作过程，是将作品作为审美对象，不断地探索其美与技艺的统一的过程，即“美”与“术”的统一的过程。

美术需要技艺，即技能技巧，这一点在过去从未受到怀疑。但是，自高更对技艺的淡化到抽象派绘画的出现，及至 1917 年杜桑将小便池移到展览厅作为美术作品之后，否定美术技艺的理论也随之产生，英国哲学家科林伍德便是其中有影响的一位。他在 1938 年写的《艺术原理》便是否定艺术是一种技巧论的理论。他认为艺术并不是技术，把艺术与技术等同起来是陈旧的含义。他对艺术与技艺分别予以严格界定。他认为技艺“即通过自觉控制和有目标的活动产生预期结果的能力”。[①] 其意是说，技艺有着明确的目的性，是通过手段、技术按计划进行制作以达到预期

① ［英］罗宾·乔治·科林伍德著，王至元、陈华中译：《艺术原理》，中国社会科学出版社，1985。

目的的活动。他认为真正的艺术是“表现一个人情感的经验，而表现它们的活动，就是一般被称为语言或艺术的那种总体想象性活动”。因此艺术“不能容忍陈词滥调”。“任何真正的表现必然是一个独创性的表现。”“艺术活动不使用现成的语言，它在进行中创造语言。”他还说：“艺术家想要说的东西，预先没有作为目的呈现在他眼前并想好相应的手段，只有当他头脑里诗篇已经成形，或者他手里的泥土已经成形，那时他才明白了自己要求表现的感受。”[①] 综上所述，我们可以看出科林伍德认为技艺与艺术的本质区别在于：技艺是有目的有计划的制造活动，而艺术则是将情感经验化为想象活动过程的无计划无目的进行的，直至最后才明白所要表现的感受的创造活动。所以，科林伍德说具有陈旧含义的艺术“将被称为技艺”。“文艺复兴时期的艺术家，就像古代的艺术家一样，确实把自己看作是工匠。”[②]

科林伍德的理论及其后的贝尔的“形式说”、朗格的“符号说”、布洛克的“意图说”等，从哲学或美学角度解释现代视觉艺术的前卫艺术是具有积极意义的，对我们理解千奇百怪的当代艺术也是有益的。

但问题是社会对艺术的需要是多方面的，人们对艺术的选择也是多样的，尤其是模仿写实的艺术更为人们所青睐。因此，就是对后现代艺术解释最令人信服的布洛克在其《现代艺术哲学》一书中也说：不要以为这种模仿写实的理论已经过时了，“就连目前最时髦和作为现代艺术之代言的新批评主义，也一再宣称，模仿写实性质是艺术的无价之宝。”[③] 而且许多现代派作品，也

---

① ［英］罗宾·乔治·科林伍德著，王至元、陈华中译：《艺术原理》，中国社会科学出版社，1985。

② ［英］罗宾·乔治·科林伍德著，王至元、陈华中译：《艺术原理》，中国社会科学出版社，1985。

③ ［美］H·G·布洛克著，滕守尧译：《现代艺术哲学》，四川人民出版社，1998。

是通过写实技艺进行新观念表达的。布洛克在解释艺术表达情感时说："艺术家不是靠胡乱涂画就能创造情感效果，而必须依靠'现在'的情感材料。假如一个社会中各个成员在感知外部世界时，都不是依据特定的情感'语言'，情况就不堪设想——一场车祸不再是可怕的，电闪雷鸣不再惊心动魄，人的面部表情不再有友好与敌视之分，阳光和煦的天气不再是愉快的，阴云密布的天气也不再是沉闷的，假如你是个艺术家，你也就不可能将某种情感状态再现或表现出来。""然而我们生存的世界却不如此，这儿有通行的情感表现语言。""这个社会大多数人都用同样的情感语言来观看和体验这个世界，而这正是艺术家所需要的原始材料"。为了使公众接受，"必须使用人们熟悉的材料"和"必须使用为人们熟悉的字眼"。"因此，一个乱涂乱画的艺术家是不会为人们接受和理解。"① 掌握布洛克所说的这种情感语言和进行情感的表达，是需要技术和技巧的。当代西方抽象绘画的画家们要想超越先前的抽象绘画，就需要对色彩颜料效果、颜料重叠的效果、厚薄肌理效果以及艺术语言组合关系效果等方面花费颇多的精力加以掌握和实践，掌握它们即是掌握方法、技巧与本领。布洛克解释"现成品"的观念艺术，认为现成品变为艺术必须有艺术家"意图"，必须置放于特定环境和被观众理解，否则它依然是现成品，而不能称之为艺术品。这不同样需要有把握时机和观众心理的艺术技巧吗？当然，它不是我们上述的技艺的含义。但是，无须技艺的艺术，仅是艺术百花园中仅有的一枝花而已，且需经过历史的验证；而对绝大多数的美术来说是需要技艺的，是"美"与"术"的高度统一。

如此说来美术学科的"技艺性"是显而易见的特点，那为什么不提技艺性特点而提"美"与"术"的统一性呢？这是为了避

① ［美］H·G·布洛克著，滕守尧译：《现代艺术哲学》，四川人民出版社，1998。

免陷入单纯技法教学的误区。“美”与“术”的统一性，就是形式与内容的高度统一性，是形式的完美性。“美”与“术”统一的教学，是观念形态美术与物质形态美术二者高度统一的教学。

将实用美术排除在艺术之外而划归为技艺的科林伍德，恐怕也未想到，当人类进入21世纪的“后现代”的“非物质社会”，即“数字化社会、信息社会或服务型社会”后，随着个人生活环境的个性化，产品不仅不再是单一样式的大批量生产，而且还要打破同一产品生产许多样式供需要者从中挑选的那种生产，而是要走向按个性化需要进行设计，如同今日的发式、服装设计等依据个人的爱好和个性需要来进行设计一样，消费者将与设计师一起设计。这种设计开始无既定目标，是在创造探索过程中确定设计方案并将其制造出来。这就是“设计产品正在迅速地与艺术产品靠拢，设计过程正在与艺术创造接近”。“设计应该被认为是一个技术的或艺术的活动，而不是一个科学的活动。”设计“也要同艺术一样，随着不确定的情感制造一种不确定的和时时变化的东西”。[①] 在20世纪初，包豪森学校提出“艺术与技术的统一”将普及到每一个人。

在艺术多元化的今天，有必要让学生对各种艺术观念有所了解，以便于为其接触的美术解惑。基础教育美术学科教学在坚持“美”与“术”统一性的基础上，其根本问题如滕守尧提出的，是“以技入道”还是“以理入道”。对儿童“以理入道”行吗？何时“以理入道”，以及以什么样的“技”入道，等等，这是我们以后要深入讨论的。

“美”与“术”的统一性特点，决定美术学科教学既要教审美又要教技法，要让学生学习掌握美术基础知识与基本技能，很好地感受美、理解美、表现美。在教学过程中，要向学生解释

---

① ［美］马克·第亚尼编著，滕守尧译：《非物质社会》，4页，四川人民出版社，1998。

"美"与"术"统一性这一特点，让学生理解这一特点，充分体现这一特点。美术教学出现的陷入单纯技法，即所谓的"有术无美"的教学，或只重对美术文化的认知、理解，陷入美术史、美术评论和美学，而不进行技能训练的所谓"有美无术"的教学，都是没能把握好"美"与"术"在教学中如何统一这一特点。

2.2.4　多元性、多样性与无明确的标准答案性

里德、贡布里希和李泽厚等人都说过：一部美术风格发展史，实则是美术观念发展史。随着艺术观念的变化，新风格样式的美术也随即出现。新形式的美术作品又冲击人们的传统的美术观念，开阔人们的眼界。当人们对此习惯了之后，又产生对更新形式的需要。近百年来，美术发展迅速，流派纷呈，尤其近几十年来更是走在所有人文学科的最前头，创作观念趋向哲学，其作品形态奇怪得令人瞠目结舌，将人们的传统观念击得粉碎，毕加索、马蒂斯也已经成为传统，艺术已成为开放式的观念。

美术尽管有如此大的变化，但它不同于科学技术，在科学技术领域，一旦先进的理论和新的发明出现，旧有的理论、技术及其产品便被淘汰，从通讯方式、计算机产品更换淘汰之快可见一斑。然而，美术却是中国的、外国的、不同时代不同风格样式的并存，古老的、现代的、新潮的各种艺术观念及艺术形式呈多元化的并存，呈现百花争艳的局面。中国传统的文人画、敦煌壁画形式以及民间的剪纸；西方传统写实细腻的坦培拉画法、直接画法的油画、印象派的方法等，都仍然是今日美术人孜孜以求的学习对象，并用其方法进行创作。

从美术创作角度看，请十位使用不同工具材料的画家画长城，会出现十种绘画样式。其十种截然不同的作品，分别给人以不同的视觉形式美感。如果限定使用同一种工具材料画长城，也会由于画家面对长城的感受不同以及画家个性的不同、艺术创作观念的不同，所画出的长城同样会有很大的差异。仅以对长城的视觉感受为例，有的可能从形状上感受强烈，有的则从色彩上感

受强烈，有的感受到长城的雄伟，有的感受到长城的蜿蜒绵长，有的感受到它的古老沧桑……每人都用一双个性的眼睛看长城，对长城这一现实的再现和解释，也就不会相同。如果再加上画家的不同的联想，有的可能联想到古战场；有的则可能联想到国歌与抗日烽火；有的联想到长城是中国的脊梁，它的每一块砖石都是民族英雄的化身；有的联想到长城砖石是秦代人民的血汗……从而画长城就会赋予不同的含义，一个以长城为题材的绘画作品，也将有无限多的表现。

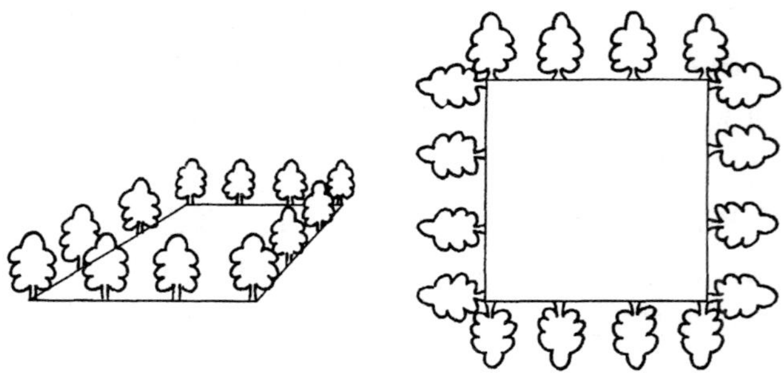

图 2-12

仅就“再现”现实这一点来说，鲁道夫·阿恩海姆在其《艺术与视知觉》中曾描写了一段他设想的一个古埃及画家和文艺复兴时期画家的争论，争论的焦点是：在再现同一个四周长满了树的方形池塘时，谁的画更加写实（见图 2-12）。那么这两幅画究竟哪一幅更加写实呢？很明显，两幅画同样都是写实的，只不过是不同意义的写实罢了。正如阿恩海姆所说：“一个埃及画家看了用中心透视法画出的池塘后，可能会做出以下议论：这幅画整个说来都是错误的，而且看上去极其混乱。池塘的形状被歪曲得不成样子，它看上去与其说是一个正方形，倒不如说是一个不规则的四边形。在现实中，池塘周围的树木是等距离排列的，每一棵树都是与地面垂直的，树的高低也都是一样的。可是在这幅画中，某些树跑到水里去了，另一些树则留在水的外边，某些树与地面是垂直的，而另一些树与地面相交的角却是倾斜的，所有的树都高低不一，其中有一些树，看上去要比其余的树要高得多。一个西方画家听了上述评论后，也许会提出这样的反驳：埃及人所画的池塘只有从飞机上往下看时才是那个样子，因为池塘周围的树看上去都像是躺在地上似的。埃及人在听了上述反驳之后会觉得这种说法是荒唐的，也是不可理解的。”① 显然，二者都是按着各自的传统画法去画所见到的池塘，只是对看到的东西理解的不同，所以布洛克说：“我们的绘画实践活动的确是一种习俗性的活动。”“每一方，最后都能够做到把对方的‘再现’看成是写实的，其前提是要理解对方的艺术传统。”②

画家长期创作追求获得的视觉经验，使他们在观察同一景物时用各自的长期形成的“形式美”的眼睛去观察。中国水墨画家将山石树木按皴法墨法去看，景物是水墨效果的，目中景物扬弃了光与彩。印象派画家将景物看成是阳光照耀下色彩的变化与色调。以装饰色作画的画家看景物，排除不同空间的微妙色彩变化，是大色块的组合。黑白版画画家看景物，则将其概括为黑白灰色块的关系。如果我们有这样的观察体验和认识，就不难理解布洛克所说“在普通视觉活动中，我们总是不停地调整着视网膜形象，使之合乎我们从长期经验中认识和期望的该事物的形象。”“马蒂斯在《蓝衣女人》中展示的色彩在平面上的扩张，毕加索在《镜前的女人》中展示的多重透视艺术（在这方面，这幅画同埃及人画的池塘相类似），都利用了视觉的这一特征。从某种意义上说（从知觉的恒常性看），它们同另一种透视艺术（即接近

---

① ［美］阿恩海姆著，滕守尧译：《艺术与视知觉》，135页，中国社会科学出版社，1984。

② ［美］布洛克著，滕守尧译：《现代艺术哲学》，65页、94页，四川人民出版社，1998。

于视网膜形象的艺术）具有同样的写实性。如果人们看到的东西同视网膜形象相同，那么透视艺术便是正确的。但是，如果人们在真正所见（从完整意义上理解）应该是视网膜形象再加上人通过以往经验对这一形象的解释，那么马蒂斯、毕加索和埃及艺术家的艺术便应该视之为正宗的写实主义艺术。”

欣赏者对美术作品的赏析，也是如同埃及与欧洲二位画家的争论一样，有着各自的理解与解释。人们的经历、文化水平、审美观念、艺术修养等的不同，对美术作品的感受也不会一样，审视美术作品的角度也不会相同，自然会有不同的解释与评价。因此，对美术来说是没有明确的标准答案的。恰是这一无明确的标准，才给艺术创作带来无限的生机，给人以多方面的启示，也给美术学科教学带来无限的活力。

美术的多元性、多样性与无明确标准答案性，使美术学科具有如下特点：

第一，美术学科教学内容对美术文化的多元性与多样性的包容，即同一课题所选范围具有包容流派的多元性与风格的多样性的特点。

第二，美术学科教学对学生创作，不仅允许而且鼓励对生活有不同角度体验、认识的表现，尊重学生在造型、用色等表现手法上的独特性与表现意图的新颖性，为学生创造性的发展提供了广阔空间。

第三，在组织学生讨论对美术作品的感受、认识、理解与评价等有关问题时，不苛求标准答案，甚至对社会已有共识评价的作品也可让学生发表不同看法。

以上可谓是美术赋予美术学科不同于其他学科的又一特点。

3

美术学科教育的社会基础

教育是社会的有机组成部分。它与社会有着紧密的关系和联系，既要依托于社会，受社会诸多构成要素如经济、政治、文化、科技等制约，又反作用于社会诸要素。作为教育组成部分的美术学科教育，其教育现象必然也是以社会为基础。

3.1 美术学科教育是社会发展的产物

美术学科教育是社会发展的产物，但美术学科教育并不是随同学校的产生而产生。它的出现的社会基础是与生产方式有密切关系，与社会用人标准和教育目标有关，对美术学科教育重视的程度，也与社会发展和对其功能的认识有关。

3.1.1 美术教育起源于人类为了生存和交流的需要

如果说美术起源于人类制造劳动工具和实用物品，传授这种生产经验的教育便蕴含着美术教育。在向儿童少年传授认知和教画部落图腾，制造祭祀器物和神的形象的活动，便属于美术教育。

自奴隶社会末期，社会出现了分工，出现了专门从事美术及其教育的工作。所谓从事美术和美术教育，按现在美术所包括的门类来看，是指制造生活用品的实用美术和祭祀、占卜、供神以及用于教化的图像、雕刻等造像活动及其传授的“家庭美术教育”和“社会美术教育”。

学校教育萌芽于氏族社会，据《尚书·舜典》载：“夔，命汝典乐，教胄子”，即开始对部落显贵后裔实施专门教育，并出现养老兼教育场所，称其为“庠”。孟轲解释说：“庠者，养也”，即由氏族公社有经验的老人负责对少年传授生活、生产经验的综合教育，包括造物教育在内。据《尚书·大禹谟》载：舜、禹对战士进行作战训练，也包括武器的制造。这当然含有武器造型的教育。

氏族公社末期产生了文字。文字学家考证：汉字起源于图画，是图形符号交流信息衍变成象形文字符号的。图形传达方式在文字传达方式之前。唐张彦远于《历代名画记》中说：“周官教国子以六书，其三曰象形，则画之意也。是故知书画异名而同体也”。俞剑华对六书注释：“周礼保章氏掌六书：指事、谐声、象形、会意、转注、假借，皆仓颉之遗法也”，由此可以看出，周代官学教学生写字，如同习画。

3.1.2 任贤取仕的早期社会，学校教育的综合性内容含美术教育

中国奴隶社会鼎盛时期的西周，出现了比较完备的学校教育制度和官学教育体系，教学内容有六艺，即礼、乐、射、御、书、数，当属最早的学科教育。那时的科目并不是严格区分，美术虽然没有被列入科目，但在一些科目中却蕴含有美术教育。例如在“六艺”“礼”的各种仪式教育中，融进了服饰教育、器物教育。《周礼》把周王朝的礼节分为“吉、凶、宾、军、嘉”五大类，每类又分多种。各种“礼”都有繁缛的仪式、礼式所用器物、服装各有象征含义。其中，“凶礼”之一的“丧礼”服制，有所谓的“斩衰、齐衰、大功、小功、缌麻”等五服的区别。五服中的斩衰最重，缌麻最轻。斩衰的丧服用最粗的麻布做成，不缉边，使麻布的断处外露，以示没有修饰，表示丧情的深重。齐衰的丧服也用粗麻布制作，但缉边，故称齐衰。大功、小功的丧

服都用加过工的熟麻布做成。大功的丧服比齐衰的布细，比小功的布粗。再如“冠礼”，这是一种成人礼，前后要举行三次。第一次加的缁布冠。缁布冠是周代贵族男子戴的普通帽子，它表示这个贵族男子成人了。第二次加的是皮弁。弁是贵族男子戴的用白鹿皮做成的缀上五彩玉石的一种比较尊贵的帽子，表示有参加兵役、保卫贵族权利的责任。第三次加的是爵弁。这是一种红中带黑色的帽子。戴上爵弁就意味着取得了在宗庙中参与祭祀的权利。[①] 六艺中的“乐”，包括音乐、诗歌、舞蹈等综合艺术教育，含有美术及人文的教育。而且，西周还于议政和教育之所——“明堂”的门墉上画有尧、舜、桀、纣及周公相成王以朝侯的画像，用以戒恶、思贤的教育。其教育效果使孔子参观后都感慨地说：这就是周所以兴盛的原因。六艺中虽然没有美术，但却于各艺中融入了美术，并利用美术进行教育。

孔子对其弟子进行的也是综合教育，在其弟子中有善画和善雕刻者，而且《论语》和《孔氏家语》中还记载有他关于画理和鉴赏的语录，可见其教育涉及美术内容。孔子提出的“兴于诗，立于礼，成于乐”的审美教育，有利于促进人才的全面发展。

秦汉时期，在教育思想、教育内容和用人标准上有过激烈争论，汉武帝推行“独尊儒术”的教育思想，可是在东汉灵光帝时却办了“鸿都门学”打破了儒要独尊的教育传统，以生活所需要的诗、赋、书画作为教育内容，还任用有特殊才能的人才为官吏。南北朝时期的鸿儒颜之推提出以“德”与“艺”为教育的主要内容，主张培养人才要“德艺周厚”，除读经史百家等书本知识外，还要学习“杂艺”。“德”承袭儒家思想，但却又主张“夫学者，贵博闻也”。“杂艺”，即琴、棋、书、画、数、医、射、投壶等。在隋代，隋炀帝即位后，即降诏说：“……若有名行显

① 姚汉荣：《中国古代文化制度简史》，16 页—19 页，学林出版社，1992。

著，操履修洁，及学业才能，一艺可取，咸宜访采，将身入朝。"[①] 看来，是不拘一格选拔人才。

上述时代，由于人类在自然科学方面不够发达，学科分工不细，学校教育内容基本是以人文科学为主的综合性教育。这种教育，有利于人的全面发展和个性才能的显露。

3.1.3 科举取士的封建社会，有美术教育，但无真正意义的学校美术学科教育

科举制始于隋，当初有其积极的意义。自唐代，科举便成为取得官职的必由之路。科举确定考试内容方向之后便成为学校教育的指挥棒，学校根据科举考试的要求组织教学活动而沦为科举的附庸。虽然历代仍将孔子奉为万世之师，但教育再也不是孔子的"游于艺"的教学方法，也不是综合性的教育了。

清末以前的学校，诸如"太学"、"侯学"、"邸学"、"官学"、"国学"等各类学校，都是为了培养统治者和文人士大夫阶层少数人设立的，虽然重视书写，却未见将美术列入教学内容的记载。因为科举不考绘画，绘画只是少数文人沿着颜公教育思想作为业余陶冶情操的一种修养而临摹自修。从晋代开始，虽然出现了文人画家，如顾恺之和其后的众多名垂千古的大家，但都不是从学校习得的绘画本领，皆是个别师承或临摹范本的师承学有成者。

科举制度下的学校培养出的人才，知识片面，能力欠缺，迂腐、僵化、缺乏创造精神。这种以科举入仕的社会，"万般皆下品、惟有读书高"，轻视科学、轻视实业、轻视技艺，也是必然的。这种教育，是封建社会手工业生产方式的产物，是经济发展缓慢的反映。

在封建社会，所谓有美术教育，指父子、师徒关系传授百工技艺的教育。作为总结百工技艺书籍的《考工记》(公元前5—3世纪，据郭沫若考证为公元前483年)，记载了当时官营手工业

---

① 孙培青主编：《中国教育史》，285页，华东师范大学出版社，1997。

图 3-1　已纳入高中美术欣赏课本的古代或民间的
“百工技艺”之部分作品

和家庭手工业的主要工种有：制车、铜器铸造、兵器制革、乐器、玉器、制陶、建筑、画缋（缋同“绘”，指用色彩绘画或绣的花纹图案）等（图 3-1）。这些门类的造型设计于今日，都属于美术范畴。它们就是今日称之的工艺美术、绘画、雕刻和建筑艺术。在古代，实用物品的美术设计与制造，一般是不分的，全过程都是由工匠完成的。复杂的工种，一般由多人完成，初学者、手艺差者干粗活，艺高者从事设计与指挥，负责操作关键环节（图 3-2-1，图 3-2-2）。传艺的教育，包括制造技术、工艺技艺、艺术设计等，是直接的经验传授。其受教育者（或儿子或徒弟），是为了个人于社会中求得职业获得生存的需要。传艺者（或父亲或师傅）是为了使其技艺得以延续，满足社会需要有技艺的生产者。这是手工业小生产者的教育形式。

唐代是封建社会的鼎盛时期，由于经济发展，手工业劳动者已经组织起来。据《新唐书·百官志》记载其组织形式是“凡工匠以州县为团，五人为火，五火置一长”。劳动者子女在这集团组织中接受技术训练，并规定了考核标准。其标准是“细镂之工教以四年，车辂乐器之工三年，平漫刀削之工二年，矢镞竹漆柳之工半焉，冠冕弁帻之工九月。教作者传家伎。四季以令丞试

图 3-2-1　古代铸釜，其设计者即今日美术师

图 3-2-2　古代景德镇瓷窑上釉加彩

之，岁终以监试之，皆物勒工名”。但由于依然是手工业生产方式而未能改变父子、师徒传授的教育形式。

明清时代，生产规模扩大，同行业工匠分工越来越细。例如景德镇瓷器业，在生产过程上分很多工种。其中，拉胚工便属于造型，画工属于装饰，画工中的画样工属设计，绘事工就是实际的描绘操作，填彩工予以上色完成。但由于整个生产依然是手工业生产方式，所以传授方式也未变。

在中国封建社会，也曾出现过美术学校，如东汉时期的“鸿都门学”和宋朝的“画学”。前者是为了搜罗有艺术技能的人才，从中选用有为者做官吏；后者则是为了培养宫廷画师，但它们所录取的学员人数极少。至于一般的平民百姓，对美术的精神需要往往是在低水平的美化了的生活用品的消费中获得；或在宗教、民俗、游戏等活动中，间接获得；或在木版印刷出现之后的年画消费中获得满足。

中国在漫长的封建社会中，在科举制的指挥下，学校无真正意义的美术教育，直到清末才开始发生变化。

3.1.4 关注工业发展与商品竞争的社会，学校设置美术学科，其教育旨在为经济基础服务

鸦片战争以后，外国列强的坚船利炮打开了中国封建社会的大门。清朝统治阶级的有识之士认识到科举制的弊端，提出废科举、办新学，造就新的人才，发展现代生产力是强国之路的主张。社会出现了引进西方先进科学技术、创办实业的“洋务运动”。此时，对人才的要求与以前手工业生产方式所需人才有所不同，要求不仅要懂科学，还要懂工业制图和工程图。绘制工程图，又需要一定的图画知识。为此，于 1904 年始，规定在创办的新式学堂中开设图画课。从此，中国在普通学校中，才开始有了真正意义的美术学科教育。

欧洲国家于学校设立美术学科，比我国先行百余年。尽管此前 17 世纪，西方教育理论奠基人夸美纽斯（1592—1670）积极主张艺术教育，他在《大教学论》中提出让儿童们作画练习，通过画画使儿童的感官和想象得到发展，并于该书中专辟一章论述艺术教学法。由此看来，他有过艺术教育的实践。其后 18 世纪，法国启蒙思想家、教育家卢梭（1712—1778）也主张学校进行美术教育。瑞士教育家裴斯泰洛齐（1746—1827）主张把“工艺与艺术方面”的教育提到与“道德方面”、“智育方面”的教育同等的地位，并于 1774 年在自己办的一所孤儿院里开设图画、手工课。但在当时，他们的主张和实践，并未得到社会足够的重视。19 世纪初，欧洲的工业革命使得社会生产方式发生巨大变化。此时，德国教育家赫尔巴特（1776—1841）明确提出把美术作为学校的教学科目，但应者仍不普遍，只有个别学校开设有图画、手工课，因为人们将眼光都投在发展工业而重视科学教育上。1851 年伦敦万国博览会上，当人们对工业产品失去原有手工艺

的美而提出批评时，才使人们认识到：工业发展只有科学尚不够，还需要艺术，需要美的介入，工业产品才能受到人们的欢迎。由此，而成为美术学科教育发展的重要契机。为了适应工业发展和商品经济竞争的需要，欧洲国家在美术专业学校迅速发展的同时，中小学校也普遍开设了图画课。法国科学家蒙日（1746—1818）提出将几何画法的“图学”列入中学教学内容，因为适应工业发展的需要，而备受重视。

我国虽然于1904年提出开设图画课，但由于多年战乱、经济发展缓慢，尤其是1949年以后的20年处在与世界隔绝的地步，认为“美”是资产阶级专利的偏见，以及应试教育等原因，美术学科教育的重要性一直未能得以显示。“文革”后，中小学要不要美术课，它的重要性在哪里，成为人们争论的问题。为此，南京师范大学、首都师范大学美术系教师，分别对各高等学校理工科和部分著名科学家进行调查。科学家们纷纷从本学科角度谈中小学美术教育的重要性，异口同声地要求加强中小学美术教育，认为美术学科教育能为从事科学研究需要的形象思维、立体观念、想象力、创造力等打下思维方式的基础和形象表达的基础。

反思“文革”期间破坏文物的现象，可以认为，当时不仅是青少年由于对人类文化艺术遗产的无知，主要也在人们的知识结构中普遍缺乏对美术和美术遗产的正确认识；尤其改革开放初期，我们在对外贸易中，由于不重视商品包装，白白损失掉不少人民币。人们由此明白了在商品竞争中美术的重要作用，开始重视商业美术中的一项——包装与装潢，其后又认识到在商品竞争中，商业美术中的任何一环都很重要，同质商品的竞争，其造型设计改动一个边角或变化一下颜色，就可能使其由滞销变为畅销，从而战胜竞争对手。时代发展至今日，在商品的功能相似的情况下，审美价值成为商品竞争的重要因素，人们对某些商品的审美要求，是为吃饱肚子而在疲于奔命时代的人们所无法理解的。人们对服装的选购不再局限于价廉，更重视在价格参照下的物美，甚至将美作为第一位的选择。今天，服装业的竞争，再也不是师傅带徒弟的“裁缝匠”所能胜任，而是有专门学校培养专门人才，并有专门研究机构和专家从事研究工作，不断更新款式，并通过多种渠道的信息网络和广告宣传，带动人们对服装美的观念的发展。人们这种审美要求，也使非审美性的商品，如电冰箱、洗衣机、汽车等外形设计亦已具有了审美价值。在商品竞争中，人们不但悟出了商业美术的重要性，而且还悟出了工业产品不仅在于设计，工人的造型能力、美术素质对商品的工艺质量有着直接影响；认识到在房间装修一类的行业中，其工艺性不仅在于技术，更在于人的艺术眼力和修养；认识到国家的经济发展，必然与国民的美术素质的提高联系在一起，国民具有优良的美术素质才能在激烈的国际竞争中战胜对手。

由此，我们对中学设不设美术课的争论方告结束。目前，美术学科教育，不仅由 60 年代仅设在初一改为开设至初中三年级，而且在高中也开设了美术课。这不能不说，美术学科教育是社会发展的产物，是对作为生产力的人的规格要求提高的产物。

3.1.5 关注人的社会，重视美术学科教育，旨在人的发展

西方，工业的高度发达，已经给社会带来诸多的负面影响。我国在向现代工业化的进程中，工业的发展给社会带来的弊端也已显露：大气污染，水污染，大地污染，生态环境遭到破坏，许多动植物灭绝；人成为机器的奴隶，成为机器的组成部分而失去“自我”，变得思想空虚，生活枯燥；人的生活在千篇一律的封闭的“水泥盒子”中，且以电视、电脑传递信息的方式更使人们互不往来，人际关系变得冷漠。商品化竞争的社会，使人们产生诸多心理疾病，腐败与犯罪也成为较普遍的现象。

因此，在 20 世纪 80 年代，联合国教科文组织两次国际会议，分别以“学会生存”、“学会关心”作为大会的主题。就是考虑面向 21 世纪的教育，要使人“学会生存”、“学会生活”、“学

会创新”，以解决未知问题的能力；要使人学会关心自己，关心他人，关心社会，关心人类赖以生存的生活空间。这“需要一种新的、具有更高整体化的求知方式”，也必然涉及未来教育内容和课程的整体改革，艺术和美育将成为课程体系的重要组成部分，成为综合知识和能力培养的重要组成部分。

更有不少学者在关注科学与工业化给人类及其社会带来弊端的同时，还注意到在商品大潮中当代文化走向的误区：一是自然科学与人文科学的两极分化，许多科技工作者不懂也不接触文艺，生活枯燥单一，致使头脑僵化，形象思维能力减退，而且“自我”意识不强。二是现代传媒技术推动大众文化发展的同时，使人们脱离了真正的艺术，并远离对生活的直接接触、感悟的审美体验。三是艺术自身在摆脱“工具”作用的同时，而在脱离政治、道德、“为艺术而艺术”的道路上越走越远，越来越抽象，发展到谁也不懂的地步，成为不能与观众交流的神秘的怪物，失去了真善美品质。四是在商品社会中，艺术变成一些公司、商业大款标榜文化层次的包装，文化变得浅薄。五是传媒为了赢得观众、迎合一些人的低俗趣味，电影、电视、小报充斥色情与暴力，而使文化的品格降低。这“致使一些无文化修养的人误以为自己也能成为文化的权威，可以随意对艺术趣味问题和艺术创作问题发表意见。”①

基于文化走入上述误区，学者们提出要提倡“审美文化”和进行“审美文化”的教育，以使人们能“艺术化的生活”。这无疑为“学会生活”、“学会关心”，从美学角度予以了完美的诠释。

“审美文化”并不是一个新概念，据滕守尧介绍：在西方，19 世纪学者们即注意到工业大潮、科学至上主义和由此导致的大众化社会，对文化和教育的健康发展构成严重威胁，就已经提

---

① 聂振斌、滕守尧、章建刚：《艺术化生存》，1 页—5 页，四川人民出版社，1997。

出“审美文化”。英国学者提出“审美文化即把艺术作为文化的核子的文化”，美国学者提出“审美文化即生活与艺术融为一体的文化”，欧洲大陆学者则提出“审美文化即文化的各个领域（道德、认识、艺术）在审美原则下融合的文化”。究竟什么是审美文化？在中国，滕守尧等学者“把审美文化视为文化发展到比较高级阶段上的文化。在这一阶段，随着整个文化领域中的艺术和审美部分的自治程度和完美程度的增加，其内在原则就开始越出其自治区，向文化的‘认识’领域和‘道德’领域渗透，对人们的伦理和认识、社会生活、教育模式、生产与消费方式、服饰、服装、工作、群体与职业等领域同化和改造。”“当人们的思维方式、生活方式和教育方式全部都艺术化之时，整个文化就成为审美文化。”①

笔者理解滕守尧等学者提出的“审美文化”和“审美文化”的教育，首先是强调在艺术和文化的审美部分自治的基础上，恢复文化艺术真善美的统一性，使文化，尤其是艺术，表现出深刻的思想和高贵的伦理价值，使其对人及人与世界的多样性有独到的洞察和揭示，使其具有高级、优雅、超越、深刻、独特、自由、逍遥、奔放、纯粹、经典、真实等品质，保持其精神性和先锋风格，能够给人以审美体验，使人在对其学习过程中达成自身的完美。

其次，将艺术和审美原则渗透到整个文化领域，使人的思维方式、生活方式、教育方式等艺术化，即“艺术化生活”。所谓思维方式艺术化，就是运用科学的逻辑、抽象思维方式造就科学精神的同时，融进艺术和审美的那种形象思维，整体把握和洞观感悟的情与理统一的思维方式，使之具有审美倾向的人文精神，使在思维刻板严密性中增加些浪漫、想象与活力的“艺术性”。

---

① 聂振斌、滕守尧、章建刚：《艺术化生存》，527 页－528 页，四川人民出版社，1997。

这样，随着历史的发展而“分手”的艺术和科学，又随着历史的发展又携起手来，科学家又可以凭借着美感去追求真理。所谓生活方式的艺术化，即生活向艺术靠拢，向艺术境界攀登，重视在自己从事的劳动、工作、吃饭、休闲、观察、倾听、写作等活动中获得完美经验，将其过程和经验向审美经验转化，使之具有强烈性、完整性、清晰性特征，化被动的劳作为一种有自己的探索和创造的追求。例如教师的教学工作，如果日复一日地被动地机械重复，必然感到工作乏味，感到是教书匠，是工作的奴隶。但如果将教学工作变为有追求的目标、创意的想象、探索的努力，使其过程完美并获得经验的不断完善，那便是艺术，便会如同艺术创作一样感到自主、愉悦和满足，师生之间的关系也会别有一番新的融洽的面貌。所谓教育的艺术化，也就是用艺术和审美的原则从事教育。这首先是个体自主地接受终生教育，不断追求新的知识；学校进行的是素质教育，不再是简单的知识灌输，要灵活和有成效地促进个体素质的全面发展与特长素质的显露并向成功发展；丰富学生知觉感受力和经验、知识，增强学生的创新精神与实践能力。这样的教育，是综合的教育，和谐的教育，是师生共同对新知识新经验层面有不断探索的教育，是师生都获得成功愉悦感的教育。

再次，学者们提出要想达到“审美文化”，在于教育。对教育提出要重视“审美文化”教育，即学校要以艺术和审美原则进行育人活动，也就是说学校要进行艺术教育的美育。“审美文化”教育，是以艺术和审美所具有的特点，如不断探索和创造的精神；情感介入与形象永远一体的整体思维模式，即循理又重情，更重视以情入理，以法达成真善美的内容与形式的和谐统一性；非物质目标的弱化，追求丰富的人生经验、丰富的精神生活等为原则进行教育。审美文化教育，是一种全面的教育，使所进行的教育实现其功能的价值，使学生具备艺术和审美原则所赋予的上述特质。它可以使个体感性与理性、个性与社会性、情感与理智和谐一致，知、情、意三者得到有机的统一，使人的本质的异化现象消除，人性的真正复归，以及人与自然、人与人之间的矛盾的真正解决。这便是目前世界由于重视人才的全面发展，而重视艺术和审美教育的根本原因所在。为此，发达国家和目前我国，都重视艺术教育，重视美术学科教育。

3.2　社会经济是美术学科教育的物质基础

经济是教育发展的基础，必然也是美术学科教育发展的基础。

社会经济是美术学科教育的基础，首先表现为能否为美术学科教育提供具有合格学历的美术教师。一个国家或地区具有一定的经济实力，才能投资教育，培养合格学历的美术教师。教师的学历层次是随着生产力水平的提高而提高的。中国清末新式学堂虽然开设图画课，但财力所限培养不出美术教师，所以只能定为随意课，能正式开课的学校为数不多。当时在高师和中师的用器画，也只能聘请外籍教师教授。中国在民国期间，虽然将美育列入教育方针，也从理论上重视美术学科教育，但基于社会生产力低下，无钱支付培养美术师资的经费，培养不出合格的美术教师，致使几十年内在大多中小学无美术教师。新中国建立初期，由于结束战乱不久，生产力水平依然很低，而使美术学科教育的发展受到制约。在相当长的时期内许多中小学以“小黑板旅行”方式上美术课，就是因为缺少美术教师。我国在改革开放后，随着经济的发展、生产力的提高，美术学科教育得到迅速的发展，在城市的学校，不但配齐了美术教师，而且教师的学历层次也在不断提高。但由于经济发展的不平衡，不同的地区也显示出很大的差异性，在经济发达的大中城市美术教师的学历层次已接近或达到发达国家教师的学历水准，在经济落后生产力低下的极个别贫穷地区仍有少数学校由于缺乏教师而未能开设美术课。

其次，经济水平决定美术学科教学条件与设备。美术学科教育的发展，不仅需要一定学历的美术教师，而且需要专用教室与设备和必要的教具、学具材料。所以，美术学科教育与语文、数学、外语等学科相比较，是消费较大的学科。经济水平低下，不可能投资修建专用美术教室和配齐各种教学设备。我国目前仍有许多中小学无专用美术教室，这是以前生产力低下时建校所遗留的问题。现在，我国经济发达地区新建校都建有美术专用教室。随着经济的发展，无美术教室的学校将会随之得到改善。在教学设备上，在发达地区的学校，不仅配有各种电教器材设备，有的还设有陶艺室、电脑绘画教室等。我国的美术学科教学在几十年内，随着经济的发展，教师已由一支粉笔、手绘幻灯片、土制幻灯机，发展到目前具有齐全的现代电教设备；学生上课也由一支铅笔、一张纸的消费，发展到目前可以承受彩绘陶罐和烧陶，彩绘大型民间狮舞的狮头，在衣服上设计图案和布扎染等的学习消费。

3.3 生产力制约美术学科教育的内容与手段

中国经历了长期的封建社会，在封建社会，建筑有严格的等级规范，雕塑从属于建筑与宗教的规范性，工艺美术是手工业生产，只有绘画的个人创造性自由度较大。生产力的低下，使得人们对物质消费只重视物质使用本身，所以对绘画的认识超过对美术其他门类的认识。因此，普通学校的早期美术学科教学内容仅限于绘画。随着商品经济逐渐超越小范围地域的竞争和机械化生产程度的提高，使得美术学科逐渐增加了工艺美术类内容。

现代社会，由于物质产品的丰富性和商业竞争的全球性，使得人们在消费物质产品的同时，还要求满足某种审美的精神需要。商品经济的竞争，不仅依赖科技，而且依赖美术，要求科技与美术的结合。例如，商品造型、商品包装等要适应人的视觉感官的审美需要，能满足审美要求的商品便具有竞争力。人们购物，不仅要求价廉物美，而且有时选择高价物美。现在，“经济、实用、美观”的工艺美术原则，随着生产力的发展，已经向“美观、实用、经济”方向变化。这在服装业、玩具业、家具业、美发美容业已体现得很充分。随着工艺美术发生的这种变化，使美术家族不断出现新成员，如工业美术、商业美术、平面设计、立体设计、印刷美术等。随着工业化带来的负面影响和人们愈加重视人类的生存空间，又发展出环境美术。商品经济的竞争和发展，不仅使美术的作用与社会地位提升，而且在人才规格标准上，也要求具备与社会发展相适应的审美素养与能力。美术学科教育，也必然调整和增加与社会需要相适应的教学内容。

生产力的发展，不断为美术教学提供先进的教学设备与教学手段，如电脑、电炉窑等，使电脑绘画、烧陶等内容也能进入课堂教学。美术设计创作手段，也由原来的人工手绘变为用电脑绘制。

美术学科教学，由于增添了多媒体教学设备，使美术教学超越手绘、手制的演示，使许多内容的教学可以通过影视、计算机、多媒体等手段展示出生动的形象，使诸如平面设计、立体设计等教学内容可以灵活地展示出丰富的变化性和变化过程。

美术鉴赏教学通过计算机联网，可以让学生在教室内参观各国美术史迹遗存和观看著名博物馆的美术藏品，查阅美术家的资料和美术作品产生的背景资料，查阅对美术作品的名家评论以便于把握不同观点等。这样便可以极大地拓展学生的美术知识面和提高审美选择能力。

生产力的发展，交通的便捷，旅游式的美术教学也会随之出现。这样学生便可以身临现场接触美术史迹，直接感受人类的文明。

4

美术学科教育的功能

所谓功能，是指美术学科教育能做些什么及其具有的功效与作用。

学科教育功能，是学科教育价值之本和学科价值之所在。价值是对功能的评定。学科价值是由其教育功能来支撑，依功能给予其价值定位，是决定其在学校教育中地位的依据。对美术学科教育功能的认识，有利于提高美术学科教育实践的自觉性，以实现其价值。

我们在探讨美术学科教育的本质时，认为它是“传递美术文化”和“促进人的全面发展”的学科教育，这便是美术学科教育的二项本质功能与价值。在探讨美术学科教育与社会基础的关系时，涉及它可以直接或间接地服务于社会的功能，可谓是美术学科教育的又一项功能价值。以上三大类教育价值之功能毕竟是笼统的概念，况且美术学科教育功能远不止于此。有必要将其功效作用具体化，以确定美术学科教育价值于学校教育中的地位。因此，探讨美术学科教育的功能，也可以说是对美术学科教育的本质的深入认识。

探讨美术学科教育功能，首先应明确以下几点：

其一，对美术学科教育功能的认识，是随着美术教育的实践和发展而不断得以扩展的，是随着实践经验的积累和理论的自觉而逐步得到增强和深化的。最初，人们对美术学科教育功能的认识，仅限于传递美术知识、技能的实用性功能以及美术的教化功能，是一种浅表层面的认识。其后又认识到陶冶情操、涵养性情功能以及促进人的发展的功能。随着脑科学的发展，又认识到美术学科教育可以发掘人的右脑潜能，促进左右协调互动的发展功能。这就是对美术学科教育功能认识的不断发展与深化。到目前为止，人们对美术学科教育功能的认识，仍然不能说已经很透彻或认识穷尽。

其二，美术学科教育功能，是教学内容、教育观念与教法相结合作用于受教育者所发挥出的功效作用。例如，50 年代初期，在片面学习前苏联的以写实绘画为主要内容、以写生为主要教学模式的情况下，中国画被视为不科学而排斥在教学内容之外，培养出的学生对美术的全面的正确认识受到限制，对祖国的传统艺术的认识，也由于与写实艺术有所不同而被视为不科学的落后的。学生的美感知能、审美趣味在其片面引导下，致使报考高等美术学校时，出现专业成绩好才能学油画，差的只能学中国画的错误倾向。改革开放以前，将西方现代艺术包括印象派艺术，全然被批判为资产阶级反动没落的艺术，这就不仅限制了人的审美眼界，也限制了人对艺术的自由追求。如果一个教师的教学，仅限于让学生死板地临摹或仿制范画、范作，且不许越雷池一步，对学生来说便无创造性可言，便不能发挥培养创新精神的功能。这就是说教学内容选择及其教学侧重点不同，其功效作用就有所差异。同样的教学内容，由于教育观念和教法不同，其功能也会有所不同。

因此，美术学科教育，如果是先进观念、理想的内容与科学的教法有机的结合，进行全面的教育，其教育功能体现得也会全面，学科教育价值也愈高。

其三，美术学科教育功能是综合统一发挥的。传递美术文化，就是使“美术”这个人类的物质财富与精神财富得以继承、延续和发展（图4-1），在其教学过程中，美术与教育同时作用于接受者，即在其身上产生诸多的有益其发展的功效作用。笔者在研究中感到除介绍工具、材料、名词、术语等属于纯知识性的传授和学习之外，一旦进入形象表现与欣赏，便融进感知、感情、联想、想象、思维与审美等多方面因素，其教育功能便不是单项的了，便与人的发展有着密切关系。例如，作画和设计制作的过程，既是观察，又是美的感知，既是技能与能力的锻炼，又是感情的表达，也是一种创造，既是对美术理解、领悟、审美趣味的提升，又是审美经验与丰富知识的过程。总之，是人的多方面得到发展培养的过程。这也就是说，人在学习美术的过程中，不仅知识、技能在增长，而且情感、思维、趣味等也随之得到发展。如此便很难分清，哪是传授“美术”哪是“育人”，学生更分不清哪是接受“美术”哪是“个体在发展”。在进行美术传达与表现过程中，也必然与社会经济、社会政治、社会问题、社会环境甚至社会法规等有所联系，产生一定的社会效应。北京市通

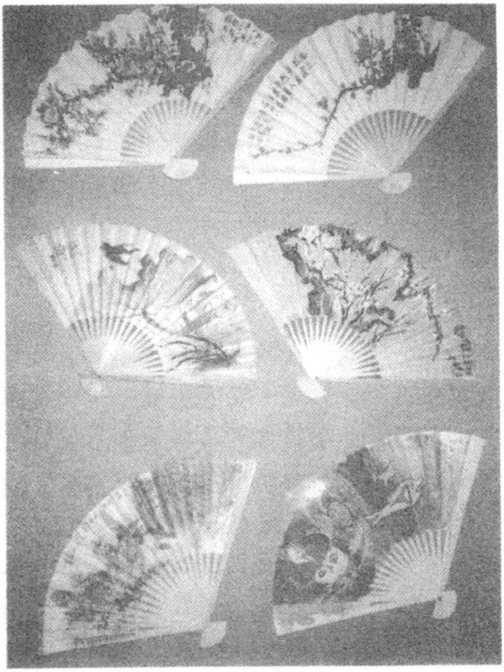

图 4-1　扇面画（选自 1998 年北京市中小学生工艺美术教学作品展）

过禁放烟花爆竹决定之后，东城区吉祥小学的学生到各户发送他们课堂上画的禁放烟花爆竹的宣传画作业。教师在启发学生构思创作时，不仅蕴含着联想、想象、发散思维、情感与创新精神的教育，同时也蕴含着伦理道德、社会责任感、环境意识等多方面的教育内容。学生们在课堂上，既得到绘画能力的锻炼，又增强法规意识和社会责任感。其教育功能是多方面的，是综合的。

4.1 传递美术文化的功能

美术作为人类文化，应该继承和发展。美术学科教育就是通过美术教学，使每个公民认识、理解美术，掌握一定的美术基础知识和技能，提高美术文化素质，并使一部分有美术才华的学生继承和发展美术事业，满足社会需要。这是美术学科教学的基本功能与价值所在。美术学科是由不同门类美术的技艺体系及其相关的知识体系构成的综合性学科。其大多数课业是技艺性、实践性很强的，有的课业又有相当的理论深度，是一个区别于其他学科的知识领域和技能领域。从传递美术文化角度看，其功能如下：

4.1.1 拓展学生的学识视野，丰富其知识领域

美术学科教育所教所学，虽然是美术的基础知识与基本技能，但所涉及的知识面却十分广泛，主要包括美术形态学、技法知识、创作知识、美术史、美术社会学、审美学等知识领域。通过美术学科，使学生走进一个既熟悉又全新的知识领域，从而丰富和健全了他们的文化知识结构。

(1) 丰富美术形态学方面的知识

从目前美术教材内容看，向学生所介绍的绘画、雕塑、工艺美术、建筑艺术等美术不同门类的艺术特征，便属于美术形态学知识。通过教学，可以使学生对美术的构成及其诸门类能予以区别，并知道各门类美术的创作方法和用途。美术学科传授技法的

教学，不仅使学生习得了技法特点、方法步骤和加深了对美术形态的认知，而且也习得了与其有关的工具、材料的名称和材质特点与性能知识，同时也丰富了色彩知识，如色相名称、明度、彩度和原色、间色、复色关系，以及调色方法、配色方法、色彩对比与谐调方法，等等。

（2）丰富美术史方面的知识

美术学科教育，虽然不进行系统的美术史教学，但目前教科书内容所涉及的美术史知识是极其丰富的。它包括美术的起源和远古时代、氏族社会、奴隶社会、封建社会至现代各种绘画、雕塑、建筑与工艺美术，将其串起来就是一部简明美术史。现在的教学，已经可以使学生粗浅明了地见到美术发展的历程。通过教学，学生不仅知道了美术史上许多经典作品和大美术家，而且了解一些人类珍贵的美术遗存。现在的中学生的美术史知识，如果说已经超过“文革”前的大学生，那是一点也不过分的。学生在了解了美术史上不同国家、地域不同时期的美术作品的艺术风格及现代艺术多元化面貌以后，又反过来加深了对美术形态学的理解。

（3）丰富美术社会学方面的知识

美术学科教育内容中的有关美术的起源、美术与社会发展、美术与政治、经济、宗教、文化等的关系，都在一些课业中予以渗透。从学生作业中也可以看出，学生用绘画反映社会问题。学生通过美术创作活动，懂得了用美术作品反映人类进步与揭露社会阴暗面的作用；了解了工艺美术与商品经济挂钩等知识；学生通过欣赏美术作品，也可以领悟到美术是人类文化的造型载体和它反映出的各历史时代的文化特点与精神风貌。学生从民间美术的学习中，可以了解到民间美术与民俗文化的关系，知道了民间美术形象符号的含义。例如：蝙蝠、松、鹤、桃等动植物象征含义，喜鹊与梅花的组合、鱼与莲的组合以及布老虎、虎头帽等的象征意义等。

此外，学生从各课业对美术范作和作业的评价中，还可以习得美术批评的知识。

（4）习得粗浅的美学知识

美学一词，是由外国翻译而来，李泽厚说如果用更准确的中文翻译，“美学”一词应该是“审美学”。“审美”就是从美的角度对客观对象的审视。研究审美问题，如什么是美、美感、形式美、美的创造、社会美、自然美、艺术美以及分析人对艺术认识的观点等，就是审美学，即美学。

在美术课上，学生往往提出一些刨根问底的美学问题，例如，“这画美吗?”“这画为什么好?”“为什么毕加索那样画?”“再现艺术与表现艺术的区别在哪里?”“杜桑的《泉》（小便池）算是艺术吗?”“艺术为什么呈现多元化的面貌?”“中国画中的梅、兰、竹、菊为什么具有人格的象征意义?”“民间美术为什么是民俗文化造型载体?”“为什么民间剪纸表现怀孕动物，要将肚子里的小动物也剪出来?”“什么是‘传神’、‘以形写神’、‘气韵生动’?”“这儿的风景怎么美呀?”……诸如此类的问题，不仅是艺术创作问题，也是人们认识美、感知美以及审美态度等美学问题。在中小学美术教材中，尤其在高中美术教材中，都涉及了这些问题。在美术学科教学中，虽然没有“美学”一词出现，但“审美”一词却经常灌于耳中。学生对上述问题理解，虽然是粗浅的，却也增长“美学”或“审美学”的知识。

4.1.2 促使学生习得美术技能，形成美术能力

技能，是人通过训练（或实践活动）而获得和巩固下来的动作方式，反映个体操作技术的熟练性。美术技能区别一般的动作技能，不仅在于它的动作性，而且在于它具有心智性特点。例如，握笔画线是动作技能，但将线条变为树枝形态，且美，既要有技能功力，也要有智慧。所以，美术技能是智慧技能。美术学科教学很多课业是技能训练，如绘画的绘形、调色、着色，泥塑的捏、塑、刮、磨等技法的掌握（图 4-2），纸造型的折、剪、粘接等技术的熟练性与造型结合的规范性等等技能。这些技能，

只有从美术学科教学中习得。

图 4-2　彩塑和彩绘石膏人（选自 1998 年北京市中小学生工艺美术教学作品展）

美术能力，是人适应和胜任美术学习或美术应用与创造等实践活动的要求，于完成实践活动的任务中表现出的实际本领。它既是个人调节自身行为的心理可能性，也是人以美术技能为基础使之变为现实可能性的品质。培养学生的美术能力，是美术学科教育所独具的功能。

美术学科教育，主要在于促使学生将所习得的技能运用于美术实践，如写生、创作、完成美术设计，用于美化环境和生活实际应用等（图 4-3）。美术学科教学，大多是联系这些实际的。美术学科培养的这种能力，实际是创新精神与实践能力的统一。美术学科从技能类型分的能力如下：

（1）培养绘画能力及绘画的应用能力

美术学科教育从幼儿、小学开始，基本上是以绘画教学为主的。培养学生的绘画能力，是一种以绘画为手段传达对世界的认识和个人情感的美术能力。绘画能力，具有广泛的应用性。例如，生物课画植物的生命循环过程，画兔子的解剖图，画种子的结构图等。这种运用画图像说明事物的直观性，比语言文字的表述要清晰，且更容易记忆。又如地理课画地图、地形图；用画图的方式向亲友介绍从天安门去颐和园的方位、路线；将所见物体的形状用图画向人们予以说明等，都是绘画的实际应用，都比语言表达更为有力，是直观无误的形象表达手段。

图 4-3　挂盘（选自 1998 年北京市中小学生工艺美术教学作品展）

运用图像传达和接受图像传达信息的能力，不是由生物课、地理课、语文课培养的，其责任在美术学科教学。美术学科教学不仅具备此项功能，且是它独特的功能。

（2）培养立体造型能力

培养学生运用物质材料进行立体造型能力，是美术学科教学任务之一。例如泥塑、粉笔彩雕、利用废弃物造型、陶艺、纸立体造型等，都是培养立体造型能力的课业。由于其动手的操作性，不仅可以促使学生发展立体的形象思维，而且可以促使学生心灵手巧。

（3）培养设计与制作能力

设计与制作本是两个概念。设计是指根据实际需要将构成作品的要素通过策划、设想和安排，构成协调统一的整体，旨在给人以舒适美观，且与环境与人相协调的艺术效果。制作是按设计的规定与要求，生产出预期的东西。中小学的设计与制作课业有两类：一类是造物造型，一类是应用美术。造物造型的锻炼，可以促使学生对日常生活中一切人造物的审美关注（图 4-4）。应用

图 4-4　纸盒加工设计与钟表造型

图 4-5　邮票设计·爱鸟　刘婧（安康师范附小）

图 4-6　邮票设计·汉水新居　宋扬（安康市一中）

（以上为陕西省安康地区中小学生邮票设计比赛的部分作品）

美术，包括平面的图案、标志、黑板报设计等；还包括立体的，如节日环境布置，室内装饰物的制作，等等。美术学科的这些内容的教学，可以使学生的设计意识、设计能力得到提高，也可以使学生动手的实践能力、审美能力受到锻炼，并形成技术意识。

（4）提高学生应用美术的实践能力

美术学科教学的内容，有很多是联系学生的学习和日常生活实际的，如服装设计，色彩的配置，美化生活空间的布置与装饰，制作贺卡，设计邮票（图 4-5、图 4-6）与剪纸等。这些课业大大提高了学生对美术实际应用的认识，也使他们能够在生活中应用。我们已经欣喜地看到他们美化的课程表，节日时学生互赠自制手绘的贺卡，教室里的黑板报、墙报，运动会上举着自己设计的班级标志，新年时通过运用拉花剪纸等将教室布置得浓艳热烈，他们头戴自制的头饰、面具尽情地歌舞。学生在自己家中的案头上，摆放着自己彩绘的戏曲脸谱、彩陶、自作的小手工艺品，挂着自己扎染的花布和吊饰。他们还在其他学科学习中运用图像表达来完成作业，有的学生在日记本中自绘插图和尾花等，都表现出通过美术学习提高了应用美术的实践能力。我们还看到在不少学校的校园内定期刊出有针对性的校园漫画，在《儿童漫画》和地方报刊上有中小学生发表的美术作品（图 4-7），他们已经早早地运用漫画参与了社会生活。我国邮政系统已经出版了

图 4-7　自食其果　北京市平谷中学（选自韩梦熊著《怎样开展中学生漫画活动》）

图 4-8 第二届入围儿童复赛现场

两套儿童设计的邮票等（图 4-8）这都是美术学科教育所发挥的效用之体现。

4.1.3 使有美术才能的学生才华显露，为美术的延续发展培养后备人才

美术学科教育，既可以使全体学生的美术素质得以提高，又可使美术素质突出的学生得以才华显露，使其获得和强化发展美术的志趣，再通过课外小组活动的辅导，为美术的继承、延续与发展培养后备人才。这也是中小学美术学科教育作为素质教育，发展学生的素质特长不可忽视的方面，也是美术学科教育所独具的功能。

4.1.4 实现美术价值

美术作品是作者或按个人意图或按当时社会要求创造的。其艺术形象与造型是一种表达，与社会的经济、政治、宗教、文化等密切相关，反映了作者和社会的人们对客观世界的认识、观念与情感，尤其工艺美术与科学技术密不可分。所以，美术是人类文化的造型载体。其价值在于从其传递的信息中，对人起到认

识、教育和审美三大作用。通过美术教学，通过学生对美术的接受，可以使美术的真善美品质得以发挥，实现其自身的价值：

（1）实现认识价值

美术教学可以使学生从美术作品的形态、造型、形象和内容等传递信息中，获得多方面的认识。例如从《秦陵兵马俑》中，可以使接受者认识秦代军阵、军服、兵器，获得“秦王扫六合，虎视何雄哉”的气魄和意志的感受，认识秦代雕塑成就的辉煌。张择端的《清明上河图》，不仅可以使观赏者认识其艺术形态和艺术成就，还由于其如同宋代社会形象的百科全书，使观赏者从中可以认识宋代社会的风情，认识宋代各阶层的生活情景、水陆运输、商业贸易，认识宋代汴梁城的布局、桥梁、船只发展程度以及各种东西的造型、使用情况等。从美术作品中获得的认识，归纳起来有以下几种：

第一，对各时期的社会情态，包括政治、经济、宗教、人们的生活等各方面的情态的认识。

第二，获得对各时期社会精神风貌的感受与认识。

第三，获得对各时期美术成就的认识。

第四，获得对各时期科技文化与工艺水平的认识。

第五，获得对各时期人们的精神世界的了解。

（2）实现对接受者的教育作用

美术作品既然是人对世界认识、观念、情感的表达，传统美术还讲究艺品与人品的统一，所以美术的内容便具有教育人的作用。且不说“文以载道”的主题性内容，对接受者的教育作用，即便是表达艺术家人格气质与自然生命力的作品，也对人具有感染作用，而能通过情感作用潜移默化的净化人的心灵，使人趣味、品格高尚。

（3）实现审美作用

美术作品的造型主要是传递美的信息，使接受者悦目悦心。传递某种情感、观念信息的美术作品，有的虽不美，但却能冲击人的情绪，启迪人的思想，促进人对事物的思考。

美术的上述三大作用，如果不是由于美术教学，学生是很难自觉接受的，正是由于美术教学的介绍，学生才在接受美术文化的同时使其对学生发挥三大功能作用，使美术自身价值得以实现。

4.2 促进学生全面发展的教育功能

促进学生全面健康的发展，按国际通常的说法就是促进学生人格获得全面发展。这是教育的理想，或理想的教育。所谓“人格”，指人的个体的体格、感知觉、思想、语言、能力、气质、性格、意志、情感、动机、态度、价值观、行为习惯等诸方面特征的综合体。按人格的定义来看，美术学科教育对学生诸多方面的发展都是可以有所作为的。例如语言方面，美术学科有许多术语和知识，可以丰富人的语汇和交流的言语；再如培养趣味、态度、意志、动机、价值观以及潜移默化地影响人的气质等方面，都可以对其有教育功效。如此一一列举详尽分析，将显得累牍。我国教育方针将其归纳为在德育、智育、体育、美育诸方面得到发展，故下面依此分析美术教育对人的全面发展所具有的功能。

4.2.1 美术学科教育的德育功能

德育，是对思想政治与品德教育的总称，是指教育者按着特定社会或阶级的要求，对受教育者施加一定的社会思想和道德影响，使之形成应有的思想政治观点和道德行为规范。德育是指导学生如何做人的教育，是学校首位的教育工作。江泽民同志在1999年全国教育工作会议开幕式上的讲话中明确指出“思想政治教育，在各级各类学校都要摆在重要地位，任何时候都不能放松和削弱。思想政治素质是最重要的素质。”中共中央、国务院《关于深化教育改革全面推进素质教育的决定》中规定“以马克思列宁主义、毛泽东思想和邓小平理论为指导”“加强辩证唯物主义和历史唯物主义教育，使学生树立科学的世界观和人生观。要有针对性地开展爱国主义、集体主义和社会主义教育，中华民族优秀文化传统和革命传统教育，理想、伦理道德以及文明习惯养成教育，中国近代史、基本国情、国内外形势教育和民主法制教育。把发扬中华民族优良传统同积极学习世界上一切优秀文明成果结合起来"。这便是我们学校德育的主要内容。江泽民同志指出"不断增强学生和群众的爱国主义、集体主义、社会主义思想，是素质教育的灵魂"。

美术学科教育必须按照国家规定的德育目标实施教育，而且能够发挥学科形象性、情感性特点，使学生在学习美术过程中受到美的形象与内容的感染，动之以情，再巧妙地融进德育之理，便可以发挥如下功能：

（1）潜移默化的思想政治教育、伦理道德教育功能

美术作品具有借用美术形象，传达社会思想，对人起到教化作用。早在奴隶社会的周代统治者就注意到并开始以描绘历史上的先圣和昏君作为"教戒"之用。这既是用绘画教育臣民，也是以其作为自我教育的工具。后汉王延寿《文考赋画》赞灵光殿之壁画："图画天地，品类群生。杂物奇怪，山神海灵。写载其状，托之丹青……上及三后，淫妃乱主。忠臣孝子，烈士贞女。贤愚成败，靡不载叙。恶以诫世，善以示后。"这文以载道的绘画，能否起到诫世、示后的功能呢？魏曹植撰《画赞序》写到"观画者，见三皇五帝，莫不仰戴；见三季暴主，莫不悲惋；见篡臣贼嗣，莫不切齿；见高节妙士，莫不忘食；见忠节死难，莫不抗节；见放臣逐子，莫不叹息；见淫夫妒妇，莫不侧目；见令妃顺后，莫不嘉贵。是知存乎鉴戒者图画也。"宋代郭若虚在《图画见闻志》中记载一则故事："孝成帝游于后庭，欲以班婕妤同辇载。捷妤辞曰：'观古图画圣贤之君，皆有名臣在侧。三代末主，乃有嬖倖。今欲同辇，得无近似之乎？'上善其言而止。"这便是古代图画所起的"教戒"作用之实例。所以，张彦远在《历代名

画记》中称“夫画者：成教化，助人伦，穷神变，测幽微，与六籍同功”，这是对美术作品所起到的教化功能的概括表述。直至现代，人们仍利用美术的形象性特点，传达社会思想，使其发挥教育功能。

美术学科教育既利用美术的这种功能，又根据德育的需要，有意识地选择有积极教育作用的美术作品进入课堂。例如天安门前的《人民英雄纪念碑浮雕》、潘鹤的《艰苦岁月》、蒋兆和的《流民图》、詹建俊的《狼牙山五壮士》、古元的《人桥》、董希文的《开国大典》，等等，于欣赏课教学中自然而然地融进了中国近代史、革命传统、革命理想、革命英雄主义和爱国主义教育。

美术学科教育通过介绍和欣赏作为祖国古代文化遗产的美术作品，如《秦始皇陵兵马俑》、《北京故宫》、《敦煌石窟》等，以及对祖国山河进行写生，使学生产生一个由观察、感受、动情、抒情到爱的升华的心理过程。当学生了解了我国传统美术作品以其独特的艺术形式和辉煌的成就光耀于世界艺坛，成为人类文化的瑰宝时，其民族自豪感和爱国主义情感便会油然而生。这是最生动具体的爱国主义教育。

艺术的美是以真善为前提的。优秀的美术作品在反映自然与社会生活的同时，还体现着作者对自然、对社会的评价和看法，传达着作者的思想和情感。尤其上述旨在以教化为目的的作品，更是对所绘之人之事进行鲜明褒贬的艺术处理，必然把阻碍社会发展的事物，对社会上不正当的和对社会有害的事物，当作“丑”的对象加以鞭挞和嘲讽，使“丑”的东西被人们尖锐地感觉认识到，并引起愤怒、厌恶，从本质上加以否定；而对有利于社会发展的事物和对英雄人物则予以褒扬，以引起人们的敬仰、热爱与效仿。美术作品这种作用，对少年儿童来说尤为明显。校园走廊内挂着我国著名的政治家、科学家、文学家、艺术家的画像，定会在学生中树立起对这些伟大人物的崇敬心情，并由崇敬产生效仿的行动。

人们欣赏美术作品时，是感知和理解、情感与认识相统一的一种精神活动。欣赏者通过美术作品在认识自然和社会的同时，还受到作者所表现的思想、情感和真善内容的感染与影响，并引起道德、情感的共鸣和对生活的感悟，从而产生自我教育的内化作用。这便是寓理于情、以情动人的教育作用。

（2）美术创作教学的德育功能

图 4-9　生日礼物

这幅发表在《中国初中生报》上的北京平谷中学学生作品，被全国六家报刊转载（选自韩梦熊著《怎样开展中学生漫画活动》）

从目前学生创作的题材内容来看，不仅涉及环保问题、人口问题、战争与和平问题、节能问题、水资源问题等诸多社会大问题，而且涉及诸多伦理道德等问题。这不能不说是和教师的教学启发有关。这就使学生从小树立起关心社会的责任意识和应有的伦理道德观。例如，北京和平里四小、北京市平谷中学的漫画小组，他们通过漫画创作褒扬好人好事、针砭时弊，批评社会和学生中的不良行为（图 4-9），不仅使创作者思想品质得到提高，也大大促进了学校的思想政治教育工作。学生观察、表现生活中的好人好事、先进思想与事物，这本身就是在一种高尚情感支配下的行动，这种高尚情感定会化为一种行为操守。所以，北京平谷中学韩梦熊老师深有体会地说："漫画活动好像人生的路标，指明学生做什么人，走什么路，对学生世界观的形成有很大的辅助作用。"

（3）提高美的识辨力，辅翼德育，使学生积极向上

爱“美”是人的天性，美感是人的一种直觉性的本能，但对“美”的识辨力却是需要通过学习才能得以提高的。培养美的识辨力，包括对自然美、社会生活美、艺术美的判断能力，尤其后二者，便包括了道德，不真不善不可能是美的。人只有追求美，才能形成良好的道德品质。因此，“美”是道德纯洁的源泉，是道德的精神支柱，只有提高对美的识辨力，人的情感才不会随意抛洒，人的言行才不会丑陋。

美术学科教学所接触的美的内容与美的形态，可以使人的情操受到陶冶，可以潜移默化地促进人的优良道德品质的形成。我们且不说富有思想内容的主题作品对人的道德影响，就中国花鸟画而言，其借物抒情、缘物言志的特点，艺术家赋予松、竹、梅、兰、菊等花卉以高尚人格的寓意，就有很强的道德教育意义。在我国古代，表现自然美的山水画，被认为是一种替代自然山水供“披图幽对”的人“畅神”之物，通过“应目会心”“方趣融其神思”，“应会感神”，达到“神超理得”之目的。[①] 山水画那优美的景物和作者投入的精神的生命力，必然也使欣赏者在认识自然美的同时感受自然生命力的可爱而净化情感，促使人精神健康积极向上。前苏联教育家苏霍姆林斯基在《给儿子的信》中说：“美，首先是艺术珍品，能培养细致入微的性格。性格越细致，人对世界的认识越敏锐，从而对世界的贡献也越多……”他认为“欣赏图画就是认识情感的世界”，“鉴赏大自然就是维护自然的美”。

美术学科教学通过各课业自身的内容，如绘画、工艺、雕塑、园林、建筑和生活中的人物体态、服装、发式等形式美感，教育、影响学生的情感和行为，使之热爱生活，积极向上。因为，人的审美观与道德观有直接关系，美好的情感促使有好的行

---

① （南朝宋）宗炳（315－443）的《画山水序》。

为，不能识别美丑，便无是非观念。培养美感，就是培养识别美丑，就是驱恶扬善、避邪就真。如果高雅的审美趣味不加以培养，粗俗的邪念便会滋长。

美术教育与德育的关系正如鲁迅所说："美术之目的，虽与道德不尽符，然其力足以渊邃人之性情，崇高人之好尚，亦可以辅道德以为治。"①

4.2.2 美术学科的智育功能

智育，是向学生传授现有的系统文化科学知识，培养和发展智力的教育。智力，是保证人们有效地进行认识、理解客观事物和运用知识经验解决问题的能力。其包括感知力、观察力、想象力、思维力、记忆力等。美术学科教育是智育的重要组成部分，且能有效地促进学生的智力发展和学校的智育工作。

（1）促进学生感知觉和观察力的发展

感觉是人对客观世界认识的起点和基础。尤其视觉，是人的主要感觉器官，是人认识客观世界的主要渠道，是关系到人的心智发展的重要因素和人的发展的主要方面。知觉是人对感觉信息的组织与整合的认识。在美术学科教学中使学生大量接触了各种物质材料，尤其在泥塑、纸造型、废弃物造型中，学生通过捏、塑、压、磨、剪、刻等对材料的改变过程，强化了他们的运动觉和触觉。在传授色彩冷暖、对比、形式感时，又经常调动他们的联想。正如罗恩菲德所说："在我们的教育制度中，知觉的开拓和成长都被忽略了。如果没有艺术教育的话，儿童几乎不会注意到感觉的意义和特质。"②

因为通过视觉认识事物的整体，所以称视知觉。美术学科教育离不开观察。观察是一种有目的有计划的视知觉活动。从观察

---

① 鲁迅：《拟播布美术意见书》，载于《鲁迅论美术》，3页，人民美术出版社，1982。

② ［美］罗恩菲德著，王德育译：《创造与心智的成长》，55页，湖南美术出版社，1993。

内容的选择，对观察对象的分析、比较、判断等整个观察过程，都有思维的参与，而不是被动的视觉感受，所以鲁道夫·阿恩海姆称视知觉为“视觉思维”。但这种“视觉思维”不是思辨性的，而是直觉的。

儿童作画与艺术家作画，都强调直觉。艺术家的直觉的敏感性，便是视觉观察与审美感知的敏锐性，是训练的结果。例如，物象形体与色彩的微妙变化，作品中线条的败笔与风格，等等，艺术家一眼便可感知到，常人则视而不见。笔者家室内装修时，木工在墙上画装订线，美术学院毕业的女儿进屋一眼便见到竖线有倾斜，指出后两位木工尚有怀疑，于是他们再用吊锤测量，果然有偏差。这就是艺术训练出的眼睛的敏锐性与常人的差别，是一种观察能力。美术的观察能力，是指通过观察把握物象形体、色彩、结构、质材等外部特征的能力以及全面认识事物的能力。美术教学活动，从基本功训练到艺术创作，从把握客观对象到把握自己正在进行的作品，都需要观察，时时都在培养着观察方法。美术失去了观察，犹如人失去了心脏的跳动。因此，美术学科教学着重训练的主要方面是观察能力。因为它是美术的基本能力和主要能力。

至于感受艺术作品表现风格，诸如“甜”、“涩”、“苦”、“俗”、“雅”、“邪”、“正”、“奇”、“媚”，等等，以及感受画品境界，如沉雄、高古、荒寒、清旷、朴拙、圆浑、幽邃、超脱、简洁、空灵、躁动等，更是通过艺术教育，方能培养出的感知力。

（2）促进形象记忆力

记忆是反映机能的一个基本方面。由于记忆，人才能保持过去的反映，也才使当前的反映在以前反映的基础上进行，使反映更全面、更深入。人也就是有记忆，才能积累经验和扩大经验。“没有记忆，一切心理的发展，一切智慧活动，都是不可能的”，[①] 可见记忆于人的发展的重要。

① 曹日昌主编：《普通心理学》，210页，人民教育出版社，1996。

据心理学家测试人对图形的记忆优于概念记忆，原因在于图形是具体的显示，一下可以烙印在脑海里。语文教师在教汉语拼音时，往往用形象图来加强学生的记忆，这就是利用了通常所说的形象记忆。形象记忆，是指对感知、观察过的事物的形象能够识记，并在相当长的时间内其形象信息在头脑中得以储存，并能提取加以运用的能力。

一般人之所以不能默写作画，重要的原因是其没有经过作画的强化形象记忆过程，拿起笔来头脑中不能形成清晰的表象，下笔时头脑的形象几乎无影无踪。但是，一旦画过之后，由于记忆深刻，一般是可以重复默写画出的。研究者曾对 20 名孩子做过这样的试验：拿一幅花卉让 10 个孩子观看五分钟，然后默画；让另外 10 个孩子对照临摹，然后默画。前者默画出来的只有两人，而且在观看时曾经用手指默绘或心绘过；后者全部能默画出来。他们虽然都经过视觉感知和记忆的，但画过与否，记忆程度是不同的。这就说明手绘过程比观看过程更有利于记忆。我们都有写生过的形象深刻地储存在记忆中的体会，即便过去很多年后，一旦看到那幅写生画，便会引起对写生对象及写生过程的记忆。

（3）促进学生思维能力的发展

思维是将感知的事物的本质规律予以概括的反映，显示了人的智慧。美术写生，是一个不断观察和概括写生对象的过程。美术创作，也是一个不停顿的思维过程。以《设计北京日坛中学的标志》的课业为例，首先要想象和构思，考虑怎样以最简括明确又新颖的形式将日坛中学予以表现出来。这就可能出现数个方案（图 4-10），即出现多种不同方案的思考。探索和追求多样性的思维，就锻炼和培养了学生的发散思维。在多种不同方案的基础上，选出个人或众人满意的一个方案，或吸收其他方案中的优点集中于一个方案，将其设计达到至臻完美，这又锻炼了学生的聚合思维。在考虑怎样将地坛中学这个抽象的概念变为图形时，就必须想象，这是新形象创造的起点，进而考虑字的变形、图像的

图形主体是“日”字的拼音字头“R”，中间部分也是“日”的象形文字。

以“日坛”两字的拼音字头为主要表现对象，造型较活泼，表现了中学生的性格特征。

取“日”和“中”两个中文字构成标志图形。

整体形象是一个“日”字，中间的横画以“日坛中学”的四个拼音字头构成。

用有特色的日坛建筑造型构成，图形中心的鸽子是学校的象征。

以鸟的形象代表学校和学生，具有向上与发展的象征意味。

圆形代表校园，学生们像幼苗一样在校园里成长，整个造型也有“日”字的感觉。

以“日”字为大的外形，并有人形的感觉，象征学校及教师，精心扶植上方代表学生的小苗，表现了学校的性质与良好的师生关系。

图 4-10　《北京日坛中学》标志设计的几种方案

张歌明设计稿

组合、构图的均衡，等等。这些都是以头脑中所呈现的心象为依据，在不断地变幻组合过程的思考，就培养了学生的形象思维。这个过程，又是以“构图”捕捉想象出的心象于草图中呈现完成的。设计《北京日坛中学》这么一个标志，既要考虑符合标志的共性特点，又要考虑与众不同的新颖、美观，这便培养了学生的创造性思维。想象力是思维的特殊形式，是创造的基础，无想象力便无创造力。在将图案制作完成的过程中，要动手画草图，然后用工具按步骤绘制，要有一系列的动作考虑和操作动作的协调顺畅去完成，这是对学生“动作思维”的锻炼。

美术创作，首先要有创新精神，要有打破常规思维和大胆的想象，才能有创造性的发散思维；有了熟练的操作技巧，才能将设想的图案完美地形成，完成设计的创造。

当课堂上，向学生展示大量的各不相同的标志及其诸多的设计方法，这本身就激发了学生的发散思维的想象。向学生展示各种不同流派及其形式风格的作品，就打破了学生头脑中对美术的常规思维模式，激发了他们的创作思维，尤其当他们发现全班可以有那么多不同的设计和表现手法，就更进一步激发了他们的发散思维和创造性思维。学生设计制作的全过程，不仅使其想象丰富，而且使其思维系统受到锻炼，增多了思维的经历和体验，从而促进思维力的提高和发展，促进了创造力的发展。

（4）开发右脑智力潜能，促进左右脑均衡发展，使人心灵手巧

人脑是完整的有机的系统组织，分左右对称的两个半球。左、右脑具有不同的思维模式，又有同样高级的智力功能。左脑善于分析、抽象、计算和求同，是处理语言、数学和进行抽象逻辑思维、集中思维、分析思维的智力活动中枢，支配着人的语言、阅读、计算、排列、分类和时间观念，具有连续性、有序性、分析性等功能。右脑善于感受、想象、虚构和求异，是处理表象和进行形象思维、直觉思维、发散思维的智力活动控制中枢，支配着人的视知觉、形象记忆、认知空间、进行想象模仿、感受音乐与节奏、表达态度与情感等，具有不连续性、弥漫性、整体性功能。大脑两个半球，既各司其职又协同合作，是同时或

不停地交叉传动工作。在作画或进行工艺设计时，既依赖于视觉、形象思维对形象信息的加工、改造和想象，也依赖于左脑进行分析、排列和逻辑思维。左脑进行科学的抽象思维，也必然有形象思维作为基础进行协调、促进。大脑的这种“交互专门化功能”，说明脑的两个半球缺一不可。大脑的某一半球的损害，都会导致相应机能的丧失。人的聪明才智，与先天遗传因素有关，也依赖于后天的教育培养。“狼孩”的事实证明，左脑虽然具有支配语言的功能，但离开了语言环境的教育，其语言功能也会消失。如若不对其进行计算教育培养，其对计算便一无所知。对右脑的智力潜能如果不加以开发，同样会受到抑制。大脑两个半球均受到良好的训练，则可以由于信息不断地交替和各种信息积累的增加，而促进大脑的发达。人的大脑组织及其感知、记忆、思维、联想四大功能，愈是受到合理的锻炼，接受外界的信息量愈多，发展得愈快愈健全，脑细胞之间的联系就愈多愈复杂，人就会愈聪明。如果只重视某一半球的训练，显然，不利于人的智力健康协调全面地发展。

传统教育课程，多是抽象概念、记忆性地接受文化遗产的教育，是片面侧重左脑训练的教育。其培养出“高分低能”不适应现代化需要的人，是不足为怪的。美术教学主要在于培养学生的观察能力、形象记忆能力、形象思维能力、联想与想象能力、动手制作造型能力、审美能力、设计与创作能力。这些能力，主要是由人的右脑支配的。美术学科教学，以形象的可视性、动手操作性、非语言的物质造型性和造型表达的情感性，对人的右脑智力的开发与创造性的训练培养具有独特功能，是对传统片面侧重左脑的教育的补正。美术学科教学对右脑的开发，可以促进人脑左右两半球的思维关系的平衡。这既是生理机能发育的需要，也是智力互相诱发、利用、协调和影响的需要。因为，科学的抽象思维，需要以形象思维为基础，更需要以想象为源泉。这种关系产生的学习迁移能力，已经证明可以提高其他学科的教学效果和有利于从事科学研究等事业。

其次，美术学科的技能训练，也是智能的训练。智能是智力与能力的综合。美术教学对学生眼、手、脑协调并用的训练，可使眼的观察能力的敏锐性、准确性得以提高；可使大脑的形象思维活跃，想象力更加丰富；使手的小肌肉群协调灵活，越发使学生心灵手巧。美术各课业，都能培养学生的想象力、发散思维和学习迁移能力，增强其旁通性。因为美术学科教育这种开发人的右脑的独特功能，具有促进大脑健康全面发展的作用，所以受到世界各国的愈加重视。

英国人彼德·罗赛尔在其《大脑的功能与潜力》一书中介绍：80 年代，在西方“有些学校试行增加有关艺术课程的比例，并取得了可喜的成果。在美国康涅狄格州的布赖恩市的米德小学中，孩子们用一半时间上各种艺术课程，另一半时间上常规课程。结果，他们在数学、科学和许多其他科目的成绩都有提高。实际上，差不多每门课的全校成绩都超过了平均水平。欧美的其他学校也效仿这一做法，并取得同样的结果。为发展右半球的功能所花费的额外时间也有助于左半球的发展。这是因为两个半球不是单独的活动，而是互相支持和互相补充的。”①

北京市西城区护国寺小学，对 1993 年入学的一年级 A、B 两个班做了三年的实验。A、B 两班都使用北京市统一的教学计划、教学大纲、教材和课程安排。数学、常识、音乐、体育都由同一教师任教，语文和班主任也都安排同等教师任教。A、B 两班的美术课由同一教师担任。在完成教学大纲规定的教学任务的前提下，1993～1994 年度，A 班比 B 班每周多安排三节美术课、两节美术活动课程，1994～1996 年度，A 班比 B 班只多安排两节美术活动课程。增加的美术课，由美术教师自己编写教材、选

① ［英］彼德·罗赛尔：《大脑的功能与潜力》，53 页，中国人民大学出版社，1988。

择教法进行实验。1993 年 10 月，由中央教科所使用韦氏量表在A、B 两班对 69 名学生进行了心理测查，1994 年 11 月做了第二次心理测查，1997 年 1 月进行了第三次测查与统计（结果见表4-1～表 4-4）。

以下各表中：

t 代表 t 分数；P 代表显著性；

VIQ 代表语言智商；PIQ 代表操作智商；

总 IQ 代表总智商；M 代表智商平均数；

SD 代表标准差。

表 4-1　1993 年 A、B 两班智商平均数与标准差比较表

			常识	类同	算术	词汇	理解	填图	排列	积木	拼图	译码	VIQ	PIQ	总 IQ
93年	A班	M	10.18	9.79	9.51	10.00	10.55	10.15	10.79	10.88	11.24	8.27	99.88	101.70	100.85
		SD	2.87	2.27	1.62	1.68	11.28	2.37	2.98	2.50	2.24	1.84	8.94	9.96	9.02
	B班	M	9.97	10.31	8.38	10.06	9.41	9.03	10.13	9.25	9.25	7.22	97.75	92.31	94.91
		SD	3.08	2.42	8.67	2.86	3.27	2.46	3.12	1.92	2.00	1.95	12.20	10.12	10.88

表 4-2　1993 年 A、B 两班成绩比较

	常识	类同	算术	词汇	理解	填图	排列	积木	拼图	译码	VIQ	PIQ	总 IQ
t	0.29	−0.90	2.37	−0.11	1.62	1.87	0.88	2.95	3.79	2.24	0.80	3.77	2.39
P	0.774	0.371	0.021	0.915	0.110	0.066	0.384	0.004	0.000	0.029	0.427	0.000	0.020
								<0.05	<0.001			<0.001	

表 4-3　1997 年 A、B 两班成绩比较

	常识	类同	算术	词汇	理解	VIQ	填图	排列	积木	拼图	译码	PIQ	总 IQ
t	1.26	0.37	2.74	0.44	0.19	1.29	2.97	1.68	3.15	1.45	1.88	3.38	2.87
P			<0.01				<0.01	<0.05	<0.01		<0.05	<0.01	<0.01

表 4-4　1997 年 A、B 两班智商平均数、标准差比较表

		常识	类同	算术	词汇	理解	VIQ	填图	排列	积木	拼图	译码	PIQ	总 IQ
A 班	M	8.96	11.22	10.00	10.04	10.30	100.41	12.63	11.96	11.48	12.33	10.70	112.70	106.96
	SD	1.81	2.41	1.44	2.26	2.46	8.32	1.90	2.64	1.85	2.15	2.07	7.55	6.84
B 班	M	8.24	10.93	8.55	9.72	10.17	96.59	10.52	10.38	9.62	11.21	9.31	101.83	98.76
	SD	2.34	3.29	2.32	2.96	2.54	12.88	3.29	4.04	2.43	3.34	3.20	15.47	13.65

实验教师对其实验结果的分析如下：

把 A、B 两班 1993 年、1997 年智商平均数、标准差、T 分值、显著性综合比较发现：A 班比 B 班总智商平均数增长幅度大。尤其是操作智商提高显著。在标准商有比较价值的前提下，进行 A、B 两班总智商平均数比较，A 班 1993 年总智商平均数是 100.85，1997 年增长为 106.96，增长幅度为 6.11。B 班 1993 年总智商平均数是 94.91，1997 年增长为 98.76，增长幅度为 3.85。A 班比 B 班增长幅度高 2.26。A 班操作智商提高 11.0，B 班操作智商提高 9.92，A 班比 B 班增长幅度高 1.48。在个案测查统计中，我们同样发现 A 班的操作智商有明显提高。A 班 1993 年和 1997 年参加测查的人数均为 27 人。1997 年比 1993 年操作智商提高的人数为 23 人，其中提高显著的 14 人。操作智商降低的 2 人，无变化 2 人。这说明：美术教学促进了学生智能的开发。[①]

(5) 美术学科教学可以促进学校的智育工作

第一，调剂学校乏味的教学生活，增强学生学习活力。美术学科教学以其富有的情趣性，在各学科之间起到调剂作用，能调节学习造成的神经紧张，起到平衡心理情绪的作用，使学生感到学校的学习生活丰富多彩，从而热爱学校，对学习产生兴趣。

第二，美术学科教学通过对物质世界基本特征（如形体、结

① 引自北京市护国寺小学王占筠老师的实验报告《教育改革与素质教育》。

构、明暗、质量等）的认识和表现，可以使学生加深对客观世界的认识，建立起立体空间观念，为各科学习打下形象思维的基础。各学科的抽象思维均需要形象思维进行协调和促进，甚至以形象思维为基础。

第三，美术作品欣赏，不但可以使学生获得美术知识，提高欣赏能力，而且还可以从美术作品中认识世界，了解历史。

4.2.3 美术学科的体育功能

体育，是学校使受教育者增进健康，增强体质，促进身心发展的教育实践活动。美术学科的操作性、娱乐性、情感性、审美性等特点，使其教育活动具有一定的体育功能。其表现如下：

（1）促进学生手、眼、脑协调发展

国外专家对全世界儿童绘画有同样依次更迭的发展阶段和惊人的相似之处，以及在同一时期突然对绘画失去兴趣的现象研究认为：儿童画画具有超社会的生物性机能。例如1岁幼儿握笔的挥动是对此动作的快乐，其后的涂鸦仍是对其能握笔画出点线而感兴趣，所以儿童画画与自身生理机能发展有关。“他的自然节奏、强制量、笔法、感受性、情感的多样性，等等，都成了他绘画活动的部分。”① 绘画使儿童的感知系统、情感系统、动作系统，在一种愉悦的游戏中得到协调发展，有助于自身各种机能的发展和完善。儿童绘画，对眼力的发展，对手小肌肉群的协调功能的发展，对眼脑手协调并用的发展，对左右脑功能的开发、协调发展，具有重要作用。

实践证明：初中学生仍存在手、腕、肘、臂的动作协调性和发展问题。美术学科的各种操作活动，可以使学生的细微动作的协调性得到锻炼。

（2）调剂学校紧张的学习生活，有益于学生的身心健康

---

① ［美］H·加登纳著，兰金仁译：《艺术与人的发展》，284页，光明日报出版社，1988。

身心健康地发展，是体育的主要目的，而学校学习生活过于紧张则不利于身心健康地发展。艺术具有宣泄情绪的功能。美术创作无固定标准的自由性、情感投入性、怡情性以及欣赏的愉悦性，具有自我放松、调剂紧张的精神压力和起到心理平衡积极作用，从而有利于学生的身心健康，并可增强其他学科学习的活力。所以，在 20 世纪三四十年代，各国都强调重视美术学科教育在学校中娱乐身心的调剂作用（图 4-11、图 4-12）。今天，对美术学科教育功能认识增多的情况下，这种调剂功能仍是十分重要的。

图 4-11　孩子们在挂自己制作的“吊饰”

美术活动和学习美术，对一般的人来说都可以消除精神紧张和不良的精神体验，使其获得放松，所以是修身养性的健身文化活动。古代，人们便发现美术活动可以消解人的不良情绪导致的疾病。现代社会工业高度发展与激烈竞争，带来的弊端之一是人际关系冷漠，使人产生许多心理疾病。美国心理学家发现通过作画等美术活动，可以使人的情感得以宣泄，从而缓解紧张情

图 4-12 鱼形吊饰和彩链（北京大水车小学）

绪、排除忧虑，达到祛病强身的治疗作用，并已经开始用于临床研究治疗精神病人。

（3）具有配合体育活动的功能

学校的体育活动，如体育运动会、团体操造型、形体动作等的设计，运动服、队旗、队徽标志等，都需要师生从美术角度动脑筋考虑设计。美术可以起到渲染体育活动气氛，使人进入体育活动状态和加强体育竞争心态的作用。

（4）促进人的健身活动

美术学科教育的美育功能，促进对人体美、运动美的鉴赏与创造，并成为许多青少年参加体育活动的动力。他们不仅是为了长寿，更主要的是为了使自己有一个能显示美的强健体魄和具有优美动作的形体。例如，有的是为了显示健美的肌肉，有的是为了增加身高，有的是为了减肥等。随着人们对审美的敏感和对美的追求，参加健身运动行列的人数会愈来愈多。美育有促进体育的作用，已被各国教育家所公认。前苏联教育家苏霍姆林斯基说："美——是道德纯洁、精神丰富和体魄健全的强大源泉。"

4.2.4　美术学科教育的美育功能

美育，是以美的观念和美的形态——自然美、社会美、艺术美以及美的存在形式——技术美、逻辑美、结构美等为内容进行的美感教育，或称审美教育。旨在通过美的事物和美的形象的感染性，陶冶人的情感，培养高尚的情操，净化人的思想，提升美的思想境界，使身心得到健康和谐的发展，实现人自身的美化和人格完善的塑造。所以，广义的美育是完善人格的教育。狭义的美育是艺术教育。因此，美术学科教育在学校美育中占有重要地位，是学校进行美育的重要手段和途径。

美术学科教育，主要是通过美术创作表达对客观世界美好事物的认识和情感，通过对美术作品鉴赏等审美活动，进行审美形态和美感教育。其美育功能具体体现如下：

（1）引导学生树立马克思主义审美观

"审美观是关于美、审美、美的创造等问题的基本观点，是世界观、人生观的重要组成部分。马克思主义的审美观，是我们时代最正确、最进步、最高尚的审美观。"① 美术学科是在党的领导和教育机构管理下实施教育的，美术教材也是在马克思主义审美观指导下编写的。因此，美术学科教育的美育，是在遵循党的教育方针，在唯物辩证法的基础上，通过美术创作和鉴赏教育活动进行的，通过对美的解释，通过对自然美、社会美、艺术美的认识和对艺术作品内容与形式的统一、真善美的统一，通过对健康审美趣味和美术作品社会作用的引导，以及对学生在欣赏、创作过程中流露出审美趣味、审美理想等加以引导与培养，使学生自然而然地领悟、树立马克思主义的审美观。

---

① 李岚清：《美术鉴赏》序，2页，高等教育出版社，1998。

（2）促进美的感知力提高

人对美的感知力，是人的进步和人类文明的象征。感知，是对感觉与知觉的统称。动物也有感觉和知觉。它们会感觉事物的形状、色彩和软硬，等等。它们有了这个感觉基础，也会知觉到这是树、是石、是可吃的草或肉。这是通过实践，在感觉基础上对事物的整体把握的反映。但动物不可能有像人那样对美的感知力。如动物见到一个界碑，它会看出界碑的色彩、形状，会感觉石材的坚硬，也会知觉到是东西，但不会知觉它是界碑，更不可能像人那样还知觉界碑包容的含义和造型的情感性因素，并由此引起感情的冲动。人对美的感知，是经过培养才能形成的，经过训练才能获得敏感性。美的感知，是以美的感觉为基础的特殊的认识把握事物的方式。美感是接触美的事物所引发的一种动情的反映，是一种表层的直觉的反映。美的感知，则是包含有对事真善美的情感、艺术趣味、艺术品格等的认识、理解、判断与评价，是人的鉴赏力的基础。

美术学科教学，要通过大量的美的实物美的作品，如观看、触摸、操作、比较等多次的审美体验，使人的感觉变得灵敏，不仅可以对色彩的冷暖、色彩的微妙变化有敏锐感觉，对形体、图式与人的心理同构的体验增多，而且对色彩的象征含义、情感联系，对造型的情感表达，对符号造型的象征意义的理解程度也有增强。尤其在美术教学技法练习中，随着对线条、色彩、造型的品味的技术美、功力美、工艺美的审美体验的丰富（图 4-13、图 4-14），识辨力的进步，其美的感知力会变得愈加敏锐，判断力会不断提高。人在现实生活中，在观赏自然、艺术作品中，都可能获得美感，再通过美术学科教学的分析、比较和自我操作推敲揣摩便可知道为什么美，明白美的原因所在，使感性上升为理性认识。有了对美的深刻理解，才能更敏锐地感知它。画家对景物美的发现，对作品线条美、色彩美、黑白灰组织美的掌握高于常人；服装设计师对时装面料、剪裁、造型的美的敏感性都高于

图 4-13　脸谱（选自 1998 年北京市中小学生工艺美术教学作品展）

常人，是由他们丰富的审美经验形成的。美术学科教学，正是要通过丰富学生的审美经验，提高其对美的感知力，并使这种对美的感知力迁移于生活、工作和其他学习中。

（3）促进人的情感的提升

许多艺术家认为：艺术乃是人类情感的外溢与宣泄，艺术作品是情感外化的呈现，主张艺术表现重在表达某种情感。也有许多艺术家认为艺术是对世界的再现，主张艺术表现重在表达对事物的认识及其意义，但也承认这种表达包括艺术家的情感。所谓“情感”，是人类特有的社会性的情绪体验，是人对客观对象认识的一种态度。因此，美术创作离不开人的情感驱动和表达。中国画的美学思想，是重抒情、重写胸次、重表现气质。中国花鸟画重在传达对生命力的感受，表达美与善的观念。清·李鱓题《秋柳雄鸡图》写到：“凉叶飘萧处士林，霜华不畏早寒侵；画鸡欲画鸡儿叫，唤起人间为善心。”他主张画隐居不仕的高人，画耐寒之秋菊，画雄鸡啼鸣，不外在于唤起人们对美与善的认识。花鸟画家的缘物寄情，托物言志，便是情感的表达。中国山水画讲

图 4-14　脸谱（选自 1998 年北京市中小学生工艺美术教学作品展）

究“外师造化，中得心源”，表现了艺术家对自然、宇宙的认识，而这种认识是融入艺术家的情感、理想和愿望的，是主客观统一的表达，是艺术家胸中丘壑、胸中意象的呈现。画中的境界，便是寄情于景、情景交融的意境。故古人恽寿平说：“作画贵在摄情，不可使鉴画者不生情。”方薰说：“云霞荡胸襟，花竹怡性情，物本无心，何与人事，其所以相感者，必大有妙理。画家一丘一壑一草一花，使望者息心，览者动色，乃为极构。”[①] 绘画之所以使人“息心”、“动色”的“妙理”，就其形式而论便是艺术语言与人的心理同构。例如，水平线使人感到平静舒展；垂直线使人感到挺拔刚直；红色的热情；蓝色的清冷，等等。线条与色彩都具有情感的基调，其与具体形象的结合所传达出的情感，

① （清）方薰：《山静居画论》。

便更具有感染力，可以引起人的情感共鸣，使人从美的形象中获得美的心灵的感悟，受到美与善的情感陶冶。

表达某种事件及其意义的作品，由于既是作者的态度又融入了作者的情感，人物画就特别注重对题材内容的选择，表现人物时渗透着作者对人物、事物的褒贬、评价，又在写像时重在人物神识风采的表现。因此，我们在观赏詹建俊的《狼牙山五壮士》、董希文《开国大典》、潘鹤《艰苦岁月》等作品时，会受到艺术形象的冲击，心灵深处受到感染和震撼而唤起崇敬感，萌发出革命英雄主义情感和爱国主义情感。

中国艺术家作画和评画，首推人品和艺品的统一。因此，有所谓“人品不高，用墨无法”之说。清·松年《颐年论画》云：“书画清高，首重人品。品节既优，不但人人重其笔墨，更钦仰其人。唐、宋、元、明以及国朝诸贤，凡善书画者，未有不品学兼长……”正因为有此传统，所以奸臣蔡京、秦桧等人的书法作品不受推崇，而岳飞的一部《满江红》书作却流芳百世，感动后人。古人云：“言身之文，画心之文也。学画当先修身，身修则心气和平，能应万物。未有心不和平而能书画者！读书以养性，书画以养心，不读书而能臻绝品者，未之见也。”①

好的美术作品是真善美的统一。美的形象具备纯洁、高尚、和谐完美的品质，是人本质力量的体现，最能打动人的情感。朱光潜在《谈美感教育》中说美育就是情感教育。他认为世界事物有真、善、美三种不同的价值，人类心理有知、情、意三种不同的活动，真，关于知，善，关于意，美，关于情。感情教育的目的，就是将善的、美的情感尽量发挥，把恶的、丑的情感逐渐淘汰。审美情感是超功利主义的，是没有个人欲念的情感体验，是一种平静心境中回忆起的感情与反思，是情与理的融合，可以使人获得精神愉悦、满足，同时又激励人们热爱生命、热爱生活和

① （清）张式：《画谭》。

为之奋斗的追求，从而使人的情感升华为情操。如形成爱国主义、革命英雄主义、集体主义、责任心、美好的道德与求知欲、奋斗精神等。这就是在美术作品真善美的陶冶中，使人提升感情形成高尚情操。

（4）丰富学生的审美经验

审美经验，是人的审美实践经历与体验，即人在审美活动中获得的印象、感受与认识的总和。审美经验在于主体的实践性。可是，学生囿于校园和家庭之中，且受繁重学习任务之累，限制了他们的审美实践与艺术活动天地。美术课却可以为他们开辟接触大量艺术作品和亲身体验艺术创作的时空。

美术学科教育，可以通过鉴赏课、参观美展等，使学生接触美术诸门类大量的艺术形态作品；可以通过创作课教学生，使学生有对社会美、自然美、艺术美的各种感受和个人情感的表达；通过各种工艺设计与制作的艺术实践等，使学生获得丰富的审美趣味与审美经验。例如，学生捏制泥人、翻铸石膏、创作版画、蜡染绘制（图 4-15）、绘制各种标志、制作陶艺、彩绘陶罐，运

图 4-15　“蜡染法”壁挂（选自 1998 年北京市中小学生工艺美术教学作品展）

用各种工具材料绘画，以及在这些创作过程中对材料、对技术、对形式和谐美的处理和对体验过的艺术的认识，都将会深深地打动他们的心灵。在美术创作与审美过程中，有情感的投入，是一

个由感性升华、顿悟为理解的过程。这种丰富的审美经验，是形成健全的审美心理结构的基础，是形成美的感知力、美的表现力、美的鉴赏力、美的创造力的基础。

有了丰富的审美经验，其审美感知力便会提高，审美趣味也会逐渐变得高雅，使其对美的形态、美的结构的识辨力、鉴赏力具有自信。审美经验的丰富，可以形成敏锐的审美眼力，其直觉便有准确性。加之审美经验的贯通性、相互生成性功能，便可以加深对其他艺术和对自然美、社会生活中美的事物的理解能力。

（5）提高学生对美术的理解与艺术鉴赏力

鉴赏是在以美的感知力为基础的欣赏与美术批评活动。美术学科教学课堂鉴赏，表现为对美术作品的描述、阐释、分析、评价和欣赏等完成的美术活动。鉴赏力是完成这些活动的能力的总称。是指人对审美对象的形式意味与内容的充分认识与体验、直觉和发现、联想与想象、情感与理解、判断与批评等能力的综合。艺术鉴赏能力是人的审美心理结构——感知、想象、情感与理解——健全与完善的体现。

美术学科通过技能训练、随堂欣赏和美术鉴赏教学，加深学生对美术的理解，可以有效地提高学生的艺术鉴赏力。

过去，我们强调用“欣赏”一词，以降低教学目标。欣赏是个体对美术作品接受的态度，或者说是对审美对象的赏心悦目、愉情悦神的反映。其中，便已经包括了对美术作品的美的感知和情感的共鸣、联想与想象的思维过程，是人对艺术作品领悟的再创造的精神活动。虽然欣赏是有选择性的，但缺乏主动鉴别与艺术批评。而目前美术课堂教学的欣赏活动，教师在经典美术作品与学生之间起着桥梁作用。教师一般是对美术作品进行的画家与作品背景介绍，进行作品内容形式分析、诠释、评价，或是让学生进行讨论，予以评价。这实际上，是在进行鉴赏活动。

美术学科教学另一个很重要的方面，是通过创作（包括写生）实践和对学生创作的作品进行品评活动，以使学生对艺术美有实实在在的体验与理解。教师对学生自己创作的作品，予以比较地分析、评价等美术批评活动，对学生鉴赏力的提高无疑具有很大作用。

学生从以上教学活动中，可以了解各类美术作品的样式风格，提高对美术作品的构图、笔法、色彩、形象处理和形式美的理解，提高对美术作品内容与形式辩证统一关系的理解，提高对美丑的识辨力，提高艺术品位的感受力和美术批评能力。

(6) 促进学生的艺术表现力

艺术表现力或称美的表现力，是在美的感知基础上运用艺术手段表达对世界的认识与发现、思想与情感的能力，是以完成艺术作品、创作出具体可感知的艺术形象和形式显现的，是于美术实践活动中锻炼和培养的能力。我们于此论及，旨在强调审美内容的教育具有促进表现力的作用，因为表现力也是人的美的感知、情感与技能的综合体现，是对艺术的理解和对美的认知的综合体现，是与审美能力分不开的。表现力不是单纯的技术、技能技巧的熟练性，也包含有形式美的把握能力、内容与形式高度统一的能力、不断发展创造新形式的能力的综合。这些能力的形成又离不开审美，是美术学科"美"与"术"统一之特点的体现。正如本章开篇谈到的：美术教育的功能是交叉的、综合的互相联系的。美术学科教学的综合性，使其大多数课业不仅能对上述能力得以进行训练，而且使各种表现技法、构思构图、笔墨线条、色彩处理以及虚实、浓淡、疏密的对比，谐调关系的艺术处理，内容与形式统一的技能训练等，既是技艺的又是审美的，又都属于审美内容的教育，都是旨在强化提高对艺术的理解、体验与表现力的培养。对艺术形式美的理解与鉴赏力的提高，又必然促进艺术表现力的提高。

(7) 促进学生人格的完善、自身的完美

教育的最终目的，是提高人的诸方面素质人格得以完善，实现人的自身完美。这需要发挥学校、家庭、社会教育的协同努力，需要学校诸学科教育共同完成。

美育是以美的形象性、情感性为其特点而区别于德育、智育与体育。美术学科教育正是通过充满感情的艺术形象，从感性上打动学生，使其感之以美，动之以情，然后晓之以理，达到陶冶情操，使之心灵美好，行为高尚，身心得到谐调健康发展。

美术学科教育通过审美活动情感投入的体验和美术创作的非功利目的性，丰富和提升人的情感，提高人的思想境界。如果人的情感世界低下或崩溃，会出现危及社会的不良行为。达尔文曾指出缺少美育，会使人失去审美情感和高尚的审美趣味，“失去这种趣味和能力就意味着失去幸福，而且还能进一步损害理智，甚至可能会因为本性中情感成分退化而危及道德心。”① 这正是美术学科教育可以弥补的。蔡元培在以《美术与科学的关系》为题的讲演中，也说缺乏美术教育，会抑制人的情感的发展，使人导致迂腐、僵化和缺乏创造性，更缺乏感情的活动。“防这种流弊，就要求知识以外兼养感情，就是治科学以外，兼治美术。有了美术的兴趣，不但觉得人生很有意义，很有价值；就是治科学的时候，也一定添了勇敢活泼的精神。”② 这是由于艺术使之获得丰富的感情因素，也使人得到感性与理性的平衡，使生活和工作充满乐趣和活力。

此外，美术学科通过美术创作培养学生的创造性，使其树立起敢于否定前人的思维模式，进行大胆探索和勇于创新。这也是蔡元培所说的勇敢精神之所在。美术学科教育通过对社会真善美与伪恶丑的识辨与表现，可以净化人的情感和心灵，培养高尚情操，提高人的精神境界。学生通过美术创作，既可以体会到成功的愉悦，又可以使意志品质受到锻炼与培养。

综上所述可以看出，构建人的健全的审美心理结构的美术学科教育，是可以真正起到促进学生向人格完美的境界发展。

---

① 滕守尧：《审美心理描述》，载于《达尔文自传》，351 页，四川人民出版社，1998。

② 文艺美学丛书编辑委员会编：《蔡元培美学文选》，137 页，北京大学出版社，1983。

4.3 培养学生的创新精神和创造力

现代社会的竞争，可谓是人才的竞争。人的最有价值的才能，是创造性。从20世纪60年代以来，人类社会进入“知识爆炸”的时代，用死记硬背的方式学习知识已经跟不上时代的发展。因此，现代教育改革，不仅着眼于学生智能的开发，而且尤其重视创新精神与创造能力的培养。创新，即打破旧有模式的首创。创新精神，是敢于打破常规和突破传统思维开拓新的思路，创造新思想、新样式、新品种的心理品质。艺术的创新精神，是以丰富的想象力与智慧为基础的。创造力，是能够产生某种新颖、独特、有社会或个人价值的产品的智力品质，是创新精神升华显示的人格能量。创造需要有创新精神，并能将新的想法通过实施变为现实。中外许多专家认为目前学校课程中，多数是记忆性的接受文化遗产的课程，而培养学生把储存的信息及经验等加以组合，萌发出新的创意的大脑活动并予以实现其创造能力的课程，最属美术课。我们认为美术课是具有创造性教育的课，因其具有如下功能。

4.3.1 促进学生树立创新精神

美术贵在创新，创造是美术的生命。将想象变为艺术现实是创造；将心象经过绘画和制作得以呈现是创造；将客观现实对象转换为艺术形象的写生，并使其形式获得完美，也是创造。无论是中小学生还是艺术家的艺术表现，都是其对生活能动的反映。中国画主张“外师造化，中得心源”，这心源之得各人是不相同的。这就使美术最忌模式先行，其创造的情意性与心象自由表达性，便为打破旧有模式的桎梏和创新提供了自由空间，何况美术创造推崇与他人不同的艺术个性，提倡创新。美术创作不同于数学，没有固定统一的标准。因此，学生的艺术创造的产物都具有独立存在的价值。学生在美术创作中，可以体会到自己劳动的价值，自我存在的价值，感受到创造性劳动的愉悦，尤其当其独特的构思与新颖形式的作品受到表扬和获得赞美的眼光，更可增强创造的自信心与创作的欲望。这便给学生从小奠定创新意识和创造性观念的心理基础，以至树立从事创造性劳动的理想与信念。

右脑是人的创造活动的中心。在创造性思维过程中，左右脑交叉传动虽然都在发挥作用，但新思想、新创意却需要右脑的想象、直觉、灵感等的非逻辑思维和发散思维。在美术学科教学中，学生的形象思维最活跃，其想象力、创造力可以得到充分的发挥。

4.3.2 培养想象力

创造离不开想象力，无想象力便无创新。想象力，具有形象性与新颖性两个特点。而创造力，则是指能够产生某种新颖、独特、有社会或个人价值的产品的智力品质。所以想象力的特点便是创造力所必需的基础，有创新精神而缺乏想象力，创新是不可能实现的，无想象力便无创造力。我们培养学生的想象力，就是为其创造力奠定创造新形象的基础。

美术学科教学处处启发学生的想象力，绘画构思离不开想象，工艺设计离不开想象（图 4-16），欣赏作品也伴随着联想与

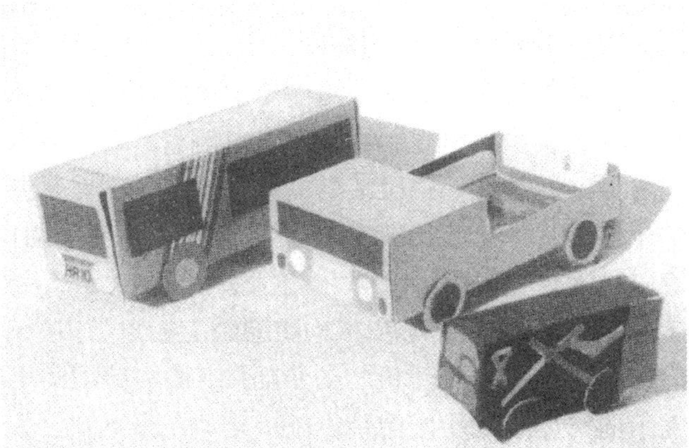

图 4-16　利用纸盒制作的汽车（北京大水车小学）

想象，教师就是在启发学生的想象力中使其完成作业的构思与设计的。美术创作过程中，想象力能带动形象思维和发散思维的活跃，产生新思想、新创意的直觉与灵感。这是非常可贵的创造品质。

4.3.3 培养创造力

创造能力是一种综合能力，是想象力、形象思维能力、动手能力等多种能力的综合体现。学生完成美术作业，不仅需要想象力，需要创新精神，还要将想象变为现实。例如绘画创作，是将构思新颖的想象绘制成完美的画作；工艺美术创作，是将新颖设计制作完成制品，都是要将所思所想付诸实践，绘制或制作成为

图 4-17　北京市 21 中学生篆刻作成为学生自己日常所用的印章

具有个人价值的作品（图 4-17）。学生完成的美术作业便是其创造的成果，其过程是对学生创造力的培养。没有将想象、设计的东西变为现实存在，是谈不上创造的。当学生的想法通过绘制或制作变成了现实作品，便是其创造的成功。这不仅锻炼了学生的创造力，更增强了他们创造的自信。创造是技能与智慧的结晶。美术学科通过学生眼、手、脑协调合作的训练，加之使学生不断

完成具有新款创意的作品，就为中小学生创造力的发展做了最理想的铺垫。

美国吉尔福特和洛厄福特两博士，经过追踪研究认为，美术创造活动培养出的能力有八种：敏感性、流畅性、灵活性、独创性、再决定与再构成的能力、分析及抽象能力、综合与接合能力、组织之一贯性。这些能力，不仅是美术创作所必须拥有的，而且凡是从事创造的其他行业也必须拥有。这就是说经过美术创造活动培养出的能力，可以迁移到其他行业中去。

4.4 促进人格优秀特质的个性发展

“人格”是这个人区别于他人的诸多特质的总合，也称“个性”。人的这种区别，构成了社会群体的丰富多样性。人的特质，如情感、趣味、性格、态度、道德、人生观、价值观等的差别是巨大的。人的个性，存在美好与丑恶、善良与凶狠、勤奋与懒惰、坚强与软弱、勇敢与怯懦，等等相对立的性格品质，存在着人生观、价值观不同的发展趋势。只有通过教育，才能抑制恶劣特质，树立起正确的道德观、人生观、价值观以及良好的性格，使人的优秀特质得到健康发展，并形成优秀的个性。

美术学科教学可以拓展学生的兴趣，培养高雅的审美情趣。儿童没有接触过的事物，是不会对其发生主观偏爱与兴趣的，更不会自动产生高雅的审美情趣。学生只有通过美术学习，才能知道对美术是否感兴趣，如果缺乏美术学科教育，即便对美术有兴趣的儿童也会由于没有机会实践，体验不到美术创作的乐趣，而被引向狭窄的兴趣范畴，或引向不感兴趣的学科。这就不仅限制了儿童的个性发展，也会由于兴趣的褊狭影响对事物的认识而产生片面性。通过美术学科教学，可以使少年儿童了解美术和具有各种美术门类实践的经历，不仅扩大了广大学生的感知范围和兴趣范围，也使对美术有极大兴趣的学生因此产生一生从事美术的志趣，发展其美术素质特长。人的审美情趣有高雅低俗之分。通过美术学科教育，可以培养学生高雅的审美情趣，而且还可以影响学生的性格、气质与行为。

美术创作强调艺术个性，即用个人的手法表现个人的发现、对事物独到的理解以及新颖的创意。美术创作，一般是个体独立进行的，可以按自己的意图尽情地发挥创造性，作品是其思想感情的真诚表露，所以艺术个性是美术创作主体意志自由表达的一种体现。但是，艺术个性区别于个人主义无度膨胀的自由发展的反社会性，因为它追求的是以社会为基础的真善美的和谐统一，具有促进社会真善美发展的意义。正是有艺术家的个性创作，才能不断打破旧有的艺术概念界线，冲破种种藩篱而使艺术得以进步和发展。美术学科教学通过尊重和鼓励个性创造，便可以使学生形成独立的人格个性和追求个人理想的价值观。学生有了对艺术个性可以促进艺术进步与发展的理解和追求，才能尊重他人的艺术个性和审美个性，形成能对多元化包容的宽阔胸襟，才有利于社会的丰富性与多样性。

美术学科工艺设计的教学，例如物品造型设计，不仅要考虑美观，更要考虑使用者的安全、方便、舒适。这就要求通过自己的感受去体验他人的感受，是在关心、体贴他人的基础上追求更新更美的艺术创造。建筑设计、园林设计，不仅要考虑应用、实用、价格与科技含量，还要考虑与自然的和谐和保护自然美。这是体现了理解、尊重、体贴他人和关心社会、关心环境的高尚道德人格的艺术创造，是优秀人格特质的教育培养。

艺术家在长期的对艺术完美追求实践中，形成了一种奋进精神与顽强意志。中国画画家对某一题材的表现，都是经过无数次的笔墨锤炼，所以李可染的一枚闲章以“废画三千”自勉。齐白石在 85 岁时，写有“铁栅三间屋，笔如农器忙，砚田牛未歇，落日照东厢”诗句，表现作者一生的勤奋，并刻有“痴思长绳系日”、“白石夜灯”、“日课”等印章，表达渴求能有更多练画时间的愿望以及坚持每日挑灯作画的精神与意志。艺术家对自己的艺术作品珍爱如生命，例如吴冠中去海南岛写生，在从广州归京的火车上，唯恐油色未干的作品受损而将其放在座椅上悉心照顾，而他自己却一直从广州站到北京，两腿累得肿胀也在所不惜。塞尚、莫奈等许多艺术家，是手拿画笔死在写生画架前。这种热爱事业和为事业献身的人生观、价值观，不仅可以感染学生，而且也可以促其形成这种优秀的人格特质的个性。

4.5 社会舆论宣传的功能

4.5.1 政治舆论宣传功能

由于“文革”时期将人们的思想搞乱，现在人们已经不愿再听到教育“为政治服务”和“政治舆论宣传”工具这样的话语了。但实际上各历史时期的教育都不可能脱离政治，教育是各种政治斗争争取的阵地。教育既受政治制约，又反作用于政治。“文革”时期，将美术课与音乐课合并改称“革命文艺”课，便具有浓厚的政治色彩，是对文艺和教育服务于政治的“直白”，是一种走向极端化。如果说“文革”时期是取消或削弱文艺的教育，不如说是非常强调重视“革命文艺”的教育，是文艺为政治服务的大普及，那时人人都唱“样板戏”、“革命歌曲”，人人都跳“忠”字舞，人人都从事“忠”字造型的美术活动，校园里充满着政治舆论的标语、绘画和雕塑。“文革”后的“拨乱反正”时期，中小学美术教材皆有“打倒四人帮”的政治漫画，美术教学都离不开对“四人帮”的批判，也充分体现了美术的政治舆论宣传功能。目前，我们经常可以在报刊和校园里见到中小学生于课内外创作的反腐败、倡廉洁、颂扬好人好事的漫画等绘画作品，就是对社会存在消极腐败现象的揭露、批判，抵制其在社会上扩散、蔓延和倡导社会精神文明的舆论宣传，是为当前的政治服务的。

教师于美术学科教学中，启发学生创作表现香港、澳门回归、盼台湾与大陆统一、祖国繁荣昌盛、各民族大团结、家乡巨变等绘画以及表现遵守法规等内容的绘画，皆属于直接服务于政治的舆论宣传。

4.5.2　社会问题舆论宣传的教育功能

现代社会，存在着人口增长过快、环境污染、生态失衡、吸毒等弊端，还存在节水、节电、尊老爱幼以及日常生活的行为规范等问题。在学校中，存在生活、学习、纪律、友谊、集体关系等等问题。反映这些社会问题的美术作品，在美术学科教材范作可见，在学生创作中也常见。这都是美术学科的宣传功能的体现。学生也由此受到教育，提高认识，增强了伦理道德观念的例子是很多的。在这一点上，除政治、语文学科有所涉及如此广泛的社会问题，具有这方面的教育功能之外，其他学科尚不具备，而且美术的直观性，使一个学生的作业让许多人都能见到，是学生间互相教育、自我教育的好形式，其功效是显见的。

4.5.3　具有间接推进社会民主化进程的功能

社会民主属于政治范畴，争取社会民主一直是政治斗争的一个方面，只是各个历史时期所争取的民主有所不同。美术作为意识形态上层建筑，不仅反映社会民主的进程，而且在争取社会民主和自身创作民主的斗争中产生出许多杰出作品。例如，达·芬奇的《蒙娜丽莎》、伦布朗的《夜巡》、戈雅的《狂想曲》组画和《1808 年 5 月 3 日的枪杀》、大卫的《马拉之死》、德拉克罗瓦的《自由引导人民》和《希阿岛的屠杀》、吕德的《马赛曲》、杜米埃《出版自由》以及库尔贝、印象画派与统治者艺术沙龙的斗争，巡回画派民主主义精神的作品，以至我国徐悲鸿、古元、李桦等的许多作品，无不是直接推进社会民主政治斗争的产物。以其作为教材内容，学生必然从中受到为社会民主而斗争的精神感染。至于美术所呈现的丰富的多样性，各种画派并存的多元性，本身就是社会民主进程的体现。

目前美术学科教材，对各种现代派作品的介绍与现代意识的创作教学，从内容上看属“纯艺术”，从其本质上分析是邓小平三个面向教育思想的体现，是打破代表落后生产力的保守观念对人民思想的桎梏，是人文精神与科学精神的胜利。美术学科教学接受容纳多元化的美术和开放式教学，鼓励学生大胆创造，鼓励提倡独创性和培养个性，以及允许不同见解和自主选择性，这本身就体现了现代意识的民主性，是在学生中树立民主意识的教育，其具有间接推进社会民主进程的作用。

5

美术学科的教育目的

“目的”，就是人类对其所从事的活动，事先便在观念中设定了的想要达到的结果，并以此作为指导活动的准则。“教育”作为人类有意识、有目的、有计划的培养人的社会实践活动，更是事先将其作为活动对象，对其活动提出和设定目标予以把握。

现在，教育学将指导各级各类学校教育的总目标以“教育目的”称之，将其下限层次的教育目的以“目标”称之。据此，过去我们习惯称谓的学科教育目的、单元教学目的、课业教学目的等，现应称之为学科教育目标、单元教学目标、课业教学目标等。“目的”与“目标”没有实质的区别，都可以作为寻求、瞄准的对象或所要达到的境地、标准来解释。本章为了与其后论述的“教学目标”有层次上的区别，依然用“美术学科教学目的”称之。

美术学科教育目的，是为解决中小学美术学科教育要干什么和要在学生身上引起哪些行为模式的有意义的变化，以及其达到什么样的质量规格，而提出和设定的目标。是美术学科教育的总体要求，也是研究美术学科教育的宗旨。亦称美术课程培养目的。它是美术学科教育的起点与归宿，对美术学科教学任务的确定、教学内容的选择、教学的实施、教学活动的组织与教学评价等，均起指导作用。

5.1 价值取向与培养目的

价值，是指人们对客体的用途或积极作用的看法和评价。客体的用途与功能同义，但功能在于实践，仅指实践发挥的效用。而价值则既是实践的，又包含人们对实践的看法与评价。例如，一部机器是客观存在，其价值在于它有哪些功能和这些功能对人的有用性。所以，马克思说："'价值'这个普遍的概念是从人们对待满足他们需要的外界物的关系中产生的。"[①] 这就是说客体离开人的需要，离开它的功能及其有用性，便无价值，人们不选用它或不能发挥它的功效，便无价值。学校不开设美术课，就谈不上美术学科的教育价值。但它的价值是客观存在的。开设了美术课，让其在哪些方面发挥功效，这便是价值取向，功能与价值是一体性的辩证关系。

教育由于存在着教育的掌握者——代表社会主体的人们，按着自身的需要有目的地对教育能动地改造，从社会的利益和需要出发，对其功能认定选择和取舍中体现出教育者的不同价值追求。这种价值的取向与追求——价值观，不仅关系美术学科教育的定位，而且也规范着美术学科的教育目的。

5.2 美术学科不同价值取向的教育目的

百年来，美术学科教育由于教育观念的变化与不同，即价值取向的不同，曾出现过不同教育目的的美术学科教育。

5.2.1 技术、技能教育论

认为美术是技能很强的学科，教美术便是教技法，训练学生掌握技能。因此，将其定位于技能课，进行的是技术教育或技艺

---

① 中共中央编译局编译：《马克思恩格斯全集》第19卷，406页，人民出版社，1953。

教育。人类最初的美术教育，是从美术实用技能教育开始的。职业美术教育，更是以技能教育为主导思想。普通学校开设美术课程的初期，中西方一般都将美术课视为实用技能课，将教学重点放在绘画与工艺制作技能的培养上，并以此发挥育人作用。

这种价值观，早在17世纪被誉为“现代教育之父”的捷克教育家夸美纽斯（1592－1670）于《大教学论》的“艺术教学法”一章中，就强调艺术学习“必须从实践去学习”，从“雕刻去学雕刻，从画图去学画图”。“练习应从基本做起”，先从怎样调颜料、握笔、画线条教起，然后再教画粗糙的轮廓，最后教画人像。最初应当精确地指定模仿的形状，而且要表现得精确，务使“模仿过后都能在他的艺术上面达到完好的境地”。“头一次的模仿应当力求正确，不要稍有背离模型的地方。”“凡是学习任何艺术的人，都应用心去正确地模仿他们的范本，使自己精通那门艺术的基础。”“这种练习必须继续到艺术品的产生变成第二天性为止。”“因为产生一个艺术家的是实践，不是别的。”[①] 夸美纽斯反复强调的“实践”和“从基本做起”、“精确地模仿”，是为了精通那门艺术，是将技能练习到成为第二天性，成为艺术家。虽然他也提出这种艺术学习是为了“完成健全精神与健全身体”，但实际上这种技术教育很难使理想的教育目的得以实现，原因在于它缺少想象、理解与创造等教育，不能建立健全的审美心理结构。

其后，技能教育的理论基础是：知识与技能是能力和智力发展的基础，美术学科的实践性必须经过训练方可使学生形成熟练的动作方式，掌握美术技能以适应未来工作和求职的选择性。我国1904年颁布的《癸卯学制》规定高小“图画要义在使观察实物形体及临本，由教员指授画之，练成可应用之技能，并令其心思习于精细，助其愉悦”。该学制还规定中学“习图画者，当就实物模型图谱，教自在画”。

---

① ［捷］夸美纽斯著，傅任敢译：《大教学论》，164页－171页，人民教育出版社，1984。

我国在1949年以后的很长一段时间学习前苏联，受凯洛夫《教育学》提出的“以系统的科学知识武装学生的头脑”的影响而强调“双基”。美术学科的“双基”，便是契斯卡夫教学体系的写实技能，由写实素描进入铅笔淡彩，再过渡到条件色的写实水彩画。这种抽取西方写实绘画表层的技术层面的教育，有其不涉西方文化内涵的片面性和脱离中国传统艺术的弊端。

改革开放后的一段时间，我国不少教师仍按自己习惯了的专业强项——西法写生或中国画技法等——进行技术教学。实践证明，中小学美术课堂教学很少的课时，学生是形成不了西画技能的，即便进行中国画教学，也由于现代的学生平时少用毛笔而不容易掌握中国画技能，更何况片面的技术教学，尤其片面于某一画种的技术教学，会使学生形成某种绘画思维定势而不能理解和容纳多元化的美术，不利于学生创造精神和多方面艺术实践能力的培养。

虽然技能教育论对美术学科教育的认识比较褊狭，但也必须认识到美术学科的实践性、技能性的特点，认识到兼顾智力培养的技能训练对学生全面发展的积极作用。所以，技能教育仍不失为美术教育的重要价值之一。

5.2.2 实用主义的教育目的

由于在人类社会生活的方方面面都需要美术，所以将美术视为实用性艺术，而将美术学科定位于工具课、实用课，进行实用美术的教育。从其目的来看，实用主义主要可分为如下几种：

(1) 就业的实用主义

认为掌握美术技能，有助于人的就业，可以找到一份适合的工作。这种教育与技能教育分不开，只不过它重在职业技术。早在18世纪空想社会主义者欧文（1771－1858）和英国教育家洛克（1632－1704）及其后的瑞士教育家裴斯泰洛齐（1746－1827），都认为学生学习图画、手工艺有利于就业。在他们自己创办的孤儿院或学校里，将图画、手工工艺课定位于就业技能课，进行与就业相关的美术技能教育。

随着时代发展对美术学科教育认识的不断深化，这类就业教育衍化为其后的职业美术学校的教育目的。我国“文革”时期，在学生上山下乡的运动中，这种观念又有复燃。

（2）发展经济的实用主义

认为发展经济，从事科学技术和工业实业工作需要绘图、制图能力。而这种能力是需要美术能力和美术修养相辅助的，所以将美术学科定位于工具课，进行应用工具的美术教育。

其源头应是1798年，法国数学家、教育家蒙日（1746—1818）提出将工业制图的几何画法纳入中学教学，以培养工业设计人才和能够识图的劳动者。然而，真正从“造型美”的角度，将美术课作为应用工具的美术教育，当是以1856年的英国伦敦万国博览会为契机，由于博览会展出的机器工业生产的产品造型难看，失去了手工艺的艺术品位，而遭到人们的非难，由此引起各国工艺改良运动，并开始于学校中既注意培养设计者的审美品格，也注意到培养劳动者的审美趣味。1870年美国马萨诸塞州通过工业图案法案，要求学校向15岁以上的学生教授装饰图画。此后，世界许多国家的中小学美术课开始增设图案教学。我国1904年颁布的《癸卯学制》规定中学生学习用器画的几何画法，其宗旨就是为了“以备他日绘画地图、机器图及讲求各项实业之初基”。①

从以上不难看出，这些美术课是以发展经济为目的的美术学科教育。

（3）生活应用的实用主义

认为生活中处处需要美术，美术课就应教学生自身感兴趣的与其生活十分贴近的又能应用的美术，将美术课定位于应用课，进行生活应用美术的教育。

这是随着现代人对生活美化要求的提高和适应学校生活中出

① 《癸卯学制》用器画宗旨。

墙报、黑板报、美化和节日布置教室、互赠贺卡、出海报、运动会设计班徽标志等活动需要，以及自身着装美容的需要，而逐渐形成的一种美术学科教育的价值取向。由于学生对其内容确感兴趣，有人就将美术课定位于生活应用课，进行与日常生活、学校生活、社会生活联系紧密且学了就能应用的美术教育。

（4）服务于政治的实用主义

我国曾经历过一段特殊的“文革”时期。“复课闹革命”时是以毛泽东提出的“革命文化，对于人民大众，是革命的有力武器。革命文化，在革命前，是革命的思想准备，在革命中，是革命总战线中的一条必要的重要的战线。”“要使文艺很好地成为革命机器的一个组成部分，作为团结人民、教育人民、打击敌人、消灭敌人的有力武器，帮助人民同心同德地和敌人作斗争。”为指导思想，片面地执行了“教育为无产阶级政治服务”的方针，将美术课定位于政治斗争工具课，进行的是为政治斗争服务的实用主义教育。

5.2.3 审美教育论的教育目的

审美教育论认为：艺术是人类主要的审美对象，是审美文化的典型，具有显著的情感效果和审美价值，具有多种社会功能和多种教育功能。其中核心的也是最根本的功能则是对人进行美育，即按照审美理想进行美感教育，以健全人的审美心理结构，陶冶情操，使人具有完美个性和达到人与社会、人与自然的和谐统一、共同发展为根本目的的教育理论。

美术作为艺术的重要组成部分，也就当然地将美术课定位于美育课，即美感教育课或情感教育课，进行旨在树立正确审美理想和提高审美能力的教育。

审美理想和审美能力的教育，就是将艺术教育作为对人的塑造——人生理想构架的教育的手段和终极目的。对此，美学家滕守尧认为：“审美教育，并不是专指某种艺术技巧的教育，而归根结底是培养人的一种有机的和整体的反应方式的教育。我们知道，在审美活动中，主体之所以感到审美愉快，是因为他把握到了一种具有节奏性、平衡性和有机统一性的完整形式，这种形式积淀了人的情感和理想，具有特定的社会内容，所以会同时作用于人的感知、想象、情感、理解等诸种心理能力，使它们处于一种极其自由和和谐状态。在这种自由的氛围中，各种能力就像是做了一场富有意义的演习。它们既能共存，又能相互配合；每一种能力都得到了最大限度的发挥，但又兼顾到整体，以不损害整体的有机统一为限。”“这样一种整体反应方式的训练正是造就一个完美的人格的基础训练。”① 这种教育思想，早在公元前数百年前，东西方的大哲人、教育家柏拉图、孔子、荀子等均曾有过论述。孔子的“兴于诗，立于礼，成于乐”教育思想，是其典型的代表。审美教育论随着美学理论的发展而不断明确，在西方 18 世纪鲍姆嘉通、康德之后，德国诗人、思想家席勒在《美育书简》中提出，美育就是为了培养完美的人性，并从历史的高度提出了培养全面发展完美人性的理论，从哲学的高度对美育加以深刻阐述，成为最早的真正的审美教育理论。席勒将人分为“感性的人”和“理性的人”，认为“要使感性的人成为理性的人，除了首先使他成为审美的人，没有其他的途径。”“教养的最重要的任务之一就是使人在其纯粹自然状态的生活中也受形式的支配，使他在美的王国所及的领域中成为审美的人。因为道德的人只能从审美的人发展而来，不能由自然状态中产生。”“教养使一切事物服从于美的规律。”② 德国哲学家、教育家、心理学家赫尔巴特（1776－1841）也将美学理论作为教育的根本原则，认为教育的目的在于培养具有“完美德性”的人，使审美教育论在欧洲各国的艺术教育运动中得到发展。中国近代教育家蔡元培于 1912 年任民国政府第一任教育总长期间，颁布的教育宗旨中明确提出：“注意道德教育，以

① 滕守尧：《审美心理描述》，355 页，中国社会科学出版社，1985。

② ［德］席勒著，徐恒醇译：《美育书简》，116 页、118 页、121 页，中国文联出版公司，1984。

实利教育、军国民教育辅之，更以美感教育完成其道德。”蔡元培还说：“美育者，应用美学之理论于教育，以陶养感情为目的者也。”“美育者，与智育相辅而行，以图德育之完成者也。”并提出“以美育代替宗教”的主张。[①] 英国教育家怀海特（1861－1947）于20世纪中期，在其多部著作中反复强调艺术教育培养学生美感体验的重要性，强调审美教育和艺术教育的文化社会意义，将审美趣味和艺术修养的提高看作是社会生活、民族文化发展必不可少的基础。

基于此，将美术学科教育定位于审美教育课，着重于进行美感教育、情感教育、情操教育日渐流行。我国于1980年始，有人提出将审美教育作为美术学科教育的主线，而将美术课的技能教学仅放在让学生予以体验或作为美感体验的位置。

5.2.4 创造教育论的教育目的

强调在艺术教育过程中发挥主体的创造性和将艺术教育作为培养人的创造意识、开发创造人才资源的教育手段的艺术教育理论。创造教育论是适应社会发展对人才的需要而产生的一种艺术教育思想。

其理论基础是：现代社会竞争最需要的是具有创造性和开拓型的人才。人才资源是现代社会最宝贵的资源和财富。主动的创造精神和创造能力是人才的最有价值的才能。现代教育的一切手段，都应为培养有高度创造性的人才服务。在学校所设的学科中，美术学科最能发挥培养人的创造性的功能。艺术表现是由主体、客体和艺术形式三个方面构成的，现代艺术理论突出艺术创造中主体的主导地位。艺术思维与创造性思维的密切联系，使艺术成为人类精神和文化领域中典型的具有创造性的活动。

早在文艺复兴以前，神学统治束缚了人们的思想，艺术的表现基于自然模仿学说没有注意艺术创造中人的主导地位。自文艺复兴达·芬奇的科学艺术论始，于康德的天才论为艺术创造性理

---

① 文艺美学丛书编辑委员会编：《蔡元培美学文选》，68页，北京大学出版社，1983。

论铺下了最初的基石。最早将艺术教育视为创造教育的是在19世纪中叶，在当时的教育运动中出现反对机械主义和技术主义支配一切的思想，提出通过艺术教育恢复人是创造主体的积极主张，可谓是创造教育论的萌芽。

19世纪末，随着科学技术的迅速发展，整个社会愈发重视培养人的创造性。以1869年英国心理学家高尔顿出版的《遗传的天才》一书为起点，心理学界对人的创造力的研究日益加强，到20世纪初便有几十部专著出版。

20世纪初，随着现代派艺术的兴盛，德累斯顿纳提出应以具有创造力的艺术作为教育的原理。与此同时，格式塔心理学家韦特海姆和邓克先后发表了几部论创造的著作。从此，“创造教育”的思想首先在德国缪斯运动的一部分理论中有所体现，并在包豪森美术学院的“艺术与技术的新统一”的口号影响下，创造教育逐渐受到重视，形成“创造教育论”。

美国在此时也加大了对创造力的研究。1926年美国心理学家华莱士出版了《思想的艺术》，提出创造性思维分为准备期、孕育期、灵感期、验证期“四阶段论”，但他没有进行有关的实验室研究。20世纪30年代，帕特里克对华莱士的阶段论进行了数年的有关实验室实验研究。尤其是1937年的实验研究分为两组，一组为50名画家，一组为50名非画家，两组在年龄、性别比例和智力测验得分均等，令人注意的是94%的画家都说他们在日常工作中经常产生灵感。美术教育培养人的创造性，开始引起人们较为广泛的注意。其影响所及，20世纪30年代我国中小学美术课程目标也曾写进“以培养其发表和创造的能力”。

“二战”后，发达国家相继重视培养人的创造性，尤其自1950年吉尔福特在美国心理学年会上发表了著名的《创造性》讲演之后，以美国为中心发展了创造教育论。1957年美国召开了“创造性艺术教育会议”，更推动了创造教育的理论和实践的蓬勃发展，并形成了“为创造而教”的思潮。

1984年，隶属于联合国教科文组织的国际美术教育学会召开题为“社会文化变革的挑战与创造性教育”的国际会议，参加会议的近两千名学者曾以“发展中国家对创造教育的选择”为议题予以集中讨论。此后，“创造教育论”引起世界各国的普遍重视。我国也是在此次会议之后，由郑洞天撰文对其进行介绍，引起美术学科对创造力培养的进一步重视，有的地区甚至将美术学科定位于创造教育课，以培养学生的创造性为主要目的，并走向以是否启发学生创造性作为评价教学的主要标准的极端。

5.2.5　经验主义——儿童中心论

经验主义源自美国进步主义教育运动的领导者、哲学家、教育家、美学家约翰·杜威（1859－1952）。其在20世纪30年代影响极大。他认为儿童有四个本能：（1）语言和社会的本能与活动；（2）制作和建造的本能与活动；（3）研究和探索的本能与活动；（4）艺术的本能与活动。学校的教育应按照这四项本能来设计。他主张“教育即生长”、“教育即生活”、“教育即改造”，在教育“这里，儿童变成了太阳，而教育的一切措施则围绕着他们转动，儿童是中心，教育的措施便围绕着他们而组织起来。”[①] 杜威认为构成“良好目的的标准”是：“（1）所确定的目的必须是现有情境的产物，必须与学习者个人的特殊经验发生联系；（2）所确定的目的必须具有弹性，既能指导活动的开展，又能根据实际情况为活动所更改；（3）所确定的目的必须鼓励自由活动的开展，而不能限制活动的自由展开。”[②] 杜威强调以儿童的兴趣作为学科教育的出发点，让儿童从做中学，反对教师和成人的指导干扰，以让儿童获得实践、经验和培养儿童适应社会生活能力为目的。

在杜威影响下，美国学校的美术课重视过程，一度曾放任学

---

① 赵祥麟、王承绪编译：《杜威教育论著选》，31页－32页，华东师范大学出版社，1981。

② 陈扬光：《课程论与课程编制》，35页，福建人民出版社，1998。

生自由创作。教师不能予以指导，只可以与儿童合作，教师扮演了为学生提供大量创作材料的角色。

由于陶行知是杜威的学生，所以杜威于20世纪30年代曾应陶行知的邀请来华讲学两年。其教育思想对我国教育界有一定影响，但经验主义——儿童中心论在我国未能真正实施。这一方面是因为我国学校无力为儿童提供大量的材料让其自由创作，另一方面是在我国教师的观念中：不教是放任，是失职，所以从未放弃教师的威严与指导作用。但经验主义——儿童中心论，使我们认识到尊重儿童的自由创作，尊重儿童以自我为中心认识世界的艺术表达的必要性，树立起重视学生获得实践与经验的教育观念。从这一点来说杜威的贡献是大的。

5.2.6 以学科为基础的全面综合教育论

目前，在美国数个州流行着以学科为基础的全面综合美术教育（DBAE）。他们认为构成美术学科最基础的四个领域为：美术创作、美术评论、美术史和美学。以学科为基础的全面综合美术教育是一种全面综合的美术教学和学习方法，主要适用从幼儿园到高中的美术学科教育。这“四个领域中的每一个领域都为观赏、理解和评价美术作品提供了不同的角度，同时使人们得以用不同的角度或眼光去观察、理解和评价这个产生艺术题材的世界。”该理论的构思就是使学生能接触、体验上述四个学科领域的知识并掌握其知识内容，“都是为了使学生接触、理解并创作被称之为艺术作品的复杂客体。”[①] 20世纪90年代初，艾斯纳访问我国曾说：“大多数艺术大纲都相当重视培养学生视觉形象的制作能力。虽然这很重要，但形象的制作是不可能代替对这些形象的理解。”“多数学生将来是不会成为专职艺术家的，然而所有

---

① ［美］史蒂文·德比斯：《美术教育及寓教育于美术：以学科为基础的美术教育指南》，8页—12页，1998年盖蒂艺术教育研究院出版，这部由艾斯纳作序，盖蒂艺术教育研究院出版的论著，显然具有代表性。

的学生都不仅能够学会欣赏艺术，而且还能学会欣赏他们周围生活中的一切视觉形式。这些视觉经验的培养……是极为重要的。”①

从上述二人的解释来看，是将美术学科定位于美术文化课，是严谨的以课程为中心的“全面综合的美术教学和学习方法”，进行旨在加强学生对美术的体验与理解的美术教育。

据德比斯介绍：DBAE的先驱为20世纪60年代的布鲁纳的课程理论及布氏提倡的美术课应强调理解力、解决问题的能力，强调对学科主体基本结构的了解。其理论被俄亥俄州立大学的巴肯教授引入美术教育领域。1965年，巴肯提出采用布鲁纳的模式，从画家、美术批评家、美术史论家所提供的特殊知识来学习美术，对美术创作和理解美术是重要而有益的。在此基础上，1966年史密斯提出以儿童和学科为中心的美术教育概念，倡导以美术创作、美术评论、美术史和美学进行全面化、综合化的美术教学。由此，许多研究者对DBAE教学予以探讨，都强调对美术的学习与人本主义、发展儿童全部潜能是相辅相成的关系。1968－1970年，美国美术教育协会会长艾斯纳的“凯特英计划”，即凯特英小学的美术教学也涉及美术的基本领域（创作、评论和历史），并将其作为教学内容的来源。这对DBAE起到推波助澜的作用。80年代初期，加州成立盖蒂艺术教育中心，即现在的盖蒂艺术教育研究院，作为旨在推动这项新的综合教育思想与方法的机构。其后，盖蒂艺术教育中心相继出版了研究论文与专著，并于1983年首次实施培训教师的计划。1984年，盖蒂艺术教育中心发表了《超越创造：美术在美国学校中的地位》的报告，强调了兴起于60年代的以学科为基础的全面综合美术教育（DBAE）这一概念。多年以来，盖蒂艺术教育中心（现盖蒂艺术教育研究院）依托盖蒂信托基金会

---

① 邢莉编译：《论以修养为基础的艺术教育——艾斯纳教授访谈录》，《中国美术教育》，1991年第6期。

的财力，不断向全美国各州和世界各国推广这一教学概念。至目前，美国已有数个州在实施 DBAE 美术教育，并影响到美国艺术教育标准的制定。

该理论于 1994 年在北京国际美术教育研讨会上，由盖蒂中心派的与会代表介绍到我国。1998 年，在首都师范大学召开的北京国际美术教育研讨会上，美国代表团又分发了德比斯写的《美术教育及寓教育于美术：以学科为基础的美术教育指南》一书。该书在理论与实施方法上，都更趋向健全。目前，我国也有部分学校对其进行实验。

综上来看，如此不同价值取向的教育目的，归结起来，不外是个人本位论和社会本位论的两种价值观和目的性。

个人本位论，强调从个体自身发展角度来考虑教育目的，认为教育应当把促进个人的个性发展作为目的。所以，技术技能教育论、经验主义——儿童中心论强调个人体验与经历，促进学生本能的发展；审美教育论，强调健全个人审美心理结构；以学科为基础的全面综合教育论，强调理解美术以发展个体等，都是以个体自身发展需要为依据的个人本位主义教育论在美术学科教育上的反映。

社会本位论认为社会价值高于个人价值，个人的存在与发展应该从属于社会的需要，因而强调从社会需要出发来规定教育目的。教育应当把培养符合一定社会准则的人和满足保证社会稳定、延续发展需要来规定教育目标。所以，实用主义强调发展经济需要的目的；或强调为政治服务的目的；或以美化学校、日常生活之应用为目的；或强调美术文化传承，掌握技术成为画家之目的等，都是从社会需要这一客观实际方面为依据而提出的教育目的。

上述双方都有其合理的一面，又都有着顾此失彼不能有机统一之弊端。

5.3 规定美术学科教育目标的依据

确定美术学科教育目标，首先要明确美术学科的特点和它的功能。据此，再从观念上解决两个问题：(1) 社会对美术学科教育有哪些需要；(2) 个人对美术学科教育有哪些需要。这两点是美术学科教育价值取向的依据，也是确定美术学科教育目的主要依据。

5.3.1 社会对美术学科教育的需要

马克思称社会"是人们交互作用的产物"[①]。人们进行生产和生活，便必然发生一定的联系和关系，这就是社会生产关系。"生产关系总和起来就构成为所谓社会关系"，"并且是构成为一个处于一定历史发展阶段上的社会，具有独特的特征的社会"。[②]无论何种特征的社会，都是一定的经济基础和与之相适应的上层建筑的有机的统一。因此，教育作为上层建筑，必然与经济基础相适应受其制约，社会总是要根据自己的发展水平对劳动者的培养提出要求，以满足社会发展的需要。当代社会对美术学科教育的需要，可以概括如下：

(1) 发展文化的需要，培养继承和发展美术文化的后备人才

社会的进步与发展，是以其文化程度为标志的。文化是人类历史实践过程中所创造的物质财富与精神财富的总和，是人类智慧的完美结晶，是精神与物质的统一。一个完整的社会，是科技与文艺双翼齐飞全面发展的社会。美术是人类文化和文艺的重要组成部分，又是社会文化发展和文明的表征。1999 年，北京长安街、王府井的改造，使人们步入那里的街道和商店便产生进入现代化文明社会的强烈感觉，就是明证。当代社会，这种以建筑

---

① 中共中央编译局编译：《马克思恩格斯选集》，第 4 卷，120 页，人民出版社，1972。

② 中共中央编译局编译：《马克思恩格斯选集》，第 1 卷，363 页，人民出版社，1972。

业为主导的各方面的美术设计现代化运动，使得社会生活的衣、食、住、行、用等各个领域凡是人们视觉所触及的人造物，都是经过美术家设计的，都是科学与艺术结合的产物。因此，社会不仅需要科学技术工作者发展科技，也需要画家、雕塑家，需要城市规划、建筑设计、环境艺术设计、园林设计等设计师，需要服装设计、家具设计、日用品设计、陶艺设计、商业美术设计、工业设计、染织设计、邮票设计、钱币设计、各方面视觉传达设计等等工艺设计师，需要书法篆刻家、影视艺术家、舞台美术家、动画设计家……以丰富社会精神的视觉文化。以上美术门类是我们社会生活中极为广大的领域，需要大量的专门人才。这些专门人才，需要从小就受到美术学科教育的培养、开启智慧，并为有这方面素质特长和爱好的儿童，从小奠定发展的基础，成为发展美术文化的后备人才。

（2）发展经济的需要，培养美术消费者

上述说的是社会发展需要培养美术生产后备军，这里所说的则是经济发展需要培养美术消费者。上述的诸多领域都与商品有关，生产的是精神与物质结合的产品，有的虽说呈现为精神产品，但从本质上说都是商品，需要出售给消费者和经受消费者的评价。

广大消费者为了适应美术设计的现代化社会和尽情享用精神消费，本身就要求加强美术教育，以提高自身的审美素质和进一步使生活艺术化。随着生活水平的提高，人们不单单满足于住房一般的内外装修美化和到美术馆去欣赏原作美术品，而且要求环境和家庭通过陈设美术品创造出文化艺术氛围。从而促使相应的美术商品得以发展，绘画、雕塑原作也进入各部门单位和家庭房间，美术作品作为文化的典型代表之一而被个人高价收藏。

美术消费多是视觉美的消费。人们不断追求获得新的视觉美的享受，促进商品的造型与装潢不断更新和经济的发展。

在人类社会生活中，就是看文艺演出、体育表演，也包括美术消费。旅游消费，很大成分上是美术消费，游颐和园，逛天坛，到敦煌石窟，去法国卢浮宫，看埃及金字塔等，都可谓是美术消费。

提高人们的审美能力，就是提高美术消费层次，也就是为美术培养观众和买方市场。这是社会需要经济发展赋予美术学科教育的使命。

消费者是社会人的群体。生产与消费是互相促进的关系，美术教育促进人的审美素质的提高；具有高素质审美人群的社会，需要处处美化，对其美化得好坏又需要人们予以评价，这样又促进美术设计的发展和美术文化的发展，以及美术教育的发展。这种良性循环的关系，对社会经济发展的作用是不能低估的。

（3）社会快速完美发展的需要培养具有科学与艺术双翼的人

工业化初期，科学与艺术曾经分离。教育培养出的科学、艺术人才各执一端，片面发展，搞科技的人缺乏美的意识，使工业发展为社会带来诸多的弊端。例如，丑陋的产品、环境污染、人成为机器的奴隶、精神偏枯乃至变异，等等。为消除科技与艺术分离的弊端，需要加强审美教育，使科学与艺术重新携起手来。后工业社会，则要使社会协调完美地发展，不仅需要科学与艺术的结合，更需要插有科学与艺术双翼的人才。且不说由于电脑技术的发展，使许多学科包括数学在内均需要美术学科的支持，以使其设计更具创意；且不说现代社会需要人具有图像传达和接受图像传达的能力（图 5-1），更主要的在于艺术是真善美的有机统一，是人的知情意的有机统一，艺术美的情感性教育，可以使人的感情丰富起来。人对美的追求，可以使偏枯乃至异化了的人性得以复归，从而获得丰富的人性，关爱人，关爱社会，关爱与人共同生活在地球上的一切生命。作为艺术重要学科的美术，其教育从有利于科技发展角度看，还可以使人脑两半球协调发展，丰富想象力，推动智能发展，增强提高创新意识和创造力。人有了美的追求和思维的活力，思想也不至于走向歧途。社会由具有科学与艺术双翼的人把握，不仅能使社会腾飞，而且能够向着和谐完美的方向发展。

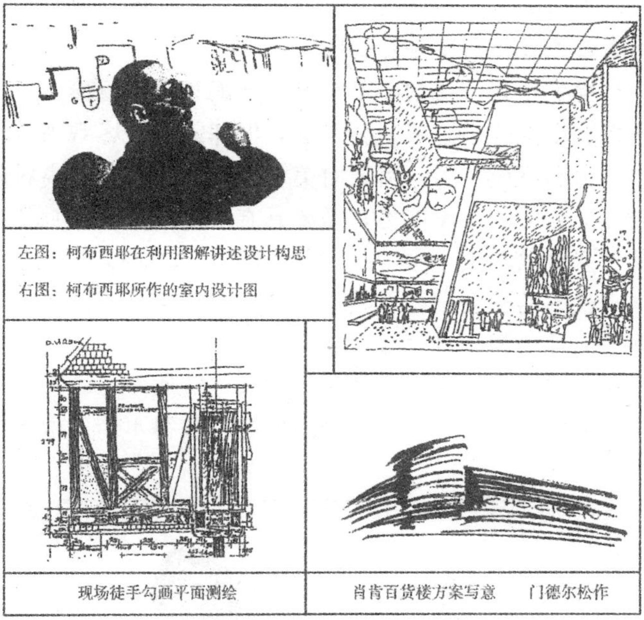

左图：柯布西耶在利用图解讲述设计构思

右图：柯布西耶所作的室内设计图

现场徒手勾画平面测绘

肖肯百货楼方案写意　门德尔松作

图 5-1　世界著名建筑师的徒手勾画能力①

5.3.2　个人对美术学科教育的需要

教育的原始目的是为了人的生存和发展。今日的教育仍是为了人的生存和发展，只不过今日是为了满足人的安全的生存，健康的生存、自主的生存，为了适应社会瞬息万变的发展和激烈的竞争中立于不败之地的生存，是为了高质量的生存。发展是在生存基础上的更高层次的需要与追求，是为了满足物质和精神（包括情感）两方面的需要，实现自我尊严和自我价值。因此，今日的教育既要满足人的生存需要的知识和技能，更要满足人为了提

① 上两图选自《建筑画》第 1 期，9 页，吴良镛：《从“诗情画意”到“建筑意”》。下两图选自《建筑画》第 1 期，14 页、15 页，项秉仁：《徒手勾画与建筑创作》，中国建筑工业出版社，1985。

高身心、素质的需要和发展个人禀赋特长的需要。那么个人对美术学科教育的具体需要是什么呢?

(1) 提供生存需要的美术知识、技能和艺术修养

大多数学生并不想成为美术家，但却需要对客观视觉世界的美的感知力和反应能力，需要对美术文化的理解力、高雅的审美情趣和社会相应的审美能力，需要具有一定的美术视觉传达能力和接受美术的视觉传达能力（见图 5-2)。如前所述，这些能力关系到现代人的社会生存及其生存的质量，也是为高质量地生存于美化了的社会和自身悦目悦心的需要。

(2) 获得个人发展需要的现代的人格特质

从美术的学习中使左右脑协同发展，获得不苟同他人的自我

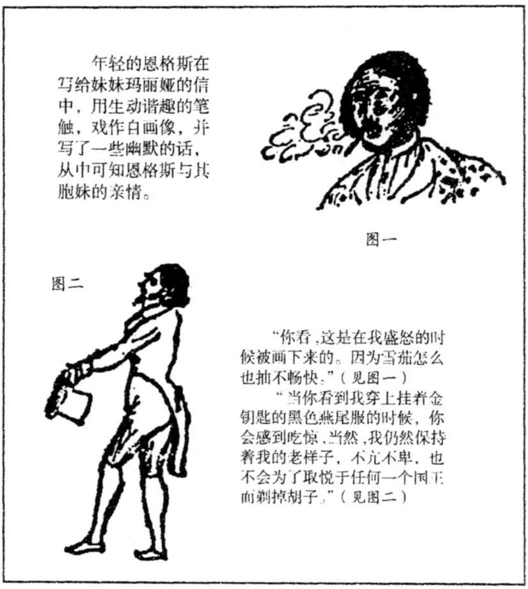

图 5-2 信配图像的表达（选自 1986 年 10 月 14 日《解放日报》)

表达个性；自主、自信的主体精神，积极进取的独创精神，美感直觉、灵感、变通性和活力，建立美的观念，提高情感，建立健全审美心理结构，培养多元文化的价值观和包容性，从选择中学会选择、学会学习、学会关心等人格特质。

（3）奠定一生可持续发展所需要的基础

现代社会科学技术和文化发展飞速，任何一级学校的教育都不是教育的终结，都只能为学生奠定今后一生可持续发展的基础。中小学美术学科的基础知识、基本技能虽然是可持续发展的必备基础，但更主要的是美术学科以其培养人的创新精神与创造力的优势功能，为学生奠定了永不满足已有常规模式的探索精神，使学生形成了对问题的敏感性、洞察性、再定义性、处理问题的流畅性、灵活性、独创性等创造力的心智特征，培养了学生对多元化的包容精神与汲取能力，使其具备了艺术思维的特点、方法以及对美的追求等。这则是学生可持续发展的重要基础，并可使学生形成可持续发展的意识、信心和勇气。

（4）满足美术特长学生个人发展，实现自我理想、自我价值的需要

学校中总是有一批美术素质特长的学生，学习美术是他们的兴趣所在，其理想是做美术家、工艺设计师等。他们追求在美术方面的个人发展，希望学校美术学科教育能满足他们这种实现自我理想与自我价值的要求。

5.3.3 社会需要与个人发展需要的统一

我们之所以说社会本位主义和个人本位主义二者皆有合理性的一面，是因为社会总是对教育有其总的要求，尤其有国家意志的需要；个人上学，也总有个人生存和发展的需要。马克思认为人的本质并不是单人所固有的抽象物，在其现实性上它是一切社会关系的总和，即人的社会性。社会对教育的需要，根本在于培养社会需要的高素质的人才，个人发展的目的也在于适应社会的需要。所以，人与社会是一种统一的关系。

教育作为传递人类文化和造就人才的社会现象，不可能脱离社会的需要而独立存在，必然根据一定社会要求，在一定的社会物质生产所规定的可能性的前提下进行社会实践。其传递的文化，也将是人类最好最有用的文化，是为了让人掌握去促进社会的进一步发展。教育造就人才促进个人发展，也是由客观社会生活和物质生产条件决定的，个人只能在特定社会提供的可能性范围内得到发展，而且个人发展的目的也是为适应社会的需要，离开社会需要，便谈不上个人发展的价值。社会又是由多样的个性的人组成的，没有多样个性的人，不可能有社会的丰富性，所以社会不可能无视人的个性的自主发展。社会的进步在于作为生产力中最活跃最富有创造力的人，在于人的推动，在于人的素质，所以社会希望个人发展，社会需要与个人发展是统一的。教育应该将二者需要都予以满足，使其得到真正有机的统一。

5.3.4　正确处理全体学生与美术特长生对美术学科教育需要的矛盾

社会需要的美术消费群体和插有科学与艺术双翼的人，都是落在对学生的期望与培养上，学生的生存与发展的需要是统一的，又都可归结为需要美术学科教育提高他们的美术文化素质，并通过美术素质教育培养适合当代社会发展需要的人格特质，促进身心全面健康发展。

社会需要美术文化发展的后备人才，这是社会对少数美术特长生的期望。美术特长生也欲发展成为美术专门人才。这二者对美术学科教育的要求也是一致的。

江泽民同志多次指出“培养同现代化要求相适应的数以亿计高素质的劳动者和数以千万计的专门人才。”美术学科教育满足提高全体公民的美术文化素质和培养少数学生成为美术专门人才的两种需要，实质上是满足全体学生和少数美术特长生的两种不同层次不同规格的需要。这样，美术学科教育便存在着一个不可回避的必须处理好的矛盾，即如何满足二者需要的问题。

作为学校的教学科目只强调面对全体学生的教育，而冷落了那部分少数美术禀赋特长生的需要，就是忽略了对社会需要的艺术后备人才的培养。如果我们的美术学科教育将全体学生的美术文化素质普遍提高了一个层次，而没有培养出能在世界立足的精英人才，不能称之为真正的素质教育，也是教育的失败。

如果冷落了大多数学生的需要，或脱离大多数学生的水平，将面向全体学生的课堂教学变为培养特长生的教育，那更是教育方向上的极大失误。

既让全体学生美术文化素质得到提高，促进其全面发展，又要满足美术特长学生发展的需要，才能说是真正实施了素质教育。为此，学校的美术教育应设有面向全体学生的必修的美术课程，也应设有供学生发展特长而选择学习的选修课程，且以不同的教学目标予以分别对待来处理这个矛盾。

统一的美术必修课程，是以全体学生为接受对象的学科教育。个别特长生首先应受到统一的课程教育，然后才能谈到在此基础上于课外活动课程学习中得到发展。美术学科的必修课程是美术学科教育的主要任务和教育的重心所在。而且由于课外活动课程的多样性、机动性和国家对其没有统一的目标要求。所以探讨学科教育的一般规律与教育目标，总是着眼于面向全体学生必修课进行的。

5.3.5 国家的教育目标是规定学科教育目标的准绳

在1999年6月15日全国教育工作会议上，江泽民主席讲话强调“以提高国民素质为根本宗旨，以培养学生的创新精神和实践能力为重点，努力造就‘有理想、有道德、有文化、有纪律’的，德育、智育、体育、美育等全面发展的社会主义事业建设者和接班人。”① 这是在新时期新形势下，江泽民同志代表党中央、国务院对我国教育目的的高度概括，也是国家、社会对个人发展

① 《人民日报》，1999年6月16日。

提出的新的规格要求，体现了社会需要与个人发展需要的统一性，体现了素质教育对人的全面发展的培养目标，是对教育综合性价值取向和突出重点价值取向的统一。我国各级各类学校，其中包括美术学科教育，必须以此为指导准绳来规定教育目标，否则便背离我国教育的总目标。

5.4 规定美术学科教育目标的原则

5.4.1 与国家教育目的的一致性

国家教育目的，是根据社会发展需要和个人发展需要二者的统一提出的，是符合国家意志需要的人才规格。我们说国家教育目的是规定美术学科教育目标的准绳，就是说规定美术学科教育目标要与其保持一致性，以使美术学科教育符合国家对教育的要求。这是规定美术学科教育目标必须遵循的原则，否则即背离国家的意志和国家对教育培养人才规格的要求。

5.4.2 体现美术学科教育的性质与教育观念

中小学美术学科必修课，是为了满足社会和个人对美术文化的需要而设置的学科，是面向全体学生提高美术文化的素质教育。美术文化既包括物质形态的美术，又包括观念形态的美术。面向全体学生所进行的美术文化教育，不是专业美术教育。素质教育是我国教育的根本宗旨。素质包括文化、业务、思想、政治、身体、道德多方面的素质，所以素质教育可用德、智、体、美等全面发展概括之。因此，中小学美术学科教育，不是单纯的技术教育，不是学科中心教育，也不是实用主义教育，而应是以人发展为本的综合性价值取向的美术文化素质教育。

5.4.3 突出美术学科的独特功能和优势功能

在规定美术学科教育目标时，如果不顾美术学科特点及其优势功能，机械地理解素质教育而予以综合价值取向，进行所谓全面发展的教育，势必出现无重点、不易把握、失去美术特点之弊端。应该看到美术学科教育不是万能的，在许多方面不如其他学科。例如，在思想品德教育上，不如思想品德课；在提高学生身体素质上，不如体育课；在历史知识的获得上，不如历史课；在科学精神的培养上，不如数理化生物课；即便情感教育，也不如音乐课。因此，规定美术学科教育目标必须突出美术学科的独特功能与优势功能，以独特优势功能为主综合美术学科的其他功能作为价值取向，体现出社会和个人对美术学科教育的需要。美术学科教育要以自己的个性教育特点，会同其他学科共同完成培养学生全面发展的素质教育。

5.4.4 教育目标的表述，应便于下限教学目标的对应展开

规定美术学科教育目标，是为了指导教学明确目的，不偏离方向。对其表述应该概括，以便于把握。如果以“提高学生美术文化素质，促进学生全面发展”来表述，无疑最具概括性，但过于笼统，缺乏对教学的具体指向性。笔者认为制定美术学科教育目标，既应具概括性，又应具有对教养内容的指向性与训育内容的指向性特点，以便于下限教学目标的对应展开。

5.5 体现素质教育，以人发展为本的教育目标

美术学科欲满足个人发展和社会对未来人才的需要，就应突出本学科独具的教育功能和优势教育功能并综合其他功能作为价值取向，构架体现以人全面发展为本的美术学科教育目标。

提高人的美术文化素质，是时代对未来人才的需要。美术作为人类宝贵的文化，也应该传递给下一代。提高学生的美术文化素质，既要进行物质形态的美术教育，也要进行观念形态的美术教育。让学生理解美术丰富的人文内涵，是美术学科教育独具的教育价值，应作为其教育目标。

美术文化有其特定的知识体系和技能体系。美术基础知识和

基本技能是传递美术文化的基础，没有“双基”的教学不可能使学生对美术文化有真正的理解，更不能使学生运用美术进行表达。造型能力是美术的最基础的能力，是最重要的能力之一，掌握基本的美术技能和学习美术的基础知识，可以为学生理解美术、发展能力、继续学习和持续发展奠定基础。这是任何学科教育所不可替代，应作为美术学科教育目标之一。

图 5-3　学者闻一多在清华大学读书时所画的书籍插图

美术是主体对客观世界认识反映而创造的审美对象，是给人观看的造型艺术，美术又是以造型语言传达信息表达观念的工具，是美化生活的工具，所以人人离不开理解美术和运用美术美化自身、家庭、社会，离不开运用图像传达信息和接受图像信息（图 5-3）。这种美术能力即美术实践能力的培养，也是美术学科教育独具的功能，也应作为其教育目标。

客观世界为人类提供了眼睛可以观看的丰富多彩的形态现象，人们对其能否敏锐的感受并从中发现美和体味内在精神，在于人的美感知觉的发展和审美能力。培养人发现美的眼睛和对形式美感的敏锐性，是美术学科教育独具的功能。而对视觉世界做出审美判断与评价的反应，则需要构建学生的审美心理结构和提高审美能力，同时也使其情感提升和形成高尚的情操。这正是辅翼德育的功能，也应列为美术学科的教育目标。

创新精神与创造力，是美术最需要的能力。美术创作历来强调不苟同他人，打破常规性的创新最为可贵。齐白石说："学我者生，似我者死"，是对美术强调创新精神的恰当概括。所谓"学我者生"，是指学习齐白石的创新精神，艺术才有生命力，才有其生存的空间。虽然艺术家的创新精神和创造力，是在全面深刻理解传统美术之后突破传统的独辟蹊径，是以技术功力和审美能力为基础的创新与创造的实现，是在美术实践中体现出来的能力；然而我们学生的创新精神却是其纯真率直的表现，即便拙劣也因不雷同他人而有独立存在的价值。如果说其他学科也有启发学生创新的教育，那么美术学科各课业均可让学生发挥创新精神，都是学生施展创造力的天地。这不能不说是美术学科的优势功能，且我们教育的重点正在于培养学生的创新精神与实践能力。因此，美术学科的这一优势功能应作为重要的价值取向而成为教育目标。

美术学科的教学是为了使学生插上艺术的翅膀，成为具有从艺术学习中获得诸多未来人所必备的全面发展的优秀人格特质。因此，应将其列为美术学科教育目标。

另外，应特别强调指出的是：美术学科不是升学考试科目，又是情意性很强的学科，对其学习需要学生以兴趣作为内在的驱动力，并保持其创造个性的发展。如果学生学习无兴趣，那将是美术教育的失败。所以，美术学科教育要以激发学生的学习兴趣作为一项重要的教学任务和学习目标，以保证美术进行愉快教育和成功教育。

综上所述，构架以人的发展为本的美术学科教育目标应概括如下：

（1）培养美术兴趣，提高美术文化素质。

（2）学习美术基础知识与基本技能。

（3）促进美感发展，培养审美能力。

（4）培养创新意识，发展创造能力。

（5）促进图像表达与生活美化的实践。

（6）促进优秀人格特质的形成和个性发展，为学生可持续发展奠定基础。

以上目标的出发点和归宿，是提高人的美术文化素质，促进优秀人格特质的形成和发展，为学生可持续发展奠定基础。目标内容，也为美术学科性质予以了定位：既是美术文化教育课，又是工具课，技能训练课，既是审美教育课，又是美术能力培养课，也是创新精神教育课，也是美术实践活动课。

任何单项价值取向的教育目标，都不符合现代教育观念，也不能充分体现美术学科的教育价值，更不能代表美术学科的教育特点。所以，美术学科目标突出上述的价值取向，充分发挥其独具的和优势的教育功能，综合其他功能的价值取向才是真正实施美术学科的素质教育，才能满足社会与个体对美术学科教育的需要，实现人的全面健康发展的目的。

5.6　各项教育目标之间的关系及其体现教养与训育的统一性

美术学科教育目标，首先提出培养美术兴趣，是基于美术实践与学习是主体情意性非常强的实践活动。兴趣是学习的内在驱动力，对美术有兴趣学习难亦不难，无兴趣不难亦难。学生一旦对美术产生了浓厚的兴趣，便有了学习的欲求，便会主动学习甚至成为终身爱好，其美术素质便会不断提高，培养兴趣作为目标提出，既对教学内容的选择、编订具有指导性，也为教学提出指向性。教师授课，不可将具有无限乐趣的美术创作和美术欣赏上得兴味索然。

提高美术文化素质，作为美术学科教育的性质予以了总体定位，说明了美术学科不仅在于技术教学和美术创作，还要进行观念形态的美术教育，进行人文内涵的教育，进行多元美术观念的教育。这是美术学科指导性的素质教育目标。

为了提高美术文化素质，就要打下扎实的“双基”基础。“双基”既是学科基础，又是学习和美术实践的基础。美术造型和造型能力的训练，是与培养人的感知、美感、表现观念等分不开的，且蕴含着对功力美、技术美、形式美的认知与技术意识的培养。

促进美感的发展，包括对客观世界的视觉现象——自然美、社会美、艺术美——的敏锐感受性及反应能力。培养审美能力，便是培养人的健全的审美心理结构——对视觉现象审美的感知、想象、联想、理解与评价等反应能力的综合体现。审美能力，也是对自我美术创造判断评价的基础。儿童美术创作凭直觉，艺术家的创作很多情况也是依美感直觉。美感的敏锐性的培养，是在于多动手多观看的美术实践，是在对客观世界的感受和艺术表现实践的感悟不断丰富中发展起来的。它与技能训练、美术创作、欣赏美术作品密不可分。美感发展与审美能力的提高又是不可分的。审美能力需要理论指导的理解，艺术观念的把握及训练出来的美感直觉——审美眼力。美感与审美能力，既是对视觉现象做出反应的基础，也是对个人美术创作的判断与提高的基础，有利于美术创新的成就性。

美术需要创新精神，有了创新精神才能不满足于常规，肯于不断探索，大胆创新，创新精神与创造力是美术教学的重点。

运用美术的实践，是将所学知识、技能及其审美能力用于解决具体问题的实践活动。实际运用水平的高低，与技能水平、审美能力是一致的。

在教学实践中，上述六项目标包括了对学生的观察、感知、想象、思维、情感、情操、意志等人格心理品质得以全面发展的有意培养，也涵盖了现代人所需要的——自立性、多元价值观的包容性、灵活性、创新精神与创造力、追求美的情感、高尚的道德品质与社会责任感、技术意识与科学精神等——人格特质的培养。促进优秀人格特质的形成和发展，作为最后一项具有综合性的教育目标，指示了教师必须在教学活动中予以体现，以进行提高学生全面素质的教育。

如果说学习美术知识与技能，培养造型能力，理解美术文化，提高审美能力和应用美术的实践能力等，属于教养目标，即明确规定传授美术文化的内容目标。那么，培养学生的兴趣、美感、价值观、创造精神与创造力等目标，则属于训育目标。这样理解未尝不可。其实这六项目标是互相关联、互相渗透的教养与训育统一的关系，都与发展人的潜能、形成人格特质有关。尤其最后一项“促进优秀人格特质的形成与发展，为学生可持续发展奠定基础”，虽然貌似明确的训育目标，不也涵盖了人的技能与美术文化素养在内吗？这样理解教育目标的指导意义，便不至于教养与训育分离。当然，教育目标还应有更科学的表述。

6

美术学科课程

6.1　美术学科课程的概念

我国古代，对“课程”的解释为课业及其进程。课业指教学的课目内容。进程是课业内容的教学序列与时间安排。随着现代“课程论”的发展，中外学者对课程的含义不断拓展，出现了百余种解释。仅在《国际教育百科全书》（瑞典斯德哥尔摩大学国际教育研究所荣誉教授托斯顿·胡森和联邦德国汉堡大学比较教育系教授纳维尔·波斯特尔斯威特主编的，由 100 多个国家的 1300 多位学者撰写）中，便列举了 9 种差异很大的定义：

1）在学校建立一系列具有潜力的经验，目的是训练儿童和青年以群体方式思考和行动。这类经验被称为课程。

2）学习者在学校的指导下所学得的全部经验。

3）学校传授给学生的，意在使他们取得毕业，获得证书或进入职业领域的资格的教学内容和具体教材的总计划。

4）课程是一种对教师、学生、学科和环境等教材组成部分的范围的方法论的探究。

5）课程是学校的生活和计划……一种指导生活的事业，是构成一代又一代人生活的生气勃勃的活动流。

6）课程是一种学习计划。

7）通过有组织地重建知识和经验而得到系统阐述的有计划、有指导的学习经验和预期的学习结果，在学校的帮助下，推动学习者个人的社会能力不断地、有目的地向前发展。

8）课程必须基本上由五种大范围的学科学习组成：a. 掌握母语，系统地学习语法、文学和写作；b. 数学；c. 科学；d. 历史；e. 外国语。

9）课程被看作是有关人类经验——而不是结论的可能思维模式的不断扩大的范畴。但这种可以从中得出结论的模式，在那些结论和所谓真理的背景中是站得住脚和有依据的。

以上对课程的不同界定，说明他们对学校总体教育有不同的强调点。作为美术学科教育，我们对美术课程的界定是：为实现美术学科某种教育目标而设计的教学组织、课业设置、教学内容、教学进程的总和。美术课程是在学科教育目的解决之后首要研究的问题，但在规定学科教育目标时，不能不虑及课程。仅是工作程序上安排先后而已。

6.2　美术学科课程类型

课程类型是为了满足社会与学生的不同需要，按着不同的培养目标、不同的教学组织而设计的课程。根据教育目的和国家的课程政策，美术学科的课程类型有如下三种：

（1）全体学生必修的美术课程

美术学科必修课程是国家教育部列入教育计划，有明确课时规定的美术课程，一般制定全国统一的或几个不同的课程标准（教学大纲），以使全国学生受到同样的或稍有差异的教学内容的美术学科教育。

必修课程，是按国家规定的课时、课程标准和教材（包括地方编写的乡土美术教材），面向全体入学者，以班级授课形式进行教学的，旨在提高学生美术文化素质促进学生全面发展的美术课程。通常所说的美术课或美术课程，即指此必修课程。这是迄今为止普通学校美术学科教育的主体课程。

（2）供学生选学的活动课程

这是从满足学生兴趣需要和发展学生特长出发，以美术实践活动为主要教育形式而设计的课程，是满足学生兴趣选择学习的美术活动课程。

现代教育，强调为学生个性发展提供充分的空间，以使学生能从选择中学会选择和学会学习。所以，世界上许多国家压缩必修课程的课堂教学，安排较多的甚至规定下午为活动课程，以使学生按照自己的兴趣选择喜欢的学科去学习，使其得到个性发展。

从目前来看，供学生选择的活动课程只能依据各校教师的特长、教学设备和学生实际，由学校和教师来设计，不可能规定统一的教学内容和教学进程。根据美术教师人数，美术活动课程一般可开设 2～3 种美术某类专项活动课程，如绘画、雕塑、艺术设计与手工艺、书法篆刻、电脑美术等。学生可依据自己的兴趣，有选择地参加活动课程的学习。

（3）为满足学生个人发展志向的应试课程

学生的兴趣发展到初中、高中已变为志趣。少数美术爱好者有志于将来从事美术工作，便面临报考高一级美术学校或报考加试美术科目的高一级学校。学校为满足他们个人价值实现的目的，予以安排相应的学习课程。

这类课程一般有两种，一是学生应考前一段时间安排的应考课程；二是从初中一年级开始就对学生进行有计划的系统的造型基础的训练课程。这些课程内容，都是和升学考试科目内容相一致的。

6.3 美术学科课程的编制

编制美术课程，是指学校设置哪些美术课程类型和对不同类型课程的教学目标、教学内容、教学进程、教学评价等设计的总体方案，是在普通学校美术教育目的明确之后，进行的一项系统工程。我们用下图表示美术课程的编制程序：

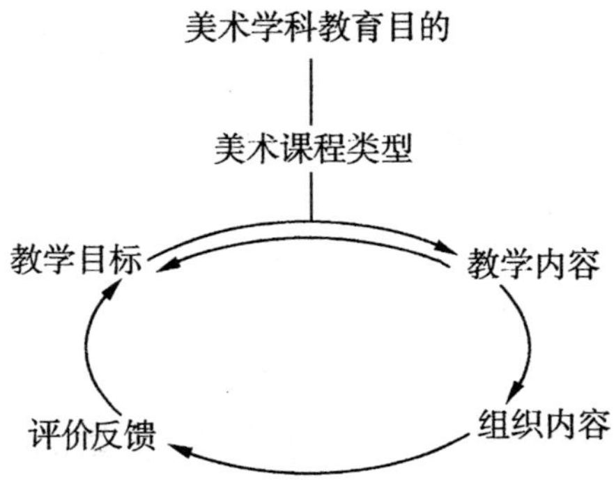

课程类型是美术学科以满足社会与学生个人发展的不同的学习需要为目标而设置的不同类型的课程。课程类型确定之后，为不同类型课程规定教学目标和编制教学内容，是课程编制工作的重点。教学目标与教学内容是一种对应关系，二者均是在教育目标指向下互为依据并行制定的。教学内容是经过与教学目标对照下，先确定教学内容总体框架，再组织教学内容，听取反馈，再修订教学内容和调整教学目标，如此循环反复完成的课程编制。最后，以文本形式写出美术学科课程标准，或称教学大纲。

教学内容与教学目标的对应性，还表现在如下图所示的不同层次上：

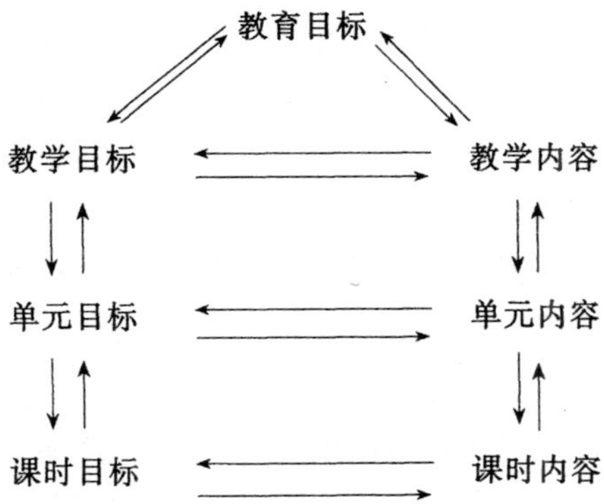

上图所示的层次性，表现在对教学内容组织的逐次具体化，表现在与教学进程相结合的编制课程。

课程编制具体化为规定教学目标与编制教学内容，是经过如下循环完成的。

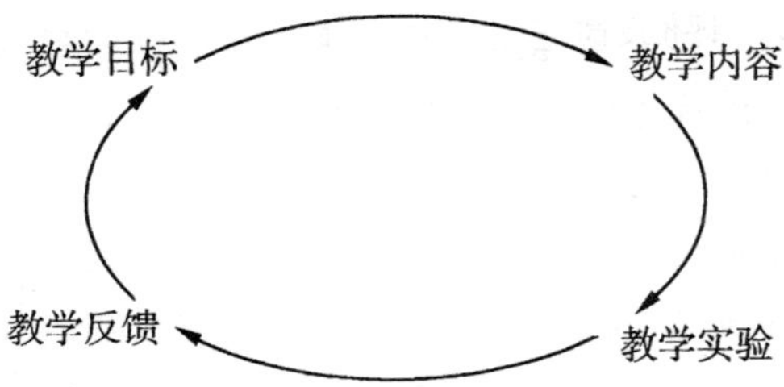

全体学生必修课程，最后是以教科书和教师教学用书等教材形态，完成课程的编制。

6.4 美术学科课程内容

美术课程内容就是美术课业进程所要教学的是什么。课程内容是实现目标的台阶。美术学科教学目标确定之后，便在一定程度上为其课程内容编制提供了基本方向。编制课程内容是课程编制的一项基本工作，又是诸多课程问题的聚集点，所以是一项艰巨复杂的系统工程。

6.4.1 美术学科课程内容

美术学科的课程内容，就是美术课程要教什么和学什么，即教学内容。其包括三个方面：

一是美术学科所要传递给学生的美术知识、技能、形式原理与法则、艺术观念和所要解决的问题，以及处理它们的方式等。

二是学生美术学习实践，于做中习得的观察方法、思维方法、技术行为、艺术感悟等经验。

三是对学生发展所需要的人格特质。如对高尚情操、高雅的审美情趣、对视觉现象的敏感性、创新精神、多元文化的包容性、意志品质、关心社会、责任感以及行为等的指导与培养。

上述三个方面的总汇，才能称之为完整的美术学科的教学内容。

教学内容的第一个方面，是美术学科显性课程内容，主要着眼于为教学提供具体依据的显性内容，是编订教材的内容。第二个方面，是美术学习活动中综合训练内容。美术教学的最大特点，是大部分时间为学生自己动手的主体性实践活动。这个学习活动便是学生领悟、获得经验的过程。美术教学内容，多是在这种活动中让学生学会的。所习得的内容有些是隐性的，又往往以显性的美术能力呈现。第三个方面，是美术学科的隐性课程内容，主要着眼于训育。这是在传授知识、技能和在对学生学习实践指导中，蕴含的灵魂内容，是融入于一切教育行为的内容。

从学习角度看，学生既要学习知识，习得技能，理解美术的艺术观念，又要获得学习经验，重在形成能力，还要习得优良的个性人格特质。后二者似乎是学习的结果，是目标。但目标与内容是紧密不可分的。在教学中，不可能没有让学生获得经验的实践和指导，不可能没有要求，不可能没有训育内容。人格特质的形成，不是知识传授的简单结果，而是在训练操作、思维、情感、意志等行为中予以有意影响和指导中奠定基础而逐步形成的。教学内容如果不体现目标，脱离目标，就会在教学实践中忽略训育的内容。以创新精神为例，如果教师讲授内容时不体现艺术的创新精神，不引导学生进行创造性思维，布置作业时不要求创新，或对创新性的作业不予鼓励，甚至对不成熟的创新予以贬低，那么学生的创造性思维和创新精神的人格特质便会受到压抑。又比如学生的工艺制作，如果马马虎虎漫不经心地完成，又没有受到教师认真地对待，也不能使学生形成真正的技术意识，在实践中也不会真正领悟到技术美、艺术美。

6.4.2 编制教学内容的工作程序

编制教学内容，是一项复杂的系统工程，是理论与教学实践经验相结合的工作。其工作程序大体分为三个阶段。

（1）规划课业类型及其教学内容框架

规划课业类型，是按教育目标指向性从总体上对教学内容予以分类，并按总课时量规划性地分配课时。这就是过去的“教学大纲”中展示的课业比例。按课业内容的艺术类别性质分类，可称绘画、工艺、欣赏；或称绘画、艺术设计与制作、鉴赏；美国DBAE称美术创作、美术史、美术评论和美学。按学生学习活动性质分类，可称表现、应用、欣赏。在此基础上，应对每一类的教学内容再予以粗轮廓的框架设计。

（2）按年级组织教学内容框架及教学进程

这是根据学生不同年龄的心理与智力特点而安排的学年或学期教学内容梗概，是整体教学进程的内容框架。这一工作不仅应有专家参加，还应该倾听教师的意见，因为教师对此是很有发言权的。

（3）按课序、课题、课时组织教学内容（编写教材）

如果说前两步都是规划中的教学内容框架，那么这一步则是具体化为实在的教学内容，是将中小学总共近千课时，按教学进度——确定课题，编写文字内容，编选和绘制图例内容，提出作业要求，使之成为教学实践主要依据的教学内容。它是以教材——教科书和教师教学用书——的形态呈现的。这是编制教学内容最艰难最繁复的工作，是研究教学内容最为具体化的工作，是专家与教师通力合作才能胜任的工作，没有实践经验丰富的教师参加是无法圆满完成的。

6.4.3 我国以往美术课程内容的启示

既然美术课程内容是要解决教什么和学什么，就涉及显性教学内容的基础性，也就是本书于第二章谈到的基础性问题，尽管从理论上可以概括为“要传递给学生的美术知识、技能、形式原理与法则、艺术观念和所要解决的问题，以及处理它们的方式等。”但在具体编制教学内容时，仍会有诸多问题存在。由于基础教育的对象是儿童少年，面对美术的知识和技能几乎等于零的教育对象进行美术教学，谁都不会从深奥的学术理论和高难的艺术技巧入手，自然会想到从最基础的知识和基本技能入手。所以，我国自1904年（光绪二十九年十一月二十六日）清廷颁布《奏定学堂章程》创办现代学校开设图画课以来，无论是在“学堂章程的立学总义”中，还是民国期间的《中小学教则》以及现在的《美术教学大纲》中，对教学内容的基础性都是用“浅显的”“简单的”“基础知识与基本技能”等来表达的。清末的“学堂章程”和民国年间学校的“教则”，都没有像当今现行的“教学大纲”那样对教学内容予以具体的规定。但是，各时期的教科书都最直观地展示了当时美术学科教育对基础的理解和对基础内容的具体选择。也就是说，各时期的美术教科书是各时期对美术课程内容和对“基础性”理解的具体体现。

因此，笔者选择几个重要时期的美术教科书，看看当时是以什么作为基础的，从其课程内容可以获得些什么启示。

(1) 我国现代中小学校美术课程内容概况[①]

清末，张之洞借鉴日本与西方国家制定的“癸卯学制”，将图画科教学内容分为“自在画”和“用器画”两大类。从笔者发现的光绪三十二年（1906 年）出版的由学部审定的《中学铅笔习画帖》（图 6-1-1—6-1-7）（所见此书不全，可能尚有毛笔习画帖）和宣统元年（1909 年）出版的官方编订的陆军中学堂《绘学》全一册教科书（图 6-2-1）（此书是从光绪年间出版的教科书的内容中选编的全一册，比《中学铅笔习画帖》多了毛笔画内容）来看，所谓“自在画”是当时对铅笔和毛笔两种工具画法的统称。铅笔画法是西法素描，教学内容是从石膏几何形体入手，到画静物、个体鸟兽、树木、简单风景等，人物素描从五官到头像、手、四肢到男人体。是以临摹、写生为基础的（风景写生当时称临地绘法）（图 6-1，图 6-2—6-4）。毛笔画是以临摹中国传统的小写意画法为基础（图 6-2-5、6-2-6）。“自在画”旨在“俾得练习意匠”。“用器画”是平面几何画法与投影画法，即我们现在称之的“制图”、“图学”、“工程图学”（图 6-3-1[②]）的内容，以“讲用器画大要”为基础，“以备他日绘画地图、机器图及讲求各项实业之初基”为宗旨。

图画课整体教学内容结构，是参照日本与欧洲的教学内容加进中国画构建的。手工为独立科目，而与图画课分开。

“用器画”始于二百年前的法国。1798 年，法国科学家加斯帕·蒙日正式发表的在巴黎高等师范学校讲课的讲稿：《画法几何

---

① 由于蒋荪生先生主编的《中等学校美术教学法》一书已有《我国学校美术教育发展概况》一章，但未涉及教材和具体教学内容。本节从教材和教学内容角度作为对其补充。本书不另列“我国普通学校美术教育发展概况”一章。

② 图 6-3-1、6-3-2 是从 20 世纪 20 年代出版的《图画讲义》中选取的。由于至今尚未发现清末时期出版的用器画课本或讲义，故只能以此作为参照。因为中华民国初期的图画教学内容基本上是清末的延续。到 20 世纪 50 年代，中学美术学科教学一直有几何画法内容。只是重视程度逐渐减弱，以至取消。

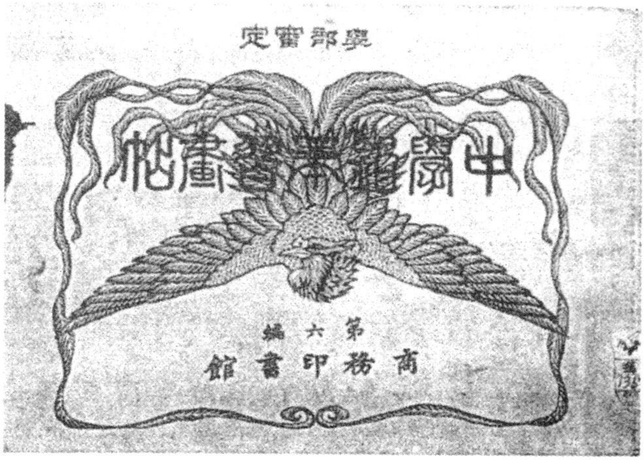

图 6-1-1　光绪三十二年（1906 年）出版的我国第一部中学图画科教科书（见彩页）

图 6-1-2　静物素描范图之一

图 6-1-3　风景素描范图之一

学》，其介绍了工程作图方法。蒙日认为这是“从事设计的、有才清代至民国初的教材中，将静物写生、风景写生以“实物绘法”、“临地绘法”称之。此称谓，目前美术界已无人得知，故于此处以记之人和领导施工人员，以

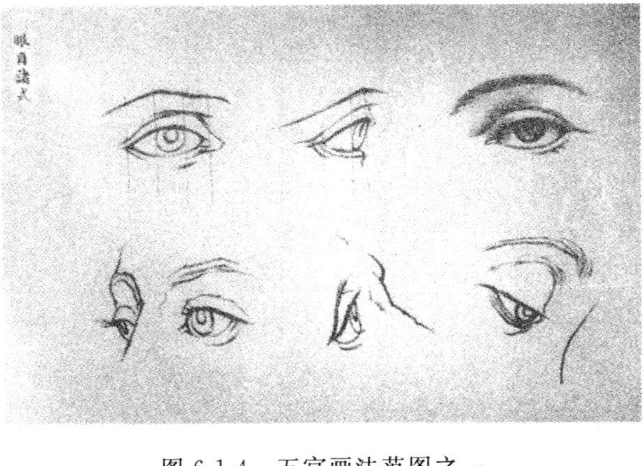

图 6-1-4　五官画法范图之一

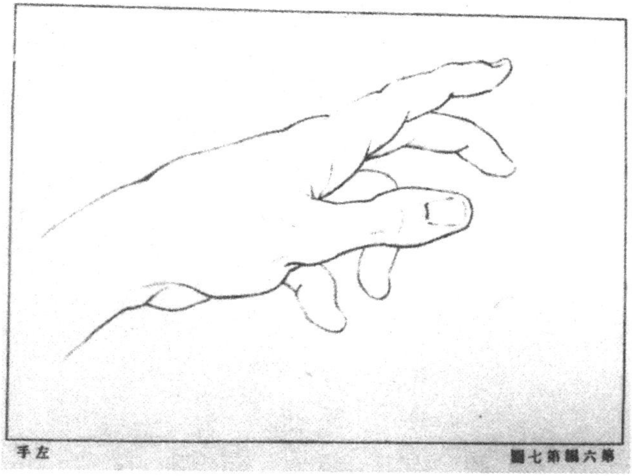

图 6-1-5　画手范图之一

图 6-1-6　人像素描范图之一

图 6-1-7　裸体范图之一

图 6-2-1　宣统元年（1909 年）出版的陆军中学堂《绘学》全一册教科书

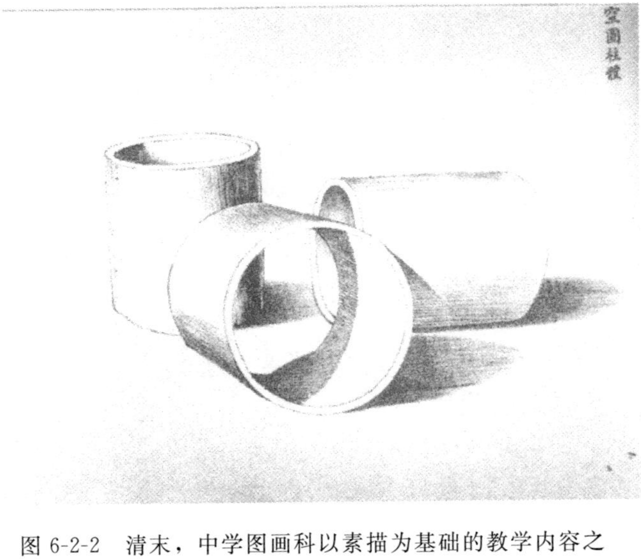

图 6-2-2　清末，中学图画科以素描为基础的教学内容之一，静物

图 6-2-3　清末，中学图画科铅笔素描，树叶画法范图之一

图 6-2-4　清末，中学图画科风景素描教学范图之一

图 6-2-5　清末，中学图画科以中国画小写意画法为基础的教学内容之一

图 6-2-6　清末，中学图画科小写意画法教学图例之一

及参与制作各种零部件的技师们必须具备的一种语言。”他提倡将当时称之的“画法几何”列入国民教育计划之中，在中学对 12 岁

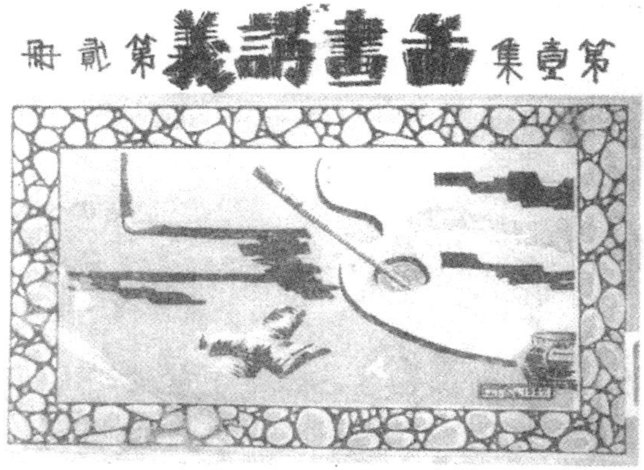

图 6-3-1　20 世纪 20 年代出版的供中师、中学教学用的《图画讲义》

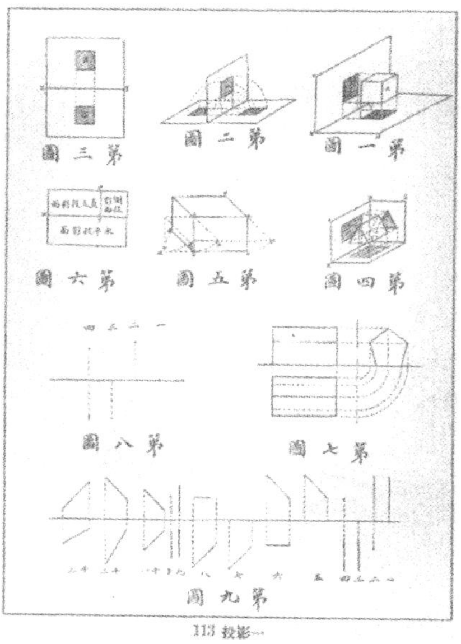

图 6-3-2　选自《图画讲义》的此图可向我们展示我国早期“用器画”教学内容之一斑

少年进行两年的作图训练，可以“发展智力和养成精密细致习惯与情感教养，无疑会对国民工业的进展作出贡献”。由此，法国中学开设了制图课，还逐渐影响各工业国家开课，并传入日本。一百年后的清末，出于发展工业的需要，在中学的图画课中也设置了名为“用器画”的课程内容。

民国二年（1913 年）教育部审定出版的《中学铅笔习画帖》，是光绪三十二年初版的同名教材的再版（图 6-4-1、6-4-2）。20 世纪 20 年代，图画课仍是“自在画”与“用器画”两类教学内容。自《中学铅笔习画帖》出版之后，上海各家出版社相继出版多部供中小学校图画科教学用的画帖，可见蔡元培重视美育的影响，但都是以素描、水彩和中国画为基础的教学内容。“用器画”的教材十分罕见，1927 年出版的《图画讲义》中有“用器画”内容实属难得。这种状况说明此前“用器画”多聘洋人授课，他们并未编写正式出版的教材，而当时国内从事美术者，多擅长绘画，不会或忽视“用器画”。

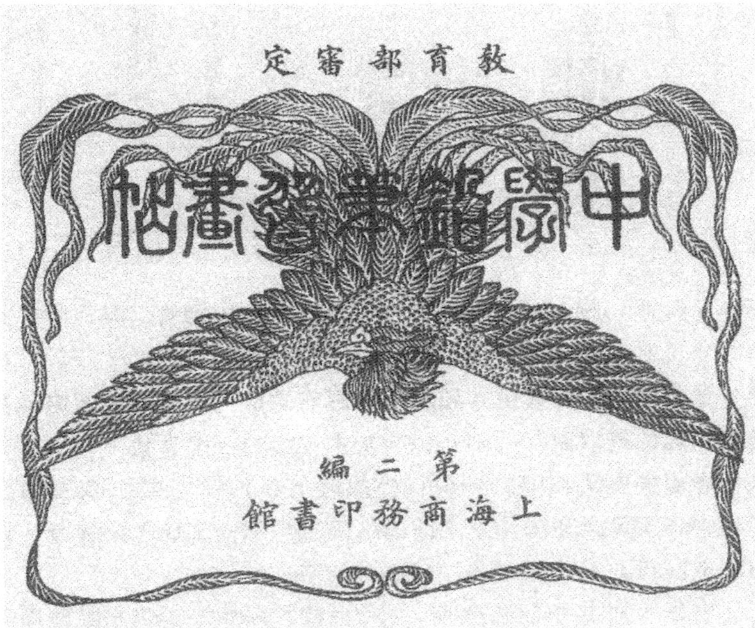

图 6-4-1　民国二年（1913 年）由教育部审定再版清末的教科书

1928－1929 年，国民政府颁布中小学暂行课程标准，将图画课改称美术课。1932 年颁布了课程标准，同年和翌年由上海商务印书馆相继出齐的《复兴初中图画教科书》，其内容不仅有绘画（素描、淡彩、水彩、中国画），而且增加了小雕塑、工艺美术以及少量的美术作品鉴赏，还将用器画与类似几何画法的图

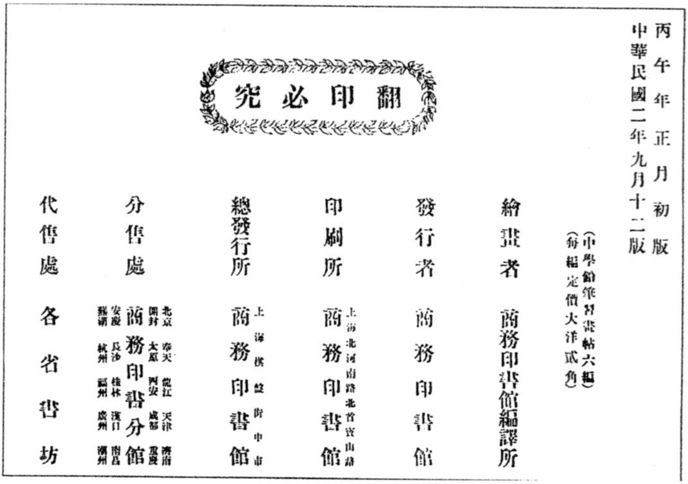
丙午年正月初版
中華民國二年九月十二版
（中學鉛筆習畫帖六編）（每編定價大洋貳角）
翻印必究
編畫者 商務印書館編譯所
發行者 商務印書館
印刷所 上海北河南路北首寶山路 商務印書館
總發行所 上海棋盤街中市 商務印書館
分售處 北京 天津 奉天 龍江 濟南 開封 太原 西安 成都 重慶 安慶 長沙 桂林 漢口 南昌 蕪湖 杭州 福州 廣州 潮州 商務印書分館
代售處 各省書坊

图 6-4-2 民国二年（1913 年）出版的教科书的版权页

案设计融在一起。可以说其基础知识与基本技能的范围是依“美术”学科概念而扩展了，内容丰富了许多（图 6-5-1—6-5-13）。并且奠定了至中华人民共和国建立之前的，国民党统治区的美术教学内容的基本面貌。

中华人民共和国成立前，作为解放区的哈尔滨市教育局于 1949 年 3 月编辑出版了一套，称《图画本》的图画教科书（见图 6-6-1—6-6-3），教学内容以临摹为主。

中华人民共和国建立后，1950 年教育部颁发了《小学图画课程暂行标准（草案）》，美术课又改称图画课。1956 年分别颁发了《中小学图画教学大纲》。小学图画教学分为写生画、命题画和图案画三类内容。中学图画教学则分为写生画、命题画、图案和介绍画家与作品的“艺术讲话”四类内容。由于当时学习前苏联，教学内容是以素描写生、铅笔淡彩和水彩写生等为主要内容，不仅排挤了中国画的教学内容，而且命题画与“美术讲话”一学期各为一课时，图案只有很少课时的二方连续与四方连续纹样。

图 6-5-1　1928－1929 年出齐的《复兴初中图画教科书》

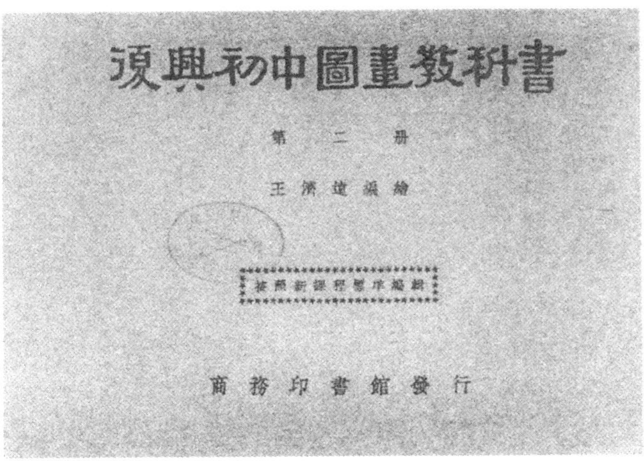

图 6-5-2　《复兴初中图画教科书》封面

图 6-5-3　素描范图之一

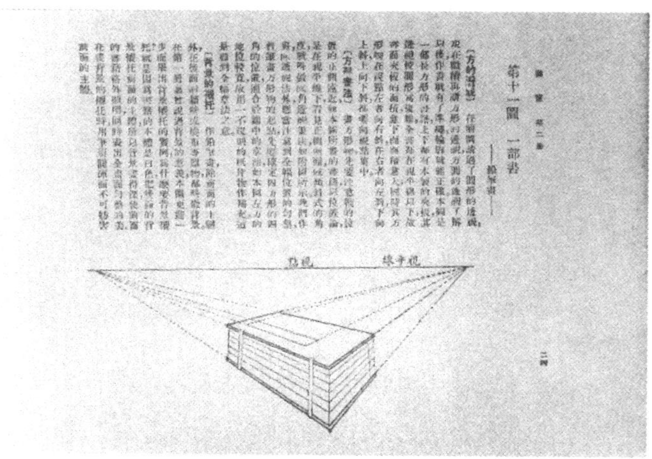
第十一圖　一部書

图 6-5-4　讲透视的范图

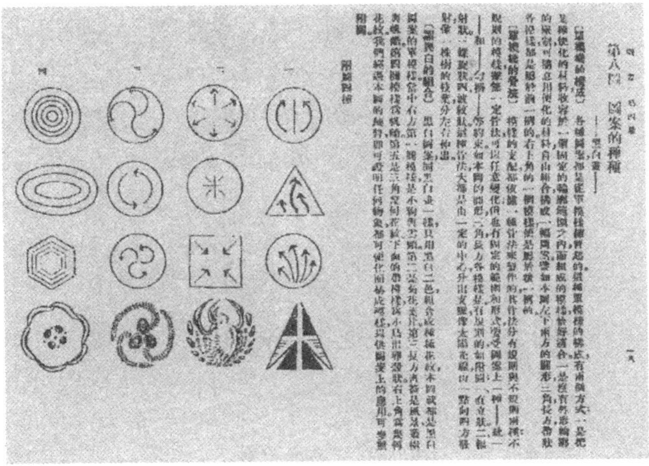

图 6-5-5 图案内容之一

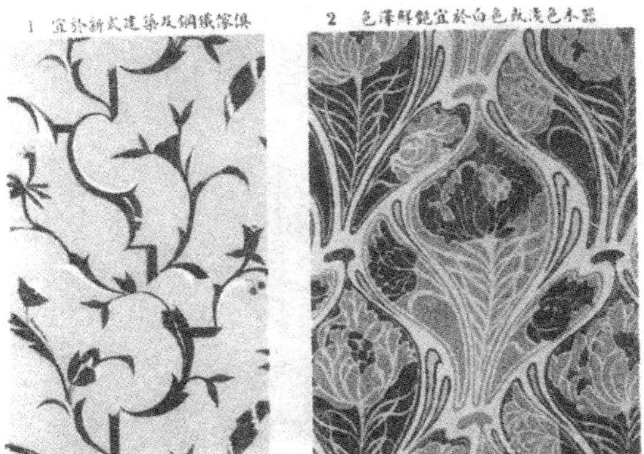

图 6-5-6 壁纸图案

图 6-5-7　单色图案

图 6-5-8　水彩写生

图 6-5-9　粉笔画

图 6-5-10　中国画

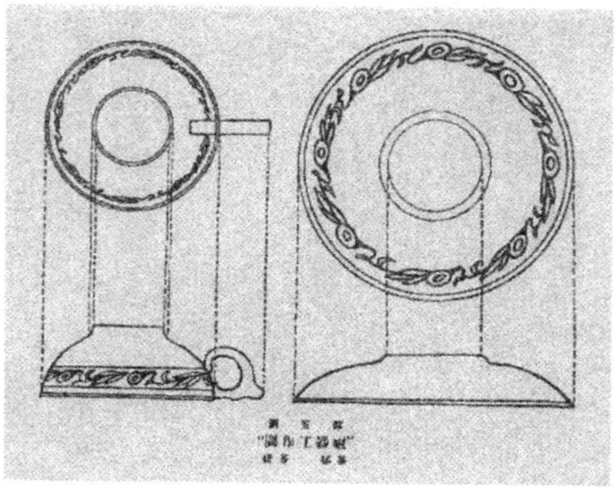

图 6-5-11　器皿制图

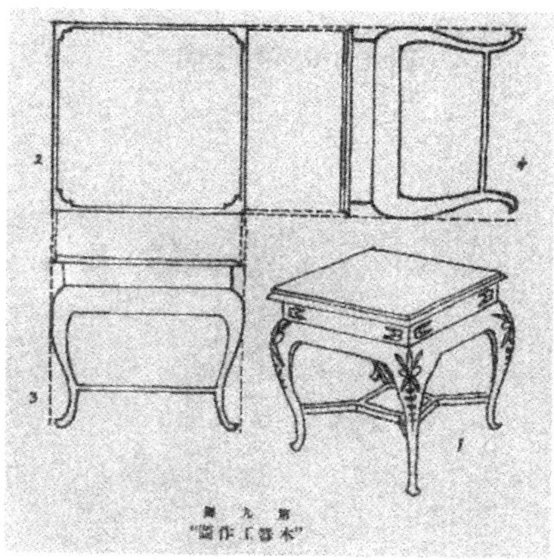

图 6-5-12　家具制图

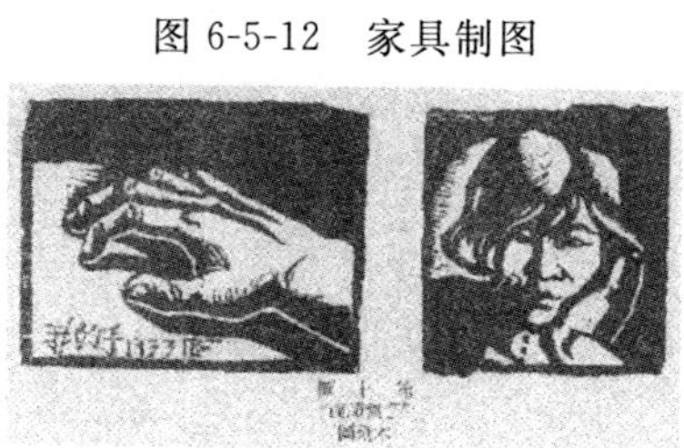

图 6-5-13　木刻

图 6-6-1　解放区哈尔滨的图画教科书封面

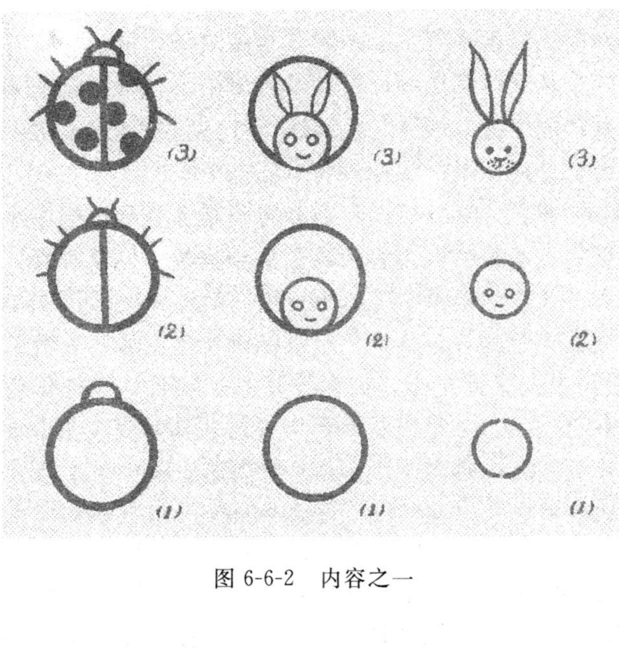

图 6-6-2　内容之一

图 6-6-3　内容之一

1958 年“大跃进”年代，于教改声中北京市教师进修学院受上级指示，为教师编写的《图画教学授课计划纲要与图画教学参考资料》中，除仍以素描写生、水彩画为主之外，增加了课时很少的实用性的美术字、装饰画、漫画及艺术讲话（介绍画家列宾、齐白石及其代表作品），还恢复了有一定比例的“几何画法”的“直观图”与“分面图”等课业内容（图 6-7）。

“文革”期间，1970 年北京市教育局革命领导小组中小学教材编写组编的美术教材，内容由两大部分构成。一是选文，除选有毛泽东有关文艺的语录、《延安文艺座谈会上的讲话》外，还选录了当时文艺斗争的理论文章、赞美油画《毛主席去安源》和泥塑《收租院》的文艺评论等。后两篇是为了欣赏这两件作品而选的（由汪国一负责）。二是以美术作为宣传工具和阶级斗争武器的实用美术作为主要内容与基础（常锐伦执笔编绘），如有学了就能用的“打格放大法”，有美术字、黑板报设计、刊头画以及怎样画工农兵形象之类的人物画等基础内容，也编进素描与速写（图 6-8-1—6-8-4）。由于“文革”时期到处都要书写“革命标语”和毛主席语录，以及考虑学生“上山下乡插队”的需要，而将美术字、黑板报设计、“打格放大”等内容，占有较大的比重。

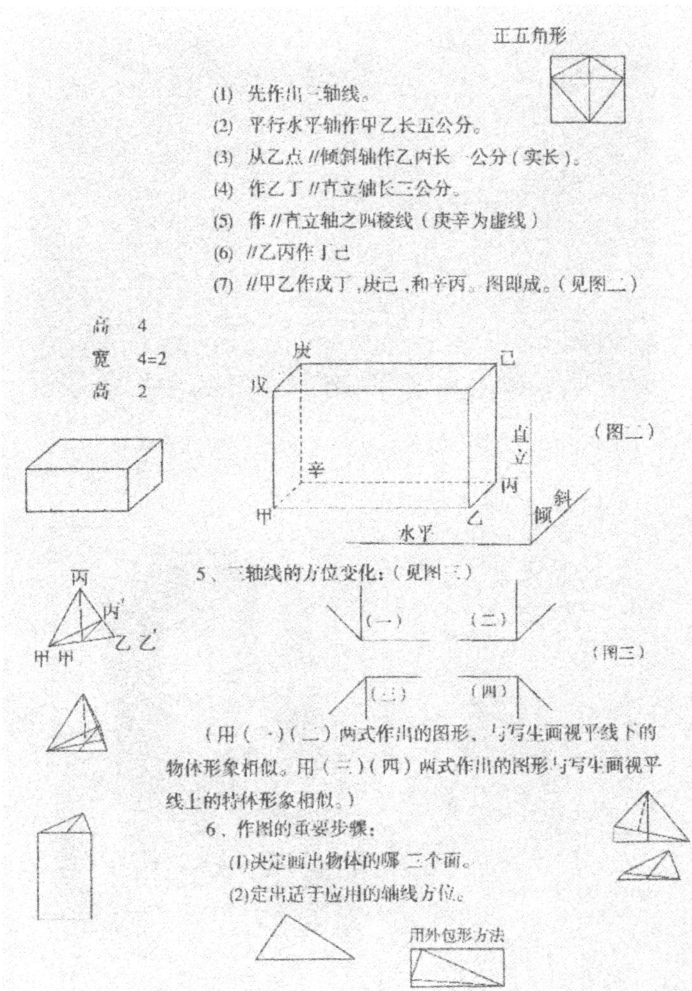

正五角形

(1) 先作出三轴线。

(2) 平行水平轴作甲乙长五公分。

(3) 从乙点 //倾斜轴作乙丙长 一公分（实长）。

(4) 作乙丁 //直立轴长二公分。

(5) 作 //直立轴之四棱线（庚辛为虚线）

(6) //乙丙作丁己

(7) //甲乙作戊丁，庚己，和辛丙。图即成。（见图二）

高 4

宽 4=2

高 2

5、三轴线的方位变化：（见图三）

（用（一）（二）两式作出的图形、与写生画视平线下的物体形象相似。用（三）（四）两式作出的图形与写生画视平线上的物体形象相似。）

6、作图的重要步骤：

(1)决定画出物体的哪 三个面。

(2)定出适于应用的轴线方位。

用外包形方法

图 6-7　1958 年北京市美术教学的“制图”内容之一（选自北京《图画教学授课计划纲要与图画教学参考资料》，图中四边手绘之小图是教师备课之手迹）

图 6-8-1　“文革”时期（1970 年）出版的美术教科书封面

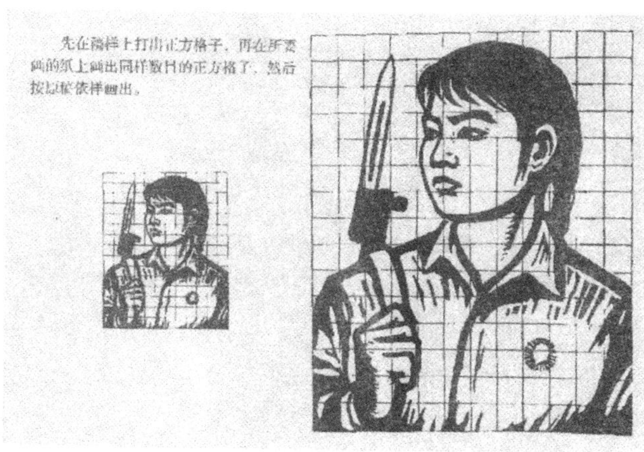

图 6-8-2　内容之一“打格放大”

1979 年，教育部颁布《全日制十年制学校中小学美术教育大纲（试行草案）》。1981 年人民美术出版社出版的中小学美术教科书，以新的内容面貌出现，欣赏作品的内容不仅丰富，而且增加了现代派名家作品，工艺美术知识面扩大，增加了少许的平

图 6-8-3　内容之一“刊头设计”

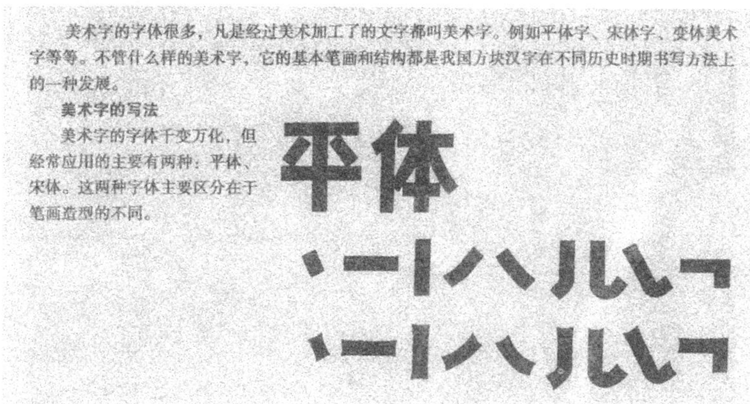

美术字的字体很多，凡是经过美术加工了的文字都叫美术字。例如平体字、宋体字、变体美术字等等。不管什么样的美术字，它的基本笔画和结构都是我国方块汉字在不同历史时期书写方法上的一种发展。

美术字的写法

美术字的字体千变万化，但经常应用的主要有两种：平体、宋体。这两种字体主要区分在于笔画造型的不同。

图 6-8-4　内容之一“美术字”

美术字的“黑体”，因为当时之“黑”意味着贬义和否定，而报纸又必须用黑体印毛主席语录以显突出，为避犯忌，中央文革领导小组所抓之革命典型单位新华印刷厂，将“黑体”改称“平体”，故所编教材也将其称“平体”。今后的读者见到“平体”会莫名其妙，故于此注释。

面构成的内容，但仍以素描、铅笔淡彩、水彩和中国画为主要内容与基础（图 6-9-1—6-9-3）。

图 6-9-1　1981 年出版的中学美术教科书第五册封面

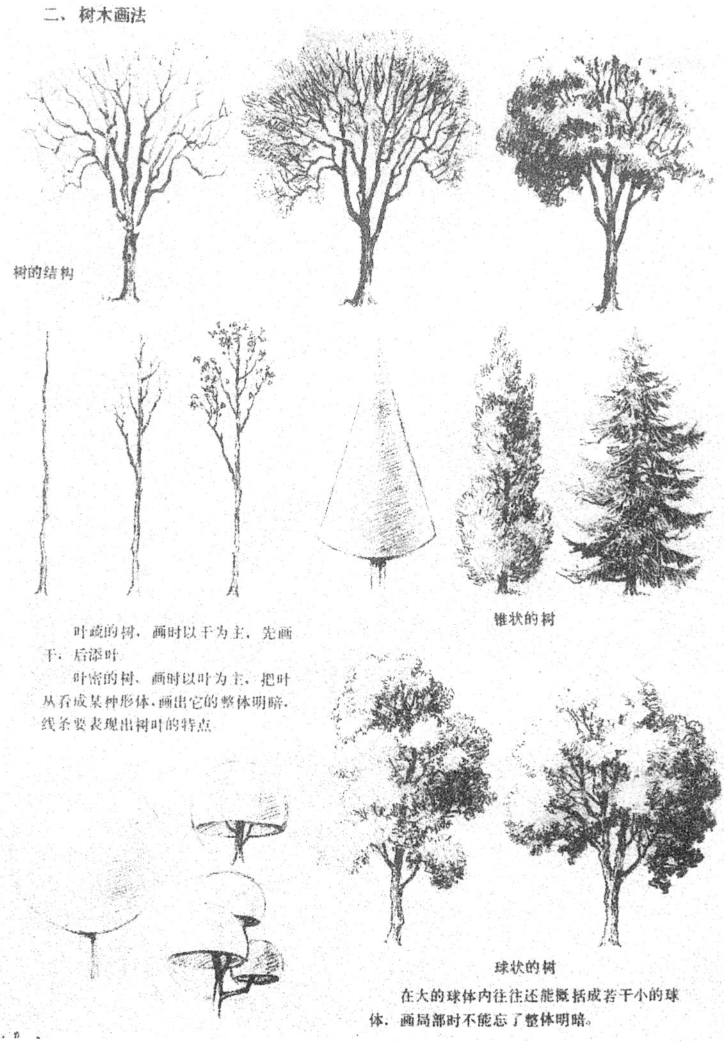

图 6-9-2　素描教学内容之一

图 6-9-3　铅笔淡彩内容之一

1988年，国家教育委员会颁发了《九年义务教育全日制中小学美术教学大纲》和一纲多本的教材政策的实施，出现了面貌更新的两大类的美术教材。一类是按“大美术”观念编写的教材，是属于美术诸门类科目总汇型的教材。其教材力图将美术诸门类及其科目都编进去，可谓是美术学院和工艺美院各专业基础知识与基本技法压缩的汇总，内容杂而博。另一类则是被称作“审美型”的教材，是以审美为主线，加强美术知识基础理论和美术史经典作品鉴赏基础的教材。以上两类教材，都有一定比例的和学生生活实际联系紧密的实用美术，技法都仍以素描、色彩、中国画为较多课时比例的基础教学。

20世纪90年代我国在一纲多本的教材政策下，出现了各种版本的中小学美术教科书，以下为其中之一部分（图6-10-1—6-10-6）。

图6-10-1

图 6-10-2

图 6-10-3

图 6-10-4

图 6-10-5

图 6-10-6

（2）以往美术课程内容的启示

从以上简要列举的百年来各主要时期的美术教材内容，我们可以看它们在选择以什么作为基础的差异性与共同性。

差异性主要表现在：几何画法、投影画法的“用器画”逐渐减少，随着学科名称的变动而增减工艺内容，最后是扩大工艺的实用美术内容，鉴赏与理论内容不断增加。

共同性表现在：都认定明暗造型的素描写生和写生的色彩画是美术的造型基础。认定中国画是以小写意的花卉、山水小品，作为继承中国传统绘画艺术的基础。

此外，定名为美术课的各时期，除绘画基础外，在其他方面是以基础图案以及与学生生活、现实生活联系紧密的实用美术为基础。鉴赏内容，以介绍评论历史上最著名的美术家的代表作品为基础。在理论方面，则是以美术分类、特点、功能、形式规律与形式美法则等为基础。

以上这样的基础性，无疑有其道理和许多可取之处，但现行教材有三个问题也是显见的。

1）杂而博的教学内容能不能化为学生的能力

为了便于表述，我将现行教材归纳为两类：

其一，美术门类汇总型教材。教材内容力图将美术诸门类及其科目都编进去，可谓是美术学院和工艺美院专业基础压缩的汇总，面铺得太宽泛，课业内容跳动幅度太大，变换的内容截然相异。其优点是对学生不断有新内容的刺激，有利于引起学生的兴趣和求知欲望。其缺点是知识缺乏连贯性、系统性。不断变换新知识新工具与操作内容，使学生对哪一类的内容都是蜻蜓点水，无复习巩固时间，连认知尚未做到，对工具的性能尚未熟悉，技法更不能转化为技能。学生不掌握技能尝不到进步的愉悦和成功的快感，更达不到对某一类别创作的深层的审美体验，审美眼力滞留于表面层次，对审美的理解也很难迁移，审美能力也难于提高。而且师生对不断变换工具的教学准备而烦恼。随着科技的发展，美术的工具和表现形式的种类不断增加，电脑美术即是以计算机为工具的新的美术品种。这种教材为了跟上时代，必得增加电脑美术这一新的教学内容，对教学课时会感到更加不够，不上哪一种美术课都会感到教材知识包容得不够全面。

其二，是已被称作审美型教材。这是以美术学原理为先导以审美教育为主线，学生的作业是为了对其理论的体验的教材。这种类似美国的以学科为基础的 DBAE 教学体系，由于目的在于理解美术文化提高审美能力而忽视技能的培养。这是从过去的“有术无美”走向另一极端——“有美乏术”。美术教学“有美乏术”也是一种偏颇。目前，美国 DBAE 教学已在检讨自己的不足，而改称全面综合性美术教育。美术创作已是“观念艺术”的美国，在其基础教育的艺术教育标准中也明确写进技能标准。就审美而言，判断艺术作品形式美不仅在于形式美原理与法则，还在于技艺的技术美及功力性。对画线条的功力和调出的色彩品位之美，理论和语言是无法表述到位的。想想我们学画时完成一张好作业后，回头看原来作业的那种眼光提高的经验，就可以理解“艺术家眼里无艺术”以及“外行看热闹内行看门道”所道出的审美眼力之区别。

编此教材有一种说法，即“高难度，低要求”。其科学性是值得讨论的。因为“任何学科的知识都有一个内在的逻辑结构和发展序列，同样，人的认识能力也有一个内在的逻辑结构和发展序列，两种结构、两种序列要互相容纳互相匹配，教和学之间方能互相促进共同发展。”教科书上的理论表述即便达到了科学严谨的顶峰，然而初中生读起来如同天书，对其不理解也谈不上低要求，加之有理论先导而无技能训练过程，学生进行的创作体验，体验到的是难，以及课时的制约，中学生的作业太多粗制滥造。从教育角度看，粗糙的结果不仅不利于学生技术意识的形成，不利于审美眼力的提高，还会影响学生的学习态度和学风。

2)“双基”是以“白话文”为主还是以“文言文”为主

任何学科的双基都在随着时代的需要和学科的发展而发展变化，有的学科甚至发生根本性的变化。例如，中国的“五四”运动导致语文教学由文言文为主变为以白话文为主，即是佐证。现行美术教材在内容博杂的情况下，也有一个潜在的主导的双基，那便是以西方 15－19 世纪再现性写实绘画与中国传统文人画为核心的基础知识与基本技能。为在纸上创造一个视幻的真实立体空间形象的明暗调子素描、条件色、透视、解剖，以及中国传统笔墨造型，对绝大多数不升入美术专业学校的学生来说无异于文言文。这些基础需要长期的艰苦训练方能形成技能和造型能力，基础教育的美术课时是无法使学生掌握其技能和形成运用能力的。即便专业美术学校学有成者，除搞这类“画框内的美术”创作之外，于现实生活中用途不大，且不说应用美术、漫画、卡通画，就是常见的广告画、插图，已经越来越少甚至不用这种绘画形式，需要写实的再现皆以摄影取代了。也就是说这种绘画形式和学生的生存、日常的交流、应用等关系不密切。再者，学生一旦形成逼真写实的艺术观念，其思维定式便不理解和排斥百年来的现代艺术，也不便于学习工艺美术和不利于审美能力的全面提高。

在日常生活中人们最常用的绘画手法，是学生从幼儿时就习惯于用的，以线画“心象”轮廓或再涂染装饰色的画法，笔者将其称之“白话文”，这貌似简单的画法，却于现代生活中具有广泛的用途。例如：学生画生物图、地理图、画贺卡、出板报、传递图像信息等，人们日常生活中所见漫画、卡通、广告、用图像指示、说明事物的各种表达等，皆用之。“白话文”画法既不难，画好又不易。可是却于美术学科教学中未对学生进行系统训练。

3）美术鉴赏是远离生活还是贴近生活

审美能力即是对已有的美术作品和自己正在制作的作品，进行审美判断和评价的能力，其核心是审美眼力。现行教材许多课业随堂欣赏作品，对所学内容具有示范作用，对提高审美能力具有实效性作用，而且大多贴近生活。而专题欣赏则青睐于古代经典作品。古代经典作品是经过历史筛选存留下来的美术精英的代表作品，是人类珍贵的遗产，让学生对其由无知到有知和理解其好在哪里，是必要的和重要的。对经典作品重在认知、理解和继承，无需让学生去鉴别判断优劣美丑，因此也缺乏锻炼学生的审美选择和审美判断能力。而学生身处当代的美术作品，由于未经历史的筛选，良莠混杂，美丑并存，哗众取宠者有之，思想不健康者有之，低劣丑陋者有之，作品如同个人密码不可破解者有之。加之理论家同样良莠并存及其撰文动机的复杂，出现不少理论的误导，使学生对现代派作品和当代美术多元化现象实在迷惑不解。对此，该解惑者未予解也。

6.4.4 编制教学内容的依据

编制教学内容，是指前述的确定课业类型，构建教学内容框架，组织教学内容（含编写教材）等系统工程。曾用“优择教学内容”、“优化教学内容”等称之。笔者之所以用编制教学内容而不用“选择”教学内容，是基于过去的教学内容是从“美术”诸门类的基础知识与基本技能训练体系中予以选择、拼盘似的构架与组织。教学实践证明：学生经历九年的学习之后，大多数学生并未掌握，更未形成能力。这就使我们每一位美术教育工作者必须予以反省。美术学科教学内容，是从“专业美术”那里选择其基础构建呢？还是以美术为本源从中汲取素材加以全新编制“教育美术”内容呢？答案应是后者。为此，有必要探讨依据什么来编制美术学科的教学内容。

（1）以美术学科教育目标为主导，以社会和学生的需要为依据

教育目标是对课程内容的高度概括和抽象，是以满足社会和学生发展需要为依据制定的。课程内容的编制，就应在教育目标主导下，具体研究教什么、学什么。所以，社会和学生对美术学科教育的需要，依然是编制美术学科课程内容的主要依据之一。社会与学生需要的统一性，使得在研究教什么、学什么问题上，主要是对准学生这个学习主体。因此，应对其“需要”予以再进一步具体化地探讨。

国内外课程论学者对“需要”概念的界定有三种：

1）“需要”就是实际状态与目标状态之间的差距。

2）“需要”就是想要得到或偏好的东西。

3）“需要”即缺失，是一种必须达到的最低限度的满足状态。[①]

对这三种“需要”界定的综合，无疑是最具全面性的。那么学习者的实际状态与目标状态之间的差距是什么，学习者想要得到或偏好的东西是什么，学习者的缺失又是什么，这便是美术学科教学在学科教育目标指向下所要教和学的内容。补上了缺失，满足了想要得到或偏好，拉近或填平实际状态与目标状态之间的

① 施良方：《课程理论》，103 页—104 页，教育科学出版社，1996。

差距，就应该是满足了社会和学生的需要。那么，学生对美术学科“需要”什么呢?

1）图像传达之能力——美术“白话文”为主的技能

人类最早便以美术传达信息，进行交流，表达感情、观念和理想的，所以，美术是人类文化的最早最直观的造型载体。现代社会，随着传媒技术的发展，适应快速的生活节奏，人们越来越重视以一目了然的图像为传达方式。目前这种视觉传达已经无处不在。因此，以图像表达与接受图像信息的能力，是适应未来社会的生存能力之一。培养学生以图像作为传达与交流方式的技能，是其他学科所不具备的为美术学科独具的教育功能和教学任务。试想，生物课上学生用图像表达植物繁衍的循环过程，其所画形象能力的培养是生物课的任务吗?显然应由美术学科负责教学。

图像传达最简明的方式即“白话文”，也就是学生从儿童时开始采用的类似简笔画的作画手法——以线画轮廓或再加平涂装饰色的画法。“白话文”也并不是每个学生都能写好，但是中小学生经过一定课时的训练是可以形成技能并达到运用的能力。我将其视为基础教育美术学科的基本技能。它既是图像传达和接受图像传达的基础，也是应用美术的基础和学习其他画种、工艺图案与其他造型的基础。只是这个基础的训练，需要像“五四”运动后那样做些将“白话文”的写作训练科学化、系统化的工作，使之完善自成体系，还要和其他应用课业相结合进行教学。至于其他画种，则可作为欣赏内容予以介绍，并安排对其技法体验的实践课业。

2）设计与制作能力

设计与制作本是两个概念。设计是指根据实际需要将构成作品的元素，通过策划和安排构成协调统一的整体，旨在给人以舒适、美观，且与环境、与人相协调的艺术效果。制作是按设计的规定与要求生产制造出预期的东西。中小学的设计与制作课业有两类：一类是造物造型；一类是应用美术。二者的设计与制作是连在一起的，设计在先，重创意与策划，制作在后，重动手完成的技术与工艺美，制作的过程不断修改与完善设计，是真正体现“艺术与技术的统一”。

这是非常重要的应用能力。因为我们生活离不开人造物，现代人们视觉所触及的人造物和生存环境，都是经过美术家设计的。设计得不优秀，便平庸或低劣，不仅影响其功能，且有碍观瞻。学生的应用美术亦然。设计是人的本质力量的物化形态，社会中的造物与环境的设计，代表着国家物质的文明，学生的设计作品代表了个人的智慧与才能。未来更是设计的时代，设计不仅是设计师需要的谋生技能，而且也是人们享受人生的技能，是公民必备的素质。

设计与制作能力，不仅造物造型需要，视觉传达需要，即便是绘画雕塑也需要。自构成主义出现，现代绘画便一反写实再现客观世界的传统，不再截取生活场景构图，而是大多采用打破时空关系的组合设计，作品在表现主观世界的同时，也展示着设计与制作的效果。即便创作传统的题材用传统的技法，一旦与现代设计相结合，其作品便渗透出时代气息。吕胜中的创作，是古老民间剪纸题材，由于是通过现代设计的制作手段完成的，使其步入现代大家行列。至于生活中应用美术更是需要设计，例如，一条美术字标语的美，已不仅在于字写得好，还在于字与底衬的材料选择，色彩的搭配，字的安排，展板整体构成的设计与制作的工艺性。

今后的美术教育更加强调学生创造能力。所谓创造，是有目的有限定条件的，无目的无限定条件的“创造”达不到创造能力的真正培养。培养学生创造性，不仅在于加强教学中引导和启发学生的独创性的教育内容，还在于课业安排的教学内容。设计则是真正体现培养创造能力的课业。

设计与制作是密不可分的。设计时必然要考虑制作，即完成的可能性，制作则进一步完善设计。制作是技术性的动手操作，强调技术美和工艺美。我们的基础教育不应忽略培养学生的技术意识。技术是有严格规范和操作要求的，无技术便无技能。技能是技术的熟练掌握，是准确、严谨、规范的操作能力。技术已发展成技术美学。粗制滥造的作业不利于教育。造物造型的创造、设计、技术、工艺都需要严谨的科学态度。这是未来的人所必备的品质。几十年来日本的美术教学由于对此重视，使其公民的技术意识、工艺美的意识很强，工艺素质高，所以日本制造的工业产品在国际贸易中具有竞争力。

设计与制作能力既为将来学生选择学习、继续学习、个人发展所需，也为国家参与国际贸易的经济竞争所需。

现行教材中引进了现代设计基础的三大构成，但显得生硬，与其他课业脱节。为适应中小学生，应将平面构成与色彩构成合并为简化的形色结合的“形色构成”，可采用由计算机进行设计，并与工艺图案相结合，和在绘画、图像传达中应用。立体构成与造物造型相融合，以现代生活中的优秀实例进行现代设计意识与设计能力的培养。制作时注重造物、造型技能与工艺意识的培养。少些脱离生活的随意造型，增加些贴近生活的造物造型；将不断变化的材料，简化为卡纸、泥和一种“固体体材”，共三种材料（其中的“固体体材”，应是学生以锯条刀即可方便地锯、切、削、割，便于粘接和价格便宜）。再将其教学内容和训练过程系统化、科学化以利于教学的实施和学生能力的形成。

3）了解古代经典作品，识辨当代艺术美丑的审美能力

就审美能力而言，需要能对各门类美术特征有所了解与把握，需要对古代经典作品有所了解和理解。但是，真正的审美能力是对已有的作品和个人正在制作的作品以及生活中应用美术的审美判断。审美判断是艺术观念支配的审美取向和审美的眼力。时代已经跨入 21 世纪，我们的学生对 20 世纪百年的美术知道多少，理解有多深，当代美术多元化是客观存在的，所以学生在审美观念上也应是多元的，思想上能包容多元的美术并存。既能对

教材规定的经典作品认知，而且应知它属于哪一类艺术观念的作品，对现实生活中见到的作品也能从创作观念上予以归类，又能对现代的作品有自己的审美选择，敢于大胆表达个人的审美判断，不盲目迷信，不陷于以丑为美的神话误导之中。更能关注生活当中的美术和勇于表达对其美丑判断的看法。

因此，美术鉴赏课业应增加联系生活实际的内容，让学生在了解教师介绍作品有关材料基础上，于讨论中寻找论据的自主学习中，提高他们的审美能力是必要的。

培养以上的能力，需要调整教学观念，明确指导思想，将教学目标定准位置，将现行教材课业与内容去一些加一些，将沉重的历史包袱甩掉一些，做些理性调整，对美术的“白话文”则应做较为吃力的科学化系统化的体系创建。

（2）以国家规定的课时为依据

仅从传递美术文化的角度看，有无限的可学习的内容，美术有那么多门类的知识、技能需要掌握；美术有悠久的发展历史，有无数经典遗存需要了解；有诸多美术流派的艺术观念需要把握……所以，对美术的“需要”是无止境的，学习者学得愈多愈满足需要。然而，美术任何一个门类的知识都有丰富完整的体系，其技艺的掌握更需诸多时日的训练方可化为行为方式的技能，可是国家教学计划中分配给美术学科的课时有限。有限的课时，便成为规定教学内容和教学目标的制约因素。课时是编制教学内容和规定教学目标的另一依据。

（3）以学生的可接受性为依据

美术学科知识理论有深浅层次之区别，其技法有难易之不同，各门类美术又有各自的知识与技能体系。学生主体的九年义务教育是从 6 岁至 15 岁，再到高中至 18 岁，从儿童、少年到青年之间前后跨越 12 年，学生的心理与智能在 12 年间发生了巨大变化。各年龄段必然有最感兴趣的事物，有最想习得和易于接受掌握的知识技能，这便是不同年龄段的最佳学习时机。哪些知识、技能在哪个年龄段是感兴趣的可以接受的，在哪个年龄段是不感兴趣无法接受的，必然成为编制教学内容的科学依据。

（4）以学校教学设备及其发展的可能性为依据

美术学科对教学设备要求很高。目前，理想的教学设备需要有绘画、写生教室、陶艺教室、手工艺教室、电脑美术教室及其配套设备。当然美术学科也可因陋就简，在班级教室里以一支铅笔、一张纸和几支彩笔上课。教学设备不同，教学内容也是不同的，无相应的教学设备，便不能讲授某类教学内容，教学设备便成为教学内容的依据之一。俄罗斯教育家巴班斯基提出“教学内容必须符合当前学校现有的教学方法和物质基础的可能性。”[①] 我国一些学者也持相同观点。笔者以为此提法虽然有一定道理，但有些不妥：一是教学方法是不断改进的；二是学校物质基础也是不断改进的。尤其我国经济发展迅速，对教育投资不断加大，今日无电脑美术教室，明日就可能建立电脑美术教室；今日无陶艺教室，明日就可能建立陶艺教室。我国还会随着学生生源人数缩减，教学小班化趋势形成，许多过去无法实施的教学内容，现在可以实施，现在不可能实施的教学内容，时隔不久便可以实施。所以编制教学内容，既要以当前学校现有的教学方法和物质基础为参照，又要以对教学设备的科学预测为依据。不然便可能使编制的教学内容滞后。稍许超前的教学内容还可以促进学校教学设备的建设。对教学设备的预测，最好有教育投资方的参与或认同。

（5）以学具材料和学生对其消费承受力为依据

物质形态美术，是改变物质原有形态为新形态的造型的艺术，所以美术学科教学大多数课业都需要有学生个人的物质消费。便于教学的统一要求，需要学生配备统一的学具。学具关系到教学内容，教学内容必须考虑到学具。教学内容与学具的关

---

① ［俄］巴班斯基著，吴文侃译：《教育教学过程最优化》，80页，教育科学出版社，1986。

系，体现如下三点：

1）学习用的材料有无来源，决定能否纳入教学内容

例如在 20 世纪七八十年代，我国美术教学内容有布贴画。这无疑是培养学生因材施艺的变通性和发挥学生的艺术想象力和创造力值得称道的教学内容。但自 90 年代始，此课业的实施便存在困难，因为学生家里不再自做衣服，无下脚布料，一般人无法寻觅废布料。因此，布贴画今后便无法纳入教学内容。

2）学具材料的差异影响学习内容

同是作画，用铅笔在小纸上作画与用整开大纸泼洒颜料作画二者的艺术体验是不同的。同是泥塑，对泥土和人工合成的“培乐多”两种材料的感受是不同的。用泥土，可以令人感受与大自然的亲切，用“培乐多”则使人与自然拉开了距离，却增加了一分科学的魅力。

材料影响着教法。同是泥塑教学，用拳头大小的泥团和用篮球大小的泥团，教法就存在着差异。小泥巴只能教学手捏塑造。而日本一家博物馆的泥塑教室，小学生上泥塑课一人一大块泥团，教师让学生与泥巴贴脸，拍成扁片放在背上爬行，又让学生将泥围住脚面拍打，抽出脚后依据泥巴形状和出现的空洞做人脸造型，学生做出各式各样的个性不同的脸，然后再团起泥巴分组集体堆砌造型，比赛哪组堆得高。如此教法，使小学生从中获得的乐趣、丰富的感受、经验、情感以及集体协作精神等内容的教育，是一块小泥团的教学无法与之相比的。

3）学生对学具消费的承受力

既然学具材料影响学习内容，能否按对学具材料的理想要求编制教学内容呢。这在我国目前情况下，还必须考虑到学生对学具消费的经济承受力。例如有了陶艺教室，学生制作多大的陶艺制品和进行几次；又如绘画用什么样的纸张、多大纸张，用什么颜料；工艺制作中要不要扎染，是用布料还是用丝绸，等等，都不仅涉及教学设备，还涉及学生的经济承受力。学生对学具材料

消费的承受力，也是编制教学内容的依据之一。

对此，我们也应看到随着人们收入的增加，对教育消费的承受力也在不断提高，不能以原有教育消费水准不变为依据，对其也应有适当的预测性。应以绝大多数学生可以承受为依据，不然便会影响编制教学内容或使教学内容滞后。

6.4.5 编制教学内容的原则

编制教学内容的原则，就是编制教学内容所依据的准则和标准。对此，各国课程论和教学论学者都予以颇多的论述，仅现代就有美国的泰勒、布鲁姆、艾斯纳，英国的斯坦浩斯，俄罗斯的赞可夫、巴班斯基等，以及我国的王策三、李秉德、施良方等，分别提出各自的理论。陈扬光教授在其《课程论与课程编制》一书中，归纳了我国学者的理论，提出八条原则：

1）保证教学内容的科学性；

2）保证教学内容的思想性；

3）保证教学内容的基础性；

4）保证教学内容的可接受性；

5）保证教学内容的统一性和灵活性；

6）保证教学内容的系统性；

7）保证教学内容的彼此联系性；

8）保证教学内容的启发性。[①]

我国1992年颁布的《九年义务教育中小学美术教学大纲》中，提出的选择教学内容的原则是：

1）中小学美术课教学内容的选择，要有利于对学生进行审美教育，提高学生的审美素养；

2）教学内容应体现民族特点，充分发扬我国民族、民间优秀的艺术传统，增强学生的民族自豪感；

3）美术教学内容要体现时代精神，适应社会发展的趋势；

---

① 陈扬光：《课程论与课程编制》，166页－167页，福建人民出版社，1998。

4）美术教学内容适应学生的心理和生理特点，注意循序渐进和趣味性；

5）美术教学内容要有利于培养学生的形象思维能力和发挥学生的创造性；

6）要贯彻理论联系实际的原则，教学内容的选择要注意联系学生生活的实际，要按10％～20％的课时比例补充乡土教材，以反映当地社会与经济发展的实际；

7）美术教学内容的选择要少而精并尽量注意学科间的联系；

8）在符合大纲规定教学要求和确保大纲规定知识点的前提下，允许各阶段内的教学内容有不同类型的编排组织形式。①

上述原则，对编制美术学科教学内容无疑有一定参考意义，尤其原美术教学大纲中的8条原则对编制美术学科教学内容更具实际的指导意义。但是，随着时代的发展和认识的深化，笔者认为有必要对编制美术学科教学内容的原则予以进一步理论探讨，除遵循上述原则外，还应处理好如下问题作为编制教学内容依据的原则和标准，使其更全面更合理。

（1）科学性与表现性的统一

科学性是“要求课程大纲和课本所容纳的知识必须是科学上已经有定论的真理性知识，符合科学和文化发展的水平，确保学生学到科学事实、概念、定理、世界观以及正确的学习方法。”②这对科学学科来说无疑是不可动摇的原则，对美术学科来说也应遵循，但同时也应注意到美术学科的表现性特点。

表现性是主体的情意与审美理想的艺术显示。艺术强调个性与创新，呈现多样性的不断发展，没有一致的必须遵循的定理公式与方法。

---

① 中小学美术教学大纲是两个文本，但选择教学内容的原则是一样的，故本文以中小学并称。

② 陈扬光：《课程论与课程编制》，166页，福建人民出版社，1998。

20世纪50年代初，在我国出现过以科学性来否定中国画不符合焦点透视和人体解剖的观点，虽然已成为历史留下的笑柄，但今日是否还会有类似的问题呢？仅以作画方法步骤为例，本来中小学生画圆形，只要考虑到位置和大小，用单线直接画出既容易又能画得很好。可是，由于将契斯卡柯夫素描体系的从整体基本形入手，圆形是由方形切出的为原理的方法步骤，视为正确的科学方法，教画图形便成为：先画方形，再将其逐步切成圆形。其结果是学生画方形比画圆形要难，如果方形画不方，在其内怎样也切不成圆形。这不仅使所学内容增加了不必要的难度，浪费了时间，也使艺术表现失去趣味而走向误区。

那么作画方法有没有科学性问题呢，应该说适合学生、画得顺手的方法，最能畅快表现的方法，就是科学的画法。在艺术表现上，科学性应服从于表现性，而不能让一时认为的“科学性”制约了艺术的表现性。如果将契斯卡柯夫的整体入手“显影式”的作画方法视为是科学的，那么中国写意花鸟画从局部入手的画法以及欧洲文艺复兴时期画家从局部入手作画的方法难道就是不科学的吗？应该说整体把握的思想方法是共性的，而具体描绘的方法步骤是多样的。将共性的思想方法作为科学性有道理，将某个个性的作画方法步骤作为艺术的科学性值得怀疑。这里存在着将美术学科教学内容的科学性定位在哪里的问题。美术学科教学内容的科学性应定位于：

1）已有定论的知识概念准确；

2）确保学生习得正确的思想方法与学习方法；

3）对不同的艺术观念作客观的符合事实的准确介绍，以便学生比较鉴别；

4）对不同的艺术表现方法予以分析地介绍，使学生有选择地学习，为其提供可发挥创新的天地；

5）教学内容及其逻辑进程符合学生心理顺序，使其便于接受。

如此，美术教学内容才是体现了科学性，方可使教学内容的科学性与表现性达成统一。

（2）基础性与实用性的统一

教学内容的基础性，是指为学生学习的起点和发展奠定扎实的根基。各门学科的教学内容都强调“双基”。由于过去美术学院和工艺美院的教学有三种基础：一是造型基础；二是各专业基础；三是美术史论基础。故中小学的美术学科也依此三项从中选择最初步最浅显的内容视为基础，来构建其教学内容。

美术学院与工艺美院，都以调子素描和写生色彩作为各专业的造型基础。对此，美术界已有人提出：中国古代工匠创造出令世人赞叹甚至望尘莫及的敦煌艺术、永乐宫壁画、云岗龙门石窟雕刻、晋祠泥塑以及无数工艺美术珍品，他们都没有学过西法素描和条件色，民间美术艺人更没有学过。为什么今日非得以此为基础不可呢，难道搞扎染、搞染织图案、搞剪纸、搞陶艺非得学素描和写生色彩不可吗？这不能不说是经过盲目学习西方之后冷静反省的思考。中小学美术必修课并非是为了培养写实的油画家，为什么多年来也将调子素描和写生色彩视为基础，这不能不说是从原来美术界认为的基础那里“拿来”造成的。多年来实践证明：中小学的课时无法使学生将这“基础”掌握。而且为了要继承和光大中华民族传统美术，又将中国画列为基础，这就更增加了学生学习的困难。因为今日的孩子，再也不像我国古人从幼年就开始练毛笔字，所以笔墨的基本功也无法掌握。没能掌握，便无法打好中国画这个基础。

近些年，又由于要与“美术课程”的称谓相符，体现大美术观，而将美术学院和工艺美院各专业的基础选来作为教学内容。为了让学生理解美术和提高其审美能力，又有人主张中小学以美术史论和美学为线作为基础构建教学内容。

如此，中小学美术教学内容便出现两大弊端：一是课业类型及其知识面铺得越来越大，内容越来越多、越来越深；教学内容表述的专业化也使得学生越来越难懂。二是这些教学内容由于脱离学生实用的需要，学生不感兴趣，而使学生失去学习的内在驱动力。

因此，编制美术学科教学内容的关键，是要对“基础”重新认识，予以定位于：

1）对美术具有普遍意义，适应于广大空间、长久时间和众多方面应用具有价值，并可成为从事各种职业都用得着的工具为基础。

2）对学习、理解美术和对视觉现象审美有意义的内容为基础。

教学内容的实用性是指具有实际应用价值。可将其具体化为：

1）贴近个人生活和学校生活、学习生活的实际，具有实际应用价值的内容，或与其他学科横向联系的实用内容。

2）贴近社会生活，具有于社会生活中实际应用的内容。

3）联系视觉现象实际，使学生可以直接感受和具有认识、理解和审美识辨价值的教学内容。

教学内容的基础性与学生生活实际的实用性和能为其解惑的实用性相联系，即基础性与实用性的统一，才能使学生学有兴趣，学有乐趣，学了有用，学了能用，学了会用。这才是培养学生的实际能力，学生也才能学得进去，才真正是为学生打好生存与发展的基础。

（3）相对的系统性与内容的综合性的统一

系统性是指根据学科知识系统、技能系统和学生的可接受性，采取或直线式或螺旋式组织形式构建循序渐进的教学内容体系。前苏联课程论学者赞可夫主张采取直线式组织教学内容，即把教学内容组成一条有逻辑关系的直线次序，前后内容基本上不重复直达教学内容的制高点。他认为过多重复同一内容，学生会产生厌倦，应不断以新的内容吸引学生的学习兴趣。美国课程论学者布鲁纳主张螺旋式组织教学内容，即教学内容在不同阶段重复出现，并渐次加大范围和深度，螺旋式反复递增逐渐提高层次。

对美术学科来说，直线式和螺旋式二者有必要结合起来，有些教学内容，如体验性、认知性内容不必要重复，重复了学生即不感兴趣；有些内容，如新年教室布置、技能训练等则需要螺旋式组织。但是，由于美术是一种情意性很强的表达工具，对掌握这种工具的学习，不同于学习有严密逻辑层次性的数学学科，可以构成直线式的教学内容体系。美术的情意性也决定其内容，一旦重复，学生即失去情意表达的热情而招致被动学习，效果不好。至今即便专业美术院校，也未找到一套教学内容严密的逻辑体系。而契斯卡柯夫素描分步训练体系，只适合其特定的画种的专业基础训练，不适合中小学美术必修课教学。中小学一般需要一课时至多两课时完成一个课题内容教学之特点，根本不可能从高校那里拿来现成的系统性体系。

目前，我国美术教育工作者正在努力探索构建既注意知识、技能训练系统性，又注意与情意表达相结合，以难易程度适合学生完成作业为特点，进行综合性内容教学的基础教学体系。

教学内容的综合性，不是指与其他学科内容的综合，而是指编制美术学科教学内容时围绕课题对工具材料知识、使用方法、安全教育、技法步骤、艺术特点、发展简史、作品欣赏、生活应用、激发情感、启发创新等显性内容与隐性内容的综合；有的教学内容也包括以美术为主的与其他学科的横向联系。例如宣传画，可与环境保护、法律、政治、品德等相联系。

物质形态的美术，是材料与技艺、形式与内容、情感与理念、知识与修养等物化的综合体。美术创作，仅从题材而言，艺术家与儿童无大区别，都同样涉及人类最关心的生活环境、社会面貌、人类和平、国家统一、民族团结等重大题材，也同样关注生活经历、山河美景、花草鱼虫、亲朋好友、个人所爱等平凡题材，只不过表达的角度、认识的深度、感悟的程度以及作品显示的艺术品格、文化内蕴不同而已。这种不同，是知识、技能、艺术修养的综合所致。美术学习虽然有着以示范为先导，通过观看、模仿、领悟、想象、创新的过程，但却不可能今日练眼力，明日练线条，后日练美感，再练构思，截然分段地进行学习。美术学习是知识、技能、观察力、艺术思维、艺术美的感知与艺术理解，或先或后互相制约地齐头并进，是艺术要素与能力要素同步提高的。这是因为美术的艺术形式与表现手法，直接关系到观察方法，关系到艺术美的感知，又和艺术思维方式和对艺术的理解有关。

观念形态美术文化的学习，离不开物质形态美术形象的直观性，离不开美术创作体验的经历，对观念形态美术的学习，必然促进对物质形态美术的理解和美术表达的自觉。

因此，孤立进行技法训练，孤立地进行艺术设计与制作，和脱离实际进行美术理论的学习，都是不可取的。教学内容必须是综合性的，又必须根据学生的可接受性予以相对难易的逻辑层次的系统化。

（4）审美性与思想性的统一

教学内容的审美性，主要是指对视觉现象美丑识辨与评价的倾向。“马克思主义的审美观，是我们时代最正确、最进步、最高尚的审美观。所以，学校必须要以马克思主义的审美观教育学生……”① 美术学科应以马克思主义审美观——关于美、审美、美的创造等问题的基本观点——编制教学内容，给学生以悦目悦心的美的感受，发挥以美启真、以美引善、以美怡情的作用，净化学生的心灵，提升其情感，培养学生正确的审美理想与健康的审美情趣。

思想性是指教学内容及其选用的美术作品表现出的思想政治倾向。思想性是任何学科的教育内容都要予以重视的。江泽民在1999 年 6 月全国教育工作会议上说：“思想政治素质是重要的素质，不断增强学生和群众的爱国主义、集体主义、社会主义思

① 李岚清：《美术鉴赏》序，2 页，高等教育出版社，1998。

想，是素质教育的灵魂。”[①]

思想政治教育的根本在于使学生树立马克思主义世界观和人生观，而审美则是世界观和人生观的重要的组成部分。美术学科辅翼德育的功能，在于它的审美性。所以，美术教学内容的审美性与思想性的统一是必然的。

美术文化是社会的一种意识形态，由于美术现象的复杂性，使我们编制教学内容在对审美性与思想性统一关系处理上，会遇到许多具体问题。这就需要我们按照党的“百花齐放、百家争鸣”，“为人民服务”，“为社会主义服务”，“提倡社会主义文艺主旋律”的文艺政策予以处理。邓小平在1979年《在中国文学艺术工作者第四次代表大会上的祝辞》中，对此讲得很具体。他说：“我们的社会主义文艺，要通过有血有肉、生动感人的艺术形象，真实地反映丰富的社会生活，反映人们在各种社会关系中的本质，表现时代前进的要求和历史发展的趋势，并且努力用社会主义思想教育人民，给他们以积极进取、奋发图强的精神。”“对人民负责的文艺工作者，要始终不渝地面向广大群众，在艺术上精益求精，力戒粗制滥造，认真严肃地考虑自己作品的社会效果，力求把最好的精神食粮贡献给人民。”“所有文艺工作者，都应当认真钻研、吸收、融化和发展古今中外艺术技巧中一切好的东西，创造出具有民族风格和时代特色的完美的艺术形式。”[②]这是代表国家对文艺工作者提出的要求，也是我们编制美术教学内容把握审美性与思想性的统一的准绳。

（5）时代性与民族性的统一

时代性要体现“教育要面向现代化，面向世界，面向未来”的方针，教材要能反映出当今社会由经济、政治、文化所影响的美术文化的面貌，教学内容能反映出当今社会先进的教育观念。

---

① 《人民日报》，1999年6月17日。

② 中共中央文献编辑委员会编：《邓小平文选》，182页—184页，人民出版社，1983。

民族性是指教学内容能体现出中华民族的美术文化特点与我国美术学科教育的特点。

时代性可具体化为：

1）再现当今中外美术文化的多元形态及其艺术观念。

2）体现我国当今美术发展的主流。

3）显示出内容的开放性，与社会的联系性，启发创造性和学习主体的实践性与能力全面发展等。

4）教材面貌要反映我国经济、政治、文化的迅速发展和蓬勃向上的精神风貌。

民族性可具体化为：

1）具有中华民族传统美术的内容。我国传统美术有着悠久的历史，有其与西方美术截然不同的艺术形式与表现观念。民族传统美术文化，是每个中国公民应该理解和熟悉的，也是进行爱国主义教育的内容。

2）民间美术是民族传统美术的重要组成部分。由于它是与中华民族的民俗活动融为一体的，由民间老百姓创造的美术，而区别于宫廷美术、文人美术、专职艺术家的美术。民俗活动是凝聚民族精神、情感与意志的黏合剂，是维系民族群体的纽带。民间美术是民俗活动的造型载体，又是中华传统美术之源，其特有的艺术符号语言的象征性、寓意性，是每个炎黄子孙都应该理解的。美术学科教学内容不能因体现时代性、面向世界、面向未来而数典忘祖，不具有民间美术的内容。

3）我国地域广大，中华民族由56个民族构成，各地区各民族都有珍贵的美术遗存和独特风格的美术。教育学生热爱家乡，就应该让其了解家乡美术。所以，在统编的教学内容之外，还应有一定比例的乡土美术内容。

从以上所述来看，时代性着眼于再现当今、面向世界、面向未来，具有开放性；而民族性着眼于过去强调保持传统。在概念上二者似乎是对立的。其实，任何人文学科都传授传统，传统是在继承中发展的。艺术的民族性于世界更具独特地位。时代性包括了传统美术于今日的发展状态。美术教学内容只要予以比例恰当，便可使二者得到统一。

把握好时代性与民族性的统一，并在以人发展为本的素质教育目标指向下，编制好美术学科教学内容，便能体现中国美术学科的教育特点。

（6）应知、应会与能力训练的统一

美术门类之多、内容之丰富与有限课时之间形成矛盾。要使学生在有限课时内，对美术基础知识、基本技能都予以掌握并形成能力是不可能的。所以，应对其有弃取有筛选，并予以重新构建。在对“美术基础”予以准确定位之后，于编制教学内容时，应进一步明确哪些是学生应知、应会的内容，哪些属于作为工具掌握需要形成运用能力的内容，并予以合理分配课时，使其矛盾得以统一。

应知的“知”，是指了解、知晓，有过经验。应知内容是很难划分，凡是美术学科的基础知识、艺术门类、形式特点、表现技法、艺术名家及其代表作品、著名美术遗存、艺术流派及其艺术观念、时尚流行……尤其还要涉及无尽的名词术语等，都属应知。这些应知内容，即便专业美术家也未必知而全。因此，对应知的内容应限定为：一是有助于理解美术文化和提高审美能力必不可少的内容，应尽量减少作为记忆对象的内容；二是有智力价值的内容。对此，可理解为有助于思维的发展，尤其是对创造性思维的发展可以起到促进作用的内容；有助于技术意识的形成；有助于技艺与科学相结合的应用性的内容。

应会的“会”，是指领会、理解和能做。应会的内容，应是学习后续内容的基础的内容，是不会便无法往下学习的内容。应会的内容，即便是名词术语，也一定要领会理解，该记住的也应该记住，该会的技能必须掌握。

该会的内容中，有些技能不一定都要熟练，而有些技能则必须熟练。这就属于能力训练的内容。所谓“能力”，是个体以知识、技能为基础的适应并胜任于活动和调节自身行为的心理可能性与现实性相统一的品质。在教育目标中提到的一些能力培养，都属于能力训练，都应作为长时间培养。其中，如作为工具处处应用的图像传达能力，是一种技艺性的能力，需要安排较多时间进行以技艺为内容的系统训练。而审美能力，则是理解美术、审美眼力和艺术修养的综合体现，对其培养虽然需要进行有关的理论与鉴赏内容的教学，但由于各类课业和技能训练课业都蕴含着审美能力的培养，而无需如图像传达能力那般单独给予更多的课时。

因此，应知、应会内容与必须形成技艺能力的训练内容，在课时分配上不应平均划分，而应该在编制教学内容时予以不同课时的合理安排。这样，门类多、内容面大都需要课时的矛盾，便统一于课时比例的合理分配之中。在突出某种能力训练课时的基础上，其他内容在课时制约下必须得到精简、归纳、增加或弃舍，不再泛泛地扩充，使美术学科内容更适合中小学生，成为区别于专业美术教学内容的独自构建的教学体系。

6.5 美术学科课程的教学目标

教学目标是教育目标下位的用来陈述师生教与学行为和学生学习结果的具体化目标。是在教育目标指向下与教学内容同时考虑而规定的教学标准。它是指导、实施和评价教学的具体依据，是为了使师生明确自己教学行为应该把握和所要达到什么样的结果。

6.5.1 规定教学目标的依据

(1) 以教学内容为依据

教学目标是通过教学行为——教师的传授、指导和学生的学习——将教学内容在限定的时间内转化为学生的知识与能力所追求的合理的结果标准。那么，如果教什么和学什么不明确，何谈目标？所以教学内容便是规定教学目标的依据。然而无教学目标，又无法编制教学内容，所以教学目标与教学内容是在原有教学经验基础上互为依据。尤其规定作为指导教学行为的目标，必须要考虑教学内容，并以其为依据。

（2）以课时为依据

教学内容与教学行为必须以课时为条件，例如技能水平目标与训练时间长短是密不可分的。无课时保证，妄制教育目标，便会不切实际，所以教学内容要以课时为依据，规定教学目标也要以课时为依据。

（3）以学生原有的基础和学习能力为依据

美术学科教学是为了使学生习得知识和能力，提高美术文化素质。学生是学习的主体，是教学的中心，离开学生的原有的基础和学习能力，让其在限定时间内理解高深的知识和掌握高难技能，达到很高标准，是不切实际的。教学内容要根据学生的心智发展特点来进行组织编制，规定教学目标同样要以学生原有的基础和学习能力为依据。

6.5.2 规定教学目标的原则

（1）目标的切合实际性

切合实际性，是指教学目标与教学内容相符合相对应，符合学生原有基础和学习能力，能在规定的课时内取得将教学内容转化为学生的知识与能力的合理结果。这就是说要将规定教学目标的依据，也作为规定教学目标的原则。我们将规定教学目标的程序，用一个公式表示，应是：

课时

教学内容＋教学行为＝教学结果＋反馈＝教学目标

上述公式中的教学结果有两种：一是合理的结果，反馈意见良好，便可确定为教学目标；一是反馈意见认为结果不合适不合理。教学结果不理想，就应检查教学内容与教学行为是否合适合理，如果其无问题，就要调整教学目标，实事求是地使之切实合理。教学内容与教学目标经过教学反馈一旦认定科学合理之后，教学目标便成为检查、评估教学行为的标准。

（2）便于评价和检查教学

教学目标是教育目标下位的与教学内容相对应的行为目标，其表述不应过于笼统，而应与教育目标在层次上增加要求维度项目，具体体现出与教学内容相对应的关系。例如在教育目标中的“培养审美力”，于教学目标中便应将其依据教学内容具体化几项概括要求，如：形式美感的认知与体验；美感直觉与美感品位的提高；对多元美术的了解与包容；丰富视觉经验；对审美感受与审美判断的表达；情感提升和促进情操的形成等。其于单元目标、课时目标中，应更具体化为与单元内容与课时内容相对应的质与量的教学目标。单元目标如：了解构图的形式美法则；色彩构成的美的规律；再现性艺术与表现性艺术的区别；了解中国画的艺术特点及其在世界画坛中的地位等。课时目标更应具体化，如：掌握构图的位置与比例关系；认知与体验构图疏密变化的形式美；理解冷暖色调与情感表达；认识、感受中国画的线条美，等等。只有这样，才能使师生明确教学行为应注意把握的东西之所在，才能成为检查、评价教学质量的具体依据。

6.6 美术教学大纲

美术教学大纲，是根据国家课程计划中对美术学科的学制、学时的规定和依据教育目的而制定的美术学科课程标准。故亦称“美术学科课程标准”。它是关于美术学科教育目标、课程、教学内容、教学原则、教学评价及与美术教学相关的原则性问题的纲领性文本。

各级各类学校或教师个人，都可以编制“美术学科教学大纲”。但是，一旦国家或省市教育行政领导部门制定了美术学科教学大纲，便成为对美术学科教学提出统一要求的指令性文件而具有权威性。美术学科教学大纲，是教育行政领导部门控制、管理和指导美术学科课程与教学的一种方式和手段，是编写美术学科教科书的依据，是检查、评价各学校美术学科教学的原则性标准和依据性文件。它也是美术教师明确美术学科教学目标，组织美术教学内容和处理美术教材的依据，也是对学生进行美术考核的依据。

世界各国的美术学科教学大纲，在编制体例上存在差异。我国自有教学大纲以来，不断地调整变化。教学大纲的差异和变化，体现出对学科教育目标、教学内容与要求在认识观念上的变化。

教学大纲，一般由说明与正文两部分组成。美术学科教学大纲的说明部分，主要是阐明设置美术学科的意义，教育目的与任务，编选教材内容的原则与依据，教学方式与原则，教学评估方式与原则，有关教学方法、建议等。美术学科由于对教学设备有特殊要求，学校领导对该学科的设备又往往不够重视，为了使得美术教学得以顺利实施，所以在该部分还有关于对改善教学条件的要求。美术学科教学大纲的正文部分，是教学大纲的基本内容，具体规定了教学内容的分类，课业的比例，按年级、学期规定了所学内容、教学要点与教学要求等。美术教学大纲的基本结构大致是按下列排序的。

(1) 美术课程的价值

这是从理论上明确美术学科的文化价值和教育功能，是美术学科教育的性质、地位和作用得以定位的基础。

(2) 美术学科的教育目标

美术学科教育目标是美术学科教育的起点与归宿，是明确美术教育教学方向的指针。编写教科书和教师教学，如果不明确美术学科的教育目标就会背离方向，所以这是教学大纲中的最重要的一项内容。

（3）教学内容与教学目标

教学内容是教育目标得以实现的具体化，是根据编制教学内容的原则和按学生学龄阶段的接受特点，对美术学科知识技能教学的具体规划。教学目标是对所学内容达到什么标准的具体规定，是教育目标的进一步具体化。这部分是教学大纲的基本，是决定美术教学的关键所在。

（4）有关教学的其他规定

这是有极大伸缩性的部分，可以列出几项。例如，1992 年国家教育委员会颁布的《九年义务教育全日制中学美术教学大纲》中有：选择教学内容的原则；教育中应该注意的问题；积极改善教学条件等三项规定。又如 1999 年北京市制定的面向 21 世纪美术课程标准中有：美术教学方式与原则；评价方式与原则等的规定。

学科教学大纲的编写，可概括，可详细，可以概括为一页，也可以数百页的详细论证与规划。但都必须是旨在说明如何规划和组织学科教学内容。在我国 20 世纪二三十年代，美术学科教学大纲即为一两页。目前，香港、台湾美术学科教学大纲有数十页。北京 1999 年制定的美术课程标准，也有数十页。教学大纲是详细好还是概括好呢，这应具体分析。详细的教学大纲，尤其是教学内容部分规定得详细，就为编写教科书提供了具体依据，可以免于编教材时冥思苦想构架内容体系。作为地方或学校的教学大纲应该详细，而作为国家的美术教学大纲，在“一纲多本”的课程体制下，愈详细就愈制约教科书的编写者创造性地构建教学内容体系，就愈制约教科书编写的个性特点。

美术学科教学大纲既然是指导美术教学的纲领性文件，美术教师就应于教学的准备阶段首先钻研教学大纲，以便明确美术学科的教学目的，宏观把握教学内容，以利于弄清本学科教学内容体系和知识内容的深度广度以及前后的关联性。教师对教学大纲理解领会得愈透彻，教学的自由度就愈高。

随着我国课程教材政策，由国家教育部门编制一个美术教学大纲和指定有关教材编制部门编制一套全国统一使用的教科书，即“一纲一本”，改为“一纲多本”之后，我国已出现分别由各省市地区编制的多个版本的美术教科书。这就大大地促进了地方对美术教材和美术教学的研究。但是，教科书的编制工作由于受“一纲”的制约，尚不能充分体现各地区美术教学的差异和特点，不能充分发挥编制者对美术教学研究的创新精神。根据我国地域之广大和各地经济发展之不平衡，以及美术教育发展程度之不同，尚需探讨“多纲多本”之路。也许经数年后再由“多纲多本”回到“一纲多本”。如此，可能更会促进美术教育的发展和提高。

6.7 美术教材

教材是有关讲授内容的材料。包括教科书、教师教学参考用书、挂图、教学用幻灯片、教学用录像和教学用影视光盘等，此外还包括教师的讲义。

6.7.1 美术教科书

美术教科书是依据教学大纲规定的教学内容和选择教学内容的原则编写的，供师生上课用的主要依据的教材，故亦称美术教学课本。教科书是教材的主体，通常所说的“教材”，主要是指教科书。

(1) 美术教科书的作用

美术教科书在教学中的作用是不可忽视的，其主要表现为：

第一，它是教学大纲规定的教学内容的具体化，将美术学科显性教学内容按年级学期分册予以具体化为单元、课题、课序进行编写。它不仅体现了美术教学大纲所阐明的美术学科教学的性质、任务和教学内容，而且充分详尽地展开和落实了教学内容。

第二，美术教科书为师生上课提供了具体依据。美术教科书按课业有序编写的教学内容，使教师授课有了依据，可以凭借教科书为媒介有系统有目的地传授美术文化。教科书也使学生学习有据，课前课后可以阅读、复习和查寻有关知识的答案。

第三，教科书是教师研究教学的主要内容，学生学习也主要是掌握教科书上的内容，所以教科书是检查教学的主要依据。但教科书编写得好坏往往影响教学效果。

20 世纪 60 年代，我国曾中断编制美术教科书，结果给教师带来备课之苦，当时教师对教学的研究主要放在教什么上。如今有了美术教科书，教师的教学研究则可放在对课业内容的教法和如何提高教学质量上，这便使教学研究有了质的飞跃。有了教科书，检查教学工作可以教科书的进度、内容为据，可以对其内容的组织设计以及学生学习效果为具体依据。

第四，美术教科书还是展示国家、地区美术教学水平与面貌的表征。教科书的编制，是由国家或地区集中有关专家与著名教师合作的教学科研成果，是集教育观念、艺术观念、教学经验、教学智慧为一体的教学科学水准的形象直观展示。同时，教科书的印刷、装潢设计等总体效果，也是该国该地区经济、文化的反映，是该国该地区人民对教育消费承受力的体现。因此，各国各地对美术教科书都予以极大的重视，并由教育行政部门负责成立由有关专家组成的专门的教材审定委员会，对所编教材予以审查。

（2）编制美术教科书应注意的问题

编制美术教科书首先应遵循前述的编制教学内容的原则，其次要注意以下问题：

1）钻研美术教学大纲，体现教学大纲内容

教学大纲是教学的“纲”，“纲举目张”，如果对教学大纲规定的教学目的、任务不明，对教学内容纵向关系、深度广度没有搞透，便不会编出能体现大纲的教材。背离教学大纲，就是任意编写教材。这样必然引导教师背离教学大纲，使教学走上无政府状态。

2）总体结构与课序、课题的合理性与科学性

编制教科书应先明确编辑思想意图，先搭总体构架，使其科学合理后再细排单元与课时课业，列出课题，详尽设计编写课题内容。

课序是课程进度的有序安排，是内容前后的有序性，这必然要考虑知识的系统性与科学性。美术学科教学内容，虽然不像数学那般有着严密的逻辑关系，但在一个单元之内的某类知识的教学还是有其逻辑关系性的。例如，色彩知识的教学，就有其科学系统。教科书内容的有序性，是教师教学的有序性的基础，是不可忽视的原则。

课题是课业内容的标题，是标明该课内容的短语。课题必须要准确、科学，要使师生一目了然。像“布老虎”、“小房子”之类的课题，你能知道这是要上什么类型的课业内容吗？但却在我们的美术教科书的课题中屡见不鲜。其正确的课题写法应是：“第×课 铅笔写生——布老虎”，“第×课 纸造型——小房子”。

3）以学生学习规律与方法为主线，展示课题教学内容

教科书既然是师生教学的依据，其编辑的科学性主要表现在课题内容能否体现为师生提供科学的学习程序与方法。这个教学程序与方法，是以学生学习规律与方法为主线构成的。概括地说，即体现由感性认识到理性认识的学习规律和由直观、模仿练习到理解、创新的学习方法。教科书对课题内容的组织，要为学生提供感性认识的形象图例、随堂欣赏的代表作品、理性分析的知识、分解技法的步骤、作业要求及其范例等程序层次内容，使师生可以按其有序地进行教学。

4）精选图片，文字精练、通俗易懂

美术教科书应体现美术的形象性、直观性与审美性特点。书中要以图例和形象直观地展示美术文化，展示技法的方法步骤。教科书的图例就是内容，图片应起到让学生能理解一些内容的作用，能使学生通过图片感受到美术文化的历史、沿革及其给予人的感召力。

美术教科书应有四个方面的图例：其一，提供随堂欣赏美术作品的图片。这些作品，应是该课所学内容的经典与杰出代表的作品。展示这些作品，是为了让学生看到最好的是什么样的，使之起到美的示范作用。图例作品的风格，一般应多样，以便拓展学生的艺术视野、启迪学生的创新精神。切忌图片为“编者个人作品集”，也不可是一个名家的独占天地，不然，其片面的单向的审美导向，不利于学生对美术的正确理解和审美的选择。其二，提供技法步骤图例。用图例清晰展示表现、制作的方法步骤过程的要点。该图例不仅要有说明性，也应具有美的展示性，可请名家高手为其作图。其三，作业规格图例。这是形象地展示学生作业应达到的程度水平的图例，可从实验课的学生作业中选取，也可由编者作图。

美术教科书虽然以形象展示内容为主，但文字说明也是必不可少的。随着学生学龄的增加，教科书的文字量也随之适当增加，以便高年级的学生自行阅读学习。教科书应有如下几个方面的文字：其一，内容的界定与概述。其二，重点知识的概要。其三，范图需要的注释。其四，学生作业要求。其中，前二者的文字应简练，且要通俗易懂。面对中小学生，如果用非常专业化的艰涩地表述，尽管准确精练，但师生如读天书，是不可取的。通俗易懂、深入浅出的文字表述，便于学生自学、复习时的理解和记忆。

5）注意印制质量

美术教科书必须注意印制质量。色彩是美术表达的重要的艺术语言，是美术表达内容的重要组成部分。如果将美术作品印制得失色，改变了原作的色调，就是破坏了原作的艺术语言，就会失去原作表达的艺术魅力。对教科书粗制滥造，错误百出，就是不负责任，更是不应该的。

6.7.2 美术教师教学用书

美术教师教学用书是与美术教科书配套的，专为帮助教师理解教科书内容和提供有关资料的教学参考用书。故亦称“美术教学参考书”，简称“教参”。

美术教师教学用书的内容，主要是说明教科书的编辑意图、编辑体例，课业内容的教学目的，教学内容的分析，提示教学的重点与难点，提出教学建议，提供可以参考的教学设计方案与教学方法，提供有关知识、名词、术语、典故等资料。

我国在20世纪70年代以前，教师教学用书内容，仅是由教学目的、教材分析和教学建议三部分构成。80年代，为适应初任教师的需求而增加可参考的“教案”。又随着美术教学内容新增许多新知识课业，由于考虑教师查找资料的困难而于“教参”中增加了有关课业内容的名词、术语、图像资料和有关知识。

教师教学用书，可使教师备课少走弯路，快捷地理解教学内容、教学目的，把握教学的重点与难点，借鉴教学设计和教学方法，使教学得以顺利地实施。正因为如此，教师对“教参”往往寄予厚望。由于“教参”不受教育部教材审定委员会的审查，所以编写者们疏漏处较多，这是应引以为戒的。编写者们应该像对待编制教科书一样用心思编好“教参”。

美术教师教学用书，目前出现对提供参考教案的非议。有人认为由于“教参”提供参考教案致使一些教师不去钻研教材，不自行设计教案，而是照抄或照本宣科。这可能是其弊端。但也应看到更多的教师并非照抄，而是汲取了参考教案的优点，又有所发挥和创新。照抄者也是抄了“教参”中由优秀教师提供的教案，如此教学不会失误。而懒于备课的教师无可照抄的教案，其教学将更不可想象。

6.7.3　美术教科书的辅助教材

辅助教材是指依据教科书的内容编制的教学挂图、教学幻灯片、教学影视光盘、录像等教材。因为是为辅助美术教学得以顺利实施的教材，故称美术教科书辅助教材。

挂图是印制的大幅图片，一般是名家名作或经典美术遗存，还有名家绘制的方法步骤图等，是供随堂欣赏和讲授之用。挂图也可长期展挂，供学生课余欣赏。因此，对挂图的编辑选图，不应仅是课本图例的放大，而应精选编辑。例如高中美术鉴赏挂图，应以精选的有限图例展示美术史风格发展脉络演变过程，以起到中外美术同期比较之作用。并对鉴赏挂图辅以精练文字诠释，既为教师提供美术纵向发展的直观的图例，也为学生课下阅读使之进一步加深理解。所以，对挂图的选图、设计和印制等，编辑者应下力气。

幻灯片、录像、影视光盘、电脑三维动画等，是现代教学手段，一般是围绕着鉴赏美术作品和技法教学而制作的。它们在教学中运用方便，调换图像自由，展示性、说明性强。其中，尤其是教学幻灯片和录像，教师依据教学内容需要可以自行制作。例如，命题画“海底世界”，教师可以将电视台播放的海洋生物录下于课上播放，以作为供学生获得生动形象的直观感受和启发构思之用。又如上“剪窗花”课，可将民间过春节人们剪窗花、贴窗花等情景录下于课上播放，用以加深对民间美术的认识和调动学生的情感。上中国画课业，可播放中国画画家的作画过程和笔墨技巧等。运用现代教学手段进行教学，可以补充教科书之不足，可以为学生提供更多的直观性资料，是教学有效的辅助教材。从两届全国教学录像评比中，可以看到教师们普遍能自制辅助教材——录像，并已达到很高的水平。

6.7.4 乡土美术教材

(1) 美术学科乡土美术教材的概念

1992 年国家颁布的中小学美术教学大纲中，规定“要按10％～20％的课时比例补充乡土教材”。如何理解“乡土教材”?《中国大百科全书·教育卷》对“乡土教材”的解释是:“以本地方的地理、历史、政治、经济、文化和民族状况等为内容的教材”，如“乡土历史、乡土社会、乡土自然、乡土文学等”。以此界定来看，美术学科的“乡土教材”应是以“乡土美术”为内容的教材，称“乡土美术教材”。对此有必要弄清如下两个问题:

其一，乡土美术的概念。“乡土”作为故乡、家乡的地域概念，有其相对性。就全国而言，“省”可为“乡土”，再将其地域缩小，学校所在的“地、县、乡”更为乡土。这就要看教材编者立足于哪个地域范围和教材使用的地域范围而定位。“乡土”有了明确的定位之后，那么“乡土美术”又是指什么呢？可以理解为在这块土地上滋生和延续的具有本地特色艺术风格的美术和在这块土地历史上人们创造出的美术遗存。前者主要是指本地区的延续的民族、民间美术和在本地滋生具有本地乡土艺术风格的当代美术。后者是指这里历史上的人们创造的杰出的美术遗存及其存在状况。

其二，乡土美术教材与地方版美术教材的区别。地方版美术教材，是相对于过去由中央统编教材而言的，故称地方教材。它实为地方按统一教学大纲编的教材，其着眼点不在乡土美术，而在体现美术教学大纲统一规定的教育目标与教学内容，只不过考虑到了地方的特点或融进一些地方美术特色而已。

(2) 乡土美术教材的作用

目前的世界，由于交通的便捷、传媒的快速，在文化艺术上有趋同的发展倾向。这种趋同性，主要是在西方文化的冲击下，在逐渐扼杀各地各民族文化艺术的个性。其结果是侵蚀人们的乡土情怀，破坏人们的爱国主义情感和民族自尊心。这已经引起了各国有识之士的重视。作为教育的导向，应该使下一代公民树立起牢固的民族意识和国家意识。民族文化是维系民族情感的根。乡土美术是本地各民族历史积淀的文化造型载体。乡土美术教材所进行的正是民族文化传统的教育。通过教育，使学生认识到正是由于乡土美术的艺术观念和艺术风格的独特性才能立于世界之林，从而培养热爱乡土美术文化的感情，使维系民族情感的“根”深深地扎于学生心中。热爱乡土的教育，是爱国主义教育的基础。

乡土美术作为民族传统美术的组成部分，与现代化并不是截然对立的。它们之间有着振兴中华民族精神的本质的协同性。作为一个本地的青少年，应该知道理解本地的美术文化。尤其是作为中华民族艺术母体的民族民间美术，理解它，更有助于对现代艺术的理解。因为民间美术古老的原发性中，有许多与现代艺术某些观念、手法、形态的息息相通。它那活泼亲切的人情味与现代社会的工业设计，形成相互排斥又相互吸引和互相补充的奇妙关系。所以，社会愈是现代化，愈是要保护古老的原发性的具有淳朴生命的艺术。人们哀叹旅游中买不到可心的纪念品，实在是各地忽略了对当地乡土美术的开发、利用和发展。由此可见，学习乡土美术，对当地经济的发展也必将起到一定的作用。

7

美术学科教学原理

7.1 美术学科教学概述

美术学科教学是实现教育目的的一种动态方式的过程，是在教学目标规范下的师生的教与学的统一活动，是以学生在教师有计划有步骤的教授和指导下的学习活动为其特点，亦称“教学过程”。虽然“教学过程”又专指通过教师的教授和指导将教学内容转化为学生知识、经验和能力，实现教学目标和教育目标所经历的步骤和顺序。但二者实质是一致的。因教学便有过程。

普通学校的美术教育与美术教学的区别在于：美术教育泛指学校一切通过美术影响学生认识和行为的活动，而这里所说的美术教学特指美术课堂教学。美术教育包括：美术必修课的课堂教学、美术选修课程教学、各种美术活动（参观美术馆、博物馆、美术比赛、作品展览、艺术品收藏展览、请美术家讲座示范、游览名胜景地……）、学校环境美化、美术应用（如墙报、板报、开会的会标、标语、校服……）以及学生个人课下向教师请教、教师美术创作及创作行为对学生的影响，等等，都属于学校美术教育内容。其中，有些是团队或班主任组织的活动（不一定所有学生参加）。而美术必修课程的课堂教学，则是全体学生都必须参与的学习活动，是具有最典型特征的美术教学，也是美术教育的基本途径和中心工作。

美术学科教学过程，既指美术必学的全部课程的教学活动过程，也可以是一个单元或一课时的教学活动过程。教学的基本规律蕴含于教学过程之中，对教学中存在问题的处理，在于对教学过程的理解与教学规律的把握。所以，研究教学过程的本质、规律和特点，旨在为组织教学、提高教学质量提供理论依据。只有正确地认识和把握教学过程，才能有效地发挥教育功能，实现学科教学目标和教育目标。

美术学科教学的任务，是实现美术课程教育、教学目标，即传授美术文化和育人，也就是将课程内容转化为学生的知识、技能、思想方法、价值观与世界观，培养学生具备美术能力、创新精神、实践能力，使学生学会学习、学会做人、学会做事，促进学生人格全面健康发展。因此，美术教学在学校美术教育中占有重要地位。美术学科教育功能的发挥及其价值的实现，完成学校美术学科的教学任务和实现教育目标，都依托于美术教学，所以我们有必要对美术学科教学予以重点研究。

7.2 美术教学活动的要素及其本质联系

学生上学，是为了学习。学校为了满足社会和学生个人发展需要而设置课程和组织教学，进行传递文化和育人。学校的一切教学活动，都是以学生为中心和围绕着学生成才而展开的。学生是教学诸要素中的根本要素，为了解决教给学生什么和达到什么样的结果，而确定教学目标和编制教学内容，并根据课时将其具体化为教学大纲和教材。学校又为解决谁组织实施教学而聘请教师。教师怎样才能将教材转化为学生的知识、能力达到教学目标，需要一定的时空的教学环境和物质条件，并以相应的组织形式和用科学的教学方法去实施教学。教学效果如何，尚需予以反馈验证。因此，教学目标、教学内容（教材）、教学设备与环境、教师、教学方法、学生和对教学效果的反馈等，是构成教学活动的必不可缺的要素。

以上教学活动的诸要素，是互相联系互相制约的关系。美术学科教育目标，受制于教育目的和学校培养目标。美术学科教育目标，是依据社会和学生发展需要以及学科内容制定的，是其教学的起点和归宿，是检查、评价教学效果的标准。教学内容是依据学生和教学目标编制的。教学效果是由学生习得的知识、作业能力和发展体现的。教学目标制约着教学内容、教材、教学设备、教学方法和教师的授课行为，所以教学活动的全过程是围绕着学生达到教学目标而展开的。

课程的教学内容同样受制于社会和学生发展的需要，是以学生的可接受性和教学目标为依据而编制的。课程教学内容具体化为教学大纲，并进一步具体化为所编写的教材。教学大纲为教师设计教学进度计划、组织教学内容提供了依据。而教材则为教师具体授课和学生学习提供了依据，是教师和学生都需要掌握的。

教学设备，是根据教学内容和教学的组织形式而建设的。例如，现在有了电脑美术、陶艺等教学内容，与其配套的教学设备就应建立健全。设备的齐全性，性能的优良性，制约着师生的教与学的效果。幻灯机、影视等教学设备与教具，是关系学生视觉感受和理解教学内容的教学手段的媒材；学具是关系学生实践操作、艺术感受、学习兴趣和作业效果的教材，都会影响教学的实施和教学效果。

教学离不开教师，需要教师组织和领导学生实施。教师的教学，首先是要明确理解教学目标，熟悉教学大纲和教材，还要熟悉教学设备、教学环境和教育对象，在此基础上进而设计科学合理的教学方法。教师只有这样，才能驾驭课堂教学的全过程。

在教学活动中，教师、学生采取什么样的相互作用的活动方式方法，是受制于教材内容和学生水平，并由教师进行设计的。其直接关系到教学效果，是教学工作成败的因素之一。成功的教学方法，可以激发学生的学习兴趣，调动学生的主动性，启迪学生智慧发展，使学生将知识学得活、掌握得牢。差的教学方法，则将教学内容教得僵化死板，制约学生智慧的发展。

美术教学还需要一定的时空环境。其中，时间教学环境，如课时是制约美术教学实施的时间要素，甚至上、下午时间及季节、校历活动等，都是影响美术教学实施的因素。空间教学环境，如校园文化、美化、安静，各种设备的齐全性，美术教室的宽敞性、光线效果、整洁程度、布置形式等有形的教学环境，也都是制约教学实施的因素。校风、班风、学风等无形的教学环境，更是直接影响着学生的学习态度、情绪与学习效果。由于美术的形象性、直观性特点，学生的艺术思维与创意可以见诸形象，可以相互观摩、启发，可以起到互相撞击、激励、促进作用。这个作用之大是无法估量的，所以美术学习在良好的班风环境内和在学生间互相影响的氛围下的作业效果，往往优于学生回家个人单独完成的作业。

教学效果，是由学生体现的，是由学生学习结果的反馈来决定的。对教学效果的评价与检验，要以教学目标作为标准。尤其是学生对显性教学内容的掌握程度，有可视的作业形象，可以见到明显的效果；学生对知识掌握的检验，可以对照教材量化。

从以上的关系中可以看出：教学目标化为显性内容的教材，隐性教学内容由教师来把握，教材既是教师教学内容的具体化依据，又是学生学习的依据和学习要掌握的主要内容。所以，教材、教师、学生便是教学过程中矛盾运动的三个基本要素，其围绕着学生由原有水平到达教学目标而展开的矛盾运动过程。教师通盘考虑教学目标、教学内容、教材、教学设备和教学方法，形成以教师为代表的“教”的一方。“教”的一方，一切都是为了学生，教学过程都是围绕着学生的学习、发展而设计展开的。因此，教师与学生便是相互制约相互影响、联系最为密切的一对矛盾，并于矛盾运动中达到教学目标而得到统一。

在这矛盾运动关系中，教师是矛盾运动的主要方面。教师的教学虽然受教学其他要素的制约，但实践证明：一位优秀教师可以将编得很差的教材经过自己的重新组织，而将课业内容教得生动活泼，教学效果很好；而教学水平平庸的教师，往往可能将编得很好的教材教得很糟。所以，教师的主导作用是不可低估的，教师是搞好教学的关键。北京某中学（过去是三类校）其美术教师的美术课能将逃学在外的学生吸引到美术课堂中来，将那些厌学捣乱的学生引导到美术学习中去，并产生学习兴趣。这就是一个展示教师作用的令人信服的例子。

7.3 美术教学过程的本质

美术学科教学过程，对教师来说是传递美术文化和育人的实践过程，对学生来说学习是接受美术文化和学做社会需要的人的实践过程。其本质，是师生对客观世界的一种认识与实践的过程。马克思主义认识论把实践提到第一的地位，认为实践的观点是辩证唯物论的认识论之第一的和基本的观点，人的认识一点也不能离开实践，强调知识理论对实践的依赖关系。认识来源于实践，认识也是随着实践的发展一步又一步地由低级向高级发展的，不断地由感性认识上升为理性认识。经过实践获得感性认识，再进而升华为理性认识，在形成理论之后还要回到实践中去指导实践，应用于实践，所以认识与实践是密不可分的。我们对美术学科教学的认识和对美术教学的实践，也是密切联系在一起的。认识活动和实践活动是主体与客体相互作用的两个侧面，是对立统一的关系，实践是沟通主客观的桥梁。认识产生于实践，又反过来指导实践，新的实践又使认识发展为可能，转化为现实，又提高和丰富了认识。这正如毛泽东同志所说的“实践、认识、再实践、再认识，这种形式，循环往复以至无穷，而实践和认识之每一循环的内容，都比较地进到了高一级的程度。这就是辩证唯物论的全部认识论，这就是辩证唯物论的知行统一观。”①这也是学生学习的基本规律。

7.3.1 美术教学是学生在教师指导下，以实践为基础的认识客观世界的过程

美术教学对学生来说，是在教师指导下认识客观世界的过程，其中主要是认识美术文化，认识客观世界存在的美的形态，认识客观世界真善美的统一关系，认识造型艺术美的原理与创造艺术美的法则，是接受前人积累的美术知识和美术经验的过程，也是认识人的思想行为品格的过程。在这个过程中，教师传授的知识和经验，对学生主体来说都是“间接”的，是“流”而不“源”。学生要对间接的知识和经验有切实的体验和深刻的理解，也必须经过实践。所以，美术学科学习的认识过程是以学生的实践感受为基础的。学生每天都要用感官感受和用眼睛观看周围的事物，都有一定的体验和一些感性认识，这就为接受前人的经验、知识提供了基础。例如，学生生下来就不断看到红黄蓝橙绿紫，认知色相便有了基础；认识原色和间色关系，只要让学生混合一下原色，便是以实践为基础的认识；讲色彩冷暖的色性，学生有着冷暖感受的实践，只要引导学生通过联想就能理解。所以，美术，包括审美认识，都是和学生的经验分不开的，美术学习本身就是视觉感受的实践，视觉表达的实践，艺术设计的实践，手工艺制作的实践，艺术鉴赏的实践，美术应用的实践。在这些美术实践中，还包含有对自身行为、意志自律的实践，模仿优秀人格的实践，形成个性发展的实践等。只不过学生美术实践过程是有教师指导的，在理论和前人经验基础上的实践。

① 《毛泽东著作选读（甲种本）》，54页，人民出版社，1965。

7.3.2 教学过程，也是教师对教学认识与实践的过程

“教学”不是学生的“自学”，其过程是师生共同活动的过程，是师生共同使学生达到教育目标的实践和认识的过程。它既是学生实践与认识的活动过程，又是教师实践和认识的过程。教师教课本身就是实践，是使教材转化为学生知识、能力的实践，也是影响学生人格的行为实践。教师的教学实践过程，又是其对教学认识的过程。这个认识包括：教师对美术文化再学习再认识，对前人教学经验再总结再认识，对教学对象（学生）的了解、认识，对学生学习规律的再认识，对指导学生学习方法的再认识……的过程。教学过程对教师来说同样是一个实践、认识、再实践、再认识，循环往复的过程，不然便不会存在“教学相长”，不存在“教师的终身学习”和对教师的“终身教育”。

教师个人不是圣贤，不是百科全书。美术教师在大学所学的不可能完全对应中学所教的教学内容。教师教学首先要学习认识钻研教材，技能性的内容还要先熟练，还要组织教学内容和设计教学方案。更何况教学内容的知识在不断更新变化着，即便教材确定下来的内容也会不断出现新的观点、新的表现手法。对美术现象的认识，对经典作品的理解，任何人都不可能一下认识到位，每次观赏都会有新的感受，增加一分新的理解。更何况教学是以学生为主体，这个主体是活生生的，需要不断提高对他们的认识，以适应其需要和使其得到满足。教师教学是一个不断地验证前人经验、今人经验和化为自己直接经验的过程，每一次都会对所教内容、对学生、对教法有新的理解和新的体验，从而不断地丰富前人经验和自己的经验。北京教育学院美术系系主任巩平教授，大学毕业先在中学任教时，对所教的纸造型课业便是在大学未学过的内容。但他由不会而钻研，并通过教学实践获得真知，今日写出了16开本近200页的《纸造型艺术与教学》专著，便是佐证。

既然教学是师生的共同活动，而且教师是把握和解决学生原有水平与教学目标这一根本矛盾的人，如果排除教师需要不断地

实践和认识，便是将教师置于无所不能、无所不知的神圣至上的位置，便会对教学中出现的问题仅从教材和学生两个方面找原因。这样就会出现教师忽视自身要求的弊端，出现不从教师素质，不从教师如何使学生学会学习，教师是否是民主型人格，是否具备新时代人格特质角度看教师的教学行为的弊端。如此，便不能真正认识教学的本质及其规律，也不利于教师自身的提高。

7.3.3 美术教学是人的特殊的实践和认识的过程

美术教学虽然是人的认识客观世界的一种形式，但它不同于对一般事物探讨真理的过程，而是一种特殊的认识世界的过程。其特殊性表现为：

对学生来说，第一，认识的对象是美术文化，是在教师指导下的，有特定目标的，在特定的教学环境中和在教师经过精心设计的教学方法的引导、指向下的实践和认识。它是以学习已有的知识和前人经验为主，通过实践化为学生个人的直接经验和知识的过程。有了教师的传授和指导，学生可以快捷地习得前人经过漫长时间积累的知识和经验。学生的这个实践，有教师对其认识方法和实践方法的指导、训练，是不走弯路就可以获得科学的实践和认识方法的过程。第二，美术教学过程，是学生眼、手、脑协同并用的实践。学生可以在学习过程中使眼、手、脑协同性得到提高。由于美术技能，是智慧的技能，即辨析、判断、发明创造的技能，所以学习美术的过程不仅使学生对美术文化的认识得到提高，也使其智慧、创造力得以提高。又由于美术的情感性，是真善美统一的结合体，所以在学习过程中学生美的感知力、情感、情操、世界观、价值观等，都可以获得同步的发展。第三，学生于其他学科一般只能接受前人的经验，不易发现人们未知的东西，然而美术学科学习却可以发现前人、教师未发现的表现方法和技巧。学生在美术学习过程中，可以不断地有所认识有所发现，可以尝试到与他人与教师不同的实践和认识的乐趣。这就是学生形成探寻与众不同的个性发展的过程。第四，学生学习美术文化过程中，会认识到美术文化的多元性多样性。写实是美，写意的也是美，具象的是美，抽象的也是美，各有各的特点，相互不能替代，哪种也不能割舍。这就形成了对文化多元性包容的人格特质。

对教师来说，其实践与认识的特殊性表现在：第一，有明确的教学目标，仅在于探求达到目标的方法；有教材，有上级的指导和同行可借鉴的实践和认识的经验。其过程，是一个先经过学习，有了理论认识和间接经验，再于实践证实，化为自己的真知灼见的过程。第二，教师由于是塑造人的灵魂的实践，而被学生视为楷模，因而有着很高的自律性、自觉性。因此，教学过程教师不是点燃自己照亮别人的过程，而是教学相长的过程，是教师知识、能力、人格同步提高发展的过程。

7.4 美术学科教学的根本矛盾与主要矛盾

在教学过程中，教学目标与教材、与教师、与学生，教学内容与教师、与学生，教学设备与教材内容，教师与教学设备，教师与学生……都存在矛盾。这些矛盾构成了教学过程的矛盾体系。要弄清美术教学过程的矛盾运动规律，就应研究其根本矛盾和主要矛盾及其相互关系。

根本矛盾是指贯穿于事物发展过程的始终并规定事物及其过程本质的矛盾。在教学这一事物过程中，教学目标与学生的原有水平是根本矛盾。教学目标，是国家的教育观念和需要培养高素质人才规格于教学要求上的具体体现。它决定教育教学过程的本质，支配着教师对教学的实施，制约着师生的教学行为和教学的发展，是验证教学效果的标准。学生的原有水平与教学目标的差距，便构成了教学过程中的根本矛盾。这一矛盾决定着由教师指导学生学习课程内容。显性课程是教材。整个教学工作都是围绕着使学生掌握教材这个具体化了的教学目标而展开的。这一对矛盾贯穿于教学过程的始终，是规定教学过程本质的矛盾，因此是根本矛盾。教学目标是学生学习所要到达的彼岸，学生达到教学目标是这一矛盾的统一，也便是这一教学活动的终止（见表 7-1 所示）。

表 7-1

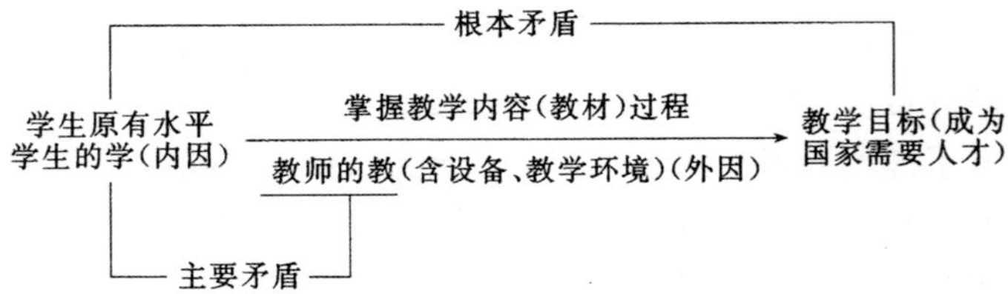

任何过程如果有多数矛盾存在，其中必定有一对是主要的、起着领导决定作用的矛盾，这就是主要矛盾。在教学过程中，对教学发展起着领导的决定作用的矛盾，是以教师为代表的“教”和学生的“学”形成的矛盾。因为教学过程中，教学目标、教材（课程内容）、教学设备等都由教师把握与组织，也是由教师直面学生这个指导对象，所以教师与学生之间的矛盾是很显明的。教师与学生的“教”与“学”的矛盾决定教学的存在与发展，规定或影响着教学矛盾体系中其他矛盾的存在与发展，因而是主要矛盾。

“教”与“学”的矛盾，集中体现在教师与学生的身上。在教学过程中，教师的教与学生的学是互相依存、相互作用、相互促进的。教师是按着教学目标的规定性和教学内容进行授课和指导学生的学的。教师的教与学生的学通过一个个教学阶段目标的达成而终止一个个阶段的教学，最终使整个教学内容转化为学生的知识、能力和身心的全面发展，到达国家需要的人才规格的彼岸。如果说教师的“教”与教学目标是完全一致的话，那么教师的教与学生的学二者之间的矛盾，便于教学目标的实现中得到统一和解决。

7.5 美术教师与学生在美术教学过程中的地位与作用

美术教师与学生是美术教学过程的基本关系和主要参加者(如表 7-1 所示)。教与学是为了解决学生原有水平与教学目标的差距，使学生达到国家需要的高素质有用之才。在整个教学过程中，学生是学习的主体，教师则是使学生达到彼岸的中介、桥梁，在学生与教学目标之间起着主导作用。

7.5.1 美术教师在美术教学过程中的主导作用

教学的特殊性是学生在教师传授和指导下，按着既定的教学目标有计划、有步骤地进行的学习活动。教师受命于学校和肩负着学生的期望，对学生进行组织、领导和教育。在教学活动中，教师负有将学生组成有纪律的集体的责任，是处理各种矛盾和保证教学良好秩序的组织者。在教学过程中，教师的任务和使命是:负责对教材内容予以科学组织合理安排，运用教学设备和科学的教学方法，向学生传授知识和进行技能训练，对学生引导思维、开启智力、启发创新，是知识的传授者和学生能力的训练者。教师在教学中，是隐性课程内容目标的制定者和要求者，更是以自身言行对学生的学习动机、学习行为与方式方法以及思想、意志、品德、情感、情操、世界观、价值观等身心健康发展施加影响的教育者。综上所述，教师在教学过程中的主导地位、作用是显而易见的。但是，教师的主导作用是服务于学生学习的。

教师相对于学生来说，是术而专攻、闻道在先、阅历丰富的先行者，不仅为学生应尽授业和解惑之道责，还应以其智慧、品德、民主作风等人格力量给予学生以榜样的作用。因此，教师对自身的自律性要求愈高愈自觉，对学生的主导作用愈大。

7.5.2 学生是学习的主体，其学习愿望是教学的基础

学校的一切工作和教学工作，其核心都是为了使学生成为社

会需要的高素质人才，所以学生是学校工作的中心，是教学活动的中心。美术学科教学，是为了使学生掌握美术学科知识和能力，促进其全面发展。在美术教学中，如果没有了学生，便没有了教育的对象，也不可能存在教师的教。有了学生，但学生没有学习愿望，不去学习，教学也无法实施开展，所以学生的学习愿望和主动地学习是教学得以进行的基础。

学生处于学习的地位，其任务是学习，学习知识和技能，学习做事，学习做人，学习思想方法，学习科学的世界观、人生观和价值观，通过学习形成能力，成为社会有用之才。而在这个学习过程中，别人只能帮助却无法替代，学习的关键主要靠学生自己，所以学生是学习的主体。

在现实社会中，存在没有经过学校美术教学靠自学成才的美术家，这从另一个角度证明了学习的主体性。他们为了成才付出了艰辛的努力，需经探索、攀登崎岖坎坷之路。然而，学校的美术教学则为学生提高美术文化素质提供了捷径。

7.5.3 教学过程中师生的相互作用

教学过程是教师引导学生达到教学目标这个成才彼岸的过程。唯物辩证法告诉我们，事物的发展变化是一个由量变到质变的过程，而事物变化的内因是变化的依据，事物变化的外因只是变化的条件，外因是通过内因而起作用的。学生由原有水平到达教学目标的整个过程，是通过一个个课时、课业的完成和一个个单元目标的积累，才不断地使其改变着原有的水平，不断达到一个个合乎要求的素质层次。就学生原有水平和教学目标比较而言，这个飞跃决非一下到位的，这中间有一个由量变到质变的过程。这个变化过程，即是教学过程，学生是变化的对象，是由原有水平向教学目标发展变化。在这个变化过程中，学生是内因，教师是外因。毛泽东在《矛盾论》中用孵小鸡形象地说明内因与外因的关系。鸡蛋因得适当的温度而变化为小鸡，但温度不能使石头变为小鸡，鸡蛋变小鸡的关键不仅在温度，主要是自身的原因。内因是依据，外因是条件，外因是通过内因而起作用的。学生达到教学目标，主要以学生自身的努力为依据，教师授课、指导只是加温的外因，是变化的条件，是学生到达彼岸的中介、桥梁。

学生有学习愿望，是学习和教学的基础，有学习的兴趣是学生学习的内在动力，有学习的乐趣是取得学习效果的原因，有学习的毅力是最终完成学业的保证。在教学过程中，学生的学习兴趣、学习动机、学习情绪、学习态度、专注程度、意志品质、与教师的交流配合，甚至学具准备情况等，都成为影响教师的教学和教学效果的因素，学生高兴学，教师就倍加努力地教。但学生的兴趣，又在于教师提供的内容和教学方法；学有乐趣在于教师的指导和学生学有收获；学有毅力在于教师教育的持之以恒；学习中矛盾的解决在于教师灵活处理的艺术。总之，学生好好学习，是和教师的教学水平、教学艺术密切相关的。如果说教学是使学生快速到达教学目标彼岸的捷径，教师则是在学生原有水平与教学目标之间以教材、教法构架桥梁的设计师与建桥人。这个桥可以是笔直地通快车的桥，也可能是九曲桥，还可能是朽木桥，关键看教师的素质和教学水平。

学生是通向彼岸的过桥人。学生这个学习的主体不是鸡蛋，不是被动孵化的，他有很大的能动性，并反作用于教师的教。学生对教学内容，对教师的教学态度、教学水平、教学方法，对教学设备和教学环境等，都会有主动的期盼和要求，而这些又都关系到学生的学习兴趣、学习情绪和学习投入程度。随着学生的年龄增长，对这些外因条件要求越多越高。低年级小学生虽然不会自觉地对教师提出教学要求，但教学效果便是学生无声要求的反映，是给予内因变化以合适温度的有形要求。

由于美术学科的形象性以及学生的模仿性，学生作业的面貌便是教师教学效果的镜子，甚至包括学生作业的速度在内，也和教师长期指导要求分不开。教师的人格，民主型的教学方式，鼓励学生大胆探索的要求，教师的智慧等，都是学生无形的学习内容。

过去三类校的学生和重点校的学生对学习主动性的差距，直接影响了教师的授课情绪和教学质量。尽管教学中学生存在这样那样的问题，但教师毕竟是自觉的教育者，一切都在于教师的教育和指导。优秀教师备受学生欢迎，其课堂上学生积极予以配合，主动学习，正是教师的学识水平、专业能力、教学方法、教学态度优化的综合反映。

7.6 教学效果是诸要素综合作用的结果

教学效果又不完全取决于教师，而是教学过程诸要素综合作用的结果。教学目标的合适性，就是影响学生动机和努力程度的因素。教学内容（教材）是课堂教学实现目标的依据，过难过易都会影响学生接受和影响学生争取好的学习效果。教师要明确教学目标，吃透教材，把握处理教学内容并予以合理的教学设计和运用合适的教学方法，才能使学生有兴味地接受和主动的学习。如果教师未能做到，便会影响教学效果。物质条件和教学环境，对美术学科的教学有直接的影响。空间、光线、气候、挂图、幻灯、影视，教师演示，以及学生用的工具材料等，都影响美术学科的形象性、直观性效果，影响学生的感受、美的感知，影响学生的情绪表达、创作心态和努力程度。所以，美术学科最佳的教学效果，是教学诸要素最优化综合作用的结果。当然，取得最优教学效果，关键还是靠具有能动作用的教师，在于教师对所有教学要素最佳优化的设计和运用，更主要在于学生主体的主动的学习态度。

7.7 美术教学过程的基本阶段及其原理

教学过程是以学生的认识过程为基础进行的。学生认识的过程，即是学生学习的过程。教学过程是动态的，教学活动在时间的延续中表现为发展变化的状态。这个发展变化状态，有其逻辑程序的结构。这便是通常所说的教学的基本阶段，亦称教学环节。

教学是以学生的认识和学习为基础的，所以，由于学习理论的不同，而对教学的基本阶段提出了各种程序模式。对其，笔者参照查有梁教授所列之表有所增减地抄录如下（表 7-2）：

表 7-2

时代	代表人物	特点与方法	基本教育过程
古代	孔　子	伦理中心，启发教学	学→问→习→思→行
	朱　熹	读书中心，研讨学问	学→问→思→辨→行
近代	夸美纽斯	适应自然，班级教学	模仿自然→发现偏差→加以纠正
	赫尔巴特	教师中心，从课中学	明了→联想→系统→方法
	杜　威	学生中心，从做中学	暗示→问题→假设→推理→验证
	蔡元培	贯穿美育，综合教育	自觉→引导→综合→直觉→美
	陶行知	生活中心，互教互学	生活→行动→联系（世界、历史）→前进
现代	凯洛夫	学科中心，注重双基	感知→理解→巩固→应用
	布鲁纳	结构中心，发现中学	获得→结构→转换→发现→评价
	布卢姆	目标中心，评价中学	目标定向→实施教学→形成性测试→反馈矫正→平行性测试
	巴班斯基	方法中心，择优教学	选择→优化→组织→激励→检查
	合作教育学	人道中心，合作教学	兴趣→引导→合作→发展
	系统教育学	系统中心，模式综合	整体→历史→结构→交换→整体

20 世纪五六十年代，我国在前苏联凯洛夫教育模式影响下，稍加改造，提出“预期→感知→理解→巩固→运用”的“五段教学法”。

这是依据人认识事物是由感性认识到理性认识过程和按着学生掌握知识的基本阶段而设计的教学过程。美术学科也是按其五个阶段进行教学的。

预期，即指教学以做好组织的物质的和学习心理的准备为起点，从诱发学生求知欲导入课题开始授课，或以提问巩固旧知识诱发学习新知识的欲望开始授课。

感知，即感知教材。教师以范画实物展示等，使学生先有感性认识，获得感性知识，在头脑中形成清晰表象。

理解，是在感性认识基础上，教师以理论分析、比较、综合、归纳，使学生把握事物的本质和规律，理解技法表现原理。

巩固，是以反复记忆牢记所学知识。美术学科是以加强反复练习、提问等，以达到复习巩固。

运用，是引导学生联系实际，反复练习，以提高运用知识与技能的能力。美术学科则联系各种活动，加强学生的艺术实践，提高其运用的技巧。为了更清楚，用表 7-3 加以概括：

表 7-3

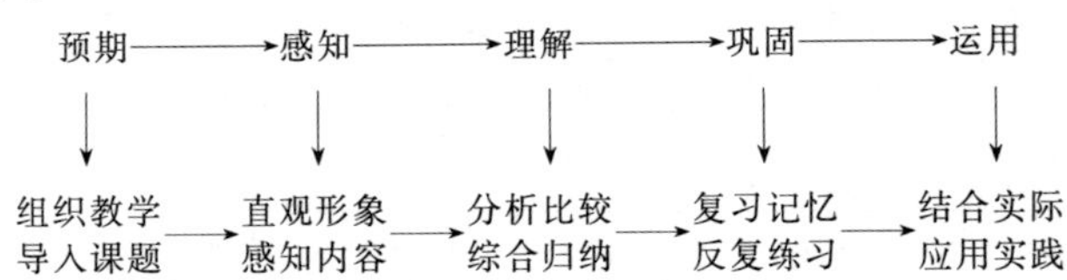

这种五段过程的教学模式，适合于逻辑结构很强的学科。对美术学科来说，勉强适用于进行单一的写实性绘画训练体系的教学，但也仍存在如何解决其中的“运用”问题。这说明过去以素描为主的教学内容，存在着与应用脱节。其教学过程中的所谓“运用”，只能理解为写生，而写生又是练习与巩固，所以这中间存在不合理的矛盾。这也说明教学过程与教学内容的关系，二者是分不开的。

随着美术教学内容变得多样、综合以及与生活联系越发密切，上述五段过程的教学模式就越来越不适用了。因为教材内容变换太多太快，前后较少联系，教学过程不可能采用反复练习、提问复习等方式巩固知识。学生的练习不再是单纯的技术练习，而是强调与生活联系的创意的制作。教师为了讲授新课业，教学之始即以能激发学生兴趣的全新的内容直接切入教学主题，而不愿以先提问复习与本课无关的旧知识的僵化模式进行。所以，教师们很自然地探索适合美术学科特点和适应目前教材的新的教学模式，出现了可谓新五段过程的教学模式（见表 7-4）。

表 7-4

预期	→	直观	→	理解	→	创意练习	→	评价
↓		↓		↓		↓		↓
激发兴趣	→	直观形象	→	演示讲解	→	辅导练习	→	评价

在强调学生主体和双向活动之后，许多教师又在教学过程中加进讨论法，使教学过程更加富有变化。这也说明教学过程和教育观念指导思想，是密不可分的。即便如此，这样的教育过程也仅仅适合某类技法课业的教学，并不适合美术创作课，更不是欣赏课的教学程序。因为教学是由多因素组成的，其时间结构的过程阶段，是由教学过程中各因素组成关系的空间结构决定的。所以，必须依据各课业特点，探索出更科学的更为具体的教学模式的过程阶段。我们将于各类课业教学及其教学模式一章中，予以进一步探讨。

8

美术教学原则

美术教学原则，是美术学科教育理论的重要的组成部分。是为了将美术教学规律运用于教学实践，保证美术教学顺利地实施和取得良好的效果，为了指导、检查和评价教学工作有一个依据准则而提出的。

8.1 美术教学原则的概念

美术教学原则，是根据教育目的、美术学科教育目标、美术教学规律，在总结教学经验基础上制定的对美术教学的基本要求，是美术教师授课与指导学生学习应遵循的准则，又是指导、评价和检查美术教学工作的准则和原理。

美术教学原则是人制定的，由于人对美术学科教育目的、教学规律的认识之不同，以及教育观念存在着差异，所提出的美术教学原则便不会相同。但能被广大美术教师接受并能经受实践检验的教学原则，必然是符合时代的育人要求，符合美术学科的教育目的，符合美术教学规律，并能体现先进的教育观念的教学原则。因此，美术教师在教学中，能否正确地遵循教学原则进行授课和指导学生学习，不仅直接影响教学效果和教学目标的达成，还影响学生的思维发展、个性发展与现代人格特质的形成。所以，美术教师正确理解、掌握和遵循教学原则进行教学，对美术教学质量的提高具有重要意义。

8.2 美术教学原则应该是完整的体系

在普通教育学的研究中，都提出了教学原则。

中国古代教育史上的提法（摘自班华主编《中学教育学》）

一、启发问难
二、学思结合
三、知行合一
四、教学相长
五、乐学善教
六、积渐全尽
七、隆师亲友
八、顺性量力
九、循序渐进
十、温故知新
十一、博约相依
十二、因材施教
十三、藏息相辅

王策三《教学论稿》提出（1985年版，人民教育出版社）

一、思想性和科学性统一
二、理论联系实际
三、教师主导作用和学生主动性统一
四、系统性
五、直观性
六、巩固性

七、量力性

八、因材施教

王道俊、王汉澜主编《教育学》提出（1988.10 人民教育出版社）

一、科学性和思想性统一原则

二、理论联系实际原则

三、直观性原则

四、启发性原则

五、循序渐进原则

六、巩固性原则

七、可接受性原则

八、因材施教原则

睢文龙、冯忠汉、廖时人主编《教育学》提出（1988.10 人民教育出版社）

一、科学性与思想性统一原则

二、理论联系实际原则

三、直观性原则

四、启发性原则

五、循序渐进原则

六、巩固性原则

七、因材施教原则

八、整体优化原则

李秉德主编《教学论》提出（1991.9 人民教育出版社）

一、整体性原则

二、启发创造性原则

三、理论联系实际原则

四、有序性原则

五、师生协同原则

六、因材施教原则

七、积累与熟练原则

八、反馈调节原则

班华主编《中学教育学》提出（1992.12 人民教育出版社）

一、教学的目的性原则

二、理论与实际结合的原则

三、直观性与发展理论思维结合的原则

四、高要求与量力性相结合的原则

五、教学的情感性原则

六、面向全体与因材施教结合的原则

七、教学向自学过渡的原则

上述学者提出的教学原则，是根据教学的普遍性规律和前人教学经验总结而来的，是在我国教育史提法的基础上，汲取外国教育家夸美纽斯、第斯多惠、凯洛夫、巴班斯基、斯卡特金、布鲁姆等人提出的教学原则，结合各自的研究成果而提出的。

这些教学原则，虽然对美术学科教学有一定指导意义，但往往缺乏美术教学的特点。所以尚须从美术学科特点和美术教学规律角度提出美术学科教学原则，并制定美术学科完整的教学原则体系。

对制定美术教学原则，美术教育界有两种意见：

一是认为普通教育学已经提出了教学原则，作为美术学科只提美术学科教学特点的教学原则，作为对普通教育学规定的教学原则的补充即可，所以曾先后出现如下几种不同提法的教学原则：

笔者曾在拙著《中学美术教学》提出（1987.9 光明日报出版社）

一、审美性原则

二、直观性原则

三、知识讲述与操作训练相结合的原则（含精讲善练）

四、启发创造性原则

五、统一要求与因材施教相结合原则

蒋荪生主编《中等学校美术教学法》提出（1987.12 江苏教育出版社）

一、审美性原则

二、直观性原则

三、精讲善练原则

四、眼手脑协调并用的原则

五、创造性原则

六、统一要求因材施教原则

尹少淳主编《美术教育学》提出（1998.4 高等教育出版社）

一、审美教育与德育渗透相结合的原则

二、感性入手与理性指导相结合的原则

三、形象直观与抽象概括相结合原则

四、传授美术知识、技能技巧与发展能力相结合的原则

五、大面积提高美术基本素养与因材施教发展个性特长相结合原则

二是，笔者目前认为普通教育学的研究者们从各自的角度出发，由于侧重点有所差异，所提出的教学原则也不尽相同，为了使美术教师对美术教学所应遵循的准则和教学原理有一个比较完整的概念，而应制定美术学科的完整的教学原则体系。所谓完整的学科教学原则体系，意味着美术学科的教学原则，不仅要符合美术学科特点与美术教学规律，而且还要符合学校的教育目的、教育规律与教育观念，也应包括与普通教育学中相同且适合美术学科的教学原则，但对其诠释却要完全从美术学科教学特点出发。如此，方能对美术教学具有全面的指导意义和原理意义。

8.3 美术教学原则的依据

美术教学原则，既然是美术教学必须遵循的基本要求和指导教学的准则、原理，就应该回答为什么是指导教学的准则和原理，是依据什么和怎样提出的。

8.3.1 美术教学原则是美术教学经验的概括和总结

人们长期的教学实践，积累了丰富的经验，为后人的教学提供了减少失误的可能。人们对教学经验的不断总结与升华，使之更符合教学的规律。这便是人们对教学实践、认识、再实践、再认识的过程。教学原则来自教学实践经验，是对教学规律的认识深化与把握。

人们对在教学实践中积累的经验，可以总结出无数条，课堂小结这一教学环节，过去只是对课堂学生表现和作业完成情况做小结，而今有的教师将“课堂小结"作为课业学习内容与生活应用相联系的延伸与升华。但能不能由于这种小结很精彩，对学生学习理解很有意义，便列为教学原则而称“延伸或升华性原则”呢？笔者以为不可，因为这不是根本原理性的经验，只是具体处理教法设计的经验。对教学经验的总结，只有将最根本的原理性经验概括出来，才能作为教学的原则。

教学经验与教学目的、教育观念有关，以技术目的为出发点的教学，可以有其一套教学经验；以审美目的为出发点的教学，可以有另一套教学经验。如果教师是保守的艺术观念，其训育是封建家长式的作风，也可能有一套“成功”的经验。但培养出来的人，也将是观念保守，作风专横或奴性十足。所以，教学经验带有一定的主观性，对过去的教学经验应以当今的教育观念去审视总结，更应从其原理的探究作为制定教学原则的依据。

8.3.2 以教育目的与美术学科教育目标为根本依据

美术学科是为使学生达到国家规定的人才规格而设置的教学

学科。其教育目标与具体教学目标，都受国家总的教育目的的制约。制定美术学科教学原则，如果忘记教学的这一根本任务，便是忘记了学校教育与美术学科教育的根本。所以美术教学原则是为保证美术学科的教育目标——提高学生的美术文化素质和人格全面发展——得以顺利达成，而规定的教学必须遵循的准则。因此，美术教学原则的主要依据，就是国家规定的教育目的和美术学科教育目标。据此，应提出的教学原则是：目的性原则、教养与训育统一性原则。其教学原则与依据的关系如表 8-1：

表 8-1

教育目的—	传递人类文化	—美术学科教育目标—	传递美术文化 提高美术文化素质	—目的性原则
	育人全面发展		促使学生全面发展 形成现代人格特质	教养与训育统一原则

8.3.3 教育原则是国家教育观念的反映

目前国家的教育观念，是围绕“全面推进素质教育，培养适应 21 世纪现代化建设需要的社会主义新人”①的教育目的而构建的。教育观念是一个完整的体系，是由一系列的教育基本观点组成的。包括：以提高国民素质为根本宗旨，以培养学生的创新精神和实践能力为重点；坚持面向全体学生，德育、智育、体育、美育的有机统一在教育活动的各个环节之中；重视德育工作，以马克思列宁主义毛泽东思想和邓小平理论为指导；加强辩证唯物主义与历史唯物主义教育，培养科学世界观、人生观，进行爱国主义、集体主义和社会主义教育；进行中华民族优秀文化传统教育与革命传统教育；培养人才模式要积极实行启发式和讨论式，

① 中共中央国务院：《关于深化教育改革全面推进素质教育的决定》，《人民日报》，1999 年 6 月 17 日。

激发学生独立思考的创新意识和处理问题、解决问题的实践能力；培养学生的体魄健康；加强美育；教育与生产劳动相结合，等等。[①]

上述国家教育观念中的基本观点，就是学科教学中必须遵循的准则，如果学科教育不予以反映，便会背离国家的意志，背离教育方针，便不能实现教育目的。因此，上述教育的基本观点，应于美术学科教学中结合本学科特点予以体现，更应在美术教学原则中有所反映。依据国家的教育观念，应提出以下教学原则（见表 8-2）：

表 8-2

国家教育观念	面向全体学生的素质教育——面向全体学生的素质教育原则
	德智体美全面发展——全面发展原则
	创新精神与实践能力为重点——培养创新精神与实践能力原则
	加强思想教育——思想教育原则
	加强美育——美育原则
	教育与生产劳动相结合——结合实际运用原则

8.3.4 美术教学原则应反映美术学科特点

美术是人的意识的物化形态，具有以物质材料创造艺术形象的可视性；是人类文化的造型载体，具有人文性和技艺性；是人创造的审美对象，具有审美性；既反映人对客观世界的认识，又传达人的主观情意性和艺术观念，表现出多元性、多样性与无标准答案性；强调创新性等。以上是美术的特点，也是美术学科的特点。这些特点，与其他学科有很大的差异，即便与同为艺术学科的音乐也截然不同。美术教学原则如不反映美术的特点，便脱离了美术的规律。依据美术特点，美术教学应提出如下原则（见表 8-3）：

---

① 中共中央国务院：《关于深化教育改革全面推进素质教育的决定》，《人民日报》，1999 年 6 月 17 日。

表 8-3

美术学科特点
- 反映文化的造型载体——内容综合性原则
- 形象的可视性——形象性与直观性原则
- 对物质材料的依赖性——课前物质准备原则
- 审美性——审美性原则
- 观念的多元化与形式的多样性——多元文化的包容与艺术个性发展原则
- 美与术的统一性——美感培养与技术训练统一原则
- 不断创造新的审美对象——启发创造性原则

8.3.5 美术教学原则是教学规律的反映

教学规律是教与学矛盾运动规律，是教师教学生学习美术的规律，是使学生在掌握美术过程的同时促进身心发展的规律。美术教学原则就是依据教学规律提出的对教学的基本要求，以使教师指导学生学习能自觉地符合教学规律。美术教学原则反映出美术教学规律，才能作为教师处理教学过程中矛盾的准则。以教学规律为依据，可以提出如下教学原则（见表 8-4）：

表 8-4

教学规律
- 教与学的矛盾主导与主体关系
  - 师生关系——师生双向活动原则
  - 学生全体与学生个体——面向全体统一要求与因材施教个性发展原则
  - 主导与学习主体积极性——激发兴趣原则
- 教的手段
  - 课程——目的性原则
  - 教材——内容综合性原则
  - 教法——整体优化原则
- 学的规律
  - 感性——形象性、直观性原则
  - ↓
  - 理性——感性入手理性指导原则
  - ↓
  - 巩固——巩固性原则
  - ↓
  - 运用——结合实际运用原则

我们如果将上述依据教育目的、美术学科教育目标、教育观念、美术学科特点、教学规律分别提出的教学原则汇总，将多达22条（见表8-5）。

表 8-5

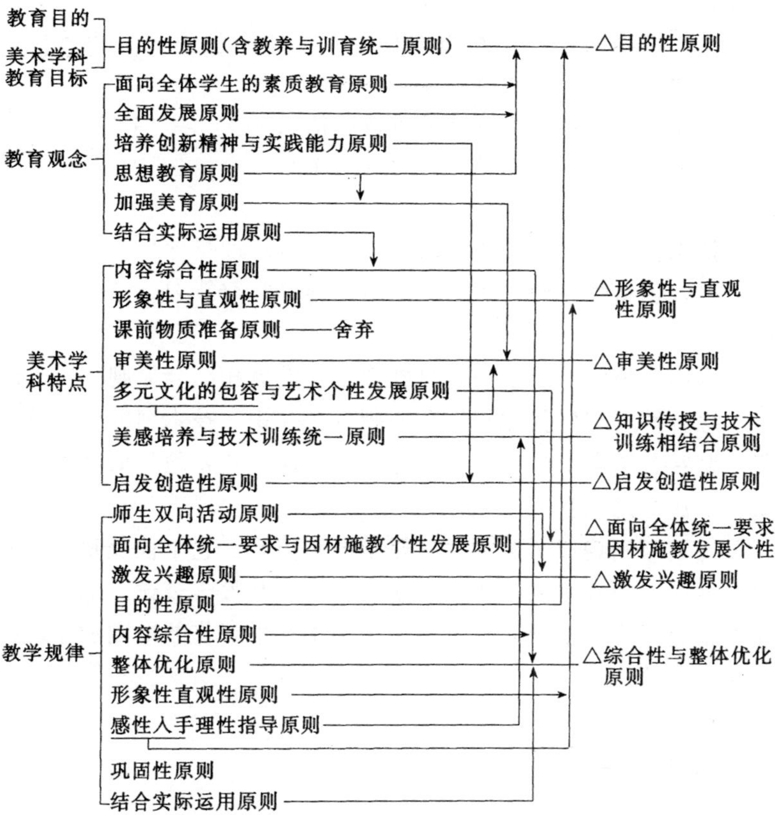

汇总表中所列的教学原则，是从不同角度提出的。其中，有些是相同的，可以合并归一。例如，教学目标与教学规律，皆提出目的性原则，是同一的；美术学科的审美性原则与美育原则是统一的。有些可以并入某项教学原则，如思想教育原则与训育是统一的，可并入目的性原则；感性入手理性指导原则中的感性入

手可以并入形象性与直观性原则，而理性指导则可以并入知识传授与技术训练相结合原则；多元文化包容性与艺术个性发展可分别并入审美性与因材施教原则。课前物质准备原则，属于对课前准备工作的要求，可不列入师生课堂教学活动之中。如此，经过合并、归类、包容、概括处理（见表 8-5），可以精简为：

目的性原则（含教养与训育统一、面向全体学生的素质教育、全面发展、思想教育等）

激发学生兴趣原则（含师生双向活动）

形象性与直观性原则（含感性入手）

审美性原则（含美育、思想教育）

知识传授与技能训练相结合原则（含理性指导）

启发创造性原则（含启发创新精神、实践能力、结合实际应用）

面向全体统一要求与因材施教个性发展相结合原则

综合性与整体优化相结合原则（含知识、技术训练、美感培养、鉴赏、结合实际运用等的综合与整体优化，教学诸因素、教法、学法等的综合与整体优化）

以上原则构成了美术学科教学原则体系。它不仅反映了普通教育规律，而且也反映了美术学科特点及其教学规律。如此，方能真正起到作为指导、检查、评价美术教学工作的准则和原理的作用。

8.4 美术教学原则

8.4.1 教学的目的性原则

教学的目的性原则，是指美术教学活动要明确教学目的，师生要围绕着教学目标而组织教学内容和实施教学，使教学达到美术课程制定的旨在提高学生美术文化素质和促进人格全面发展的目标。

以明确教学的目的性作为教学原则，是因为美术学科的教学目标，是根据国家总的教学目的制定的，反映了国家对美术学科教学的教育性及教育价值、功能的认识，是作为国家教育意志对美术学科教学要求的体现。美术教学目的是一切美术教学活动的出发点和归宿，是美术教学总的指导原则。离开教育目的和教学目标的教学，就必然偏离教育与教学的方向，所以一定要坚持目的性原则。贯彻美术教学目的性原则的要求是：

（1）强化目的意识，明确美术学科教育、教学目标

要明确目的、目标的层次性。美术学科教学目标，是中小学校教育目标的下限目标。在美术学科教学目标的下限，有单元教学目标、课题课时教学目标。它们之间是一种“上下级”的制约关系，下限目标是为美术学科教学目标服务，又都服从于教育目的。课堂教学是为完成课题课时教学目标而实施的教学活动。只有通过课堂教学一个个课时教学目标的实现，才能达到美术学科教学目标。只有各学科实现其教学目标，才能实现学校总的教育目的。

从教学总体上看，目的意识主要表现在能否贯彻教育方针。贯彻我国教育方针，是围绕教学目标施教的自觉性的体现。从具体课业教学和教法角度看，有目的意识，就可以使教学的盲目性变为理论的自觉性。美术教学大纲对美术学科教学目标予以具体规定，但尚有一些教师未见过美术学科教学大纲，更谈不上钻研大纲，可见目的意识不强。学科教学目标不明确，便不易真正把握课堂教学目标。笔者发现有的中学教师使用人民美术出版社出版的初中美术教科书，不认真钻研教科书编辑思想与教学目的，教学中不利用教材提供的内容与图片，不通过随堂欣赏使学生理解该课的审美教育内容也不讲授和课题有关的艺术规律，一头扎进绘画和制作的技法教学之中。这种没搞明白教学目的，只凭自己的感觉进行教学，就属于缺乏目的意识。因此，教师一定要明确为什么教，教什么和达到什么目的，明确课题目标与学科教学

目标的关系，并于教学实施中依据教学目标设计教法，使每个环节的教法都有明确的目的性；同时也应让学生明确为什么学、要学什么和学了有什么用。让学生明确学习的目的，明确学习美术和其个人发展的关系，就是用教育目的教学目的激励学生学习的欲望和动机。实践证明，师生教学的目的愈明确，教学效果愈好。反之，偏离教学目标的教学，不遵循教学大纲不按教材教学，只教自己擅长的某项绘画技能教学，最终只能使学生学得一些零碎的技法，而未能对美术有完整的理解。

（2）教养与训育的统一

按传统概念，传授文化知识属教育，育人属训育。我国在20世纪60年代，将传授文化知识、技能，称教学；将思想、观念、品德、性格、行为等培养，称教育。实质上，教育包括教学，教学也含有教育，将二者用上述概念分开无益。在未能寻觅到更贴切用词之前，姑且用教养与训育称之。

从美术学科角度看，教养旨在使学生掌握人类的美术文化，即形成美术知识体系、美术经验体系和美术能力体系。训育旨在形成根本信念、性格和行为，即培养人按理想的人格标准发展。人格结构中的核心，是意识形态的信念，人生观、世界观与性格。但对其不同时代、不同社会有着价值取向性的差异。我国强调培养的是具有现代人格特质并全面发展的社会主义新人。学生人格的形成，是学校诸学科的教育及学生社会实践的结果。美术教学时，训育指向美术文化涉及的意识形态、审美观、社会见解、社会传统、社会经验和学生行为、人品等。训育是在学生掌握美术文化过程中进行的。对美术文化的掌握，是与意识形态、社会行为、社会实践经验分不开的。美术史上的经典作品，有许多是在艺术家的社会责任感的驱使下创作的。中国文人绘画作品，是其人格象征性的表达。美术文化的这种功利性愈强，与意识形态愈趋于一致。所以，意识信念的教育，必然渗透于美术文化教学内容之中。美术讲究画品与人品的统一，即是指艺术与人格的统一。教师对学生的美术创作、美术鉴赏和对其审美情趣的指导之中，便包含了人格的指导，便融入了对社会的见解、社会责任、社会传统、人的情感以及真善美的教育内容。因此，美术学科教学的教养与训育，便是一种自然融合的统一。

美术学科教学的教养与训育即便有如此天然统一的优势，也要强调教养与训育统一的意识。因为只有做到了教养与训育的统一，才是抓住了美术学科教学的根本，才是教育目的性的体现。传递美术文化，如果忽视训育，不抓住人格价值方向，即便培养出文化水平很高，能力很强，却不爱国的自私自利之徒，于国家于人民又有何益。所以，教养与训育的统一，实乃育人之根本。

（3）传递美术文化，注意现代人格特质的培养

教育的现代性，着重体现在为未来培养高规格的人才。美术学科通过传递美术文化的教学，提高学生的美术文化素质，同时充分发挥其优势功能，注意培养学生现代人格特质，即：

1）注意创新精神与美术实践能力的培养。

2）注意审美教育、提升情感、高尚情操与思想品德的培养。

3）注意学生独立自主精神的培养。

4）注意社会责任感的培养。

5）注意技术意识与科学精神的培养。

6）培养多元文化包容性的人格特征。

7）注意性格、意志品质、合作精神、合作能力等非智力因素的培养。

8）注意民主型人格的培养，教师应加强民主型人格言传身教的自觉性。

以上，实质是教学所要明确的目的，是教养与训育统一的内容。下面一切教学原则，也都是为实现此目标而制定的。

8.4.2 激发学习兴趣原则

激发兴趣原则，是指教师以生动有趣的学习内容与教学方法，激发起学生对美术学习的冲动情绪和喜爱的情感，使之产生

主动学习的欲望和学习的能动性。

激发兴趣原则，是教师发挥主导作用充分调动学生主体学习主动性的体现。学生的学习成绩，是智力、动机、情感、意志、性格等因素综合作用的结果。虽说作用于学习的因素因人而异，但在学校学习中，学生的学习动机有着明显的一致性，主要是为了升入高一级的学校，以便将来能谋得理想的职业。作为科学理性社会中的人，其行为具有明显的动机功利选择性，动机是依需要而产生的。学生为升学的需要重视升学考试科目，而对非升学考试科目往往采取敷衍态度。美术学科不是升学考试科目，尤其是长期以来人们对美术学科教育价值认识不足，视为学校的“小三门”之末，有些学校的领导从不过问美术教学，这就在很大程度上影响了学生对美术学科的学习态度。

虽然学校教育带有一定的强制性，强制性主要来自教师和家长的要求，学生是在外力的作用下以意志克制自己去努力学习。当家长、学校领导不重视，学生又无学习动机，仅依靠美术教师的强制性要求，美术学习的效果是不会好的。美术是情意表达的自由创作之产物，如果美术家无情绪地作画，是画不好形象的，甚至调不出自己所需要的色调。美术学习也是在情意表达的美术体验之中，获得领悟、理解的，学习主体不融进情感，无法进入学习状态，无法进行美术的观察与表现，更无法进行美术创作，对审美对象的感受，也会因情绪而受影响。所以，学习情绪和学习情感对美术学科的学习效果起着十分重要的作用。

在无外在压力和升学考试诱因的情况下，美术学科教学以什么作为学习动力的诱因呢？兴趣。

所谓“兴趣”，心理学解释是——人们积极认识、关心某种事物或积极参与某种活动的心理倾向。这种倾向是和一定的情绪联系在一起的。学习兴趣是基于在好奇心、求知欲、求能（力）欲而产生的注意、认识、探究与尝试把握的心理反应。中小学生具有强烈的好奇心和求知欲、求能欲。心理学界解释兴趣规律时，总是将兴趣与好奇心求知欲联系在一起，却将求能欲给忘记了。对凡是需要技能性的事物，人对其发生学习兴趣之因素，不仅出于好奇心，更重要的是与求能求会的心理因素分不开的。这便是他们容易对许多事物产生兴趣，也是形成学习兴趣的原因所在。

兴趣是一种非智力因素，但学习兴趣却是学生学习的内在驱动力，可以转化为动机。一旦学生对学习有兴趣，便会注意地积极地热情地学习，由于学习情绪的投入，听也听得进去，看也看得仔细，技能掌握得也快，作业效果也好。教学实践证明：在教师的生动引导下，学生兴趣浓厚，情绪亢奋，精神专注于表达的课堂作业，绝大多数学生往往回家后是再也画不出那种效果的。由于有兴趣地学习，学生在积极、亢奋的精神状态下其注意力、观察力、思维力、表现力都被调动起来，积极运转，艺术灵感的萌发，产生高效能的学习作用与良好的艺术创作效果，学生的艺术探究与创作，便成为有乐趣的一种愉快。而无兴趣的学习，则会使学生认识活动过程表现消极，在无奈的状态下其头脑与机体都会因情绪低落而懈怠与迟缓，不仅学习效率低，甚至产生畏学或厌学情绪。因此，有兴趣的学习，难也不难，而无兴趣的学习，不难也难。

学生由于有兴趣地学习而学有收获又有乐趣,这种兴趣便会转化为学习动机,成为一种动力。学生便能自觉主动地学习,且对美术学习和美术创作活动产生更浓厚的兴趣和学习情感。这种以兴趣调动学生的学习情感和学习的积极性,再配以目的性教育,加之教师的要求和课堂学习氛围的影响,使学生自我要求强化。如果再将学生的兴趣引升为志趣,那么学生对教师的要求就会变为自我要求,成为一种意志行为,学习必然会更有收获和更有成效。所以,美术学科教学必须要将激发学生的学习兴趣作为教学原则。

贯彻激发学习兴趣原则的要求是：

(1) 紧扣学生需要，教得生动活泼

培养学生的学习兴趣，要以满足需要作为理论依据。“需要”

是人的内驱力和动机的基础，有了学习的动机和强大的内驱力，对学习容易产生兴趣。兴趣分为直接兴趣和间接兴趣两种。

学习的直接兴趣，是指对学习活动和学习内容感到需要——知、能、美感与运用的需要——而产生兴趣。直接兴趣伴随着一种积极的情绪状态，便具有较强的推动力，鼓舞着学生主动而愉快地学习，所以不会感到学习是一种沉重的负担。例如，新年将至，同学们要互赠自制贺卡，学校届时又要组织自制贺卡比赛。此时，如果美术教学安排制作贺卡，正是紧扣学生需要了解有关贺卡知识和想学会自制贺卡，学生对制作贺卡课业就会有浓厚的学习兴趣和积极性。再如，带领学生参观陶瓷厂回校后上陶艺课，学生就会将在参观时产生的要动手一试的心态移至课堂中来，从而会兴致勃勃地动手学做起来。这是满足学生求能的需要。如果教师展示几个形象生动的纸造型，学生被其深深地打动了也会产生一种怎么做出来的求知欲和也想学做的欲望。此时，教师的教学，就是满足学生求知、求能的需要。

学习的间接兴趣，是指对学习的目的或结果感到需要而产生兴趣，是动机驱使的学习兴趣。例如，有的学生将来要报考建筑系，考建筑专业要加试绘画，因此对绘画有学习动机而产生学习兴趣。再如学生认识到 21 世纪的人都需要美术能力，若不学美术会影响到将来的生存、生活质量和发展，因而对美术产生学习兴趣。学生一旦产生了间接兴趣，会对学习美术产生持久的推动力，所以美术教学每一新的课业的开始都要让学生明确学习目的。比如学习艺术设计课业，就要让学生明了艺术设计与发展智慧的关系，与日常生活的关系。学习剪纸，就要让学生明了剪纸与民俗文化的关系，作为炎黄子孙就应该知道剪纸的寓意、象征的艺术语汇。学习图像传达技能，就要使学生明确生活中学习中处处有图像应用，并与其他学科结合，如绘制生物图作业等。

美术教学仅止于此还不够，当学生以极大的兴趣和期盼学习时，由于教师教得木讷呆板，便冷落了学生的期盼而减弱学习兴趣，因此还需要教师将课上得生动活泼。教师要以大量的作品、范画、范作等直观手段启动教学，内容组织得富有情趣和娱乐性，演示生动、熟练，表述得通俗、幽默，要有悬念牵动学生求知求解，要使学生感到美、有新意，而且能满足对内容学习的需要。例如，贵阳市实验小学杨薇老师上《油水分离画法——设计蓝印花布》，教师穿着一身雅致的蓝印花布衣裙来上课，这本身就引起学生的注意。老师便借此导入课题，并以播放自制的录像，让学生欣赏生活中的蓝印花布，了解其应用范围。这就使学生真切感受到蓝印花布为人们生活带来的美感，再简要介绍民间蓝印花布的印制过程，以及其图案形象的民族特点，鱼、龙、凤、蝶、荷花、牡丹、梅花等所代表的吉祥幸福的美好愿望。此时，学生的学习兴趣已经被激发起来，接着让学生看投影片，比较图案形象与生活中的物象的区别，通过学生回答概括出：简化、夸张、变形的图案造型特点，教师接着出示范画，明确这些画在纸上的“蓝印花布”是按蓝印花布仿制的，教师设计得很美的范画，激起了学生欲学制蓝印花布的愿望，接着是教师示范用油水分离法设计绘制仿蓝印花布，教师边画边讲述方法步骤，启发学生讨论油水分离画法的原理，不仅使学生明白了画法原理，又看到了方便的操作方法，学生便想马上动手绘制。此时，教师出示学生作业，形象地展示了作业的规格与要求，还出示形象资料图供学生设计参考。如此，学生便将知识、技法了然于心，且能主动、能动地投入作业设计制作。课堂小结时，教师除让学生评论之外又在黑板上放上了布提包、布帕等物，将蓝印花布剪成适于装饰提包、布帕等的形状粘贴其上，使其成为物品的装饰，这样使蓝印花布的应用又进一步引申。该课从始至终一直是环环相扣，生动形象，活泼有趣，内容丰富而浅显易懂，使学生的学习一直处于兴趣盎然的情绪之中。

(2) 激起学习欲望，使学生学得有趣快乐

紧扣学生需要教得生动活泼，是着眼于教师的“教”，而激

发学习欲望，使学生学得有趣，学得快乐，就是着眼于学生的“学”。满足学生的愿望是让学生感兴趣的因素，但仅止于此还不够，还要让学生学得有趣，使学的过程充满乐趣和愉悦。这是以学生为主体的教育观念的体现。学生学得有趣和学得愉快，可以消除厌学心理和逆反心理，使学生在轻松愉悦中心态开放，乐于接受外部信息和主动汲取信息，是能动地创造性学习的基础。学生学习得快乐，也可使师生之间、学生与学生之间关系融洽和谐，长此以往可以形成开朗快乐的人格特征。尤其美术是情意性的学科，更应使学生在轻松的氛围中学习和自由地创造。本来学生在幼儿和儿童时期，对美术活动具有浓厚的兴趣，他们作画、捏泥、堆沙、制作玩艺、看画等，就是因为可以从中获得乐趣。但是学校的美术教学却使大多数学生越来越失去兴趣。学无兴趣，其原因虽然很多，但美术教育工作者不能不对自己的工作进行反省。目前，有的教材编得难度愈来愈深，愈来愈理性化，使本来轻松愉快情意性很强的美术学习变得美学式的难懂，这属教材的问题。教师在处理教材时，应降低难度使之通俗易懂，易于学生接受。在教学过程中，教师应保护学生儿时玩游戏的心态，泥塑不就是玩泥巴的延续吗？工艺制作不也是做玩艺的延续吗？应给学生多一些宽松创作的自由，并帮助他们创作的成功。有的教师基于严格的纪律要求，对学生因操作成功或发现意外效果而手舞足蹈也要予以严厉制止。但有的教师却是以与学生同样的心态处理，不仅不制止，还陪伴学生高兴地说：“哇，你制作得真好啊!”“真是了不起的发现!”甚至鼓掌予以鼓励。这不仅强化了学生的愉悦心理，而且强化了学习的兴趣。

应该认识到学生通过教学产生的兴趣，不仅课堂上能好好学习，而且课下还能主动学习。相反，如果硬塞给他们许多难懂的理性知识，强行要他们做没有乐趣的作业，结果是迫使他们远离美术，这是美术学科教学的彻底失败。

(3) 使学生学有收获，兴趣引升

激发学生兴趣，只是学习过程的起点，让学生学有乐趣则是使兴趣深化，最终目的是使学生学有收获，真正满足学生求知、求能（力）、美感和运用美术知识的需要，使学生思维发展和能力提高。为了使学生学有收获，除了面向全体学生授课之外，还在于对学生的个别辅导。在辅导中，可以解决学生的特殊问题和特殊难点，可以使学生在立意构思上有发展，可以在技法的某一点上有体会、有突破，可以使学生在美感上有实在体验，可以在学生遇到困难时助其解决和促其成功。这样就使学生的收获感是实实在在的。而且还要让学生感到学有所用和运用于生活实际。如此，便可以使学生在有兴趣和有乐趣中，感到美术知识、技能的价值和学习的价值，就可能使兴趣有质的飞跃，教师就要适时地将学生的兴趣引升为志趣。

志趣是兴趣志向的目标，是由兴趣所致的崇高理想，可以使学生产生持久性的意志行为的学习。美术教学的志趣引升，并非都要学生成为画家，可以是一种对真善美的追求，是长大成才奋斗的追求，是优秀人格的追求。学生可以通过对设计、制作的创造兴趣，引升为发明家的志趣；可以通过对制作建筑模型和建筑艺术的兴趣，引升为建筑家的志趣；也可以通过对美术鉴赏的兴趣萌生做美学家的志向，等等。如此，学生对美术学科的学习态度将大大改变，美术学科教学的局面就将大为改观。

8.4.3 直观性与形象性原则

直观性，是指通过范画、范作、实物、模型、操作、演示、参观、影视等可视手段，对学生进行直观可视的形象化的教学。形象性，是指教学以生活中可视的客观对象和美术形象为基础，以形象来展示、说明、示范教学内容和进行美术形象创作。

美术学科教学的直观性与形象性是密不可分的。美术学科的教学内容离不开形象，教学手段也必须是直观的形象化的和形象的。所以直观性与形象性原则，也可简称为直观形象性原则，以有别于其他学科单指教学手段的直观性原则。

美术学科教育提出直观形象性原则的依据：

一是造型艺术的特点是可视的形象性，需要人用眼睛观看。美术学科教学，是以引导学生对客观世界和美术作品的观察以及观看作画、制作步骤，才能进行模仿和创作的学习活动。在以学生作画和动手制作的实践为基础的美术教学中，学生描绘的客观对象、手中的作业以及所要创造的艺术形象等，都必须用眼睛观察，都是可视的形象。所以，美术教学离开了直观性和形象性，学生就不可能获得任何知识内容。

二是美术学习，有许多间接经验和国内外美术遗存。学习间接经验，就要给学生直观性的视觉感受，使之具有一定的直接经验为基础。了解国内外美术遗存，一般不可能亲临现场直接观察，就需要提供可以观看的形象图片。所以，学习间接经验和国内外美术遗存，也必须借助直观性与形象性。

三是人的认识规律是由感性认识入手的。感性认识离不开视觉感知,视觉感知便是形象的。美术学习更是以直观的形象为切入口,围绕着直观的形象展开思维、认识、理解、想象、表现等一系列的智慧活动。美术教学的直观形象性,就是利用学生的感性经验,通过直观形象唤起记忆,丰富感性经验,加深理解和认识,帮助进行抽象概括和思维。所以,美术学科教育的直观性与形象性,不仅是有助于学生理解知识和提高学习积极性的教学手段,更是其学习的内容,是使学生获得鲜明生动深刻的视觉知识的途径。

基于上述所说的造型艺术的直观形象性和美术学科技能的教学特点以及人对美术的学习认识规律，决定了美术学科教学必须遵循直观性与形象性原则。美术教学要以直观的手段，使学生直接感知、观察到具体的事物和形象，从而获得鲜明、生动、深刻的印象，使美术作品得以认知，美术技法得以理解、接受和模仿，更可以引起学生的注意，激发学习兴趣和创作热情。否则，美术知识、造型的操作过程和技法，都将无从理解，无法学习。

美术教学中的直观形象性原则与技能训练结合，是培养学生眼、手、脑协调发展，提高观察力、形象记忆力、形象思维的重要的教学手段。

贯彻直观性与形象性的教学原则，要做到：

（1）与教学内容紧密配合，与讲解相结合，贯彻教学过程的始终。

美术学科的教学内容是形象的，形象便是教学内容的组成部分。授课的讲解需要形象的直观性，使讲授的语言以可视的形象呈现，使学生有直观的形象感受，使耳、眼同时反馈，便于强化印象，加深理解和形象记忆。

美术教学从课题导入开始便要利用形象性与直观性，以利于吸引学生注意力和激发学习兴趣。其后，讲授新课内容、技法传授、布置作业、巡视辅导、课堂小结等所有环节，都需要为学生提供可视的形象，都离不开直观形象与讲授内容紧密配合，自始至终都是以形象来“说话”的。教师依据教学内容提供直观形象，并围绕直观形象进行讲解，又随着讲授教学内容配合运用演示、范画、实物、模型、参观以及幻灯、影视、录像等直观性教学手段施教。以写生为例，教师不能仅满足于引导学生对写生对象直接观察的直观性，还要运用演示、范画、录像、修改学生的写生作业等手段进行直观性的技法传授。教师指导学生对物象如何进行观察，指导学生对作业和实物如何进行比较的观察，即培养学生树立正确的观察方法，也是以实物和作画形象为例的。教师讲评作业，也须用作业展示给学生进行形象的比较、观察与评述。因此，直观形象和讲解内容紧密配合应贯穿于整个美术教学的始终。

（2）形象直观的教学手段，要根据教学内容予以正确的选择和贴切的运用

美术教学可运用的直观性教学手段很多，除演示之外，尚有范画、范作、挂图、实物、模型、参观、观摩以及幻灯、影视录像光盘等声像手段。这些直观性手段，并非运用得越多越好，而

是该需要用时不可缺，运用时要用得贴切。

在全国中小学美术教学录像评比中，有的教师为了体现直观性教学手段运用的多样化，几乎将所有的直观性教学手段都用上了，一会儿是放录像，一会儿是展示实物、运用模型，一会儿是示范，一会儿又放幻灯。这样做的结果，不仅使教师很忙乱，也相对地分散了学生的注意力，将学生的注意力引向直观教学手段的变化上，冲淡了对形象记忆的鲜明性和深刻性。而一等奖获得者青岛市实验小学张倩老师的《有特色的脸——恐惧》一课（该课内容是讲不同表情的五官变化和画有表情的脸。课题用“有表情的脸”或“脸的表情特征”更为贴切，因课题是教科书规定的，与教师无关。），教师仅依靠自己做出各种表情的直观形象，让学生识辨、归纳不同表情，认识不同表情的五官变化的特征，并熟练地在黑板画出不同表情的脸。教师还让学生互相观看不同表情的脸的特征，又让个别学生到前边做恐惧表情的表演，以加深学生对恐惧表情的认识和表情体验。再在此基础上，展示他班学生作业，以示表现手法，然后布置作业。在这个教学过程中，教师所用直观性教学手段可以说仅三种——表情表演、演示、作业展示。但由于与讲授内容紧密配合，运用得贴切，不仅使学生理解了不同表情的脸部特点，而且将学生的学习积极性完全调动起来，课上得生动活泼，最后学生作业效果也是非常好的。因此，形象直观性应根据教学内容的需要予以正确的选择，并配合讲授内容灵活运用。

1）对形象的选择，应注意以下几点：

其一，形象要具有说明性、示范性、典型性，使形象起到说明示范和有助于理解内容的作用，而且应对创新有启发作用。

其二，形象要给人以美感，能激发起学生的学习兴趣和表现欲望。

其三，提供的图像要清晰，其大小以后排学生看清楚为宜。如果提供的图像很小，教师应持其走近学生使之看清。

其四，提供图像数量合适，不可单一，以使学生有比较，有助于理解表现形式的多样性。

2）对直观性手段的选择和运用，应注意：

其一，当需要以形象引导和以形象“现身说法”时，要及时予以展示、演示、示范，给学生以鲜明的感受；当需要学生理解所学的用途时，要以在生活中应用的录像、图片予以展示，以使学生能与生活实际联系起来加深理解认识。

其二，紧扣教学目的，对教材内容的重点、难点部分，要予以直观“放大”式的演示或示范，使学生清晰地获得方法步骤要领等直观印象，以便于理解和加深印象。例如，第二届全国中小学美术教学录像评比一等奖获得者成都东城根小学周萍老师的《彩绘陶罐》，该课难点是在罐体上如何等分用以装饰的二方连续纹样的单位纹样（图 8-1-1）。对此，周萍老师通过在陶罐底部划分，延长至罐体花纹部位（图 8-1-2）。通过直观演示，便使教学难点得以顺利解决。

图 8-1-1

图 8-1-2

装饰陶罐的二方连续纹样图案，如何等分单位纹样是教学的难点。但只要通过在罐底等分，延长到罐体的演示，学生通过观看即可解决，说明直观性的重要

其三，对教材中比较抽象难懂的知识，要予以形象化的说明。例如，人民美术出版社出版的中学美术教科书第一册“黑白灰的魅力”课业，附有说明性很强的图例。尽管如此，教师于教

学中讲到光对物体明暗变化的作用时，仍应以实物直观演示，给学生明晰深刻的印象，以加深理解。再如小学教材中的原色、间色、复色的关系是很抽象的概念，用色环是不足以解释清楚的。有的教师用盛放清水和原色的透明玻璃杯（或试管），以二个原色分别向清水杯中滴入。这样清水发生色彩变化的演示便非常直观地使学生明白了间色是由二个原色调和而成的，而且明白了间色的色彩的倾向和原色的比例有关。

（3）美术教师动手演示

美术是技巧性很强的艺术学科，美术教学的直观性应该首先是让学生能够在课堂上直接看到教师动手的演示，让学生直接看到教师如何用笔用墨，如何动手制作。学生通过观看和模仿，方能对表现的基本技法一目了然。只讲述不演示的美术学科教学，学生对造型技法总是模糊的，甚至不知所以然。教师直接演示的直观教学，对学生具有巨大的传授力与感染力，最能调动学生学习的积极性。因此，无论绘画课，还是工艺制作课，教师都不能只依靠课前画好的范画、范作或作画步骤图、制作步骤品展示给学生，还应该或者说更主要的是在课堂上让学生观看到教师作画的过程或工艺制作的过程。

8.4.4 审美性原则

审美性原则是指美术学科教学要为学生提供具有审美价值的教学内容，通过其教学能够使学生获得美的感受，领会客观世界的美和艺术的美，提高其审美知觉与审美判断能力。

提出审美性原则的依据：

（1）教育方针提出要使学生“德育、智育、体育、美育”全面发展

其中的“美育”即是审美教育的简称。美育有广义、狭义之分。广义的美育，是指人生的教育，属世界观范畴，是一种情感教育。用蔡元培的话说就是：“人人都有感情，而并非都有伟大而高尚的行为，这是由于感情推动力的薄弱。要转弱而为强、转

薄而为厚，有待于陶养。陶养的工具，为美的对象；陶养的作用，叫作美育。”[①] 狭义的美育，即是艺术教育。美术的任务是创造真善美统一的可视形象，给人以美的享受和精神的启迪。美术学科教学的美育，就是在教学活动中让学生欣赏艺术作品和美的事物，通过创造美的可视形象引起学生视觉的美感体验，使其得到美的享受和陶冶，使其情感得以提升，从而培养高雅的审美情趣，提高对美的理解和审美素质，并从中受到美德的教育。作为以美为内容的美术学科，自然成为学校对学生实施美育的重要途径之一，必然要遵循审美性教育原则。

（2）美术学科教学是审美性的实践活动

美术学科教学的特点之一是指导学生学习创作审美对象，所以是审美性的实践活动，是培养学生视觉对造型美的感知与理解的过程。人的审美感受很大成分来自人的视觉，是由人的眼睛观看自然物、人造物或艺术品所得。即使人们欣赏舞蹈、音乐、戏剧、电影、电视等艺术，也需要用眼睛观看，包含着对人物形象美、化妆美、服装美、舞台设计美、灯光美、动作美等造型美的审美感受，有这样审美感受才能更丰富，更充实。对于由视觉感官而获得的审美能力的培养，是中小学美术学科教学的主要任务之一。美术学科的特点决定其教学要体现造型艺术的审美性，要对学生进行领会其美的教育，美术教学就是审美的实践活动。因此，审美性原则，便成为美术学科教学的重要原则之一。

美术学科教学规定审美性原则，就是为了确保“美育”在美术教学中得以贯彻，确保教学内容具有审美价值，在教学过程中使学生获得审美感受和审美体验，培养高雅的审美趣味，提高审美理想和审美能力，形成高尚的人格特质。

贯彻审美性原则的要求：

（1）审美性原则要融会于教学的各个方面，贯穿于教学的全过程

---

① 文艺美学编辑委员会编：《蔡元培美学文选》，220页，北京大学出版社，1983。

审美性原则是美术学科教育的灵魂，审美教育要融会于教学的各个方面，从教学的空间环境到教材的选择，从教学范画、板书设计、示范作品到批改作业，都要注意给学生以美的感受。示范作品的内容与形式应具有健康的审美情趣和情调，使学生悦心悦目和起到审美示范作用。

审美教育对中小学生来说，不是空泛的美学讲授，应融入技法训练、绘画创作、设计制作教学中，具体地引导学生的美感体验，再予以理性指导，使学生有切实的审美理解，提高审美识辨能力。审美教育与技法训练相结合，还意味着培养学生创造美、应用美的能力。以水彩静物写生为例，这是将具有现实美的一组静物转变为艺术美的画面的教学过程。教师应首先注意对静物的选择，色彩的配置和布局，要考虑从内容到形式具有多样统一的美感。布置一组具体静物本身就要“唤起”学生的审美感受。在美术小组活动中，应该让学生自己也来“摆摆看”，体验怎样布局才美，找到最佳的布局方式。在摆静物的过程中，如果让学生动手动脑动过心思，只要再加以简要地讲述，则可以使学生领悟到静物构成美的道理，发自内心的美感便油然而生。在这过程中，学生不仅学到了布局造型美的本领，而且还会有一种亲切感和喜悦感，创作的表现欲望也随之得到加强。教师对写生构图的讲述，对用水、用笔、用色等技法的训练，也要讲其美之所在。学生一旦画出了既像写生对象又不同于写生对象，尚具有水味、笔触美及色调美的画面，对这种艺术之美的深切体验是没有亲手作过画的人所不可能有的。学生在作画过程中，既是制作美的人，又是欣赏美的人，也正是经历过这“两重美”的感受，才能更清楚地领悟到现实美与艺术美的区别。当我们的学生真实地感受到了这一切，他的审美能力就有了一个飞跃，这种审美感受要比未学过画的人丰富得多深刻得多。

(2) 坚持以马克思主义审美观进行审美教育

马克思主义审美观，是对美、审美和美的创造的基本观点。

马克思主义审美观，是最正确、最进步、最高尚的审美观。审美观是很复杂的，每个人都有自己对美的看法，但正确与否，进步与否，高尚与否，是有很大差别的。所以，美术教师应努力学习马克思主义审美观，坚持以马克思主义审美观对学生进行审美教育，以培养学生树立正确的审美观、人生观和世界观。

马克思主义认为世界是物质的，社会存在决定社会意识，世界是在运动中不断发展的。如果认为马克思主义对美对审美和美的创造是保守的，是桎梏艺术发展的，那是完全错误的，因为马克思主义承认矛盾运动，认为事物是不断发展变化的，是解放全人类的观点，是推动人类社会向前发展的观点，所以桎梏艺术发展的观点不是马克思主义。审美是个复杂的问题，目前尚有许多探讨不清的问题，在我们具体教学中，学生随时可能提出一些看似平常确很难回答的问题。例如，如何对待当前美术界作品流派纷呈的复杂现象，如何对待某一新的又不被人们理解和接受的非政治性的美术作品……这些问题，马克思主义经典著作没有为我们提供现成的答案。对此，可以引导学生查找有关资料，进行讨论，让学生充分展开自己的看法，畅谈感受所得，而不必有结论。承认人的差异，承认人的爱好差异、审美差异，允许有各自的审美取向，就是符合马克思主义的审美观。

（3）指导学生领悟美术作品是真善美的统一

“美是自由创造的形象体现，而自由创造又是合目的性与合规律性的统一。合规律性是真，合乎目的性（即合乎功利性，人的目的性都体现一定功利要求）即是善。”“只有当人类在实践中掌握了客观规律（真），并运用于实践，实现了功利目的（善）并成为生动的形象才可能成为美，因为这样才能体现了人的自由创造。”[①] 美术作品都有真善美的问题，因而审美教育不应干枯地说教，而应于美术实践中引导学生领悟艺术作品是真善美的统

① 杨辛、甘霖：《美学原理新编》，26页，北京大学出版社，1996。

一。例如设计校服课。校服是合于目的性的自由创造。其创造要依据学校统一着装的端庄性，又要能显示儿童的活泼与少年的青春魅力，还要符合于人体结构，便于活动安全和穿着舒适方便。这合乎校服设计规律便是真。以自己着装体验为依据搞好服装设计和以将着装对象打扮得美为目的，就是善。校服造型的比例、面料、色彩等搭配构成谐调，又能衬托学生的活泼和青春的精神面貌就是美。这样设计出来的校服就是真善美的统一。又如欣赏董希文的《开国大典》。该画描绘的是中华人民共和国开国盛典，开国的领导者们站在天安门城楼上，毛泽东主席正在庄严地向世界宣告“中华人民共和国成立了”。中华人民共和国成立，是中国人民百年奋斗的成果，是中国人民在中国共产党的领导下，前赴后继流血牺牲推翻封建主义、帝国主义和官僚资本主义统治取得的胜利，是历史发展规律的必然。该画反映的，体现了人类历史发展规律，这是真。画家以真挚的感情讴歌这一伟大胜利，潜伏着让世人和后人铭记这一伟大历史时刻的形象，具有歌颂开国领袖的功利目的，这是善。这种真、善是以美术创作的艺术形式和艺术形象的美体现出来的；画面横幅构图的壮阔视野，蓝天上白云飘动，城楼上红灯高悬，城下是红旗的海洋，领袖们端庄肃穆，布局突出毛泽东形象，秋菊盛开交代了时间，城楼上的红柱未按真实处理的技巧，构成一幅和谐动人的画面，这是美。整个画面，是真善美的统一。

（4）美育要与德育相结合

德育是学校教育工作的首要任务。美术学科的德育不同于德育课，是于教学中融进德育的精神，是体现在审美教育中的。从德育角度看，美术学科的美育，起着辅翼德育的作用；从美术学科教育角度看审美教育，其蕴含着德育，是以美启真、以美引善、以美怡情，德育与美育是紧密联系在一起的。美术学科教育要避免“穿靴戴帽”式地进行品德教育与爱国主义教育，就应注意挖掘各课业自身的德育内涵。着重把握美术的感染、陶冶、潜移默化的心理效应，关键在于情感的提升，使情感通过思想、意识交叉起作用。例如在欣赏美术作品活动中，要使学生认识到无论绘画、雕塑等经典作品，还是工艺美术、建筑艺术，都是人类创造的真善美统一的作品。在其美的感染下，推动学生的知、情、意活动，自觉地把握真理与道德的准则，使情感通过“随风潜入夜、润物细无声”的陶冶提升为高尚的情操。又如通过欣赏祖国传统美术作品，在学生切实感受到商周时期青铜器的辉煌，秦陵兵马俑的壮美，汉画像砖石所传达的宏伟气势，唐宋绘画立于世界之林的高峰，明清中国写意画艺术创作观念的先进，中国敦煌艺术是博大的文化宝库，中国建筑与园林艺术的独特风格，等等，在学生认识到这些作品美、伟大、珍贵的基础上，教师再以自己对其之爱的动情的表达，便可自然而然增强学生的爱国主义情感。

（5）注意审美的多样性

绘画、雕塑、工艺美术、建筑艺术等各种门类的艺术形态，各自有不同的艺术美的特点。绘画的画种不同，流派风格不同，各自的形式美也不同。绘画与图案分别具有绘画艺术与装饰艺术的不同的形式美感。工艺设计制作具有实用性与艺术性相结合的特点。泥塑、纸制作都是立体造型，其各自都有自己的装饰性、夸张变形的美。既然美术各门类的美的差异悬殊，所以审美就是多样性的。人人都有审美的偏爱，但教师不能以自己个人的审美取向制约学生的审美取向，而要给学生充分分析各种艺术形式的美感特点，使学生对艺术美的多样性有所理解，能够包容，使学生的审美能力得以提高。

8.4.5 知识传授与技能训练相结合原则

该原则是指美术课堂教学，既要传授知识理论，又要进行技能的训练，二者不可偏废，要紧密结合，以使学生获得综合全面的美术文化教育。

提出知识传授与技能训练相结合原则的依据是：课堂上传授的美术知识是重要的基础知识。讲述理论知识是为了使学生理解美术和指导其艺术实践。技能训练是为了将美术的技法变为学生的能力。技能的训练在理论的指导下方能正确进行。通过技法操作的训练，加强学生对美术及其理论的理解，使理论和技法化为学生的知识与技能。学生的实际绘画练习和动手操作，既是技能掌握的过程，又是将美的感知和思想转化为物质产品的过程。他们从中享受到取得艺术上成功的愉悦，也加深了对美的感知。有没有受过技法的训练，对美术作品欣赏的层次和感知的内容也就有所不同，学生掌握了美术的基本技能，才具有实际应用能力。皮亚杰认为：智慧的本质是适应，“知识来源于动作”，主体对客体施加动作的过程，就是智慧活动的过程，也是获得知识的过程。因此，美术教学既要有理论知识的传授，又不可脱离实际脱离操作训练的空泛的理论讲述；也不能不讲有关的最基础的理论知识，使美术课流于无理论指导的完全凭直觉感受的盲目操作练习。以美术字教学为例，不能以学生完成临摹的几个字为目的，关键在于讲明写美术字的规律和书写技巧，通过指导学生的练习，使之真正掌握写美术字的技能。如果单纯的理论传授，学生不经过实际操作的训练，理论就不能变成自己的技能，更谈不上应用。没有书写规律的理论传授，学生盲目临摹，既不能了解有关知识，尚需走漫长的摸索之路方可形成技能，更不会对其艺术美有真切的理解。除专题美术作品欣赏课外，知识传授与训练学生动手操作，要在每节课上体现出来。这是美术教学的必由之路，是重要的教学原则。

贯彻知识传授与技能训练相结合原则的要求是：

(1) 注意知识的准确性与训练的科学性

知识的准确性，是指美术知识、概念、定义的解释，对有关工具的名称、特点、性能、使用方法的介绍，对技法理论及形式法则的传授等，都要准确。教小学低年级学生作画，还要伴随着教其对事物的认识，如画金鱼时，教师往往要讲金鱼形体结构的特点；画一片叶子，要讲叶子的结构及其对称形等。其知识的准确性也不应忽视。训练的科学性，是指操作步骤、训练方法等，要适合学生年龄的心智特点，要符合教学目的。教学内容的组织，要由简到繁，由易到难，要有相对的系统性。训练操作的步骤，要适合学生的可接受性。

（2）讲述与训练要联系实际

一是联系学生生活中所能接触到的自然现象和社会生活，引导其观察美的感受，提高审美情趣，激发表现欲望和应用美的能力。二是注意学生的兴趣和对知识的可接受性（不可过低，使其跳一下能达到的水准）。

（3）精讲善练

由于美术课的实践性，强调对学生进行操作技能训练的教学特点及课时的限制，要求教师必须精讲善练。精讲是指抓住重点、难点，深入浅出、简明扼要地讲授，以使学生能掌握要领。善练有两层意思：一是指教师要善于演示，具有娴熟的演示技巧，能熟练地运用各种直观教具。二是教师善于训练学生，善于运用各种方法手段指导学生练习，善于发现和解决学生练习中的问题。

（4）调动学生眼、手、脑协调并用

眼的观察是美术活动的基础，敏锐与准确的观察力是构成智力的因素之一，更是造型能力的基础条件。脑在美术活动中起主导作用。美术创作需要有敏捷的形象思维、丰富的想象力和灵活的发散思维。作画和制作造型，需要手的灵巧配合，手的动作准确、细腻至关重要。例如执笔法，手动作的细微变化即关系到艺术效果。因此，在教学中，教师既要指导学生学会观察，掌握观察方法；又要启发学生进行联想、想象、抽象概括等思维活动；还要注意指导学生作画与操作技术的规范性。总之，在美术学习过程中，要注意使学生形成技术意识，使学生的眼、手、脑的协调性受到真正的锻炼。

8.4.6 启发创造性原则

启发创造性原则，是指在美术教学中通过师生双向活动，充分发挥学生作为主体的学习积极性、能动性，激发其探索精神、创造性思维和想象力，鼓励学生勇于创新，充分发展创新精神和创造力，创造性地完成作业，培养其创造性人格。

所谓创新精神，是指敢于抛开旧有的、勇于创造新的意识、思维和心理状态。创造力，是指人的能够产生某种新颖、独特具有社会和个人价值的东西的智力品质。我们将创新精神与创造力统称为创造性或创新性。

美术学科教育之所以提出启发创造性原则，原因有三：

其一，是时代呼唤创造性人才。现代社会发展瞬息万变，知识更新飞速，社会进入信息时代、知识经济时代，开拓性、创造性人才成为社会最宝贵的资源。就社会而言，没有创新精神便不会进步。社会的发展，需要具有创新精神的人才推动。所以，世界各国都极为重视对人的创造性的培养，并形成了教育思潮。“为创造而教”，是20世纪六七十年代美国这种思潮的口号。

其二，我国的素质教育将培养人的创新精神和实践能力作为重点。这是基于创新精神和实践能力是现代人格特质最重要的方面，是素质教育关键之所在。有创新精神和实践能力的人，才能在社会激烈竞争中敢于迎接挑战。经历过长期封建统治和计划经济体制的中国人，尤其需要创新精神。既然国家将培养创新精神和实践能力作为教育重点，美术学科教育就一定要体现国家的教育观念，不折不扣地将其作为重点目标和教育准则。

其三，培养创新精神和创造力，是美术学科的优势功能。这一点，已为世界各国普遍公认。由于人的审美个性的不同，对同一物象美的感受的差异和联想的不同，又由于美术作品的表现形式无一固定标准等因素，决定了学生在美术作业中所表现出的独创性具有独立存在的价值。这对学生创新意识的形成和创造力的培养，具有重大意义。美术作品所表现的，也正是作者个人对世界的感受、认识、思想及其审美理想，所以美术向来以创新为可贵。创新的美术作品，被推崇而具有更高的价值。美术家们为独辟自己个性之路，而不懈地探索和追求艺术上的创新。因此，富有创新精神的美术学科教育，必然以创新精神和实践能力作为本学科的教育重点，也必然以启发创造性作为教学原则。

美术学科教学，虽然是在教师主导下的师生的双向活动，但毕竟是以学生作为学习的主体，是学生完成美术作业，创造性主要体现在学生身上，是要学生形成具有创新精神的人格特征。而学生的创造性能否得以发挥、施展，能否形成创新意识，关键在于教师的教学是否具有启发创造性，作为主导的教师是否能自觉地培养学生的创新精神与创造力。这也是教师有没有把握住美术学科特点和教学重点的关键。

贯彻启发创新性原则的要求是：

（1）尊重学生的个性

创新性就是独特性，就是一种不按常规不拘旧循敢于创造新东西的个性品质。教师要想使学生形成创新性的人格特质，就应在美术教学中尊重学生对客观世界的独特的感受和独特的奇妙的甚至是怪异的想法与艺术表现，不能以数学计算、公式化的概念标准要求美术教学和学生的美术作业。奇特、怪异的想法，就蕴含着创新精神，将其表现出来或制作出来，就是一种创造。尽管这种创造，尚未具有社会价值，但对其个人来说却是很有意义很有价值的。如果因为教师不理解而予以否定，就很可能将一种创新的意识和信念扼杀于摇篮之中。

美术的多元化和多样性，已向人们展示了艺术个性存在的特点。这种存在，不仅拓展了人们的艺术视野，丰富了人们的艺术感受，而且冲击着人们已有认知的概念域限，引发着人们智力能量的发挥。美术的这种个性化，也在学生身上有所体现，学生由于性格的差异，经历经验的差异，审美倾向的差异，表现为美术作业的差异性。这个差异性，还不是指美术能力的差异，而是指表现个性上的差异，表达角度的差异和想法上的差异。这些差异，就是个性差异。教师必须尊重学生的这些个性差异，切不可以自己的审美偏爱否定学生，并且要鼓励学生按着自己的艺术个性发展。这样才能在学生心中种下尊重他人个性的种子，树立创新意识，信心百倍地去发展自己的个性。教师要尊重学生的创造，尽管这种创造尚不完善或不成功。

（2）鼓励学生标新立异，大胆创新

鼓励学生创新，就要充分发挥教师的主导作用，调动学生的积极性、能动性，鼓励学生树立创新意识，勇于标新立异，敢于不同于他人，不模仿他人。这需要教师在美术创作中从三个方面进行引导：1）构思的新颖性；2）造型手段的创新性；3）选择材料及其综合应用的创造性。

教师在教学中，在教一般创作规律的基础上，应启发学生如何创造性进行制作，如何创造性地运用材料和发现新材料等。例如，二方连续图案课，就应要求学生在掌握物象变形规律和制作规律的基础上，大胆变形设计自己的图案，鼓励学生不同于他人进行大胆创新。这样一来学生的作业必将是花样百出，而学生间的作业又可以互相激发想象力的发展（图 8-2）。再如泥塑课，可以不限制题材和手法，鼓励学生大胆创新，标新立异。这样泥塑，学生既可以捏制，也可以刀刻，还可以笔扎，会想出许多造型方法和手段，创造出多种多样的不同形状的作品。对有新意的作品要予以肯定和鼓励，教师的表扬对学生的作用是很大的，可以激发他们的创新精神和坚定他们的创新信念。

（3）启发学生积极思维和大胆想象

积极思维和大胆想象是创新的起点，创新在于能够灵活多向的发散思维、联想和想象。在教学中，教师的启发和引导，对激发和丰富学生的想象有着重要的作用。启发学生积极思维和丰富艺术构思，可采用创造设置情境，运用名家多样性作品进行启迪，用学生讨论的办法，运用各种直接手段通过对各种形象资料的分析等，引发学生联想，增强想象力和想象的丰富性。尤其要重视学生间的互相启发作用，往往一个新点子可以激起数个新点子，一个新方法可能引发出数个新方法。学生间的智慧撞击，可以迸发出能量极大的创新性，出现丰富多彩的艺术构思的新颖性。

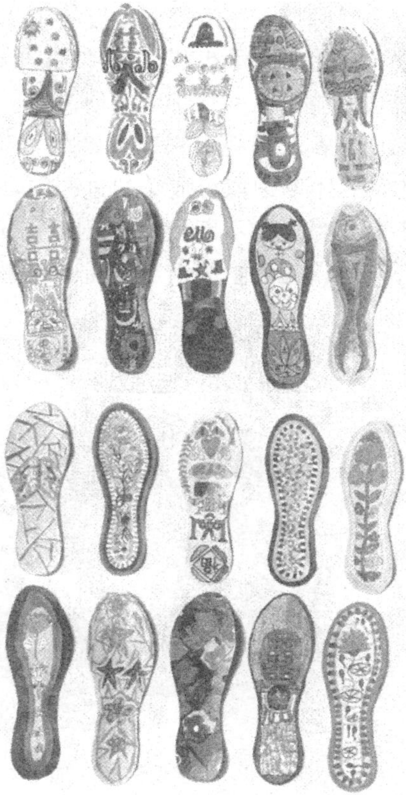

图 8-2　这是从北京市东直门小学三年级一个班的《美化鞋垫》作业中选的部分作业。学生之“适合纹样”设计无一相同（指导教师张美良）

在美术鉴赏教学中，可以引导学生查找有关作品的资料和介绍相关背景的资料，可以让学生发表对作品的评价。即便对经典作品，也要允许学生说不喜欢，而且欢迎谈出不喜欢的理由。对名家的评论，学生也可以发表不同的看法。让学生说话的自由空间更大些，才能使学生积极思维，树立起勇于发表个人见解的信念。

（4）要使学生获得成功感

创新的行动，如果屡遭失败，就可能使学生沮丧而失去信心，创新精神便无从树立。所以，在培养学生的创新精神的过程中教师的作用很重要。当学生的想法不够成熟时，教师要以自己的智慧或学生众人的智慧助其想法成熟和丰富。对不够完善却有新意的作品，教师要以自己的丰富经验对其提出改进意见，使其完善，助其成功，进而可以激发学生的创造欲和深化创造水准。

教师要善于发现每个学生的特点，肯定其特点，切忌排名次，要使每个学生深信通过自己的努力都有成功之处，都能获得成功的愉悦。一旦学生的创造性得到发挥和获得成功，则会更加促进学习的兴趣。兴趣的产生，又为学生的美术学习增加了动力。在不断地取得成功的过程中，学生的自尊心、创新的自信心不断加强，也不断提高了创新的成功率。这种心理上的良性循环，可以使学生的创造性插上双翅在今后的各项工作中自由翱翔（图 8-3）。

图 8-3　小学生们高兴地举着自己的染色图案，享受成功的愉悦（北京市府学胡同小学，指导老师王篪平）

8.4.7　面向全体统一要求与因材施教发展个性相结合原则

面向全体、统一要求与因材施教、发展个性相结合的教学原则，是指教学中从大多数学生实际出发，适合学生一般的发展水平，面向全体学生授课，对全体学生提出学习的统一要求，同时又要照顾学生个人特点和美术能力的差异，进行有针对性的具体辅导，促其个性发展，使所有学生都学有收获。

美术教学之所以提出这个原则，是因为教学中存在学生全体与学生个体、共同性与特殊性、艺术共性与艺术个性的矛盾，存在培养人的社会性与人格个性的矛盾。只有坚持面向全体统一要求与因材施教发展个性相结合原则，才能处理好这些矛盾。

面向全体学生，是普通学校教育的基本特点。普通学校的美术学科教育受学校性质的制约，其面向全体学生进行教学是区别于其他美术教育的根本之所在。我国九年义务教育美术教学大纲，规定了学生在美术学科应达到的规格要求。美术学科教学就必须面向全体学生，完成教学大纲规定的教学任务，使全体学生受到同样质量规格的美术教育。目前，美术学科教学是按学生年龄、学业程度编班，按同一教材同一进度的班级授课制，就是依据大多数学生的实际发展水平和便于统一要求而采用的教学组织形式。教师在班级教学中，是按照教学大纲和教科书规定的目的、任务、内容等的统一要求进行授课。统一性的教学要求，包括知识传授、技能训练、学习方法、作业要求、常规纪律、学习制度、成绩评定等对学生要求的一致性。

面向全体与统一要求是充分利用班级集体授课的优势，以解决学生共同性的学习需要。但仅此尚不能解决学生个体的特殊性的学习需要。每个学生都有先天带来的生理解剖上的差异性，即视知觉、听知觉、动作知觉等敏锐度的差异性，因此表现出学习美术能力的差异性。学生受家庭、环境、教育的熏陶感染所形成的情感、经历、性格、意志等不同个性，因而显示出兴趣爱好的差异性和操作技能的倾向性。这些差异性，都会在美术学习及美术作业上显示出来。例如，有的学生作画谨小慎微，有的大胆粗犷；有的学生喜欢纯度高和对比强烈的色调，而有的喜欢纯度低、色彩调和的色调。在绘画题材上，有的学生因经常跟随家长旅游，阅历丰富，选材视野开阔；而有的学生则很少外出，闭户于家，思想局限，却能在生活狭小的圈子中的题材上表现出细腻的发现。学生中的差异性可以表现在方方面面，他们在美术学习中的问题也不尽相同。因此，教学中面向全体、统一要求，便与个体学生、个性特点发生了矛盾。解决这个矛盾的办法就是针对学生的个性特点因材施教，解决满足个体学习需要。

因材施教，是指教师根据学生年级、年龄特点和每个学生的气质、性格、兴趣、意志和能力的个性差异，在施教过程中有针对性地解决每个学生的具体问题。美术学科教学正是以面向全体学生教学与个别指导相结合的方式进行教学的，且个别指导操作时间比重很大。美术教学的统一要求是相对的、泛化的，因材施教是绝对的、具体的。统一要求是为了使面向全体学生的教学的有序性和标准性；因材施教是为使学生个性得以发展，所以美术教学要重视在统一要求基础上的因材施教，以解决个体学生学习上的需要。

培养人的社会性的统一要求与发展个性是教学中存在的一对矛盾。社会性，是指人的思想、行为能融入由共同物质基础而相互联系起来的人群之中，能与社会他人合作，做社会需要的人。人的个性，是人的性格、气质、学识、情感、体魄的总合，是在一定社会、家庭和教育影响下形成的人的特殊性。社会性与个性是对立统一的关系，没有人的个性便不存在社会组织中的多样性和丰富性，尊重和保护人的个性是民主社会的基本特征。

人的个性有优劣之不同，如人的性格，有勇敢与怯懦、乐群与孤僻、随和与刚愎、天真与世故、迟钝与机敏、自卑与骄傲等等之不同。对人的个性也要教育与培养，通过教育培养人的社会性，克服不良个性，尊重保护发展良好个性。通过教育的“心理调试”，让怯懦者勇敢起来，让孤僻者能够乐群，训练迟钝者机敏，让骄傲者认清自我，使自卑者增强信心。这就是育人的因材施教。因材施教不是抹杀个性，而是发展保护尊重优良个性，使学生更具有社会欢迎的个性。

人的个性于艺术表现中体现为艺术个性，如再现与表现、具象与抽象、幻想与真实、夸张与变形、冷调与暖调等的不同，审美倾向与审美理想的不同，还表现在题材的相异、内容的差别、手法风格的差异等。这些艺术个性，在美术学科教学中学生同样存在。艺术个性无优劣。艺术个性是艺术丰富多样性的基础。学生反映出的艺术个性的萌芽，于教学中不仅要予以尊重和保护，还要因材施教促其发展。美术教学中的这种尊重和保护学生的艺术表现个性，蕴含着对人格个性的尊重与保护，并于施教中可以促其优良个性得以发展。

贯彻面向全体统一要求与因材施教发展个性相结合原则的要求：

（1）面向大多数，抓“头羊”带全体

面向大多数，是指教学的着眼点是大多数学生，从大多数学生的实际出发安排讲授内容和提出作业要求，要使全体学生领会学习目的，要使绝大多数学生得以理解和掌握教学的重点与难点。进行教学辅导时，教师的注意力主要在于发现大多数学生的共性问题并得到解决，使统一要求得以贯彻执行。抓“头羊”，是指抓“尖子”作业。每节课都要尽早地发现学生作业过程中的每一步骤先冒出的优秀作业，及时地以优秀作业起示范作用带动全体。这是由美术的直观性特点决定的，优秀作业的带动性作用是极大的。对此不能理解为课堂上将精力放在辅导尖子学生身上。事实证明绘画能力强的“尖子”学生，不见得各类课的作业都是优秀的。全班任何一个学生，都可能成为某个课题作业或作业某一步骤的“尖子”。教师抓尖子作业的着眼点是为了让“作业头羊”带动全体。教师在教学辅导中，还要及时发现全班的共性问题，以能代表共性问题的典型作业提示全班注意，并通过对典型问题的指导使有同样问题的学生得以及时改正。

（2）了解学生，因人而异地辅导，使所有学生都有成功感

了解学生是搞好教学的基础，首先要了解学生年龄阶段的共性特点，如智力水平、美术能力、兴趣爱好、审美特点等，还要了解班风特点。了解了学生的共性特点，才能有针对性地设计教学手段与方法，才能提出适合学生水平的统一要求。其次，还要了解每个学生的能力、知识、性格、兴趣。这样，对学生的个别

辅导才能有的放矢。辅导是美术教学的重要方法。个别辅导，必须依据每个学生作业的特点、问题和表现个性，加以具体指导；还要根据创作的具体构思、表现个性，按其思路和艺术个性予以辅导。在辅导过程中，绝不可抹杀学生的艺术个性，而是要予以肯定、鼓励和促其发展。

过去的美术学科教学太受统一标准要求的束缚。美术标准应是一个有弹性幅度的，是无绝对标准的。例如，画线是流畅为美，还是艰涩为美；用色是对比强烈为美，还是对比弱化为美；手法是粗犷为美，还是细腻为美……我们从如下的选图（图8-4-1—8-4-4）中可以看出，这全然取决于个人的审美倾向。因此，在美术教学中切忌用数学考试排名次的方式对作业排队，教师对学生的表现能力不要妄下“不行”或“差”的评语。作为中小学生关键是肯于作画，肯于将其作品绘制得完整、和谐、统一就是成功。教师要善于通过因人而异地辅导，使每个学生都能完成作业，要使学生感到自己的特有手法与众不同，自己的艺术表现是具有个性特点的，从而使每个学生都有成功感。

图 8-4-1　欢歌　李庆（11 岁）

图 8-4-2　农家　齐霞（12 岁）

图 8-4-3　思　李庆（11 岁）

图 8-4-4　盛装苗女　田淑婷（8 岁）

（3）根据个性特点长善救失

教师在教学中，要根据学生气质、性格、兴趣、意志、情感等个性特点，注意发挥每个学生之所长，弥补其所短。如有的学生属于兴奋型、活泼型，作业往往一会儿就“做完”，并且举起作业看这儿看那儿，或是手舞足蹈。教师应首先肯定他动作快的优点，更要指出作业之不足，使其有压力感，尤其注意让这类学生或粗心大意的学生能在工艺课上受到耐心、细致地操作的锻炼；而对反应迟钝、行动缓慢的学生，则要敦促加快动作；对作画胆小的学生，鼓励大胆用笔作画。教师对只对绘画感兴趣而对写美术字、图案等课业不感兴趣草率应付的学生，可有意让其做出黑板报、壁报等写美术字、画装饰花边等工作，使他感到所学必有所用，改变从兴趣出发的学习态度。教师尤其对美术学习有自卑感的学生，更要善于发现其构思的特点或表现手法上的个性，于适当时机在全班予以肯定，使其认识自己美术学习的特长，提高自信心。

中小学生往往自己为学习绘画编织一个“网”，那就是“写实能力”的网。以写实能力为“标准”，就使自己陷于不能解脱的“苦网”中。教师要使这部分学生从困扰中解脱出来，可以启发他们说：你写实能力不强，构思能力是强的；也可以说：“你画的形象很有特点，就按你特殊的方法去画吧。”或者说：“那就按毕加索、米罗、克利、卢梭的方法去试试画吧，按‘似与不似’的方法去画。”……要让学生明白：只要将画画完，将色填满，就有其特有的意趣；只要坚持画下去，劣势可以变优势，甚至可能是步入大师行列的第一步。

(4) 善于发现美术人才

美术教师要善于发现美术超常儿童、少年，组织美术课外小组，依据他们的特长于课外加强培养，提高他们的特殊才能；或设置供他们选择学习的美术活动课，加以专项美术能力发展的培养。这是因材施教的另一个重要方面。

8.4.8 综合性与整体优化相结合原则

综合性是指对制约教学的诸多因素联合成为一个整体予以考虑。教学的综合性，包括教学内容的综合，教学方式方法的综合运用，以及内容、方法、原则的综合考虑等。整体优化是指在教学过程中，对教学效果起制约作用的诸种因素予以综合控制，又要择优选择予以科学合理设计，以求花费最少的时间、精力和经济消费取得最佳教学效果。

提出综合性与整体优化相结合原则，是因为美术学科教学目标是综合性的，美术教学是由诸多要素构成的，如果不注意综合性便陷入单打一教育价值取向，其结果必然背离美术教育目标。随着美术教学内容、教学方式方法手段、教学工具材料等不断趋向于多样性、丰富性，如果不注意整体优化，便会使教学陷入忙乱，无所适从，抓不住重点，其结果也不会取得良好的教学效果。

美术学科教学的综合性与整体优化相结合原则，主要表现在三个方面：

（1）教学内容的综合性与整体优化

提高学生的美术文化素质，不仅应于整体课程设置上注意内容的综合性、全面性，还应在各课题教学中将物质形态的美术创作和与其相关的观念形态的文化内涵及其理论予以综合传授。要改变过去偏重于技法训练，忽视对所学课题文化内涵的教学。除专题欣赏课外，大多数课业的教学，既要有理论知识讲授和随堂欣赏，又要有技法操作训练，还要有创新意识与实际应用相结合的教学内容。一堂课将这么多的不同属性的内容组合为一个统一的整体，可谓内容的综合性。但由于时间的制约，又必须对其予以整体优化，必须以少而精的理论知识讲述，精选的随堂欣赏，必要的熟练演示和启发创新等，并且要保证技能训练和学生的学习效果。

（2）教学要素的综合性与整体优化

教学要素的综合性与整体优化相结合，是指将教学目的、教学内容、教学设备与季节时间安排、学生学习心理、上课地点、教具学具材料等作为整体综合考虑，加以整体优化地进行设计。不仅在制定设计学年学期计划时，要注意以上教学要素的综合与整体优化相结合，而且在课堂教学中同样要将目标、内容与学生兴趣，可接受性以及教学设备、教具学具等予以综合考虑，并整体优化设计出教学方案。尤其是课堂教学过程，是诸多的教学方法的综合运用，其中还包括电化教学手段的运用。但不能以为运用的方法、手段愈多愈好，而应根据教学的实际需要予以优化选择。一定要以教学效果为出发点，不能将教法与电教手段作为目的，它们只是手段，不能本末倒置。

（3）对教学原则的综合考虑及整体优化

上述诸教学原则，是从美术教学规律、原理的各个侧面提出的。它们是互相制约、互相依赖、互为补充的关系。教学中，不能将某一条原则强调到不适当的程度而忘掉另一些原则，而应将其作为一个整体加以贯彻，同时根据具体教学类型予以整体优化。

教学的综合性与整体优化相结合原则，可理解为是教学的思想方法和工作方法，是系统论、信息论、控制论等方法于教学中的运用。用系统论方法，就是将教学视为一个有机整体，即是一个有严密层次组织结构的运动过程。用信息论方法，就是将教学视为信息的传播活动。要使学生明确从学习中获得信息的意义，以及于其他方面运用的可能性，把创作练习视为信息取得、使用、保持和传递过程来处理，而且还要从信息接受角度来分析美术作品及其美学原理。用控制论方法，就是将教学作为对象予以系统的研究，依据学生的反馈来调节教师的输出信息，注意师生双向信息交流，以及对整个教学系统诸多因素的综合优化控制。

贯彻综合性与整体优化相结合原则的要求：

（1）认真备课，精心设计

认真备课，明确课题教学目标，吃透教学内容，方能对教学内容做到合理的综合与整体的优化。又只有将教学内容吃透，才能对教材的组织和教学方法的运用予以合理的综合与整体的优化，进行精心地教学设计。所以，备课是合理综合与整体优化设计的过程，上课是对整体优化设计的具体实施。

（2）熟悉各种教学手段和方法

对各种教学手段和方法熟悉，才能有比较地选择运用，才能充分发挥各教学手段、方法的作用。如果对教学方法不熟悉，对现代教学技术不了解，就谈不上选择运用，更谈不上合理综合与整体优化。

（3）要明确整体优化的目的

整体优化的目的，是为了提高教学质量和学生学习的效果。任何偏离这一根本目的做法，都会导致教学的形式主义。例如，在全国录像评比中，有的教师教法花样百出，缺乏优化，给人一种累赘感。

（4）全面深入理解教学原则

教学原则是一个完整的体系。只有全面深入地理解教学原则，才能对教学原则与教学观念有全面把握，才能对教学原则综合整体地灵活合理地把握贯彻。

（5）善于从教学的正负面反馈中汲取经验教训

注意从教学的正负面反馈中汲取总结经验教训，不断改进教学，丰富教学经验，提高教学质量。教学经验愈丰富愈有利于促进合理综合与整体优化。

9

美术教学方法

9.1 美术教学方法概述

美术教学方法，是教师和学生为了完成美术学科教学任务，实现教学目标，而于教学过程中采用的相互作用的一系列的活动方式的总称。教学方法对实现教学目标有着重要作用，好的教学方法能有效地提高学生的学习效果，而且教学方法不仅关系到学生学习质量的高低和美术能力提高得快慢，还关系到学生人格的成长，所以教师对教学方法的研究是极为重视的，也是美术学科教育学必须研究的内容。

教学方法是教学过程中教师的“教”与学生的“学”二者双向活动的体现，不仅是教师的教授方法，也包括学生的学习方法，是教学运动过程中教法与学法两个方面的统一体。教师的讲授、演示、提问等教法，决定了学生随之采用的聆听、观摩、思考、回答等学法。学生的观察、临摹、写生或操作练习，又决定了教师的指导、启发等教法。学生“学”有问题或遇到难点，则要求教师为之再讲授和再示范，或变换教法予以解决。学生的“学”存在的问题如果没有得到解决，教师必然要考虑自己“教”

的方式方法是否正确，同时也要考虑学生“学”的方式方法是否存在问题。所以，教法与学法是相互制约、相互联系、相互作用的关系。

美术教学方法的实质，是美术教学活动中按其运动规律所确定的活动方式方法，是由一系列的活动方式方法构成的，而这一系列的活动方式方法在教学中是相互交织运用的。教学方法是教学的重要的基本要素，是教材编制完成之后于教学实施之前必须考虑的重要问题，更是教学实施过程整体结构中的重要组成部分，又是教学过程中随着教学进展而灵活采用的方式方法。教学方法关系着整个的教学效果，所以是完成教学任务的关键。优秀教师的教学效果之所以好，既在于自身的学识修养和对教育工作的热爱，很大程度上也在于对教学方法的钻研，在教学过程中能科学地选择和灵活地运用教学方法。相反，如果教师在教学过程中教学方法运用不当，则会加大学生学习负担，教学效果就是不好的。所以，教师必须重视对教学方法的研究，尤其是初任教师更应向老教师学习运用教学方法的丰富经验。

教学方法是教师对教学认识与实践经验总结的产物。人对事物的认识是一个由低级向高级、由简单到复杂、由有限到无限的认识过程，对教学方法的认识也是这样。对教学方法的认识，不仅受经济、科学、技术的影响，而且受教育心理学理论基础研究水平的影响，还受教学目的、教学内容、教学设备条件和教育观念等的影响。教学方法是随着教学内外部条件的发展而发展的，一旦形成之后，便具有相对的独立性，便成为提高教学质量，完成教学任务，达到教育目标的重要因素。教学方法是随着人们的认识不断深化的，所以总结出的教学法不能说是绝对科学正确的，也是需要后人不断发展完善的。优秀教师正是在掌握和熟练运用前人教学方法经验的基础上，不断改进并总结出自己的教学方法，使教学进入既有法又无法的教学艺术境界。这与艺术创作“有法无定法”是同理的。

9.2 美术教学方法的分类体系

20 世纪 80 年代之前，我国对教学方法尚未分类。随着教育科学研究的深入和国外教学方法分类研究的引进，许多学者认为：为了便于教师理解、选择和运用，而应对教学方法予以分类，即将“众多的教学方法，按照一定的标准归属到一起；又按照某些不同特点，把它们区分开来，以便更好地分析、认识它们，掌握它们各自的特点、作用和条件，以及它们发展运动的规律。”[①] 显然，这是对教学方法研究的一大飞跃。但是，由于国内外学者对教学方法的分类角度不同，而出现了许多分类方法。

1984 年，南京师范大学教育系编的《教育学》提出，以学生认识活动的不同形态为依据的分类，见表 9-1：

表 9-1

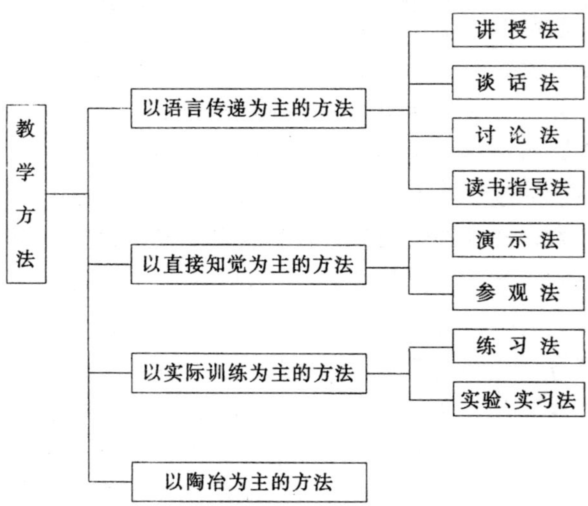

① 李秉德主编：《教育学》，199 页，人民教育出版社，1991。

1991 年出版的李秉德主编的《教育学》，则按照“教学方法的外部形态和这种形态下学生认识活动的特点”[1] 予以分类，将教学方法分为五大类子系统。其每个子系统，又可分为若干小系统。笔者将其画一图表示（见表 9-2）：

表 9-2

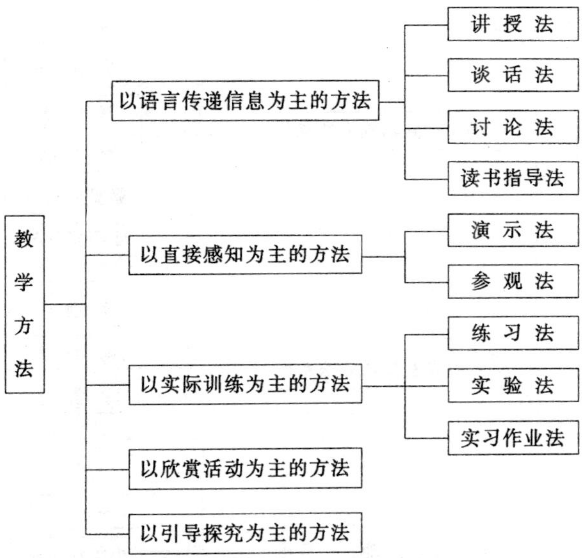

1992 年班华主编的《中学教育学》则“以师生共同活动的性质为分类依据”[2] 提出教学方法系统。该系统将教学方法分为认识活动、实践活动、评价鉴赏活动、交往活动四大类作为子系统，每个子系统又分出若干个小系统（表 9-3）[3]：

---

① 李秉德主编：《教育学》，201 页，人民教育出版社，1991。

② 班华主编：《中学教育学》，201 页，人民教育出版社，1992。

③ 班华主编：《中学教育学》，202 页，人民教育出版社，1992。

表 9-3

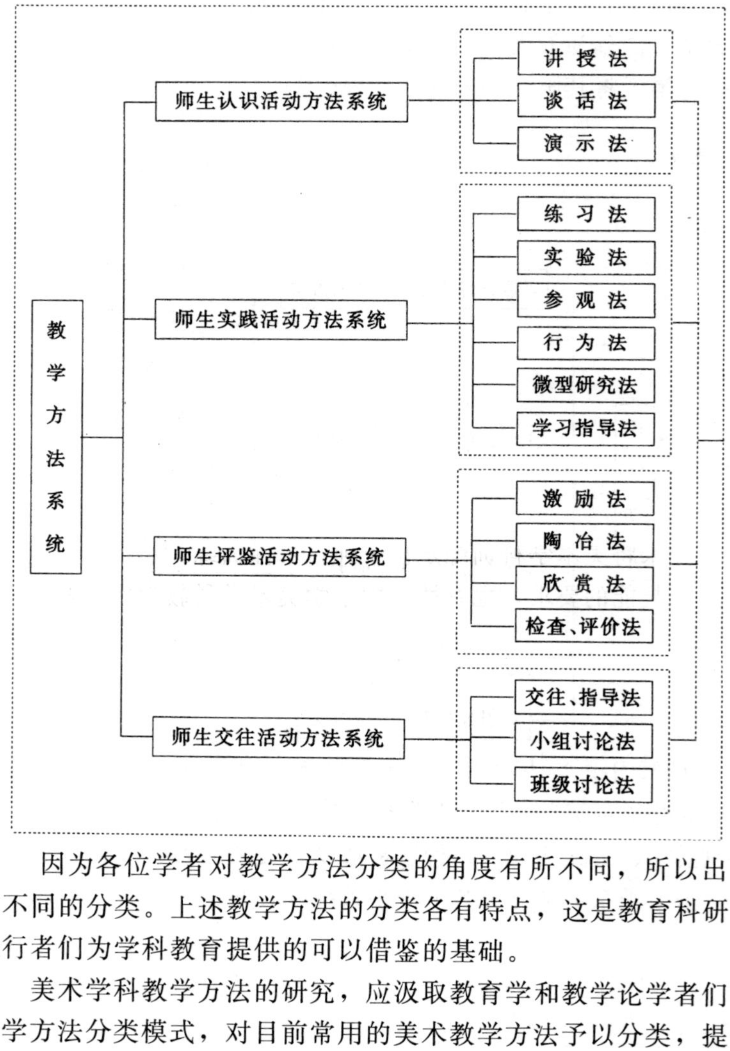

因为各位学者对教学方法分类的角度有所不同，所以出现了不同的分类。上述教学方法的分类各有特点，这是教育科研的先行者们为学科教育提供的可以借鉴的基础。

美术学科教学方法的研究，应汲取教育学和教学论学者们的教学方法分类模式，对目前常用的美术教学方法予以分类，提出本学科的教学方法的分类体系。

为此，笔者曾试图按李秉德先生的分类模式对美术教学方法予以分类，但觉得难于使其科学化、系统化。例如，“以语言传递信息为主的方法”是作为传递方式出现的，而对美术学科来说传递信息的方式还有直观形象。中外历代美术作品，其本身就向人们传递着美术是什么，美术的形态特点、技术特点、表达内容、形式风格和时代特点等等信息。离开了直观形象传递的信息，美术便无法学习。所以，语言传递信息与直观形象传递信息二者是并列关系，只有其一而无其二，不适合美术学科。再者，美术学科的“实际训练”与“引导探索”很难区分。美术学科的实际训练，不是以动作技能的重复求得熟练巩固。因为美术技能是智慧技能，所以美术训练中既包括技能训练又包括艺术设计、绘画创作和应用训练。中小学美术教学，大多是技能、设计、实用或技法、构思、制作结合于一体的训练。即便是写生技能训练，也包括思维方法、观察方法、表现方法、形式美的认识与探索，以及将写生对象艺术处理的探索。所以美术学科教学，不是纯技术的训练，而是技术与艺术、技法与创作相统一的作业要求。如果将美术学科训练定位于纯技术性训练，不仅不符合美术是智慧技能的要求，也有悖于中小学美术学科教学宗旨和培养创新精神。美术创作就是探索，艺术设计也是探索，是将某种认识、思想、想法以贴切的形式传达出来的探索过程。美术训练的过程，自始至终都是探索的过程。如此看来，美术学科教学方法不便于套用李氏教学方法分类模式。

笔者也试图用班氏分类模式对美术学科教学方法予以分类，但感到美术学科教学过程就是师生认识与实践的过程。笔者同意美国心理学家阿恩海姆对于“认识”的解释。他说认识“是指接受信息、储存信息和加工信息时涉及的一切心理活动，如感知、回忆、思维、学习等等”。“认识活动是指积极的探索、选择、对本质的把握、简化、抽象、分析、综合、补足、纠正、比较、问题解决，还有结合、分离，在某种背景或上下文关系之中作出识别等。”① 美术的演示法是认识活动，参观法也是认识活动。例如，参观龙门石窟的奉先寺雕像，就是认识奉先寺雕塑的规模、形制、形象及造型特点等。这个认识，都是在参观时于视知觉中发生的。教师的讲课、演示、指导学习等授课活动本身就是实践。学生的聆听、观看、动手操作以及艺术评鉴，也是学习的实践。实践的过程，就是认识的过程，所以实践也是认识。整个教学过程便是师生“交往活动”。美术的辅导练习，更是教师与学生个体具体的“交往活动”。所以，用班氏的分类法套用于美术学科教学方法，同样感到有科学性的欠缺。

怎样对美术学科教学方法予以分类合适呢？笔者认为应以实现教学目标的师生教学活动方式的特点来分类。从传递美术文化角度看，美术学科教学方式应分为：语言传递信息、直观形象传递信息、操作训练、作品评鉴四类；从育人角度看，还应增加对学生行为影响和行为指导的教学方式。这五大类教学方法互相间是灵活交织运用的，只不过是在某一阶段某一时刻是以某一种方法为主而已。只是从分类角度，我们将其称为以某类方式为主的教学方法。

（1）以语言传递信息为主的教学方法

以语言传递信息为主的教学方法，是指通过教师以语言向学生传递信息和指导学生学习美术的教学方法。语言是人际交往的主要媒介，师生的“教”与“学”主要依靠语言传递信息，交流情感，探讨对问题的认识与想法。所以，以语言传递信息为主的教学方法，是美术学科教学必须采用的教学方法。其包括讲授法、谈话法、讨论法等。

（2）以直观形象传递信息为主的教学方法

美术的特点是直观形象性，主要依靠眼睛的“看”来感知。

---

① ［美］鲁道夫·阿恩海姆著，滕守尧译：《视觉思维》，56页，光明日报出版社，1987。

美术的直观形象，也是传递信息的媒介，而且成为一种“国际语”。美术教学是依靠直观形象来进行的，也可以说是对客观世界形象的直观来进行教学的。离开直接观看、观察客观世界——自然、社会、美术作品，便不可能获得直观形象的审美感知，也就谈不上进行美术教学。所以，以直观形象传递信息为主的教学方法，是最能体现美术学科特点的，也是必须采用的教学方法。其包括演示法、观摩法、观察比较法。

(3) 以操作训练为主的教学方法

是指教师为使学生掌握美术技能、能力以及理解美术，而指导学生按照美术的程序和技术要求进行练习活动的教学方法。该方法是教师对学生操作进行训导；学生依照训导进行操作练习。学生没有“练”便体验不到美术的技艺美之所在，更不会形成美术表达的创作技能，也不会对美术的精神内涵有深刻的理解，所以操作训练是美术教学必须采用的教学方法。以操作训练为主的教学方法，主要包括指导练习法、创作辅导法。

(4) 以评鉴活动为主的教学方法

是通过师生对美术作品的鉴赏和对学生作业的评价，使学生理解、领悟美术的艺术美及其用途，达到提高表现能力、审美能力的教学方法。历史上的美术遗存、名家的美术作品，是学习美术的教材，是要理解的对象，也是培养创新精神的榜样。通过美术作品鉴赏活动，可以提高审美能力，可以使学生学会如何进行美术批评。在一般的美术课业中，也常用美术典范性作品引路的方法使学生了解所学之用途及造型之美。对学生作业进行评价活动，是让学生知道作业的优缺点，是提高审美能力、表现能力的教学方法。所以，评鉴活动是美术教学必须采用的教学方法。其包括美术作品鉴赏法、学生作业评价法。

(5) 以行为指导为主的教学方法

是指美术教学过程中，教师以对学生的爱心和言传身教的表率作用对学生予以良好影响和教育，使学生学会做人做事的教学方法。班集体的班风与学生个体的行为，不仅与美术学习有关，而且是任何学科都要对学生全面健康成长负有培养责任，是需要各科教师综合教育的。对学生给予正确的行为指导，对不良行为予以纠正，是美术学科教育贯彻教养与驯养统一原则的具体体现。所以，教师的行为影响和对学生的行为指导，是美术学科必要的教学方法。其教学方法称行为影响和行为指导法。

根据上面五大类教学方法，教师做好“语言传递、直观形象传递、辅导操作、审美评鉴和育人行为”；学生做好“听、看、练、审美评鉴和学习做人做事”，师生便是“抓住了美术教学的关键。”下面列表示意美术学科教学方法体系（见表 9-4）：

表 9-4

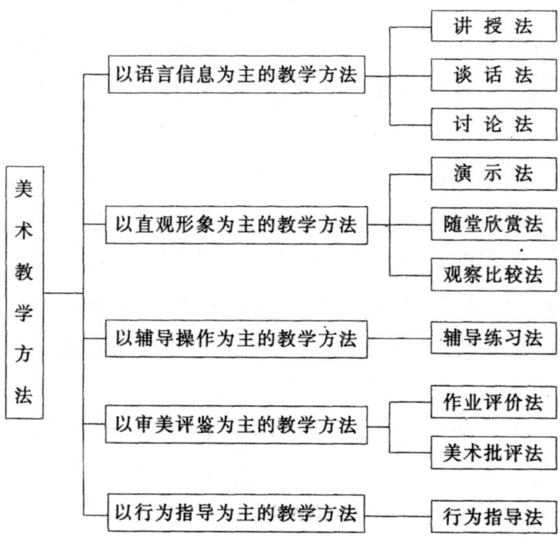

9.3 美术教学方法及其要求

过去的教学方法多是强调教师的“教”，是从教法加以总结的，而忽略了学生的学法。为了使教学既体现教师的主导作用，又突出学生的主体作用，本章探讨教学方法将学生学法也融进其中，以体现教学方法是师生的相互作用关系的一系列方式方法。

9.3.1 以语言信息为主的教学方法

（1）讲授法

讲授法是教师通过语言描述、说明和解释，向学生传递信息、传授系统知识的教学活动方法。是讲述、讲解、讲演等教学方式的总称，是美术教学必须采用的基本方式。讲述、讲解是美术教学每节课必用的方法。

讲述，即向学生叙述系统的事实或材料，描述学习的对象。例如介绍各门类美术的艺术特征；叙述中国画发展历程；介绍美术家生平；描述表现对象的特点等。

讲解，即对某个概念或原理做分析、解释或论证。例如，解释狼毫笔、羊毫笔，原色、间色、补色，凹版画、凸版画；讲解中国写意画用笔的方式方法、水分的多少与画面效果的关系；色彩画的色彩谐调法则等技法理论；分析物体产生明暗变化的原理；讲解绘画的方法步骤和手工艺制作过程等。

讲授法是师生进行教学的重要方法，在运用其他教学方法进行教学时，不可缺少讲授法的配合。因此，讲授法是使学生获得系统知识、领会造型技法的重要途径。

讲授法对教师的要求：

1）讲授的内容要具有科学性、系统性、教育性。科学性，是指要符合美术规律，对定义、概念、原理等的解释要准确可靠。这是因为中小学生接受美术知识，主要来自课堂教学，他们接受知识先入为主，教师准确地讲授将使他们享用一生。系统性，是指内容先后要有一定的联系，条理清楚，层次分明，使学生获得完整的知识。教育性，是指讲授的内容对学生思想品德和身心发展有益，不可出现对学生有负面影响的内容和不文明用语。

2）讲授的语言要准确、精练、清晰、生动有趣、富有情感和适合学生年龄特点。语言准确，不仅指美术的名词术语用得准确，而且要用普通话讲授。这是对教师讲课的基本要求。教师不仅自己用语准确，还要纠正学生不准确的用语。语言精练，就是不啰嗦，不反反复复，无语病，无言不及义的废话、空话。虽然要求语言精练，但对定义、规律、重点、难点可适当重复强调，以便让学生补上由于听觉不能及时反馈而遗漏的内容。重复讲授时前后用语要一致，便于学生记忆。语言清晰是指用普通话讲授时咬词吐字清楚，抑扬顿挫，节奏悦耳，音量适中，以后排学生能不费力地听到为准。语言生动，是指富有形象性、幽默感。讲授有趣味性，是为了增加吸引力和感染力，使学生爱听、集中注意力地听。呆板、生硬、艰涩的语言，会影响学生的听课效果。富有情感地讲授，最能打动学生和最具教育性。充满情感地讲授，再配以适度的表情和适度的手势，可增强学生听课的注意力及其大脑表象活动，有益于记忆。适合学生年龄特点，即是将教材内容讲得通俗易懂，便于学生接受。

3）要把讲授的内容重点变为可视文字语言的板书，并以演示相配合。板书与演示的过程，就是把听觉信息同时变为可视的文字和直观形象展示给学生，可以使学生进行视觉反馈，以便于理解和加强记忆。板书的内容要有选择，首先要把知识的系统性、条理性、重点、难点，按讲述过程层次分明地简要地书写出来；其次板书的布局要有讲究，要美观，一般是在黑板左中部写讲授纲要，右边便于教师侧身做演示用。板书的字要醒目，字迹工整，无错别字。演示要紧密配合讲授，要边讲授边演示，以助学生理解讲授的内容。

4）以训练学生美术技能为主的教学，每节课讲授内容不可过多。讲授（包括演示）时间应占 10～15 分钟左右，其余时间留给学生完成作业。

讲授法对学生的要求：

讲授法是从教法角度命名的，从学生学法角度可称聆听法。教师讲授时，学生的聆听应注意以下三点：

1）凝神聆听。就是排除课前产生的不良情绪和各种杂念，精神专注于聆听教师的讲课。这是学生会不会学习的关键。

2）善于聆听。聆听必须伴随着思考，但要使其跟上教师讲授的语言速度，不要因思考一个不解的问题而忘了接着听讲。先不要急于提问，很可能其后讲授的内容就是所思不解的内容。聆听要注意把握讲课重点，于教学内容的重点与难点处要格外凝神专注。

3）理解地聆听。听课是为了接受，只有理解了才能真正地接受。如果教师讲授完毕，未能理解之处应及时求教，自己所思未解的问题也要及时提问，以便于做到理解。

（2）谈话法

谈话法是教师根据学生已有的知识和经验，向学生提出问题要求学生回答，或学生提出问题要求教师解惑，并通过正确解答使学生获得新知识和巩固旧知识的教学方法。亦称谈话问答法。美术教学运用谈话法，一般有以下五种：

1）传授新知识谈话法。是指教师讲述过程中向学生提出未学过的问题，并引导分析、思考，经过学生回答，教师以总结出正确答案的方式传授新知识的教学方法。

2）巩固知识谈话法。教师根据学生已学过的教材，提出问题，要求学生做出正确的回答，这是以巩固旧知识为目的的教学方法。

3）指导性谈话法。指在辅导学生设计制作或一般练习课业中，教师为了使学生明确目的或为了引起学生注意或让其定向思维，而向学生提出不需要回答的指导性、提示性问题的教学方法。例如写生课上，教师向学生提出“你们注意观察这个物体的结构是由几部分组成的”“注意书包与墨水瓶的比例关系”“注意看模特儿的脸型特征”，等等。又如在制作课上，教师向某个学生提出“你做的布娃娃的上衣颜色与脸色搭配谐调吗?”等问题，以引起学生的注意，沿着教师指出的问题进行观察、比较、思考和判断。这是美术课常用的谈话法。

4）学生提问，为其解惑谈话法。学生对讲授内容有不解问题而向教师发问，教师予以回答，是使学生得以解惑的教学方法。

5）征询谈话法。教学过程中，师生双方都存在互相征询的问题，是通过相互征询以求共识的教学方法。例如，教师向学生征询对教法的意见，向学生发问还有什么不明白的问题等。在绘画创作、艺术设计等构思过程中或制作过程中，学生往往要征询教师的意见。教师依据学生的问题提出自己的建议，通过师生交流取得共识。

在组织教学过程中运用谈话法，可以使学生精神高度集中，可以启迪学生思维，活跃学生思路，引起学生定向的深入思考。这种教学方法，可以使学生通过对所提问题的积极思考，培养独立思考能力，提高运用已有知识去获得新知识或解决新问题的能力，提高语言表达能力。同时，更是教师驾驭课堂教学，凝集学生思想注意力，使教学过程动静有致的一种手段，且有利于教师了解学生掌握知识的情况，有利于师生感情的交融。所以，这是教学中常用的教学方法。

谈话法对教师的要求：

1）教师对所提出的问题，应该有计划有准备，经过精心设计，克服提问的随意性。所提问题要紧扣教学内容与目标，要于教学的关要处设置问题。问题要明确、清楚、具体，有启发性，要能引起学生积极思维，并能激发学习欲望。问题要难易恰当，符合学生水平。备课时应拟出谈话提纲，组织好问题的结构，设计好怎么发问，并准备好准确的答案。

2）提问时要先向全体学生提出，给一定的思考时间，然后指定学生回答或指定学生补充，允许发表不同的意见。最后，教师要总结，对学生回答中的错误要予以纠正，使学生学到新知识或巩固旧知识。

3）指定学生回答问题时，不要只限于成绩好的学生或教师偏爱的学生，不然会招致多数学生的冷漠，不易调动全体学生的积极性。

4）提出的问题要灵活变化，可针对不同类型、不同水平的学生，提出难易不同的问题。

5）教师要避免提出学生可以不假思考齐声答和的问题。

6）运用谈话法，要注意提出问题的艺术，同时事先要考虑到学生回答的效果。例如，讲评作业时，拿出一张画得很差的作业，教师不应问："这张画画得好不好"之类的问题。如果学生回答："不好！"就可能伤害这位画得不好的学生的自尊心，可能会使其产生不良情绪和影响积极性。而应问："谁能说说这画有什么问题？"或"谁能帮助这张作业指出缺点？"这样问既可以引起全体学生的积极思维，又能给那位学生指出画面中的具体缺点，使其得到改进提高，同时也保护了他的自尊心，使之产生积极向上的情绪。

7）教师应鼓励学生发问，培养学生勇于提出问题和热衷探讨问题的精神。对于学生的发问，教师知之为知之，不知为不知。不知时实事求是说不知，可表扬学生问题提得深奥或深刻，教师课后寻找答案于下节课中予以回答。这样既提高了自己的学识，又为学生做出了好的榜样。切不可用"好高骛远"、"说了你也不懂"之类的话搪塞，那将会打击学生独立思考的积极性，也有损教师为学生解惑的形象。

8）由于美术课大多时间给学生操作练习，所以要控制讲授时的谈话时间。

谈话法对学生的要求：

谈话法从学法角度还可称知疑发问法。回答问题一般是被动的，主动的学习方法则是思考问题和知疑发问。因此，谈话法对学生的要求是力争做到：

1）踊跃回答，发表见解。学生在小学低年级时对教师的发问能踊跃回答，是儿童勇于探索无所顾忌发表个人见解心态的反映。随着年龄的增长，学龄愈长回答问题的踊跃性愈差，到了大学主动回答问题者甚为寥寥。这是和应试教育长期要求必须追求一个标准答案有关，学生的心态变得惟恐不合教师的标准答案会有失体面，而被动等待标准答案的出现不去积极思维。这是缺乏自主意识和独立精神的反映，是有碍人的创新精神发展的。为培养自己的创新精神，就应不怕与标准答案不一致，勇于发表个人见解，即便回答得不对，也可在与正确答案对照中明白自己错在哪里，更有利于接受真理修正错误。

2）学贵知疑，勇于发问。我国古代教育家历来主张“不知则问，不能则学。”[①] “在可疑而不疑者，不曾学。学则须疑。”“于不疑处有疑，方是进矣。”[②] “学贵之疑，小疑则小进，大疑则大进。疑者觉悟之机也。一番觉悟，一番长进。”[③] 孔夫子便是“敏而好学，不耻下问”的典范，正是由于他不耻下问成就为大思想家、大教育家。所以，学生的学习就应不断有疑问。学贵有疑，有疑才说明学习是过了心思，有了看法。产生疑问要勇于发问，求教于老师，在与老师的探讨中获得释疑解惑，学习才有长进。能不能提出问题和追求问题的解答，是人类智慧的体现，是人类进步的原因，也是学生学得主动与被动的关键所在。

（3）讨论法

讨论法是学生在教师指导下，为认识、解决、探究某个问题而进行的讨论，以求得辨明真伪、好坏、美丑，从而获得知识，启迪智慧，发展思维的教学方法。根据讨论的问题的性质，讨论

---

① （汉）董仲舒：《春秋繁露·执贽》，载于《秦汉教育论著选》，96 页，人民教育出版社，1986。

② （宋）张载：《经学理窟》，载于《中国古代教育文选》，258 页，人民教育出版社，1983。

③ （明）陈献章：《复张廷实主事》，载于《明代教育论著选》，159 页，人民教育出版社，1990。

法大致可分为四种：

1）认识问题的讨论法。例如，粘贴画可以用哪些材料？学生可以想到各种可运用的材料，甚至比书中介绍的、教师想到的还要多。通过讨论，使学生加深对粘贴画材料多样性的认识。

2）探究问题的讨论。例如，讨论中国画与油画的区别，讨论罗中立油画《父亲》好在哪里……学生都有朦胧的认识，经过分析、比较，讲出道理的讨论，深化了对问题的探究和理解。

3）解决问题的讨论。例如，新年到了，讨论如何布置教室。经过学生讨论，集中智慧，制定出设计方案，分工制作，学生从中既可以学得知识，又增强了责任感。又如，讲纸造型原理，讨论怎样使一张纸能立着放的问题。学生可以从讨论中获得解决的办法，从而明确了纸造型原理。

4）发现规律的讨论。例如，让学生每人带一个六面体纸盒，这是限定条件。课上教师启发性提问：利用纸盒的六面体经过稍许加工可以做成什么并引导学生讨论。学生明确了六面体纸盒可以做同是六面体的电视机、楼房、电冰箱、衣柜，等等，从而发现世界上的许多物体可以归纳为六面体这一基本形体。学生经过创造性地运用基本形体制作物体的过程，又加深对物象基本形的理解，提高了造型能力。再如教二方连续图案课，教师限定一个单独纹样，让学生讨论向两边延续组合图案的设计方案。学生经过讨论，可以得出许多种骨架组合方案。这样既可使学生发现二方连续图案构成的基本规律，又可锻炼学生的发散思维。这是教师提出限定条件，加以启发引导，使学生经过讨论和互相启发，从而发现事物的规律和进行创造性的造型表现的教学方法。

讨论法是充分调动学生主体学习的积极性与能动性的教学方法。学生在讨论中，积极思维，争辩说理，各抒己见，互相启发，不仅获得对知识的深刻认识，也可提高学生学习兴趣，使课堂教学充满波澜起伏的活跃气氛，更可以锻炼学生思维敏捷和口语表达能力，以及艺术想象力。

基于我国教学曾长期存在满堂灌的现象，为了改变满堂灌的教学，为了使我们学生善于独立思考，敢于表达个人的独立见解和培养能力，美术教学一定要采用讨论法。

讨论法，可以是全班讨论，也可以先以邻近几人为小组进行讨论，再进行全班讨论。

讨论法，可以是一两分钟的讨论，也可以是较长时间的讨论。其关键在于教师提出讨论的问题和对讨论的组织引导。学生学习中提出的问题，有的也可做全班讨论的议题。

讨论法对教师的要求：

1）要于课前设计好讨论的问题，问题要具有讨论价值。问题的提出要具有吸引力，要能引起学生的兴趣。问题要明确，以便学生定向思考。

2）教师要善于启发、引导学生讨论，要鼓励学生各抒己见，允许奇思怪想的见解发表，对不同意见可以展开争论。教师要把握讨论议题的中心，不偏离议题，并引导讨论层层深入。不要急于下结论，要相信学生通过讨论能够解决问题。要帮助学生找出正在探讨的问题与他们已经知道的事物之间的联系，指导他们对比事物，进行联系思考，促成发现规律。

3）要善于将讨论结果引向正确知识、规律的认识。但是，对艺术造型的讨论，对审美判断与评价等，要允许学生各持己见，也不必有标准性的结论，但对学生的讨论要予以积极的评价。

讨论法对学生的要求：

1）积极思考，勇于发表见解。对讨论问题思考与否，思考的深浅程度，都与最后获得的理解的深度、记忆的深刻性有关。没有思考，是被动的认识与记忆。经过思考，且思考得深，是主动的认识，理解得也深刻。能否勇于发表见解，是一种有胆识的表现，更是能力的锻炼。所以，要以积极的态度投入讨论之中，要认识到未来社会需要的是有独立思考能力、勇于发表见解的人。

2）敢于争辩、承认真理。讨论可能发生不同观点的冲突，如果坚持自己的观点正确就要讲出道理进行辩论，以理服人；如果发现真理在对方一边，要勇于承认真理。承认真理的人，是虚心学习的人，是有科学精神的人，是值得尊敬的人。

9.3.2 以直观形象为主的教学方法

(1) 演示法

演示法是美术教师配合讲授法或谈话法，以示范性地作画、制作表演，或将模型、实物、范画等教具展示给学生观看，使学生通过直观形象获得知识和对技法的了解的教学方法。

美术教学的许多知识和技法问题仅用语言讲述是不够的，还必须借助演示法使学生获得直观视觉信息。学生通过直观知觉，在大脑中形成对教师制作、绘画过程的系列表象活动，从而获得深刻印象。在演示的同时，教师再配以理性的讲解，让学生在一目了然的情景中接受新的知识和技法。演示法不仅是理论联系实际的教学法，而且演示过程对学生具有巨大的魅力，可以激发学生的学习兴趣，所以是极受学生欢迎的一种教学方法。在美术教学中，演示法虽然是配合讲授法进行的，但不是辅助性的教学方法，因为学生用眼观看是获得美术信息的最主要途径，感知客观对象的美需要用眼观看，认识客观对象同样需要视觉。例如，讲画种的区别，讲中国画的用笔法，讲色彩的混合等，仅用语言讲述往往是无法讲清楚的。尤其对没有接触过的学生来说，仅凭讲授是无法理解的。但是，只要展示不同画种的原作，在纸上实际地演示一下，学生马上一目了然，视知觉即刻对画种的形式予以区别，对行笔的方向、运动方式予以认知，对各种颜料多少的混合有所判断。所以，美国心理学家鲁道夫·阿恩海姆不仅将视知觉称为认识，而且将其称为视觉思维，是人获得知识的重要途径。演示的内容和展示的直观形象，是需要认知和学习的内容，所以很多情况下讲授是为了解释和说明演示，“演示”扮演着授课方式的主角。

演示的种类包括：实物、模型演示；范画、范作展示；幻灯、电影、录像演示；绘画、工艺制作示范表演等。按教学内容演示又可分为：绘画、制作方法步骤演示；工具性能及技法特点演示。按演示的准备情况，演示法又可分为有准备的演示和即兴演示两种。有准备的演示，是指课前做好教具、范画、幻灯、录像和演示的安排，进行有序的展示、讲解和演示。即兴演示，指教学过程中教师发现了学生中的优秀作业，让该学生展示、演示作业，以启迪全班学生；或发现了学生在绘画、操作中存在的共同性问题而产生即兴“教学机智”，马上予以示范演示，使学生存在的问题及时得到解决。

演示法对教师的要求：

1）演示的准备工作要充分，组织要周密，演示用的教具应在课前准备齐全，摆放在便于使用的位置，以免丢三忘四；教学用的录像、幻灯片等课前要试放；课前还应安排好范画展示的顺序，避免临时翻找。

2）展示的范画、范作要精选，确实能起到示范作用。挂图要大，图像要清晰，要注意放置和悬挂演示的位置，要让后面的学生也能看清楚。

3）演示内容与讲述内容要一致，要安排得体、配合紧密，边讲解边演示效果较佳（图 9-1)。如写意中国画，如何持笔，如何蘸水，如何调墨，如何蘸墨，如何行笔及画法，等等，边讲边演示可使学生获得直观形象感知和语言信息，便于理解和领会。

4）演示时机的选择，要与内容进度相贴切。演示时机和教学效果密切相关。在教学过程中，出示教具、挂图和技法、制作的演示时机要适当。学生集中精力听课时，大脑皮层出现听课的优势兴奋灶，如果教具出示过早，学生就会不自觉地去看教具、挂图，造成优势兴奋灶的转移，就分散了听课的注意力，教师讲课的内容就被忽略了。教具、范画等出示过迟，也会降低效果，因为讲述的中心已过而使讲述内容与教具展示脱节。因此，出示教具的时机应恰当；同时还要注意出示的顺序；注意技法的难易性，要先易后难、先简后繁，以调动学生思维过程的迁移能力，自然地接受所有教具的内容和加深对作画技法步骤的理解。

图 9-1　北京市大水车小学杨嘉栋老师课堂上边讲边画，熟练地演示，总能引起学生强烈的反响

5）演示的速度要适中。慢腾腾地画一笔讲半天的演示，不仅会削弱学生对观看演示的期盼值，也会削弱学生对方法步骤全过程的完整印象；也不可过快，过快显得草率，会给学生以误导，影响其模仿操作的速率和认真态度。

6）教师示范表演要注意工具的选择，要尽量与学生用的一致，以便于学生模仿操作。有的演示不可能与学生用的工具相同时，如素描涂调子技法示范表演，用细铅笔就不合适，因后面学生看不清楚细细的铅笔线条，可改用木炭条或炭精棒，但要向学生加以说明。

7）教师示范表演要注意自己的身体位置，不可挡住画面或实物，要使演示的过程让不同座位上的学生都能看到。有的教师示范作画步骤时，惟恐画得不好而将身子正对画面，这样身体就挡住了学生视线，学生看不见，便失去了示范的意义，又浪费了时间。示范表演一般以在黑板的右边侧身演示为较佳位置。工艺制作教学的演示，如剪纸、泥塑、折纸等，由于物象很小，教师每演示一步都要适当调换身体方向和向学生靠近展示，以使全体学生都能看清楚。个别辅导，为学生修改作业时，注意学生的位置，不让自己的手臂挡住学生的视线。

演示法对学生的要求：

演示法是从教法角度而言的，此时学生的学法可称观看法或观摩法。看，是美术学习的重要方法，美术的许多知识、技法和对美的感悟是从看中得来的，所以学生学习美术要学会“看”。

1）按讲授思路注意观看演示。美术教学不仅要求会听讲，还要会观看演示。人的眼睛的观看具有选择性，这种选择是和兴趣有关的。例如一幅画展现在面前，有的人注意看色彩，有的注意看形象，有的注意看笔法……又如教师演示时，有的学生注意看教师演示的动作，有的看教师的神态，有的看拿笔的方法，有的看教师的笔的走向……所以，当教师展示范画或示范演示时，要明确看什么，要按教师讲授的思路在语言指导下去看。注意地看，就是将视觉的注意点放在教师要求看的部位，不要分心地看这看那。如此，才能从教师的演示中获得所要学习的内容。

2）模仿、记忆地看。看教师示范演示的目的，不是欣赏而是为了学习，观看教师演示的方法步骤是为了在具体制作练习时运用。因此，观看示范演示要有意记忆和增强模仿意识。例如中国画的调墨、蘸墨法，只有看才能知道，只有在看时加以记忆，牢记要领，才能在操作实践中模仿运用。

3）理解、审美地看。观看演示，是为了理解领悟方法，领悟艺术美之所在。例如中国画如何调墨、蘸墨是非常重要的。只有观看演示，才能知道怎样会出现墨色变化，才能弄懂和记住技法要领，也才能在操作中模仿运用。观看时对看不清的地方和不明白之处，学生应及时提出以使教师再演示。

4）观摩汲取地“看”。会学美术，或者说学会学习美术，主要在于会观摩汲取地看。因为，美术教师、同学及名家的表现方法，在其作品中是一览无余地展示给观者的。要善于在观摩中，将他人的构思之长、构图特点、表现技法、艺术技巧等汲取过来，为我所用。

（2）随堂欣赏法

根据每个课题教学内容的需要，通过让学生欣赏自然美、社会生活美，主要是通过对美术作品的欣赏领略和品味艺术美，使学生认识所学内容之用途，艺术形式特点，形式美法则及表现手法等，是起到有助于理解教学内容，启迪创意和开拓艺术视野的教学方法。亦可称观摩欣赏法。

随堂欣赏与专题鉴赏教学活动的区别，在于它不是对美术作品的全面介绍与评价，而是配合各课业教学内容和围绕教学重点对选择的美术作品进行的欣赏活动。例如进行标志设计教学，就按标志类型和设计手法的不同，选择世界上著名的标志设计让学生进行欣赏。又如学习黑白木刻，选择古今各种刻法的代表作品进行欣赏。随堂欣赏，都是选择典型展示和说明性强的作品，通过欣赏使学生对所学内容有完整的认识，起到直接领悟所学内容的形式特点和形式美的作用。

随堂欣赏，是直观形象教学的重要方法，又是结合作品、结合实际进行教学的体现。它以直观形象性的感知认识发挥教学作用，这个作用是大的，因为所选择的作品都是经典的或优秀的，可以使学生直接感受到其艺术魅力。尤其是和所学知识、技法结合地欣赏，对理解知识技法更具有无法估量的作用。学生是在欣赏和在其后的操作实践中，体验艺术美、艺术趣味和技术美的，这是理解美术的基础。

随堂欣赏法，也是以挂图、幻灯、影视等教学手段与讲授法相结合进行的。未将其纳入演示法，是为了突出随堂欣赏在教学中的直观形象认识作用与艺术美的欣赏感染作用。这样既突出了随堂欣赏的作用，又突出了演示法的技法、应用等表演的观摩性，可以使二者在概念上不相混淆，又使随堂欣赏法与专题鉴赏法相区别。

随堂欣赏法对教师的要求：

1）各课业教学都必须有随堂欣赏，使之成为教学环节的组成部分，但不宜占用过多的时间。

2）随堂欣赏选择的美术作品要根据教学内容需要，突出教学重点。对作品的分析，要贴切，要到位，不要偏离教学内容，不必介绍作者生平、创作过程和创作背景，以免喧宾夺主和占用过多时间。

3）随堂欣赏要尽量选用经典、名家或具有代表性的作品。例如，讲黑白版画的阴刻、阳刻、混合刻法知识和讲刀法等教学内容，所选用的作品一定要有鲜明的技法典型性，以使学生从中获得鲜明的知识概念和技法的艺术美感。

4）随堂欣赏的作品风格要能体现艺术风格的多样性，不要集中某一家某一派，既给学生丰富的视觉感受，又可以使学生从中接受美术的多元性、多样性，以利于培养对多元文化包容的人格品质。

5）随堂欣赏的作品，要能给学生以发散思维的启发性，要能激发学生的创新意识。

6）随堂欣赏的作品如能于课后展览为最好，可以给学生多欣赏的机会。

随堂欣赏法对学生的要求：

1）按教学要求，着重领会作品的艺术美和艺术趣味。只有领略到美和感受到艺术趣味，才能在自己的艺术操作实践中有所追求。

2）从观摩欣赏中学习技法和创新意识。观摩欣赏是学习，要重视从直观感受中领会所学美术技法的表现特点，并能运用于自己的操作实践。观摩欣赏时，要注意美术作品的不同风格不同样式的区别，注意感受美术创新的魅力，从而强化自己的创新意识与追求。

3）多欣赏观摩，提高审美力。凡是平时注意多观摩欣赏的人，其审美眼力必然在潜移默化中随之提高，艺术修养也随之得到提高。所以不仅在课堂中重视随堂欣赏，更要加强平时的观摩欣赏。

（3）观察比较法

是通过观察比较，认识和把握客观对象和审美的教学方法。观察比较法，从教师角度是通过对学生及其学习的观察比较，认识和把握学生的美术学习及其发展，以便更好地因材施教；从学生角度是在教师指导下学会观察，通过观察比较去认识事物，更好地学习美术和学会做人做事。学生学习美术，离不开观察比较，否则便没有对美术的感知。观察必须伴随着比较，离开比较，不可能有正确的感知和准确的判断。

在美术教学中，指导学生观察比较的对象：一是对现实生活的景物、事物、人物的观察比较。现实生活是美的源泉，艺术源于生活，艺术的灵感来自对生活的感受，表现素材取自生活。所以，对现实生活缺乏感受是无法进入艺术表现的。缺乏对生活的认识，无法创作出生动感人的美术作品。从学习美术的角度看，指导学生对现实生活的观察是为了对生活有认识，以便更好地学习美术。从育人的角度看，指导学生观察比较是为了明辨真伪、是非、美丑，以利于行，学会做人做事。有了好的人品，才能创造出具有好的艺术品格的作品。二是对美术作品及学生自己创造的审美对象的观察比较。美术遗存、名家作品是美术学习的对象，对其观察审美，可以感受领悟艺术美和获得审美享受，可以从中获得丰富的学习内容。对自己正在进行的美术作品的观察比较，是为了分辨优劣和得以改进，提高美术表现能力。

无论是对生活的观察，还是对自己创造的审美对象的观察，都是在比较中进行的。例如，对写生对象比例的观察，无比较便得不出相互间的比例关系。又如对明度的观察，不进行物象间明度的比较，就得不出黑、白、灰之间的明度差别的变化关系。又如色彩的观察，不进行相互间纯度、彩度的比较，便不能正确感知色相特点。虚实的观察，不进行比较，便看不出虚实强弱的对比关系。对自己画面构图的观察，不进行表现物象与画纸比例关系的比较，便无从判断构图布局的好坏。不拿自己的画与他人的画相比较，便得不出自己绘画水平高低的结论。因此，观察比较法的观察与比较不可分离，观察必然伴随比较，观察比较法是美术学习的最基本的方法。

观察比较法对教师的要求：

1）注意引导学生观察生活，培养学生有意识观察和养成美术的观察习惯。通过引导观察比较，使学生获得对客观事物的正确认识，提高对事物分析、综合能力。

2）向学生提出明确的观察任务。不同课题教学，依据教学内容观察取向的不同，各有其观察重点。例如，有的着重于透视变化的观察，有的着重于物象特征的观察，有的着重于形象特点的观察，有的着重于形式美的观察，有的着重于比例关系的观察，有的着重于技法表现的观察……教师引导学生观察，必须明确观察任务，以使学生从盲目地观看变为目的性明确地观察。通过观察，使学生对所学内容有切实的感知。

3）指导学生按顺序地观察比较。例如学生写生时，往往首先被对象的色彩和感兴趣的局部所吸引，所以教师要指导学生按作画步骤、顺序有计划地观察比较，即先观察什么，再观察比较什么。

4）培养学生正确的观察比较方法。绘画训练的任务之一是观察比较方法的训练，即培养正确的观察方法，也就是“整体观察”的观察方法。“整体观察”是从整体观念出发，首先观察事物的整体，保持对事物整体的印象，再观察细小部分，以便更好地反映整体，即整体——局部——整体的辩证地观察。这中间离不开比较，可以说是“整体的观察即伴随比较的观察”。

5）引导学生明确比较的标准。比较是在相互对比中进行的思维判断，无论是写生还是临摹，都是在对象与自己画面之间不停顿的相互对照比较中进行观察的。比较的标准，就是写生或临摹的对象。写生画的形象比例的观察，是以写生物体自身的比例为标准。物体间的比例，则以其中一物（一般以大物体）为标准得出其间的比例关系。物体的倾斜角度，则是以垂直、水平线为标准进行比较、观察。意象表现时，则是以自己的心象与画面比较，不断改进使之合于自己表达的要求。

6）教师要注意观察比较学生的学习情况，对其点滴进步也要予以肯定和鼓励，对其问题不足要予以耐心指导。

观察比较法对学生的要求：

1）要按教师的指导与要求进行观察比较。学习美术就要学会观察比较这是至关重要的。按着教师的指导与要求进行观察比较，不仅能加强对美术的认识、理解，而且能学到正确的观察方法和提高观察能力。

2）分析地观察比较。观察事物，观察美术作品，要能分析，能从中提炼、抽象、概括。这样便能认识得自觉、深刻，表现时自然也会随之提高能力。

3）自觉养成美术观察的习惯。要想学好美术，就要养成美术观察习惯，按着审美地观察感受世界，按着美术表现形式法则观察世界，经常细读美术作品，一旦形成习惯，审美修养自然提高境界。

9.3.3 以实际训练为主的教学方法

辅导练习法

辅导练习法是学生在教师指导下，运用学过的知识和技法，进行绘画创作、艺术设计和工艺制作等作业练习。这是使学生获得操作体验，加深对美术的理解，形成技能和发展能力的教学方法。

由于辅导练习法是以学生独立动手操作练习为主，所以也可从学生学习方法角度称之。依据美术作业的性质和目的，辅导练习法可分为六种，对学生来说即是六种练习法。

（1）临摹练习法

是“临”与“摹”两种学习方法的统称。由于现在一般不描拓地“摹”，而将对照范本摹仿的“对临”以临摹称之。临摹练习法是学习美术的一种方法，更是学习中国书画的主要方法。其目的不是为了复制，而是为了学习前人的表现方法与技巧。

（2）写生练习法

是中小学的素描、速写、铅笔淡彩、水彩等课业，通过对照实物进行再现客观对象的练习方法。其是加深对事物的理解，培养观察力和绘画技能的学习方法。

以上两种练习法，都属于技能训练，同是需要经过反复练习得以熟练的操作活动。

（3）默写练习法

默写练习法，一是指凭记忆将生活中观察、体验、感受深的事物默画出来的练习；一是指将观摩、临摹、写生之后的作品再默画出来的练习。这是一种强化形象记忆，锻炼离开范本、实物可以默画的美术能力的学习方法。有的中小学教师将“画日记”纳入课题教学，就是强化锻炼学生默画能力的好方法。

（4）创作练习法

美术创作是把生活原料进行加工、提炼、改造、制作予以或再现或表现的艺术实践，是作者对客观世界的认识、理解、情感、想象、思想、审美理想的艺术表达实践。美术创作练习法，是旨在加深对美术的理解和全面提高美术表现能力的学习方法。

（5）艺术设计练习法

中小学工艺美术中的标志、贺卡、服装、室内布置、手抄报等艺术设计，是根据实际需要将构成作品的要素，通过策划、设想和安排，构成协调统一的整体，是旨在给人以舒适、美观且与环境相谐调的艺术效果的练习。艺术设计练习法，由于是根据需要为限定条件进行构思制作的操作活动，所以是对学生艺术设计的美术能力和科学精神最好的锻炼与培养的学习方法。

(6) 工艺制作练习法

工艺制作是按既定设计方案与要求，依照规范程序制造出预期的东西，如建筑模型等；或是进行手工艺制作，如京戏脸谱、石膏人染色、编织物品等。工艺制作练习法，旨在练习眼、手、脑的协同性和手的灵巧性，是培养学生的技术意识和技艺美观念的学习方法。

以上六种辅导练习法，有两点共性：一是都有一定的制作程序和技术要求的操作训练；二是都属于智慧技能训练，都不是单纯的动作技能的反复温习以求熟练的练习。且不说美术创作和艺术设计是强调创造性的完成，就是绘画写生练习，也是集观察、分析、比较、取舍、概括、抽象化等的思维过程，是捕捉客观对象特点将其描绘出来的综合练习。虽然手工艺制作练习，有些是着重手工艺性仿制，但现在的教学大多已经不是简单的复制，而是融进了创作要求，是在制作程序和技术要求基础上的一种有创意的操作。例如，剪团花、染纸图案，在教其规律之后，要求学生创新地剪，自由地染。作业结果，是无一相同的，所以都不是简单的动作技能训练，而是眼、手、脑协同并用的练习，是创新意识形成的过程，是创造力受到锻炼的过程。

辅导与练习的关系，辅导是教师对学生的帮助和指导；练习是学生的操作实践以求美术技能的形成和熟练。美术技能，是由练习而巩固的行为方式，是相应行为的概括化的结果。学生的美术技能，只有通过多次亲自操作练习才能形成。因此，美术课堂教学的很多时间是学生在教师的指导下进行操作练习。美术又是主体性体现得极强的学习活动，尤其美术的表现与个体的感受、想法分不开，所以教师的辅导替代不了学生。但教师的指导与帮助，对学生的学习和作业效果又起着关键的作用。教师指导得体、得法，可以使学生的技能进步得快，有时一语点拨的指导可以拨开学生心中谜团而顿悟，免得学生走弯路。所以，辅导练习法是最体现美术教师教学能力的教学方法。学生练习的过程，就是教师指导的过程，尤其是学生要形成技能的练习。教师的指导就是对学生进行训练，是有针对性地进行观察能力的训练、造型技法的训练、形象思维的训练、艺术创造的训练、使用工具材料和操作的训练等。教师对学生进行的训练，概括一句话就是对学生眼、手、脑协调并用的训练，是最能体现师生的教与学，以及主导与主体关系的教学方法。教师通过到学生面前巡视，及时发现全体学生或个别学生在操作中存在的共性或个性问题，给予必要的具体的帮助与指导，所以辅导练习法是美术教师因材施教的具体体现。

辅导练习法对教师的要求：

1）辅导练习要准备充分。教师备课往往倾注于备讲授内容，而忽略备辅导练习。这是不对的。因为学生练习是学生的独立的操作，教师必须要认识到学生美术能力的形成，尤其是技能的形成，在于作业练习，所以应该重视辅导练习，并做好认真的教学准备。辅导的准备，是考虑到学生作业会出现什么问题和怎样给予解决。因此，要准备与学生作业有关的多种创意，准备有关的资料和辅导练习时需要的有关的技能。

2）教师要对学生提出明确的练习目的和作业要求，明确交代操作的方法步骤，明确把握操作的重点与难点，以使学生目的明确的按步骤有序地进行操作练习。

3）教师巡视辅导要有目的性。首先着眼于全班，及时发现全班共性问题和多数人的问题，及时运用讲述、演示等方法予以指导加以解决；其次要及时发现每个学生的问题，因人而异地纠正偏差，解决学生的具体困难，真正起到辅导作用，使所有学生学有收获。

4）教师要认真进行辅导练习。教师首先要认识到讲授完毕只是教学进行的一个阶段，教学情绪不可懈怠，应保持亢奋的精神状态，投入到辅导练习之中。其次，教师要认识到认真辅导的本身就是对学生认真完成作业的无声的督促，是对学生学习态度和学习行为的最好影响。再次，教师要认识到认真辅导要表现为对每个学生的关注，认真辅导每个学生的作业。

5）教师的巡视辅导要有计划。从空间上要有路线布局，以便于有序地照顾到全体学生。不要在一个学生身边停留太久，否则影响对全体学生的巡视指导。对全班的巡视，起码在两遍以上，不然最初看过的学生作业是练习的开始，他在其后出现的问题就不能发现，不能指导了。

6）要以“典型”导向和以“典型”纠偏。以“典型”导向，即是我们在“面向全体统一要求与因材施教个性发展相结合教学原则”中提出的要及时地抓“头羊”带全体，就是要以抓“尖子”作业使其发挥导向作用，从而带动全体。以“典型”纠偏，就是及时抓住能代表大多数共性错误的“典型”作业，通过对全班再讲解再演示，以纠正学生作业中存在的偏差和问题。

7）教师辅导练习要机敏，要顾及全班。在辅导中不要慢悠悠地只顾低头看眼前，要有“眼观六路、耳听八方”的机敏性，要及时发现有问题而举手的学生，对学生的疑难要及时发现。辅导个体学生要迅速，以便抓紧时间能具体指导更多的学生。

8）要帮助学生解决具体问题。对学生作业练习中存在的问题可归纳为三类：一是构思创意，或是想不出来或是拿不定主意。对此，教师要启发学生想象，要帮助学生很快定下来以免延误练习时间。二是学生对绘画创作有想法、有创意，但画不出来，或有技术难点，或画得不满意。对此，教师要教学生如何利用为其提供的有关形象资料，也可动手具体帮助修改或助其解决某处的技术难点。帮助学生使作业得以成功，可使学生提高学习美术的兴趣、欲望，增强成功的信心和满足感。三是在绘画技法或工艺制作上存在不合规范处。对此，教师要能一眼瞥见即可发现，并提出严格要求。教师要通过帮助学生解决具体问题的切实辅导，使学生的技能得到训练而提高，使作业更加完美。

9）对美术创作性作业的辅导，要尊重学生的创作个性和独特的立意，可以用自己的智慧和经验助其更加完善。

10）教师要掌握学生做作业的进度，严格控制课堂时间，使学生在指定的时间内完成作业，勿使课业压堂。

辅导练习法对学生的要求：

辅导练习法，对学生来说是练习法，是前述的临摹练习、写生练习、默写练习、创作练习、艺术设计练习、工艺制作练习等学法的统称。依据美术练习的共性特点，对学生要求如下：

1）明确练习目的和作业要求，认真独立地完成作业。要认识到美术学习的“练”是非常重要的，只有通过“练”，才能把技法知识化为技能，才能真正体验到艺术美、技术美，才能提高美术的实践能力。操作练习要明确操作程序和技术要求，操作程序是前人总结出的经验；技术要求是工艺完善的保障。例如纸造型建筑模型，其计算、剪折、粘贴各个环节都很重要。模型的计算要精确，剪要剪得规矩，折要折得齐整规范，粘贴要牢固到位，不然便导致作品的失败。要认识到美术练习是培养现代社会的人应具有技术意识和严格的科学精神的培养途径之一。所以要认真投入练习完成好每一件作业。

2）美术练习要动脑，使眼、手、脑协调并用。美术练习是智慧技能的练习，动脑是美术学习的要义。例如写生练习，要理解地观察、整体地观察、比较地观察，要分析对象特点，弄明白表现手法的道理，思考怎样取舍、概括等，都需要动脑。在头脑支配下观察和作画，便可事半功倍。至于美术创作、艺术设计等，更是动脑的智慧的产物。美术练习行成于思，不动脑，不积极思维、联想和想象，便不会有创新。

3）善于运用资料和名家作品，善于汲取他人的长处。美术学习需要苦练精神，但又不能傻苦练，要善于运用资料和汲取他人的长处。现在有关的美术资料极为丰富，教科书上也提供了一些可借鉴的作品，在美术练习时就要善于从中汲取艺术形式处理手法、色彩构成等，并能举一反三。

此外，还要善于从同学的优秀作业中激发灵感。吮吸其长，发展自己，是美术学习的聪明之举。

9.3.4 以审美评鉴为主的教学方法

（1）作业评价法

作业评价法是指对学生作业予以分析品评的评价活动，以及对学生作业予以成绩评定，使师生取得学习评估、反馈，认识教学成效的教学方法。分析作业的评价活动一般是于课堂小结时或第二节新课讲授之前进行。作业评价法，对教师来说，是通过学习评价，对教学有清醒的认识，以利于改进教学；对学生来说，是通过课堂小结的作业品评，进一步加深对所学知识的认识，提高审美判断水平，通过成绩评定及时反思，以利于今后更好地学习。

学生作业是师生教学的一面镜子，映照出教学面貌，客观地反映出学生的接受程度、学习态度、智慧技能。学生作业是学习的结果，是其美术能力的集中体现，往往将其作为评估教学效果的依据，所以很看重作业效果。但是，我们必须看到：美术教材中有许多课业是一次性的，没有重复练习的机会，对学生个体来说在一次性的作业中的失败，不足以反映其学习态度和创作智慧。因此，美术教学过程的重要性，应该甚于结果，学生作业只不过作为对学生学习评价依据之一而已。

课堂小结作业评价活动，是在完成课堂作业之后于结课之前，组织全班学生对作业进行的评价。这是最为有效的也是学生最热衷参与的教学活动。因为学生经过努力完成了作业，很想交流和看看别人的作业效果，并想跟自己的作业做比较。尤其对自己作业很满意的学生，此时很想展示让别人看看，想听到师生对自己作业的评价。课堂小结时的作业评价活动，一般有五种做法：一是，教师展示优差两端典型作业，结合教学内容和作业要求以对比的方式讲其优缺点，以使学生加深对教学内容的进一步理解。二是，教师只将优秀作业予以展示，并分析作业的优缺点。三是，教师让优秀作业的作者到讲台前展示自己的作业，并讲述自己创作的表现意图，教师再予以肯定和鼓励，以致发动全体学生鼓掌鼓励。四是，选数张优秀作业于黑板上展示，并由同学们评论谈好在哪里。五是，教师让自愿展示作业者将作业贴在黑板上，可能达十数张或二十几张，甚至到无处可贴为止，然后让学生展开评论，一般以选自己喜欢的作业和讲出理由为主。

以上五种方式，各有优缺点。前两种是以教师为主的讲评，可以紧扣教学内容和作业要求，有利于深化学生的认识。其缺点是学生主体是被动地听，积极参与性差。尤其第一种以优差两种对比，可避免今后出现类似问题和对作业态度不端正者予以批评，有其明显的优点。但是，其缺点也最突出，即容易伤害学生的自尊心。第三种让优秀作业者谈自己创作的想法，是对本人的鼓励，但其他学生参与评价不够。优秀作业也是教师指定的，没有经学生认同。第四种、第五种的优点是充分调动了全体学生的积极性，在由学生评价的同时也锻炼了表达能力。其缺点是费时较多，学生谈得可能不紧扣教学内容和作业要求，真正好的作业可能还没有被提到就到下课时间了。

以上方式方法各有优缺点，教师应根据教学需要灵活变换地采用，而不应拘泥于某一种方式方法。

学生作业成绩评定，是教师于课后依据教学的基本要求作为评定标准进行的，一般是以分数或等级作为评价。美术的学习成绩，无统一的标准，且是教师自己评定的，不足以代表教师授课的水平。全体学生学习的全面效果，才是教师授课水平的镜子。

此外，课后在班教室内或全校搞的作业展览，也是对优秀作业给予的最好的评价。

作业评价法对教师的要求：

1）保护个性，发展个性。美术作业不同于其他学科作业，不可能像数理化史地那样有标准的答案。美术作业，既有创意，又有性格、情感的驱动，便显出个性特点。图 9-2-1、图 9-2-2 这两张画，您说哪张好，这就在于个人的审美偏爱了。有的学生作业，整洁、细腻，色彩均匀，富有装饰性；有的学生作业画得无拘无束，貌似漫不经心，却有很强的动感；有的学生画得简要，有的画得繁复……这都属于艺术表现个性，只能保护，促其发展，不能划一要求。因此，作业评价时，不可向同一性引导。

图 9-2-1

图 9-2-2

这两幅同龄学生的作业表现手法不同，都是优秀的作业

2）评出自信，评出志趣。在评价学生作业时，有的教师问学生“你们认为哪张最好?”这种引导既抹杀个性，又是在树立一个标准，是不符合艺术个性特点的。而应以类似“你喜欢哪张作业，说出理由”的问话出现。这样既尊重了学生的艺术个性和审美偏爱，又可启发学生的思考。如此，便有很多学生的作业被同学选为喜欢的作业。让学生谈喜欢的理由，如果学生谈得不全面，教师还可补充：这张立意独特，那张想法新颖；这张手法粗犷，那张表现细腻；这张进步很大，那张画得完整，等等。评价的目的，不是为了排名次，而应起到加深理解认识，激发学生学习的兴趣和自信心，使学生都有成功感，使评价能评出信心，评出追求的志趣，即评出只要自己努力追求，就能受到肯定和表扬。

3）鼓励进步，不带偏见。教师对学生作业要一视同仁，切忌偏见。如因偏爱某一学生，给好成绩，既不利于学生成长，也有损教师的威信。对平时表现差或能力差的学生，教师应特别留意其在作业中表现出的点滴进步，并及时给予肯定，以此为契机给其前进的动力并关注其后的表现。

4）评价用语，充满关爱。教师在评价学生作业时，言语要充满关爱。关爱可以激励学生奋进；刻薄、挖苦的语言，有损学生自尊心，会伤害感情。教师评价，应该以鼓励为主。

5）评定成绩，慎重待之。虽然美术不是什么考试科目，但其作业分数学生还是重视的，因为学生将其视为自己能力的象征。所以，美术评分不可草率从事，而应慎重待之，不可因为作业多便不做比较不加分析地马虎为之。

作业评价法对学生的要求：

1）认真评价，说出理由。对待评价作业活动，态度要积极，认真判断，踊跃发言，指出他人作业优缺点和说明理由的过程是锻炼审美能力和表达能力的过程。

2）通过评价，加深认识。联系自己的作业听师生评价发言，既能加深理解所学知识，又能明确自己的问题以利于提高。

3）欢迎评价，有利进步。评价自己作业时，要善待不同意见，欢迎指出缺点，以利今后改进。主动争取别人的评价意见。则是学习主动精神的体现。

4）善待成绩，鞭策自己。作业成绩优者，应考虑今后如何再争取；差者应持反省态度，考虑如何去努力。不论是优者，还是差者，都应该鞭策自己更好地努力学习。

（2）美术批评法

美术批评法是师生通过对美术作品的分析、解释、价值判断等批评活动，使学生获得对美术作品的含义、价值和个人意义的理解的审美享受，并习得美术批评方法，从而提高美术理解力、鉴赏力的教学方法。美术批评法，主要是于专题欣赏、参观美术馆等鉴赏教学活动中运用的教学方法。美术批评法是将理论界的

“美术批评”引用到欣赏课中的教学方法，故称“美术批评法”。

这里涉及欣赏课、鉴赏、美术批评等概念，有必要予以弄清楚。“欣赏”，是做享受美好事物，领略其中趣味解，包含对事物的肯定和赞赏。所以，作为美术课业类型的“欣赏课”，是对作品的肯定和赞赏而应选取优秀的美术作品供学生审美享受，其称谓是正确无误的。作为人对美术作品的欣赏虽然也会有一定的鉴别，但主要是直觉的感受、领略其美和艺术趣味。一个未受过训练的文盲，也可以对《开国大典》《蒙娜丽莎》发出由衷的赞叹，一个小孩子也可对齐白石画的虾、蟹领略其美。

“鉴赏”的涵义是鉴别、品评、欣赏。美术鉴赏，是在对美术作品的品质、价值、意义作出判断基础上的欣赏活动，是一个对美术作品的感受、理解和评判的过程，包括知觉、感情、认知、判断等心智活动。人对美术作品，只有通过鉴别之后才能肯定喜欢不喜欢，最初接触可能由于不理解而不喜欢，一旦理解之后会变为欣赏。

对美术作品的分析、解释、判断的鉴别活动，就是美术批评。王朝闻在《美学概论》中对艺术批评的界定是：“艺术批评是以艺术欣赏为基础，按照一定社会和阶级的利益和理想，根据一定的批判标准，对艺术作品的是非、善恶、美丑所作的理论上的鉴别和论断。对于艺术欣赏和艺术创作来说，艺术批评比美学和艺术理论起着更直接的指导作用。”① 台湾学者王秀雄说：“美术批评具有两方面机能。一为解说作品之结构，作品内涵及其象征意义等作品性质的‘解释批评’；另一为判断作品优劣和价值的‘价值批评’。要判断价值之前，需要先了解作品，所以在批评次序上，‘解释批评’总是在‘价值批评，之前。”②

① 王朝闻主编：《美学概论》，319 页，人民出版社，1981。

② 王秀雄：《美术批评鉴赏教学的研究》（台湾《学校美感教育国际学术研讨会研究论文与研讨记录》），44 页。

由于批评者对美术作品重视的层面和观点的不同，以及价值判断标准的不同，审美取向的不同，便产生了不同意义的解释，有的着眼于固有的美感价值的批评，有的着眼于伦理道德的批评，有的着重于个人获得印象、感受的批评，有的着重于作品产生背景及社会背景意义的批评，有的着重于作者的性格、情感表现的批评，有的着重于作品形式结构的批评……因此也就出现了不同的批评理论和不同的批评类型。

不同类型的批评于美术创作来说，或是立足于分析某一层面，或是强调创作的某一环节，其批评存在着以偏概全之弊端。作为美术批评，既然是以美术作品作为对象，就应从整体把握作品，探讨其形式、意义与价值。为此，王秀雄先生列一图表（见表 9-5），说明美术批评与美术创作是一种二律相悖的性质和二律相悖的程序。

表 9-5

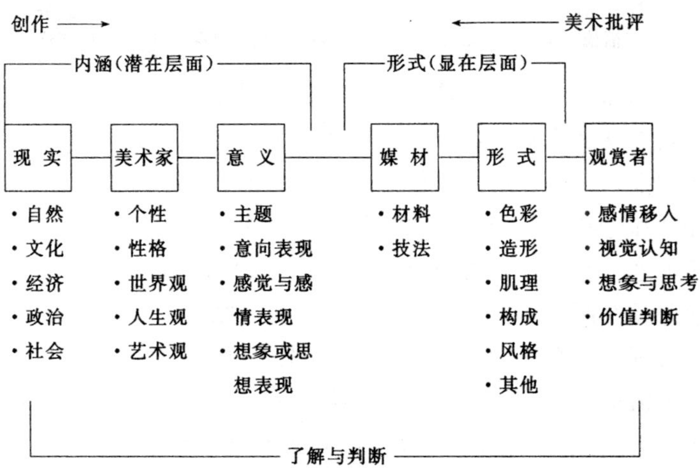

怎样将与美术创作逆行的批评程序运用于美术教学中，美国教育家早在 20 世纪 60 年代便进行了探讨，不断有人设计其教学模式（见表 9-6）。

表 9-6

学　者	美术批评教学的程序	学　者	美术批评教学的程序
R·史密斯 (1967、1973)	描　述 分　析 解　释 判　断	M·巴肯 L·查普门 (1967)	描　述 解　释 注　释 判　断
S·马蒂亚 A·荷维特兹	感受作品 描述作品 分析作品的内容等性质 判断作品的美感品质	E·B·菲奥蒂门 (1967)	描　述 形式分析 解　释 判　断
GA·米蒂乐 (1980)	描　述 分　析 解　释 判　断	W·D·格瑞尔 (1987)	描　述 分　析 解　释 判　断
E·L·兰克福德 (1984)	接受刺激 导　向 关　联 解释分析 综　合	T·安德森 (1988)	反　应 叙　述 形式分析 形式描述 解　释 背　景 背景探究 综　合

王秀雄参照美国美术教育学者的美术批评教学程序，设计了美术批评的层面与程序（见表 9-7）。这是值得我们学习和研究的美术批评教学的过程模式。

美国艺术批评家沃尔夫和艺术教育家吉伊根针对美国教师机械地运用批评模式，而于 1997 年在其合作的《艺术批评与艺术教育》一书中指出“紧紧抓住这种单调的讨论程序，对许多教师来说的确有很大的吸引力”。因为这种讨论能够预料出现的结果。然而，“也必须清醒地认识到，这种教学方法必将产生一种负面效应。” “首先，强加于学生的这种程序限制和约束了他们对作

表 9-7　美术批评教学的过程及各过程所探讨的重点和层面

<table>
<tr><th></th><th></th><th>批评的重点和层面</th><th>指导策略</th></tr>
<tr><td rowspan="4">美术批评教学的过程</td><td>简单描述</td><td>· 感官可感受到的层面作为描述的开始。
· 对题材、主题、造型要素（色彩、线条、形状、肌理）与形式，以及作品给予的气氛感觉、印象等做简单粗浅的描述。</td><td>· 鼓励学生以直观感受到的印象、气氛或感觉、感想直率地讲出来。
· 此时不可批评学生所言的感受或见解。</td></tr>
<tr><td>形式分析</td><td>· 探讨作品制作中所运用的材料、技法及其特性。
· 探讨作品中的色彩、形状、线条、肌理等造型要素的处理方法。
· 个物描绘的特色。
· 分析部分与部分、部分与整体间之关系。
· 探讨运用何种构成的原理（或美的原理），把诸艺术要素组织为一整体。
· 探讨作品之风格。</td><td>· 依据 Arnhein 所提“知觉学习的阶段”，宜由①到④的程序刺激和指导。
①观察（个物或部分）；
②感觉关系的描述（部分与整体、图与地、群化关系等）；
③选择（舍弃与强调的要素、构成或组织原理）；
④形式的法则化。
· 中国画亦可使用“六法”来探讨。</td></tr>
<tr><td>意义解释</td><td>· 探讨环境、文化、社会、宗教、政治、经济等背景要素与作品的关系。
· 作家的个性、性格、思想、艺术观等如何反映在作品上。
· 探讨作品的内涵，即所含有的气氛、感情、心情、主题意义、观念、思想等。
· 探讨作品所含有的图像学之象征意义。</td><td>· 探讨的程序宜由外在要素（背景层面）进行到内在要素（本质层面）。
· 从一般性进行到个别性。
· 从文化背景进行到作家的性格，直到作品特有的意义。</td></tr>
<tr><td>价值判断</td><td>· 运用上述学到的知识、概念为基础，对作品的优劣与价值做合理的判断，并能述其理由。
· 参考专家对此作品的批评与价值判断。</td><td>· 可从伦理、社会、教育、美的结构、作家意向、作品意义等多元观点下价值判断。
· 判断是多元的，所以没有固定的结论（扩散性思考）。</td></tr>
</table>

品的理解。一个人对艺术作品的体验与感受是复杂的，不能简单地归结成几个相互分开的部分。这种固定程序不可避免地会忽视观众感受的某一方面，不论它是学生的情感，还是对艺术家意图的关注；不论是对作品创作经过的兴趣，还是感受与体验的其他某个方面。学生需要有机会来全面表达他们个人的感受，教师也要尊重学生，使他们能充分、完整地表达自己的感受。”“限制和约束对作品的体验，就等于对学生在刚刚接触作品时产生的感受置之不理或不屑一顾。”“强迫学生在感受艺术作品时遵从某种固定模式，会将学生在课堂以外其他渠道获得的直接的兴趣拒之门外。”“为了遵守这种简单、机械的程序，学生的主要兴趣及关注的东西统统被忽视了。”“这样做的结果就等于有意无意之中宣传和强化了那些教条主义和僵化了的东西。教师应该培养学生坦诚面对自己的感受，并且愿意认真思考自己最初对作品的印象，以便更专注于艺术批评。”“为批评艺术作品设计一种严格化的程序（描述、解释、评价，等等），只会窒息有意义的讨论。”因为“模式不能适应学生和教师在讨论艺术作品时很可能作出的范围十分广泛的评论。”“逐步发展形成的艺术批评模式事实上是批评文章的模式而不是批评探索的模式。”① 那么，他们认为批评探索的模式是什么呢？他们认为批评探索可以被界定为对艺术作品中的含义和价值的探索，而课堂教学的批评探索应是意图理解、审美理解和个人意义，应强调艺术作品的含义，而不是确认价值。

笔者在教学实践中感到确实很难对某些作品予以价值判断，价值判断只能流于形式。笔者在编写《高中美术欣赏基础》教科书（人民美术出版社，1993 年）时，于第一课中以齐白石的《虾》和达·芬奇《蒙娜丽莎》的分析为例，设计了探究作品的三个步骤：第一步是从分析形式和形象入手，首先让学生搞清他

① ［美］沃尔夫·吉伊根著，滑明达译：《艺术批评与艺术教育》，193 页、194 页、259 页、260 页，四川人民出版社。

们所看到的作品的艺术类别，在外在形式和创造的形象上有什么特点。第二步搞清作者的艺术处理所要表达的是什么，即对内容含义的理解，强调欣赏者对作品的审美体验。第三步是联系作品的时代背景和作者本人，探究作品的精神内蕴，领悟作品的意义，这便包含了价值判断。

美国美术批评家、教育家沃尔夫·吉伊根强调个人反应和个人意义，这对我们是有启发的，应予以重视。美术批评法，不仅在于帮助学生理解课本上的美术作品，而且在于让学生学会探究方法，学会理解美术，认识理解美术多样性特点和创新性品格。这样才对学生个人具有启迪和价值，这样也就将美术批评法与理论界的美术批评予以分开了。

然而我们也必须注意到：王秀雄在其提出“程序模式”之后，也强调“不过上述教学过程的次序，并不是一成不变的。笔者发现人物画的题材，尤其是表达宗教、历史、神话或风俗等主题，观众最大的兴趣在于这主题在叙述什么故事？这个人到底在做什么？对主题的意义与内涵首先产生极大的关心。尤其年龄愈小的学生，就想立刻知道这一幅画到底在叙述什么故事，绝不会耐心的等待‘形式分析’后再来探讨‘作品的内涵’。所以，遇到宗教、历史、神话等主题的作品，就宜采取描述──→解释──→分析──→判断的教学过程次序。内容与形式是分不开的，有时先了解作品的内涵后，再来探讨形式，反而能确切认知形式处理的优点与特色。”①看来，关键在于教师如何灵活运用批评程序。

笔者以为还是应有一个模式供参照。设计批评程序的教学模式，是为了便于教师的操作，以便使对美术批评尚不熟悉的教师在欣赏课教学中不至于束手无策。但长期以同样模式教学，也确实存在很大弊端。所以又要根据具体作品，设计新的方法灵活地

① 王秀雄：《美术批评鉴赏教学的研究》（台湾《学校美感教育国际美术研讨会研究论文与研讨记录》），52 页。

进行教学，使之既有法，又活用教法，乃至无法，当为致法，关键在于教师要具体问题具体处理。

美术批评法对教师的要求：

1）引导学生对美术作品的批评要客观全面。任何人对美术作品都存在着个人的审美偏爱，例如，有的人钟爱中国画，有的人偏爱油画；有的人喜欢写实，有的人喜欢写意；有的人欣赏古典美术作品，有的人赞赏现代艺术；有的人重视作画主题的政治意义，有的人重视形式美感……这些审美偏爱往往带进美术批评，但是教师一定要认识到现代社会美术多元化的现实，要以对美术多元化的包容态度去进行美术批评。教师作为个体，是可以有审美选择性的，但不应因此而否定和排斥自己不喜欢和尚未理解的美术风格，要客观地引导学生的美术批评。

所谓客观即不带个人偏见，按照事物本来面目去考察探究。对某一流派的作品的理解与评价，需要查找有关资料，需要美术史与美学知识，要弄清来龙去脉，以避免主观裁断地批评。

2）尊重学生对美术作品的感受与反映。欣赏美术作品是欣赏者再创造的过程。每个人经历不同，对美术作品引起的联想就不同，也决定了能否产生共鸣，决定着对作品喜爱与否以及喜爱程度的不同。在讨论中，学生自由表达出感受和对作品的看法，都值得尊重，不能划一要求。在此基础上，教师再引导学生思考、探究、发现，进行创造性的探索。

3）在教学中善于运用谈话法与讨论法，使学生能在宽松的气氛下各抒己见，启发引导学生通过交流看法进行学习。

4）教学中可用比较批评方法，纵向比较看发展及风格的变化；横向将同一时期的中西方同类美术作品比较，分析其异同，以理解艺术观念、风格样式的多元化和多样性；同一题材表现主题不同的作品比较，看艺术处理手法的异同，等等。以利于学生在比较中的感受、发现、认知和加强理解。

5）适当结合现实中难于理解的作品，发动学生查找有关资料和走访有关人士，进行探讨。学生愈是不明白愈有想弄懂的欲望，通过美术批评的探索是最能提高他们的理解能力的。

6）要向学生提供有关背景资料，如作品的时代背景、艺术潮流和艺术家的生平、创作特点等，以便学生更好地理解作品。但是，应避免以艺术家的奇闻逸事冲淡对作品的探索。

美术批评法对学生的要求：

1）要有探索精神。美术批评是探索，意味着进行主动的调查研究，意味着对审视的美术作品提出问题和对问题的寻根问底。如此，才能投入对美术作品的讨论，才能在讨论中学会美术批评和提高对美术作品的理解力。

2）强调个人的感受，表达自己的认识。对同一作品，不同的人会有不同的感受、认识与理解。要敢于表达自己独特的感受与认识，以启发他人和加深全班对问题的理解，同时也要尊重他人的独特见解。

3）主动查找有关资料，介绍资料，以提高学习能力。美国教师为进行鉴赏教学，往往向学生布置查阅有关艺术家生平、创作过程以及有关的批评文章。我国为了减轻学生负担尚未如此。但如果学生能主动查找和搜集，对学生研究能力的提高无疑具有积极作用。

4）通过鉴赏课，明确美术对个人的意义。美术的不断创新性，对每个人都是有启发意义的，要从中学到美术家打破艺术常规模式的创新精神。

9.3.5 以行为指导为主的教学方法

行为指导法

行为指导法，是教师利用心理学原理塑造学生良好的学习行为和品德行为，促进美术学习和人格全面健康发展的教学方法。教师对学生行为指导包括学习心理表现出的外在行为的指导，学习行为规范的指导，和由思想品德导致的行为的指导，以及做人做事的指导。

学生的学习兴趣、情感、注意力、学习意志等学习心理，都会于外在行为中显露出来。例如，对学习的兴奋程度、情感投入程度、注意力集中程度等的表现，以及存在精神懈怠、懒散，遇到学习上的困难畏缩不前，不耐心操作，思维不开放，木讷不言，缺乏想象等现象。这些学习心理行为，皆属于非智力因素，但却是学习的心理基础，是关系美术学科教学和完成学习任务的重要因素。人的先天的美术素质和智力差异不大，而后天形成的非智力因素的差别却很大，影响学习的因素主要是非智力因素。既然在美术课堂上发现了学生的不良学习行为，教师就应予以矫正。对优良学习行为就应肯定和鼓励，使学生非智力因素的学习兴趣、学习情感、荣誉感等转化为学习的动机，将学生的观察与注意引导到定向撷取知识上来，使思维拓展，想象驰骋，富有创造力，使意志品质坚强，树立战胜困难克服一切阻力的锲而不舍的奋斗精神。美术学科教学有了学生非智力因素的积极参与，就能使其教学任务顺利完成。

对学习行为规范的指导包括课前做好准备工作，注意听讲，遵守课堂纪律，操作时工具放置有序和注意工具使用的安全，工艺制作时注意教室的卫生，毛笔中的水不要乱甩以及建立良好的班风的指导等。对由思想品德导致的行为表现的指导，范围极其广泛，包括所有做人做事的指导，如矫正学生说话粗俗，引导学生尊重他人、同学间互相帮助，告诉学生不随便用别人的工具材料，以及引导学生协同合作等。学生的良好品德和行为，是在各学科教学中教师长期不懈地指导下形成的。美术学科教学对学生行为的指导，是保证实现教学目标和使学生德智体美全面发展的教学方法，因而是必不可少的教学方法。

行为指导法对教师的要求：

1）教师要牢固树立教书育人的意识。教学活动中，教师的言行有示范作用，在潜移默化地影响学生，教师的人格力量，使之成为学生学习模仿的榜样。所以，教师要严于自律，并使自律成为一种自觉的行为。有了教书育人的意识，便能发现学生的不良行为自觉地予以指导。

2）教师对学生要以爱心育人。教师的育人，是在尊重、关心、理解的基础上进行的，要营造一种融洽、和谐、团结的氛围。爱心具有无形的巨大的感染力，教师的指导只有让学生感到是关爱，才能乐于接受。关爱对学生又是巨大的凝聚力，这种凝聚力可以保证教师主导作用的发挥。

3）对学生的行为指导，要持之以恒坚持不懈，直至使学生形成良好的行为习惯。对学生的指导要求，不可忽冷忽热，忽严忽松。美术课堂容易出现纪律问题，主要是因为美术教师缺乏班主任教师那种坚持不懈的教育精神。但持之以恒的严格要求，又不等于严厉，要有民主作风。

4）行为指导要注意激发学生内在心理机制，使其内因发生变化，产生主动要求。

5）行为指导不可操之过急，要根据学生内因变化适时给予指导。对学生的点滴进步，要予以肯定和鼓励。

行为指导法对学生的要求：

行为指导法，从学生学法角度应称行为学习法，即学生主动学习行为规范，并进行自律、自检，以优秀人品为榜样，努力使自己成为品德优秀的学生。

1）要清楚了解人的美术素质和智力差距原本不大，能否成才关键在于后天形成的非智力因素所起的作用。所以，要自我要求，树立远大志向和学习目标，培养顽强的意志品质，提高学习美术对人的发展作用的认识，努力学习使自己成为一个全面发展的有用人才。

2）要虚心听取教师的有益指导，遵守纪律，按中小学生行为规范严格要求自己。

3）以古今中外的优秀人物为榜样，也要善于从周边好人好事中汲取做人做事的道理，努力学会做人做事。

10

美术教学的准备工作

美术教学的准备工作是上好课的前提，关系到教学质量和教学效果。

美术学科教学由于对物质条件的依赖性和教学内容的庞杂，所以教学准备工作十分重要。准备工作包括总体准备工作和教学设计。

所谓“教学设计”，是为了达到教学目标对教学要素及整个教学活动进行的综合系统规划、安排和决策，即为教学活动设计总体的、阶段的、具体课业的教学过程的蓝图。美术学科教学的总体设计，一般已由教学大纲和教科书的编制者予以设计了。一般情况下，教师对学科教学的设计，仅是依据教材制订学期的教学进度计划，进行单元教学设计和课题课时教学设计。

本章为了使教师对教学准备工作有明确的程序上的概念，故按美术教学的总体准备工作，制订学期教学进度计划，进行单元教学设计和课题课时教学设计四个层次的程序分述如下。

10.1 美术教学的总体准备工作

要做好美术教学工作，首先要从总体上做好以下三项准备工作。

10.1.1　钻研全部教材

教材主要包括：美术教学大纲、美术课本、美术教学参考书。钻研教材，是指对教材全面掌握、弄清结构、深刻理解、难易了然。钻研就要分析，要分析哪些适合本校，哪些不适合本校，编排是否合理等，以便调整实施。钻研、分析教材是备课的第一步，是重要的教学准备工作，是为其后的单元设计奠定基础。钻研教材包括：

（1）钻研美术教学大纲

美术教学大纲是国家教育部或地方教育行政领导部门制定的指导美术教学的纲领性文件，是对美术学科教育的总体设计，体现了国家或地方对美术学科教学的统一要求，是美术教学工作必须遵守的“法规”。它以纲要形式，从总的方面规定了美术教学的目的、教学要求以及教学中应注意的问题。美术教师的教学要忠实地执行美术教学大纲。因此，教师备课首要任务是钻研美术教学大纲，熟悉、掌握教学大纲。这是美术教师备课的基础。美术教师在教学大纲的基本精神指导下可以更好地领会教科书的编辑意图，掌握基础知识、基本技能的深度与广度，以及全部课本教材之间的内在联系、前后关系和各自地位，使教学工作能够做到统观全局、分清主次，避免盲目性，增强自觉性。在使用课本时，对其内容的选择与调整，或增加自编教材内容，都不至于偏离教学大纲的精神。

（2）钻研美术课本和美术教师教学用书

美术课本是根据美术教学大纲编写的，是将美术教学大纲具体化的教材，是教师备课与讲课的主要依据，也是教师备课的基本素材。所以对课本教材总体内容的思想性、科学性、系统性要熟悉，对教材的深度、广度，内部和外部的联系以及各部分在教材中的地位和作用要熟悉。

美术教学参考书，是与教科书配套的补充教材，是供教师钻研课本、备课和教学用的参考资料。教学参考书是按课本的教学内容、编排顺序编写的，对各课业的教学目的予以说明，对教材内容进行具体分析，并提出具体的教学建议和作业的要求。“教参”还附有该课的教案范例，为教师深入研究理解课本内容、编写教案和课堂教学提供最直接的参考资料。

钻研课本教材与教学参考用书的方法：

1）通览、通读课本。美术课本以图为主，其形象性可以一目了然。因此，通览是指要将中小学教材全部粗看一遍。通读，是指图文结合的仔细阅读、研究全部教材内容。通览通读之前，要先看出版说明，了解编者的指导思想及使用课本的原则精神。次看目录，了解教材的课题和内容结构。再通览通读课本内容，了解其深度与广度及各课之间的内外在联系，加深领会编者的意图及指导思想。

2）对照教学参考用书钻研美术课本教材。课本是以图为主展现的教学内容。教学参考书则是对课本教材的文字分析与说明。二者互相对照地通读，可以尽快地掌握课本教材。

3）对照教学大纲及其他版本教科书、“教参”，分析使用课本教材。

由于美术学科不是统考学科的特殊性，试用课本一般允许教师在不违背教学大纲的原则下，对课本教材内容进行适当调整使用，也可以增加教师创造性地编排自行探索性的教材内容。因此，对照大纲分析课本，可以更深入地了解课本教材与大纲的关系，进一步领会大纲的原则精神和课本教材内容的特点，及各课本教材的优劣。使用课本教材时则可以化被动为主动，调整教学内容时，不至于偏离教学大纲。

10.1.2 了解学生，分析教学对象

教师的教学对象是学生，只有了解学生，教学才能有的放矢。通常所说的“备学生”，即了解学生。不同年级学生的心智特点差异很大，每个学生的思想、兴趣不同，纪律状况也各不相同。开

学初、期中、期末学生的精神状态、学习状态不同，甚至季节、气候、校内外的节日、活动等都将对不同年级的学生产生不同程度的影响。教师对此，要有所了解。“备学生”还包含了解学生对教学内容的感兴趣程度、接受程度、教学过程中学生会出现什么问题，在每个教学环节上学生会有什么表现，等等。只有在对学生了解的基础上，才能制订出严密的教学计划，有针对性的教学。因此，要注意了解学生，尤其对新的班级，更要向班主任了解学生的学习、品质、纪律等方面的情况，以使教学不失针对性。

10.1.3 物质准备

物质准备包括：教学设备与教具、学具的准备。

教学设备包括：美术专用教室及其配套设备、电化教学设备。

国家教育部颁发的美术教学大纲中提出要积极改善教学条件。在具备改善教学条件的学校，美术教师应积极敦促学校配齐或改善教学设备。要向学校领导讲明美术教学的特点及其需要专用教室。因为许多课业如无美术教室，不便或无法进行教学。例如上泥塑课，无专用教室，泥土便无处堆放，制作也不便在课桌上进行。美术教室如同小的工艺制作工场，将工场移至普通教室，势必将普通教室搞得脏乱，影响下节其他学科教学。

有了美术教室要加以美化、布置，根据教学内容，更换室内悬挂、张贴的学生作业，以起到示范作用。也要根据各课业特点，安排桌椅布局。

使用电化设备，于课前检查是必要的准备工作。例如检查幻灯机性能、幻灯片的排列顺序，对其图片内容、解说的熟悉等工作。

教具准备包括模型、实物、图书资料及挂图、范画、范作以及教学消费用的画具、工具、材料，等等。准备教具和学具，是美术教师的重要准备工作，既是美术教学备课内容的重要方面，也是美术教学备课的特点。

美术教师应于学期之末检查下学期教学用的教具与学具，以便做出配备的计划。也可以将此项工作放在开学之初进行。教具不可能一下备齐，但要有计划地配备。教具准备要与制订教学进度计划同时考虑，便于根据教学进度计划配齐教具。制订教学计划要考虑教具配备的情况。

教具准备工作十分重要，直接关系到能否上好课。除教师自制自备的教具外，需学校购买的教具，要尽早提前做申请购置报告，以便学校领导考虑经费开支时纳入计划。不少的学校美术教学不能按教学计划实施，其中原因之一是到上课时无教具。

教师备课应根据教材内容选择合适的教具。有的教具需要从市场购买，如写生用的物品等。有的教具需要搜集，如民间美术品、贺卡、名作大幅印刷品等。有的教具需要教师自己设计动手制作。选择合适的教具十分不易，以写生教具为例，买到适合学生写生用的（形体、色彩不杂乱的）很难。当见到有适合上课用的教具时却批不下钱来，当有钱可买时又见不到适合用的教具。这些情况都是经常有的。因此，需要教师与学校领导讲明这些情况，适当处理这个矛盾。至于搜集的教具，教师平时就要注意积累，也要发动学生搜集并上课带来，以丰富教学的直观内容。

学具准备，是美术教师的另一项重要的准备工作。学具是学生学习用的工具材料。美术教学所用学具，有些是学生个人不便或无法准备的，如胶泥、画京戏脸谱用的脸模等。所以，有关部门按教材内容生产的学具，为师生上课提供了方便。如果没有学具，美术学科便无法上课，所以学具准备是比教具准备还重要的工作。因此，美术教师必须于学期末做好学具订购工作，以备课上分发。学生有统一规格的学具，便于教学的统一要求。

10.2 制订教学进度计划

教学进度计划，是对全学年或一学期教学工作进行的通盘安排，以便于明确全学年或全学期的教学任务，教学内容的进度时间，教学用的教具、学具、设备的准备计划。教学进度计划，一般是在上学期末或本学年始制订。

制订教学计划的依据：

(1) 教学大纲规定的任务要求和课本教学内容的编排是制订教学计划的依据。因此，教学计划是在钻研教学大纲和课本教材基础上制订的。

(2) 依据学校的教学条件、校历和季节。教学条件是实施教学的保证。有些课本教材内容，由于学校不具备上课条件，制订教学计划时要考虑调整。制订进度计划要考虑校历中的活动、节假日，依此安排课程。如命题画创作课可安排于春游、运动会或节日之后。有些课业如风景写生要考虑到季节气候因素。

(3) 依据学生心智特点、接受能力及纪律情况等。

制订教学进度计划，一般以表格形式表示，便于一目了然和检查。

附表格（表 10-1）如下：

表 10-1　美术学科学期教学进度计划　（　　年度第　学期）

周　次	日　期	课　题	作　业	教具、学具	备　注
1					
2					
3					
4					
⋮					

10.3 单元教学设计

美术教科书通常是按单元编排的，如中国画单元、色彩练习单元、平面构成单元等。但也有的教科书按散点的螺旋式进程编排教学内容。有的教师在处理教材时，为了使内容具有系统性与连贯性，往往将分散的内容予以集中为几个单元。单元教学设计，是在理解全部教材和在钻研单元教学内容的基础上，依据学生的可接受性特点、学校设备等条件，对单元教学内容进行的科学系统安排和策划的教学过程设计方案。

单元教学设计要明确以下几点：

(1) 明确单元教学目标。

(2) 明确单元教学内容的知识结构与技能训练步骤的逻辑关系，科学地设计课时课业的课题顺序、教学策略与方法。

(3) 明确序列课题的各课业的教学目标，以便指导课时教学计划。

单元教学设计可以用表格列出（见表 10-2)。也可不列表格，只要将单元教学内容的逻辑关系分析到位和课时内容之间层次结构清楚即可。

表 10-2　年度第　学期第　　单元　　　单元教学计划表

周次	日期	课题	教学目标	教学内容	作业要求	教具学具准备
1						
2						
3						
4						
⋮						

10.4 课题教学准备程序和课题教学设计方案

课题教学准备工作与课题设计是密不可分的。课题教学设计，是对教科书中的课题教学的内容、目标、结构程序、方式方法和结果等进行的计划与决策。其于上课前落实为“设计方案”，即“教案”，也就是通常所说的课时计划。

课题教学设计，是在钻研课题教材、熟悉教材、明确教学目标等的基础上进行的。从这一点来说，课题教学设计是教学准备工作的一个重要环节。教学准备工作尚有具体务实的行动，如准备范画、范作、教具、学具、熟练示范等。从这一点来看，教学设计对教学准备工作又有指导意义。所以，二者是辩证的统一关系，准备工作的程序即可理解为怎样进行课题教学设计。为了便于教师对课前准备能有科学性的程序概念，笔者将课题设计的“编写教案”安排在准备工作的如下程序之中。

10.4.1 钻研课题教材，把握教学目标

钻研课题教材，即钻研本课所要教学的知识、技能和教学目标。钻研不是肤浅地了解和一般地看看，而是要做到：

(1) 弄懂本课编辑意图、教学目的。例如，有的教材的课题及课的内容重点，在于让学生明白美术作品的形式原理和领略形式美；然而有的教师却将教材理解为技法训练，课堂教学时对课本图例不加利用、不加解释地大讲作画步骤和进行技法训练。这就与教材编辑意图与教学目的相悖，是未能钻研课题教材、不明教学目的所致。

(2) 要做到对课本教材的课题内容彻底弄懂。懂是指懂内容，懂名词，懂基本概念，懂艺术形式的特点和形式原理，懂书上的图例，懂画法、做法。教师只有自己先弄懂教材的内容，在讲授基础知识时才不至于出错，解词释义才能正确。

(3) 对课本教材课题内容要“会”。美术造型技巧性很强，

教材内容中的绘画和制作教学，教师必须自己要具备其技能、技巧，最起码要会画、会做，能演示给学生看。

（4）对教材内容要非常熟悉，化为自己随口而出的语言，即能达到运用自如的地步。

钻研美术课题教材，要达到彻底弄懂、精通的地步，仅依靠美术教学参考书是不够的，还应查阅有关资料。使教师的底蕴与所授课业成为“一桶水”与“一杯水”的关系，才能使教学达到深入浅出、条理清晰、通俗易懂、流畅自如的地步。

10.4.2 组织教材

组织教材，就是把一堂课所要传授的知识、技能训练等内容，按照教学过程及特点组织起来，安排好前后顺序。组织教材是在钻研教材的基础上进行的，是对课本教学内容从教学方法和教学步骤上进行的加工。组织教材首先要注意教材内容的选择应适合学生年龄、心理、智力特点，要符合学生可接受性原则，具有趣味性和实施的可行性。写生课的教具准备与选择、临摹课的选择范画、工艺制作课选择范作等均属组织教材。

10.4.3 准备范画、范作，考虑教学设计

范画和范作对学生具有极大的吸引力和审美影响作用。教师绘制范画和范作的过程，是对教学重点、难点的体验过程，也是思考解决难点的过程。

范画、范作有两种。一种是讲授技法时出示的欣赏范画、范作。这种范画、范作，要求精致、艺术性强，具有很高的欣赏价值。教师要花费较多的时间绘制或从平时的作品中精选出来，且要精心装裱其作品。教师如果拿不出足以可供学生欣赏的范画、范作，可以选用印刷复制的名家作品。

另一种是说明画法步骤的范画。这种范画，图要大，要让后排学生也能看得清楚。

此外，尚有两种属于范画之列作品，一是教师选用的以前学生的优秀作业，二是教师自己画的或制作的与学生作业同样大小

的示范作业。后者是教师的“下水作业”，是对学生作业的示范，可使学生对作业画成什么样或制作成什么样一目了然。这远比单纯讲述作业要求，要明确得多。教师通过“下水作业”还可以体会学生完成作业的时间和难点，以便更有针对性地指导学生作业。

美术教学的特点决定美术教师考虑教材的难易、物质条件、学生水平、教学的步骤和教法时，往往与绘制范画、制作范作相结合进行。教师在画范画、制范作时，加深了对重点、难点的体会与理解，对教材方能进行有效的组织加工和确定最佳的教学步骤与教学方法。

10.4.4 编写教案——课题教学设计方案

通常所说的编写教案，即课题教学设计方案，亦称课时计划。写教案（课时计划）是课堂教学的重要准备工作之一。教案是教师对课堂教学的内容组织、过程设计、教法施用等实施决策的设计方案。是钻研教材、组织教材、考虑教法和设计教学过程，在文字上的具体落实。编写教案的水平，是教师学识与教学业务水平体现的一个方面。编写教案的过程，也是对学科专业知识理论化提高的过程，有的青年教师绘画水平较高，却说不出道理，更应该通过写教案使自己的专业知识和理论水平得到系统化的提高。认真写好每一节课的教案，不断探索、总结、积累自己的教学经验，对任何一位有志于美术教育事业的同志来说，日久必将取得可喜的成果。

编写教案无固定格式，有的学校印发教案纸，一般栏目顺序是：课题，教学目的和要求，教学的重点和难点，教学过程，课后小结和备注。美术课教案还应有教具学具准备一栏，或将此项并入备注栏中。

下面结合填写这些栏目注意的问题谈课堂教学设计：

（1）确定课题

课题，指课的题目。课题内容的选择要注意季节、气候、物质条件等制约因素。课本规定的教学课题要结合具体情况予以调整确定。课题写得要明确，既不要笼统地写素描、临摹、创作，也不要只写命题如水罐和碗、树、秋天等。正确地写法是课业及命题二者皆写出。例如：素描——水罐和碗；国画临摹——树；命题画创作——秋天；或写成：水罐和碗（素描）；树（国画临摹）；秋天（命题画创作）。

（2）明确教学目标和作业要求

教学目标就是本节课的教学使学生所要达到的知识、技能、审美、道德及智力发展的具体要求目的，是本课教学的出发点和归宿点，是结合教材确定的一节课教学的指导思想。因此，既要考虑到基础知识与基本技能所要达到的要求目标，也要考虑到智力开发和美育所要达到的目标。

课时的教学目标是学科教育目的的具体体现。明确教学目标是备课的前提，是教案必须要填写的内容。教学的全过程及一切方法，都是根据教学目的确定的。备课必须明确每一单元或每一课时的教学目标。目标愈明确，教学愈有针对性。每节课的教学目标可参照教学参考书加以研究确定。

作业要求，是指对学生完成作业提出的所要达到的程度和注意事项。例如：二方连续纹样（图案）课，作业要求可以是根据已掌握的单独纹样，创造性地设计完成一条二方连续图案，画面要干净、整洁。

（3）确定教学内容的重点与难点

教学内容的重点与难点，是教师要精讲、讲透的内容。准确的确定教学内容的重点与难点，是教师教学水平的体现。是在熟悉教材及其艺术形式特点、了解学生接受程度的基础上确定的。是教师设计教学过程、选择教学方法，所要重点考虑的内容因素和讲授、演示的重点。教师围绕重点、难点讲清、讲透，学生便可顺利地接受该课内容，较好地完成作业。

（4）设计教学过程和教学方法

美术课教学一般是经过：组织教学、导入课题、板书课题、讲述演示新课内容（含随堂欣赏）、布置作业要求、组织学生练习、进行辅导、课堂小结等教学环节。

课堂教学是教学工程。设计教学过程，要考虑素材难易、学生兴趣、讲述、板书、随堂欣赏、教具、演示、表演技法、启发思维、引导观察、重点难点、时间分配等多方面因素，以及各种教学方法的综合运用与优化。要明确每个教学环节采用的教学方法及所用时间。

设计教学过程，就是将学生、内容、方法等教学诸要素与教学环节糅在一起综合考虑，进行精心合理地编排，使得教学方法恰当、重点难点突出、时间分配合理，使学生兴趣浓厚积极观察、思维活跃、创作主动，顺利地达到教学目标。

教学过程要着重考虑的是如何使讲述的知识深入浅出学生易于接受，使美术技法易懂易学，使教学内容的重点难点得以突破，如何使学生思维活跃，创造性地按时完成作业。

教案中要将教学过程设计方案与讲述提纲，或简或详地写出。

（5）教学用具

教学用具栏内填写教师上课所要用的教具、资料以及学生上课用的工具材料。以便课前检查、备忘。

（6）黑板利用设计

美术教案应有以图示意的黑板利用设计，即在哪儿写板书，哪儿做演示用。板书的内容，应提纲挈领地列出纲目。

（7）课后小结

此栏课后填写。填写对该课教学成功与失败的收获、体会，也要填写上学生完成作业的情况。

（8）备注

此栏作为补遗、备忘和记录教学中的事项、情况之用。例如，课上重点检查×××作业，或布置下节课需要准备的学具材料（树叶、废纸盒等）。

（9）美术学科的教案要文图配合展示教学内容，以体现学科特点。

附：1995 年第一届全国教学录像课评比一等奖获得者中的一份教案

《欣赏与绘制彩陶》

（1 课时）

授课教师：四川省成都市东城根街小学　周　萍

授课班级：四川省成都市东城根街小学三年级四班

课　　型： 工艺课

教材分析：

彩陶以泥土塑造，烧制成盆、壶、瓶、罐等不同的生活用具，造型丰满、优美简洁。打磨过的表面上用黑、白、红等矿物颜料绘制的图案洗练大方，有编织纹、动物纹样、人物纹样、植物纹样等，质地自然、色彩古朴，使人们联想泥土、森林，远古的篝火、鼓声，唤起人们对大自然的向往。

现将本课原设计改为学生直接用彩陶图案来装饰陶器，是想通过欣赏古代彩陶的精品，亲手绘制彩陶，把学生引入一个原始美的氛围中，培养学生的民族审美意识，激发学生对中华民族传统文化的自豪感和爱国情感，并培养学生在生活中发现美、创造美的能力。

教学目的：

1. 通过欣赏使学生感受中国彩陶的造型美、装饰美，激发学生对中华民族祖先的敬慕以及对中华民族传统文化的自豪感，培养爱国情感。

2. 通过亲手绘制彩陶，把一件普通的生活用品变成精美的艺术品，激发学生发现美、创造美的热情，从而培养学生美化生活的能力。

教学重点： 如何设计不同风格的彩陶图案。

教学难点： 怎样在立体物的表面画出有规律的图案。

学生学具准备： 1）陶罐一个；2）水粉画用具一套。

教师教具准备： 1）马家窑彩陶盆挂图；

2）板书贴字；

3）陶罐纹样设计抽拉教具；

4）彩陶纹样范图两张；

5）彩罐教具若干（教师示范，学生作品）；

6）水粉画用具一套；

7）儿歌说唱；背景音乐（民乐）。

教学过程：

一、组织教学，导入新课。

1. 出示陶罐，简介陶的制作过程及质地特点（板书“陶”字），因它的颜色跟泥土一样，人们也称它“土陶”（板书）。

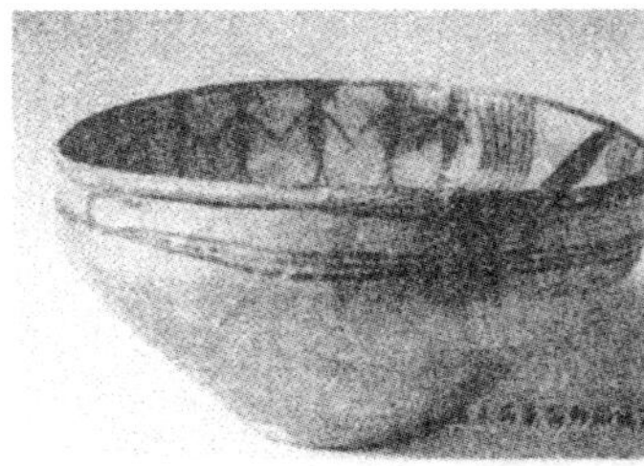

2. 你见过用它装什么？（学生回答）它是一种极普通的生活用品（板书“生活用品”）。

3.（出示陶制泡菜坛子）两个陶器哪个更漂亮？为什么？我们把这种用色彩绘制过的陶器叫作彩陶（板书“彩”），下面我们先欣赏几件彩陶（板书“欣赏”）。

二、欣赏

图 10-1-1

1.（贴出“马家窑彩陶盆”图片）（图 10-1-1）这是一件文物，是很久很久以前我们中华民族的祖先制作的一个彩陶盆，它已经有“五千多岁了”。五千多年前我们的祖先生活条件非常简陋，人们穿的是草裙、兽皮，吃的是野兽、野果，但就在这样的条件下，人们也不忘用能够找到的最简单的色彩——黑色，把自己的生活用品尽可能地打扮得漂亮起来，你看他们在盆的边缘用略带波浪的横线代表平静的湖水，在湖边还画出了一群手拉手，踏着整齐的步伐正在翩翩起舞的小人呢。最有趣的是当盆中注入清水时，水中的倒影随波而动，仿佛活了起来，把我们带回那个遥远的时代。现在这独一无二的珍品作为国宝被珍藏在国家博物馆。

2.（出示仿制品）教师还有一件彩陶，它是一件文物仿制品，除外形奇特，图案也很美，并保留了土陶的颜色，这样的实物书上还有许多（请翻到书 39 页），它们和那陶盆一样是我们国家的文物，形态各异，有的像牛羊的角，有的像胖子叉着腰，更精美的是手绘的图案，有的像眼睛，有的像流水，还有的画了发髻高耸的威严的酋长……但都只有两三种色彩，一种是黑色，一种是陶土颜色，红或白色，图案精美、古朴，它已不再是一件单纯的生活用品，而是一件可供欣赏的艺术品（板书“艺术品”）。它虽没有金银玉石的华丽，但它们特有的泥土本色，古朴的花纹，令我们联想大地、树木和大自然一切美好的东西，带给我们的是一种自然质朴的美，这些古彩陶向世界证明了我们的中华民族自古就是一个勤劳、智慧、爱美的民族。

三、绘制步骤

（展示学生绘制的彩陶）美不美？今天我们重点学习绘制彩陶（贴出课题“绘制”），怎么绘制呢？（板书“绘制”）

1. 设计：

1）根据陶罐的特点，利用我们以前学过的图案知识进行设计（板书“设计”），一个陶罐的结构是这样的（板画陶罐），最引人注目的是中部（用虚线分出），以此为界分为上、中、下三部分（板书“上、中、下”）（图 10-1-2）。

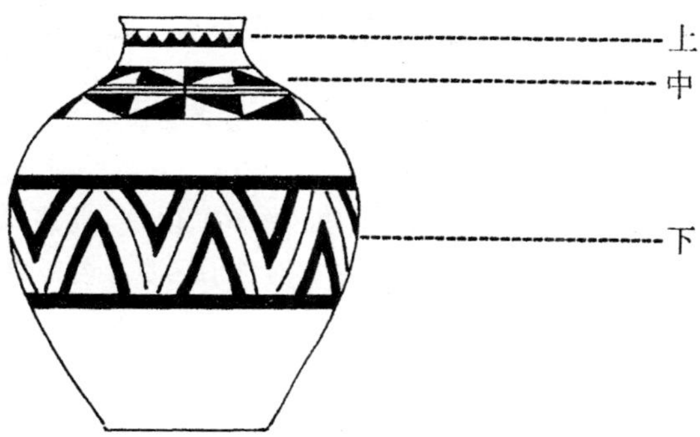

图 10-1-2

2）（出示抽拉图）（图 10-1-3）这个罐子只在罐口、脖颈和中部进行装饰，其他地方没有花纹，称局部装饰（板书“局部”），图案用的是我们以前学过的二方连续纹样。除此之外，也可将罐身画满花纹，称整体设计（板书“整体”），花纹可用有规律的，也可选用自由图案。

图 10-1-3

3）请学生上黑板设计陶罐花纹，教师简评。

2. 勾线：采用黑色勾线，使花纹和陶罐本色产生的对比，线条可粗可细。

1）以罐口或罐底为基准，保持笔与罐口或罐底的距离，慢慢转动罐子画出水平线（示范）。

2）采用俯视定点的方法，定出有规律图案的位置，将罐口或罐底对准自己，定出上下对称的两点，再定出左右对称的两点。若需再分，则在每两点之间定一中点即可（示范）。

3）也可以采用自由式勾线，先将罐子整个分为几部分，再添画其他纹样。（图 10-1-4）。

3. 着色（板书）：

1）可用单色绘制（板书“单色”）（出示单色绘制的陶罐）。

2）可用多种色彩绘制（板书“多色”）（出示多色绘制的陶罐）。

3）教师示范调色、着色方法。

四、学生作业

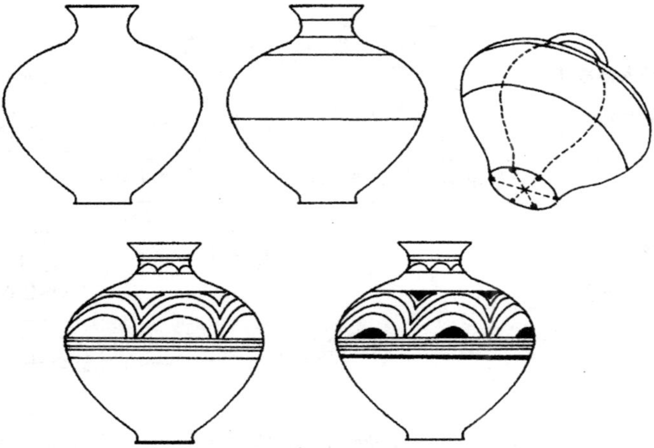

图 10-1-4　绘制方法步骤

1. 提供两组彩陶纹样范画（一组二方连续纹样，一组单独纹样），进行简单分析，供学生参考。

2. 作业要求：

1）设计大胆，有创意；

2）勾线流畅，图案饱满；

3）着色细心，颜色鲜明。

3. 学生作业，教师巡视指导。（音乐背景：民乐《西湖景》）

五、评讲总结

1. 学生上台展示绘好的彩陶。请学生评议自己喜欢的彩陶作业。

2. 教师从设计、勾线、色彩三方面进行全班性讲评。

3. 将板书连线，让学生明确生活用品是怎样通过绘制变成艺术品的。

4. 彩绘陶罐作业的用途。

5. 鼓励学生去发现家中哪些日常用品也能通过绘制的方法进行美化。

板书设计：

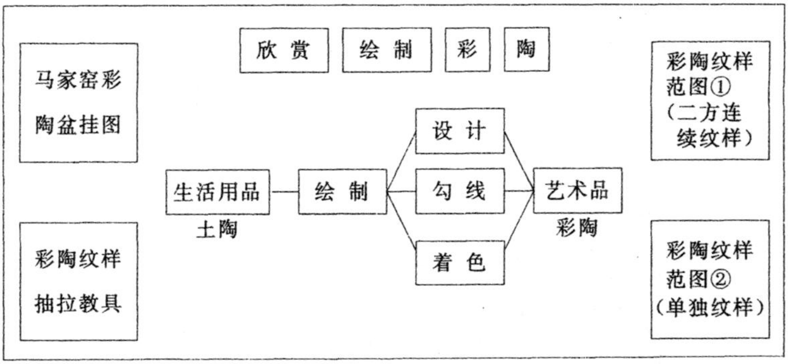

一九九五年十一月

附：1998年第二届全国教学录像课评比一等奖获得者中的一份教案

《剪窗花过新年》

北京市海淀区五一小学六年级

讲授教师：陈宏艳

1998.11

课题： 剪窗花过新年（第十一册）

课时： 1课时

课业类别： 工艺制作课

教学目的： 通过剪窗花，使学生进一步了解祖国古老的剪纸艺术的特点、语言和方法，树立民族自豪感，继承和发扬民族艺术传统。

作业要求： 每人独自设计，剪刻一个窗花，内容不限。

教学重点： 剪纸的特点，语言和方法。

教学难点： 对剪纸语言的理解和运用，具体的剪刻方法。

学生用具： 剪刀、胶水、大红纸、美术书。

教学用具： 录像、范画、图片、剪纸作品、民居模型、步骤图、剪刀、胶水、大红纸。

教学过程：

一、组织教学：检查用具、稳定情绪。

二、导入新课：（2分钟）

1. 提问导入：

同学们，大家都非常喜欢过节，我们民族最热闹的、传统的节日是什么节？（春节）下面请同学们通过录像回顾一下过春节的情景。

2. 放录像（通过电教媒体，渗透民间美术的本质和特点）

设问：劳动人民在过春节时有什么习俗？

学生：剪窗花、舞龙、放烟花……

设问：过春节时为什么要贴窗花？

教师小结：贴窗花把节日装扮的热烈喜庆，寄托了劳动人民的美好愿望。

3. 板书课题：《剪窗花过新年》

三、讲授新课：

（一）欣赏剪纸：（5分钟）

1. 谈话：窗花是剪纸的一种，在我国剪纸艺术历史悠久。它是劳动人民创造出来，在民间广泛流传。剪纸艺术是以纸为材料，以剪刻为主要造型手段的一种艺术形式，是我国民间美术的一朵奇葩，就连外国朋友见了都非常喜欢，称赞："剪纸艺术只属于中国。"

2. 以小组讨论形式，学生带着问题欣赏放在桌面的剪纸作品。

（1）问：剪纸艺术有几种类型？

看完之后你有什么感受和想法？

剪纸艺术有什么特点？

（2）（学生讨论）

（3）引导学生分析剪纸类型：

从色彩上分：有单色、染色、套色这三种常见的类型。（出示实物投影）

从技法上分：有阴刻、阳刻两种类型（出示实物投影，图10-2-1，图10-2-2）。

图 10-2-1

图 10-2-2

(4) 引导学生分析剪纸艺术特点

教师小节并板书：艺术特点：单纯、明快、装饰性强

(二) 学习剪纸表现方法。(8 分钟)

1. 如何造型：

欣赏了这么多的优秀剪纸作品，剪纸艺术的形象是如何创作出来的呢？

用比较的方法出示自然形象虎与剪纸艺术形象虎的图片（贴图）（图 10-2-3，图 10-2-4）。

图 10-2-3

图 10-2-4

问 1：看完之后你有什么感受？

问 2：如何将一只老虎由自然形象变成艺术形象，运用了什么造型手法？

小结并板书：概括、夸张、添加是剪纸艺术的造型手法。

2. 认识剪纸语言：

（1）分析书中 P26《顽童》（实物投影）

师：找出常见的剪纸语言。

答：月牙纹、锯齿纹。

（2）出示不同形式的剪纸语言图片（实物投影）

小结：月牙纹、锯齿纹是中国剪纸艺术特有的语言因素，这些剪纸语言是劳动人民在长期的艺术实践中创作出来的，表达了对刻画对象的感受。

3. 如何运用剪纸语言：

分析《顽童》（图 10-2-1），运用什么花纹在哪儿进行装饰？

小结：月牙纹表示物象的结构，衣纹和运动感。

锯齿纹表示不同物象的质感，量感，层次结构。

（三）创作剪纸的过程：（3 分钟）

1. 剪纸的方法步骤有两种：一种是先起稿子，刻内纹，再剪外形完成；另一种就是这节课我们学习民间艺人的手法，不起稿子，直接剪，下面看老师是按几步制作的。

2. 浓缩演示学生总结：（实物投影演示）

（1）构思　（2）剪外形　（3）装饰花纹　（4）裱贴

3. 请学生总结制作步骤，老师贴步骤图（图 10-2-5）。

四、艺术实践：（20 分钟）

1. 提出作业要求：每人独自设计，剪刻一个窗花，内容不限

2. 指导实践：

（1）学生讨论，你想剪什么？

（2）出示参考图，供大家参考。

（3）出示民居，激发兴趣。

（4）学生作业，教师巡回辅导。

3. 课后小结：（2 分钟）

（1）讲评展板作业（师生一起评价作品）

（2）小结：这节课我们学习了剪纸艺术，了解了剪纸艺术的艺术特点，

加深了我们对祖国优秀传统文化的了解，我希望同学们在今后的生活中，弘扬民族艺术，创造出丰富多彩的艺术作品装点美化我们的生活。

图 10-2-5

五、板书安排（见图 10-2-6）：

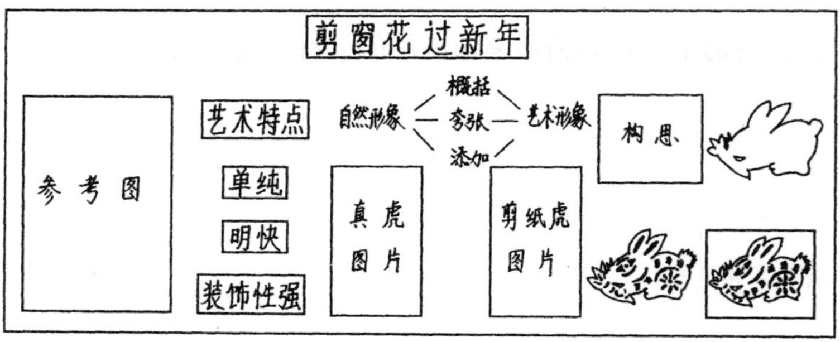

图 10-2-6

10.4.5 演练示范

备课尚要注意练习演示画和示范制作。教师示范水平的高低与教学质量息息相关。熟练示范本属教学的业务进修，应该成为美术教师的日课。教师的基本功扎实，练就一手好本领上课演示时效果自然好。但是，教师个人擅长的美术技能可能与上课所教的不一样，这就要求教师备课时要熟练所要演示的技巧。在纸上或黑板上为学生演示作画，应该准确、生动、迅速地画出效果。以画圆为例，教师用粉笔一笔画出圆形，学生在下边会发生啧啧赞叹；如果反复擦改，自然有损示范的美感与学生观看的情绪。所以为上课而熟练演示的技巧，是不可忽视的备课内容。全国教育劳动模范北京地安门中学高景丽老师，为演示中国写意画小老虎，而于课前练画一百多遍，使演示达到驾轻就熟的地步。

10.4.6 准备教具、学具

教具准备不仅指准备范画、范作，还包括随堂欣赏用的挂图、幻灯片、光盘、讲解所学用途的录像等。对此，课前还要做好试放、检查等工作。此外，写生用的静物摆放，演示用的画架位置，画纸提前钉于画板上，颜料、笔洗、调色用水，等等，都属课前的教具准备。临时现抓，都属于未做好课前的准备工作。

美术教师还应将学具列为重要的准备工作。统一订购的学具，课前要按班、组人数分好，以便课上分发。对有些需要学生个人准备的学具，如粘贴装饰画用的材料，实物版画材料，废弃物造型材料等，则需要提前一周通知学生搜集准备，并于上课前一天再次通知准备。不然学具准备不齐，便不能使全班顺利上课。即便如此，也要做好每班可能有一两个学生未带学具的措施准备。

上述备课工作，有经验的教师对此都深有体会：备课愈充分，教学愈主动，教学效果愈佳。尤其在艺术形式不断创新、美术教材不断更新的今天，即使是老教师，也需要加强学习、研究与认真备课，青年教师更要认真备课。

11

美术课堂教学的实施

美术教学的实施，应理解为多方面美术教学工作的实行。美术课堂教学的实施，特指以上课方式将课题教学设计付诸实施。上课，即是课堂教学实施的代名词，是教学工作的中心环节，是使学生由原有水平达成教学目标的关键所在。它支配着教师的备课，备课是为了上好课。教师的教学能力与教学水平，主要体现于上课这一教学实施的中心环节。

11.1 美术学科上课的组织形式

美术学科上课的组织形式，是指依据教学内容或教学程序的需要，对学生予以安排不同场地、不同人数组合与不同方式进行教学活动、亦称教学的组织形式。依据教学内容的需要，美术教学的组织形式有：

11.1.1 室内授课

室内授课，包括在班级教室、美术教室、电化教室等授课方式。中国画、纸造型、剪纸、绘画创作、工艺设计等课业，教师一般安排于班级教室授课。是利用班级教室空间、设备，学生在自己原座位进行教学的组织形式。美术教室充裕的学校，教师对上述内容则愿安排在美术教室授课。

泥塑、版画、静物、人物写生等容易造成教室污染或需要特殊空间的课，则应安排在美术教室授课。在美术教室上课，依据教学内容的需要对学生座位应予以多样化的组织安排。

写生课的座位安排法，如图 11-1 所示：

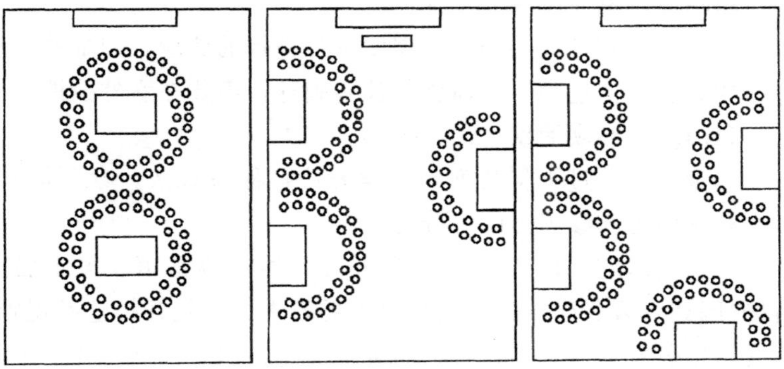

图 11-1

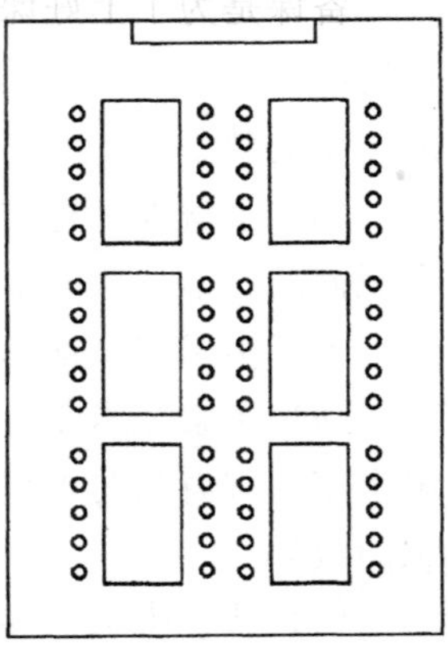

图 11-2

写生课教师应事先安排好座椅，应考虑到学生都能看到写生对象和便于教师巡视辅导。上课前组织学生按次序坐定，教育学生不可抢位置。第一排不可向前移动，以免影响后边学生观察写生对象。

工艺制作与创作，学生座位的排列组织形式如图 11-2 所示。这是按组拼桌的组织形式，可便于学生间互相观摩、交流、互助或小组讨论。另外，还可按桌组，配以不同的材料。例如，第 1 组用水粉，第 2 组为水色笔，第 3 组水彩，第 4 组用中国画材料。这样可以使学生用不同工具材料完成同一内容的作业，形成作业形式的多样化，也是适应个性发展、自主选择、协同合作需要的教学组织形式。

依照教学内容，如需要放映电影、录像、幻灯等，而教室或美术教室又不具备所需的特殊的电教设备，一般应在电化教室授课。电脑美术课则应在计算机教室上课。

11.1.2 室外授课

风景写生课，或特殊内容需要室外进行的课业，如堆沙、集体合作大型立体造型、集体创作长卷画等，需要在室外授课。

11.1.3 参观活动

参观活动，过去将其列为教学方法，称参观法。参观活动，依据教学内容和参观目的可分为：

(1) 美术欣赏的参观。包括去美术馆、博物馆、美术名胜(古典园林、著名建筑、石窟)等现场教学。这是开拓艺术视野，感受历史美术成就，增长鲜活的美术文化知识，提高审美水平的欣赏教学活动。

(2) 感受自然美与人文景观的参观。包括到自然景区、名胜古迹等现场参观，是领略自然美，人文与自然结合的美，丰富美感知识的教学。

(3) 了解设计造型、美术与生活的关系的参观。如到商店，参观商品包装、装潢、各种艺术设计，是启发学生艺术设计构思，理解美术与生活的密切关系的教学。

(4) 了解艺术创造的参观。如参观工艺工厂、陶瓷厂，访问美术家和观看其艺术演示等，是加深学生对艺术创作的了解和认识的教学。

(5) 认识生活的参观。如参观街景，到动物园、海洋生物馆观看动物等，是为了认识生活，用以默写或创作的教学。

依据教学程序，上述教学过程需要在人数上发生变化的教学组织形式，有集体授课、分组讨论、分组写生授课、分组创作等。例如，风景写生课，一般是集中讲授，然后分组选择指定景点角度写生和进行分组辅导授课。有许多在教室内授课的课业，也往往采取集中授课、分组讨论、集中讨论等不同组织形式进行教学。有时还进行分组创作和分组创作游戏竞赛等组织形式教学。

11.2 上课的基本程序及其要求

课堂教学是教师教学艺术表演的舞台，集中地体现出一个教师的学识修养、教学水平和课前准备的程度。优秀的美术教师在课堂教学中紧紧地把握住每一个教学环节，充分地调动学生学习的积极性和利用其操作练习的热情，激发学生浓厚的学习兴趣。使每一节课后，学生都急盼下一节课的到来。其教学活动有如一个乐队的指挥，调动每一个演奏员的情绪，把握着环环相扣的节拍，演奏一曲教养与训育协奏的交响乐章。

为了更好地把握课堂的几个教学环节和组织好教学，现以综合课为例叙述如下：

11.2.1 上课预备铃响后的组织教学

上课预备铃声响过，教师就应站在教室门口，如同演员登台前一般等待上课。这对教师本人来说是一种心理准备，是“进入角色”的序曲，是情绪稳定的需要。教师站在门口准备上课的行动，对学生的心理影响作用很大，是稳定学生情绪，促使学生尽快做好工具准备的无言的组织教学的第一环节，教师此时的神态要从容、镇定、热情而稍带严肃。

如果教师带的教具很多，可先放在教室里，然后站立于教室门口等候上课。

此时，也可提醒某某学生将工具放在课桌指定的位置上。这是对学生的要求、检查，使学生感到教师要求的严肃性和一贯性。这既是习惯的培养，又有利于课堂教学秩序的稳定。

如果是在美术教室上课，教师要于门口迎接学生，组织学生有序地进入教室，坐在指定的位置上。

11.2.2 讲授前的组织教学

上课铃声响后，教师要以炯炯有神的热情的目光扫视教室的每一个学生，当学生们全部稳定下来之后，要精神饱满端庄地走上讲台。学生起立站定肃静之后，教师庄重地向学生还礼，并目视学生坐下。教师要以温和的态度、期待的目光“环视全班”，使全体学生都在教师的目光注视之下，并使学生感到教师在看着自己期待着快些稳定下来。不可在学生尚未坐定、桌椅噪声未停之时便开始讲课。一定要在学生坐定并安静之后，再开始讲课。虽然这个过程是短暂的，而且是在走“形式”。但是，形式是为内容服务的，是组织教学中稳定学生心理的必要环节。因为，保持教室的安静，有一个良好的课堂秩序，是使学生精神集中上好课的必要保证，是上好课的开端。

教师绝不能上课迟到，或打铃后气喘吁吁地跑进教室。这将影响学生的心理情绪，也影响教师本人的心理状态，必然影响教学效果。

11.2.3 导入课题

授课开始的导言，由此引出课题，进入新授主题内容的讲授，简称导课。对导课，教师应精心设计，以便使教学一开始就能激发学生学习兴趣和吸引学生的注意力。

11.2.4 讲授新课

这是课堂教学的中心环节，因为一堂课中所要传授的知识、技法等主题内容主要集中这个环节进行。其间可设计各种小的教学环节和运用多种教学手段，一般是以讲授和演示唱主角，兼用其他方法，使教学一步步推向课堂教学的高潮。

讲授时要教态从容、情绪饱满、音量适中。教师的讲课情绪是组织教学的最好手段。教师的饱满情绪会带动学生注意听课的热情。教师讲课时眼神扫视环顾全体学生，言语规范、明白、流畅、生动、形象，声调自然、富有抑扬顿挫的节奏感，会使学生浸润于知识的甘甜之中。声调也是组织教学、集中学生注意力的手段。如发现有精神“溜号”的学生，教师要尽可能用暗示的方法，如用特殊语调、或语言的突然停顿、或目光凝视、或向其移动身体位置等方法，暗示其注意力集中。而不要随意点名训斥挖苦，切不可用粉笔头抛掷，否则有失教师行为美。

讲授期间要有序地展示挂图、范画和进行随堂欣赏。这些教学手段的运用要与讲授内容紧密配合，使之成为自然、流畅、和谐的整体，不要有间断感。

讲授技法时，要以熟练的演示予以配合。教师边讲边画（边作），步骤要清晰，讲解要透彻。演示时教师生动的表现技巧会使学生发出啧啧赞叹。教师开始演示时，往往会引起学生小小的骚动。对此，要注意分析学生的情绪，如果是其积极性所致，或是因老师身体遮挡看不见演示而移动位置，教师不可责怪学生。演示时要将学生的注意力引入有意注意的观察。讲授与演示要把握教学的重点与难点，这是教学的关键和主攻方向。对重点、难点要予以语言和行动上的提示，以便加深印象。教师要边演示边启发学生的观察、思考。讲授与演示或组织学生讨论的教学，应在预计的时间内完成。

11.2.5 布置作业

教师讲授、演示完毕，当学生被激发出强烈的表现热情时，教师应随之布置作业练习和启发学生创意（图 11-3），并对作业提出明确要求。一般情况下，要将作业的规格以及作业过程中注意的事项，都予以明确交代。例如，完成作业过程中使用刀、剪注意安全，出现的纸屑、泥水如何处理等细节也要交代。

11.2.6 巡视辅导

是教师对学生作业练习予以指导的教学环节。当学生开始自己动手作业之前，是学生由精神集中听讲转入拿笔拿纸的精神松弛阶段。此时，往往是课堂上出现一次骚动高潮。美术教师对这个环节的把握极为重要，要估计到学生准备工作的时间，做好布

图 11-3　教师要重视启发学生创意。有的教师还让学生到黑板上画出自己的创意，以进一步启发全体学生

置，尽量缩短骚动时间，尽快使学生转入紧张地观察、作画或操作。此时，教师不必急于巡视辅导，应着力于组织工作。当学生全部稳定并进入练习时，方可开始巡视辅导。巡视辅导是美术教学的重要环节，教师要善于辅导。

巡视辅导之初，不要马上对个别学生进行个别辅导，要着眼于引导全班学生掌握工作步骤，使其有序地进行操作练习。进而巡视全面进行情况，指出共同性的问题。巡视时要善于一眼瞥见即可发现学生作业问题所在。及时发现“尖子”作业，并展示给学生们看，以其作为学生作业的示范，使全班作业有一个好的开始（图 11-4）。

当全班学生进入认真观察、研究和表现时，也是教师巡回个别辅导的开始。辅导学生作业时，不要在一个学生处停留时间过长，不然照顾不到全体。此时，教师仍然要注意把握全班共同性问题。个别辅导时，声音不要过高，要与对全班讲授的声调有明显区别。

图 11-4　学生紧张地制作，教师有序地辅导

当发现全班存在的共同问题时，不妨找出具有典型性的作业为例，让全班学生都停止操作，进行有针对性的具体讲授，或具体示范演示。

辅导时，教师要进一步使学生明确把握重点与难点，帮助学生突破了难点，就是学生掌握技能的一个飞跃。

11.2.7　结课

这是课堂教学最后的收尾结束环节。教师一般要根据具体情况，留适当时间进行必要的评价作业或教学小结（图 11-5），或以对教学内容画龙点睛式的归纳作为精彩的结束语。随着教师结束语的落定，下课铃声响起，课堂教学结束。美术教师切不可压堂，不然会影响下节其他课程的进行。

当学生看见自己完成的生动的美术作品，并感到知识有了增加，智力受到拓展，情感得到抒发，技能有了提高，他们会由衷地感谢老师，并切盼下一节美术课的到来。

图 11-5　结课前，教师引导学生评价作业

11.3　美术课的教学类型及其教学模式

11.3.1　关于美术课教学内容的分类

中小学美术教学内容，基本上是由美术作品欣赏、绘画和工艺美术三类课业构成的。美术作品欣赏课包括美术理论知识和作品欣赏二大类。绘画课包括从方法上分的写生、临摹和创作三大类；从工具材料和画法上，又分为速写、素描、水彩、水粉、中国画、版画等。它们尚包括画法与操作不同的种类。工艺美术，可分为艺术设计与工艺制作两大类。艺术设计包括设计基础、各种平面设计和造物造型设计。工艺制作，包括民间工艺制作和各种创意制作。它们又各包括众多的品类。以上皆是近乎专业分类法进行的分类。

但在教学中，教师们创造的活泼的训练方法的课业，已经冲破美术专业分类的概念。例如，小学的记忆画、想象画、添加画、组合画、写生添加背景画等，其分类应属于创作，但又不是严格意义上的美术创作。这对形成“教育美术”体系，是非常有意义的。目前，中学在教法上考虑得虽然不如小学，还在沿用专业的“美术教育”，但也已显示出可喜的变化端倪。例如，中学临摹中国画，已不拘泥于复制的临摹，而是加进“创意”的临摹。又如其他新课业的技法练习，也都融进沿用技法与表现创意相结合的练习，而不再是手工艺的复制。

由于中小学美术教学的这种特点所决定，尤其小学美术课中的许多课业往往将绘画、工艺交融于一起，很难用专业的绘画、工艺美术的眼光去分属归类。例如，学生画甲虫、画花和学生以甲虫、花为单位纹样绘制的二方连续图案，在画的手法和形象上都是一样的，只不过是画面组织结构上的不同而已。小学生的许多画，从表现形式看亦可归为工艺性的装饰画，而他们绘制工艺美术又用习惯的绘画手法而与绘分不开（图 11-6）。造型艺术的发展，不是多种表现形式的泾渭分明、分道扬镳，而是不断互相渗透地出现新的表现形式。在美术教材中，也不断出现新的表现形式丰富其教学内容，如用废弃物造型等。这是符合艺术发展规律的，但目前又无法将其用人们认可的较佳的分类专业术语称谓。这是留待分类学进一步研究的问题。

本文目的不在于从分类学角度对美术教学内容的类别归属予以探讨，而在于对美术学科如此繁多的教学内容怎样从教学上归纳共性特点，以便对其进行教学规律的探讨，寻求最佳的教学模式。所以，下面先从教学模式谈起。

11.3.2 美术教学模式的概念

（1）教学模式的概念

教学模式，是在一定的教育观念和学习理论指导下，建立起来的相对稳定的教学结构和教学活动程序。所谓“模式”，即教学的标准形式，是可供效仿的教学活动程序。教学模式的建立，是根据学生认识规律取得具体教学的实践经验，从中抽理主要的联系关系，将其结构为抽象化的逻辑程序，以使教师一目了然，

图 11-6　上面六件儿童作品分别为：写生画、想象画、挂盘图案、创作脸谱、动物头饰、记忆画

便于对同类课业有可操作性的示范作用。

教学过程与教学模式的区别，在于教学过程主要是指教学发展的程序。从这一点上看，教学过程与教学模式有差异又有同一

性，也就是说教学模式中有过程，教学过程中有模式。一种教学模式，总有相对应的教学过程，反之亦然，变换教学过程即导致教学模式的变换，二者具有对应性、同步性。①

从教学活动展开的程序角度看，教学模式的程序就是教学过程的基本阶段或教学环节。只不过我们在教学过程一章中所谈的教学过程的基本阶段，着眼于从时间结构上的发展程序，且过于笼统。而教学模式是从教学具体的空间结构、多因素关系和时间发展程度等同时考虑。从这一点上说，二者也是既同一又有差异。

教学模式与教学方法的区别，在于教学模式着重于对教学方式方法做抽象的概括，而教学方法是具体实在的方式和手段，二者也是既有差异又同一的。一种教学模式，必然包含着多种教学方法，而教学方法也可以成为模式。②

（2）美术学科教学模式的构成要素

教学模式是在一定的教育思想指导下，围绕着某类课业教学内容主题设计的方案，经过实践总结出教学过程的结构程序，并得到公认的肯定评价方能立得住，成为值得被人效仿的模式。其关键要素有五点：

1）教学理论

任何教学模式，都是以一定的教学理论为依据。教学理论指导教学行为，所以各理论学派都提出自己的教学模式。美术学科教学模式的教学理论依据，即我们前几章分析的以学生发展为本的提高学生美术文化素质，促其全面发展的美术教学目的论，以及辩证唯物主义认识论为基础的学习理论。

2）教学目标

教学模式是为完成教学目标而设计的。教学目标是教学的核

---

① 查有梁：《教育模式》，3页，教育科学出版社，1996。

② 查有梁：《教育模式》，3页，教育科学出版社，1996。

心，教师所设计的教学程序、策略和方法是直接指向教学目标的。具体的课业教学，都有其具体的教学目标。教学模式是以达到教学目标为目的依据的。

3）教学内容

美术学科教学依据所教内容和教材特点，才能确定教学的方式、方法，才能设计制订教学方案。所以离开教学内容，教学模式是无法产生的。课业性质不同，学生学习的方法便不同，教学过程必然不会相同，教学模式也必然不会相同，所以美术学科教学不可能有全学科统一的一个教学模式。

4）教学程序

教学程序即教学过程的基本阶段，是依据教学内容和为达到教学目标而设计的教学操作顺序与步骤。美术学科各课业教学内容不同，其教学程序也不尽相同。不同的教学程序是不同的教学模式特点的具体体现。

5）教学方法

教学方法即教学过程中师生为达到教学目的而采用的方式、途径和方法。教学模式将教学方法融于程序之中，并对其概括与抽象，使人一目了然。

以上教学模式的五个要素，相互依存、相互制约、相互作用，构成了教学模式的完整的统一体。

11.3.3　美术教学类型及其教学模式

在普通教育学中，根据教学性质和任务将课业类型分为：传授新知识的课，称新授课；巩固知识的课，称复习课；培养技能的课，称技能课或练习课；检查知识和技能的课，称考查课；进行验证所学知识的课，称实验课；将完成上述两项以上任务的课，称综合课。而美术学科教学没有纯粹的复习课，除欣赏课外都为技能课，又基本都属于综合课。在美术学科新授课中，欣赏教学与知识技法教学在授课程序和方法上显然存在很大差距。美术创作与写生虽说都是练习课，但教法和教学程序上并不一致。

而我们划分教学类型的目的是为了更科学地探索教学模式，科学地运用教学方法，所以美术学科不能套用普通教育学中教学分类法进行分类。

如果沿用美术专业分类法去探讨美术学科课业的分类，也存在一些问题。其中，许多类型的课业在教法程序上是一致的，而存在不必要的重复罗列；而有些艺术类别相同的课，教法程序上又不同。例如，新授课中的中国画临摹课与新授课中的京戏脸谱这类工艺课，艺术类别不同，教法程序却相同，它们又有别于其他新授绘画、新授工艺设计课。这就说明从艺术门类上划分课业类型，存在着教学方法与教学程序相同未能从教学类型上予以归为同类，而艺术门类相同教学程序方法不同的课业又未从教学类型上予以区分。所以，用美术专业分类划分美术学科课业类型，也是不够科学的。

因此，有必要着眼于教学性质、任务和教法程序，对美术学科各课业的教学予以科学地划分为欣赏课、新授临摹课、新授知识技法课、技能训练课、美术创作课五大类型。

(1) 欣赏课及其教学模式

欣赏课分为两类：审美欣赏与评鉴欣赏。

1) 审美欣赏课及其教学模式

审美欣赏课主要指以美术知识理论、介绍艺术类别和经典作品欣赏为教学内容的课业教学。例如，中小学美术教学大纲中规定的了解美术分类的知识，欣赏中外优秀美术作品，欣赏中国民间美术作品等，以及高中美术欣赏课的教学内容。审美欣赏课旨在引导学生认识美术门类，理解艺术的多元化与艺术风格的多样性，理解美术原理、形式美的规律和对经典作品的了解与领悟的审美教学活动。其认识、理解，是对已有共识评价的美术存在的审美活动。此类课的教学，教师应围绕教学主题以直观形象介绍的讲述，引导学生感受、联想、审美体验，并引发问题组织讨论，以加深对美术及其作品的理解，领悟艺术美和艺术趣味。对其可称“审美模式”。

审美模式的教学结构程序：

直观形象——→完整介绍——→审美引导——→综合评述

2）评鉴欣赏课及其教学模式

评鉴欣赏课主要指对现代和当代的美术现象，人们不易理解的美术作品，以美术批评的探讨、评鉴为主进行的美术教学活动。是将学术界的美术批评引进欣赏课教学的教学方法。学生审美能力的提高，不仅在于美术技能训练中获得的形式美的体验，艺术功力的感受，对美术作品的理解，还在于对当代美术作品有其独自的理解和审美判断，而且学生对现代、当代美术作品存疑最多。这类教学活动，旨在引导学生认识艺术发展的现状，理解艺术家的探索精神，理解现代艺术对人的思维定势冲击的贡献和对个人的意义，培养对多元文化包容的品格和创新精神，使学生习得美术批评方法，即对美术作品进行探索研究的方法。其教学一般是直面美术作品，从形式形象的感受分析开始，结合背景介绍，师生讨论作品的意图、意义和对其进行审美评价，故称“美术批评模式”。

美术批评模式的结构程序是：

直观感受——→背景材料——→分析探讨——→意义理解——→审美评价

（2）新授临摹课及其教学模式

凡是新授的通过临摹、复制等学习有关知识与技法，学习其严格的操作程序与程式的艺术语言，不需要学生创意地完成作业的教学，都为新授临摹课。例如，中国画临摹、手工复制京戏脸谱、写美术字等。其旨在通过临摹复制的操作，习得技能，获得审美体验与审美理解。这类内容的教学，一般是以直观形象感知，介绍用途、背景、沿革，介绍其艺术语汇的美，演示操作程序，引导学生对所学内容认识与理解，并通过临摹、复制的练习，加深对所学程式化的艺术语汇与技术美的体验。这是传统的美术教学法，也是继承传统艺术所必要的美术学习方法。对其可称“临摹教学模式”。

临摹教学模式的结构程序是：

形象感知→综合介绍→审美引导→示范演示→临摹练习

（3）新授知识技法课及其教学模式

除临摹、复制之外的一切新授的绘画、工艺美术教学内容，皆为新授知识技法课。例如，绘画的写生、写意中国画、水彩、版画、宣传画、插图等，又如工艺美术的图案、黑板报设计、标志设计、平面构成、立体构成、各种立体制作以及民间美术等。这些内容的教学，都需要介绍艺术类别特点、用途等知识与技法内容，又都需要进行操作练习，有其教学方法与教学程序上的大体一致性。知识技法课与临摹教学的区别，在于对学生作业的要求是按所学技法创造性地完成作业。其教学过程一般是以直观形象感知和随堂欣赏的引导，介绍艺术类别特点、用途，演示方法步骤，启发构思创意以便使学生创造性地完成作业。是一种既是新授知识技法内容，又即时地结合实际，启发学生运用所学知识技法进行创造性的练习的课业，对其可称“综合性模式”。

综合性模式的结构程序是：

形象感知→综合分析→审美引导→示范演示→启发创意→创造练习

（4）技能训练课及其教学模式

凡是经过新授之后，用整节课进行的以技能训练为主的教学，皆属技能训练课。例如，写生、手工制作等课业。技能训练课是旨在通过强化技法程序记忆和技艺行为的训练，使学生形成技能和提高艺术技巧，深化对技术美、艺术美的体验和形成技术、艺术意识的教学。这类教学，一般是学生在教师指导下，以独立练习为主。美术学科的技能训练与其他学科的动作技能训练的不同之处，在于它不是以使行为自动化的操作程序的简单的重复练习，而是包含着个体对事物的感受、取舍、概括、抽象和表现意识以及按对比、均衡、节奏、多样统一等艺术美的规律，使其练习的作品得到艺术完整性和完美性的处理。因此，美术练习是艺术智慧的训练，是艺术表现的训练。在美国，将美术技法训练课统称为创作。国外美术家的习作与创作无严格的区分，只有素材与创作的区别。技能训练课，一般是教师先要使学生有直观的形象感受，对练习进行综合分析，提出要求，明确目标，启发创新，然后指导操作，使学生对作业进行艺术处理达到完美。对其可称“技能训练模式”。

技能训练模式的结构程序是：

直观感受──→综合分析──→启发创新──→指导实践

（5）美术创作课及其教学模式

凡是要求学生运用所学知识、技法，能动地反映自己对生活的感受、认识、理解、想象，表达自己的情感、思想、审美理想的美术创作实践的教学活动，皆是美术创作课。这是培养学生艺术思维、想象力、艺术表现力，提高学生艺术审美情趣与综合能力的教学方式和途径。美术创作课是按艺术创作规律进行的教学，是学生主体充分发挥能动作用的教学。教学实践证明：在美术创作中，教师将学生的情感与想象充分调动起来的启发引导作用是十分重要的。搞好美术创作，对学生来说，主要是善于捕捉在教学特定情境中经教师启发引导头脑中迸发出的形象表象（或称心象），而这个心象往往具有不可重复性；对教师来说，关键在于善于激发学生的创作灵感和创作热情，启发想象，按学生艺术个性指导使之作品完美。因此，对其直呼“创作教学模式”。

创作教学模式的结构程序是：

激情入境──→启发构思──→表现探索──→深化主题──→追求完美

11.3.4 不断探索新的美术教学模式

美术教学模式，虽然具有揭示美术某类课业教学规律的特点而具有相对的稳定性，尤其对初任教师具有仿效借鉴的价值，但也必须清醒地认识到模式也是桎梏教学探索的精神枷锁。因为人对事物的认识是永无止境的，尤其是对情意表达的美术学科，它本身即是不断地在冲破旧有艺术模式中发展的。美术教师的教学工作，也应像美术家那样不断以探索创新的精神，不断努力探索与追求创建新的教学模式。

"模式"可以是课的类型的教学模式，也可以是某一课业的教学模式，甚至可以是上课某一环节的模式。只要经过自觉认真的实践探索，便可以形成被人们确认的模式。因为教师们对教法都有职业的敏感性，一旦被同行认可和学习，便成为"模式"。然而自封的教学模式，却不被同行学习和仿效，便无"模式"意义。如何探索构建教学模式呢？应从以下几方面做起：

（1）努力学习教育理论和艺术理论，奠定理论基础

在教学实践中，任何一位教师的教学活动，都是在一定的模式框架中展开的。但是，指导教学活动的教育观念及其理论基础如果是陈旧落后的，其教学模式不可能是先进的。例如，以"三中心"的教育理论为基础的教学模式，便不会于教学中强调学生主体能动的创造性学习，也不会强调教学的双向活动，而只能是使学生被动地接受知识。如果是应试教育观念，自身就会轻视美术学科，对美术学科采取敷衍态度而简化教学的结构程序。因此，努力学习教育理论，是为探索好的教学模式奠定理论基础。但对美术学科来说，仅此尚且不够，因为美术学科教育还受美术观念的制约。美术观念如果是保守的，必然囿于传统艺术和立足于艺术传统，而不会强调学生作业的创新性，也不会接受学生艺术表现的创新性，不会强调启发创造性和尊重个性的艺术表现。

基于21世纪的教育科学与艺术也将飞速发展，一定要抓紧学习使理念走在时代前头，这样探索出的教学模式才具有"模式"的作用。

（2）勇于科学实验和善于总结经验

美术教师都有得天独厚的教学科研的实验基地，要利用好自

己所拥有的每天进行教学的“实验田”。无所追求地教学，实在是一种资源的浪费。所谓科学实验，是在理论指导下的教学实验，而不是盲目的实验。教学模式是教学实践经验的总结，严格地说是教学科学实验取得证实的经验的总结。在教学中要勇于大胆地对教法进行创新，又要善于对其进行总结。所谓善于总结经验，就是不断从实践中总结成功与失败、优点与缺点，提炼出符合教学规律的最佳的教法与教学的结构程序。

(3) 反复实验，构建新的教学模式

从经验中总结提炼出的教学结构与程序，即是一种教学模式的雏形。要想成为可推广的具有示范意义的模式，应反复实验，经实验证实其效果确实好，方可形成具有稳定性的教学结构程序的教学模式。

(4) 不断打破旧模式，创建新的教学模式

对教学的认识是无止境的，借鉴他人教学模式或自己创建的教学模式，在运用中一定不可固步自封，仍需不断地有新的探索。美术教师最能取得成果的优势不在对国家教育或美术学科教育做宏观规划或教育方针政策上的研究，而在于对我们这里所说的教学模式的研究和课业教材微观教法方面的研究。而这些方面一旦取得经验，即可成为教学模式或是微观方面的模式，如导课模式、讨论法模式、演示法模式、结课模式，等等。

11.4 组织课堂教学的艺术

美术教师要想获得良好的课堂教学效果，就要对课堂教学的结构予以合理地组织与精心设计，使其充分发挥各教学环节的作用。教师应像导演一般使课堂教学，有引人入胜的导课，进而形成课堂教学情绪的高潮和精彩的结尾。

11.4.1 导入课题的艺术

导课如同电视剧的片头，以其精彩性先声夺人。一开始便将

学生牢牢地吸引住，诱发和激起求知的欲望，为整堂课的教学打下良好的基础。所以，教师上课要精心设计导入课题这一环节。

设计导课要注意针对性、简明性、富有启发性、新颖性和趣味性。

针对性：即要针对教学内容，以引出课题，不可游离教学内容成为赘疣。例如，青岛市张倩老师先以自己的表情，让学生说出是什么表情，引入画表情特征的脸，便直对课题，将学生吸引到教学内容之中。

简明性：即不要以冗长引子占时过多，以免延误授课时间。贵州张薇老师，以自己着装蓝印花布衣裙为引子导入课题，简明而富有直观性。

富有启发性：即可以引发学生的积极思维。例如北京市杨嘉栋老师，以手中拿的小火柴盒与窗外的居民楼做比较，问学生二者之间有什么共同点。以启发学生思考，导入长方体物体形状结构特点的教学内容。

新颖性：没有使用过的导课法，都可以说是有新颖性，即不是老一套的导课，使学生对导课有新鲜感。

趣味性：富有情趣的导课，可以吸引学生的注意力，激发其学习兴趣。例如上标志课，老师先讲了一个去欧洲旅游团所发生的故事：一位先生途中有便意要去公厕，不知哪有，便向人打听，由于语言不通就做手势表达，但手势也不能使被问者明白他要干什么，这位先生突然拿出笔在纸上画出公厕的标志加上问号，被问者一下明白其意，便告诉去向，解决了大问题。以此，导入“标志设计”课题。这新颖有趣的导课，一下吸引住了学生。而且故事内含了标志的重要性及其一目了然的特点，从而展开了教学的内容。

导入课题的具体方法，一般有如下几种：

（1）复习导课：即以复习旧知识，引出新授课题。

（2）设疑导课：即由提出引发学生思考的问题导入课题。例如问：你们知道什么叫版画吗？以此问答法引入课题。

(3) 物象导课：即以物品、录像等直观物象导课。例如，以提包、花巾等实物，导入装饰图案课。

(4) 范作导课：教师将事先做好的范作于课前放在讲台上，或课前将一些范画张贴在教室内。以此范作、范画为话题，导入课题。

(5) 欣赏导课：以展示名画名作或录像进行欣赏，导入课题。

(6) 故事导课：即以有趣的故事，导入课题。

(7) 创境导课：以创设情境，导入课题。例如北京市陈宏艳老师上《剪窗花过新年》一课，先将美术教室布置得如过春节一般，贴上对联，布置有民间窗格“道具”等，创建一个过年的环境氛围。学生一进教室，便如进入了过新年的情境之中。由此，导入课题。又如有的教师先让学生听有关的音乐等，用音乐使学生进入情境，导入课题。

(8) 演示导课：即以教师的直接作画方法，导入课题。例如上漫画课，有的教师未开讲，先在黑板上快速画出了马三立、侯宝林、陈佩斯等大家熟知人物的漫画像，即刻引起学生的极大兴趣。由此，导入课题。又如《剪团花》，上课伊始，教师就说：“老师给你们剪个东西看。”几剪子剪出个团花，引发学生啧啧称赞和极大兴趣。由此，导入课题。

以上仅是美术教学常用的导课方法。只要教师肯于动脑，新的导课方法还会不断出现。

11.4.2 制造美术教学高潮的艺术

教学高潮，就是教学过程中形成的师生最佳配合的亢奋状态。教师在讲授和演示过程中，会不断有大小高潮的起伏。教学的高潮，能激发起学生浓厚的学习兴趣和给学生留下深刻的印象。所以，教师要利用导课牢牢抓住学生的预期心理，以其为契机将教学步步推向高潮，以使学生学习情绪高涨，精神兴奋，从而提高学习效果。青岛市张倩老师便是在自己做了表情之后，又让学生分析表情的五官特点引起小的高潮。然后让学生到前边做恐惧的表情，营造出教学的大高潮，使学生对表情的体验与认识得到升华。此后学生做作业，是在感知、理解和激情投入基础上进行的，所以学生作业效果普遍良好。笔者作为一个对其教学的观赏者，三年过后的今日仍印象深刻，作为学生的印象可能是永生不忘的。

制造美术教学高潮是一种教学艺术，一般采用如下方法：

(1) 制造悬念：例如《百变金刚》一课，教师对学生花百十元甚至数百元买的变形金刚不屑一顾，而提出教学生用纸做百变金刚。这就制造了一个悬念，令学生产生一个急切要学习做“百变金刚”的期盼心理，所以使学生精神状态亢奋而注意力集中。学生折出之后，教师又启发学生让金刚“百变”，又是一个悬念，同时使教学达到高潮。学生纷纷开始变化那“百变金刚”。学生在不断破解的发现中，使思维受到锻炼。应该说美术教学大多数课业，例如染纸图案、剪团花、版画、创作探索和各种设计等，就是在制造悬念和解开悬念中进行的，关键看教师是否有意营建和利用悬念。

(2) 层层递进：在教学过程中，以一个个小高潮层次分明地递进，推向大高潮。例如贵州张薇老师，从导课进入看录像，说明用途，展示蓝印花布和对蓝印花布图案特点的分析，是层层递进的铺垫，以至在黑板的纸上用油水分离画法演示，达到高潮。

(3) 熟练演示：熟练演示是美术教学最能营造高潮的重要手段。可以说教师每一环节的熟练演示，都能使学生兴奋起来。现在著名画家郭怡琮、李少文、杨延文、文国璋、张立辰、赵梅生等，当初在中小学任教时，当场画出精彩范画的熟练的演示过程，都是使教学达到高潮的时刻。教师的熟练演示，是使学生获得非常直观的学习过程，也最能激发学生学习的欲望和热情，即便不善以激动言辞传教的白雪石先生，在中小学任教时的精彩演示，也时时使学生心情激动，使教学不断达到高潮。上海市陈寿鹏老师、北京市杨嘉栋老师课堂上的快速制作，往往成为教学的最高潮。

（4）启导讨论：启导讨论是营造教学高潮的另一手段。尤其在知识技能课中，当学生面临要求创造性完成作业时，教师引导学生讨论创意，是最能调动学生的想象思维。例如，北京市高景丽老师上“纸筒乒乓球人”一课，让学生畅谈自己做什么和怎么做。一开始，学生只是局限于在乒乓球上画脸、发，在纸筒上画衣服，逐渐有人说做戴帽子的老头，接下来便提出做梳辫子的小姑娘，做披婚纱的新娘子，做七品芝麻官……学生在讨论中，思路被打开，能产生出很多构想，学习的兴奋点自然达到高潮。

（5）游戏竞赛：有时也可以利用游戏竞赛的方式制造高潮。例如，学生做完楼房纸造型待交作业时，教师让学生以组为单位构建小区。比赛哪个组构建得好，一下子又将教学推向一个小高潮。

11.4.3 教学结尾的艺术

随着教学艺术的提高，现在许多教师已将过去干枯乏味的教学结尾，变为生动精彩的压轴戏，使结课具有意味无穷的艺术魅力，给学生留下深刻的印象。

结课设计，要着重于使结课成为深化理解教学内容的过程，成为激励学生奋进的推动力，成为整个教学的画龙点睛之笔，并准确把握时间按时落下教学帷幕。美术教学常用的结课方式如下：

（1）总结式结课：是提纲挈领地归纳整节课的主要内容，使学生有条理清晰的完整印象，以加深学生的理解和记忆。此类结课方式，往往用于欣赏课、知识技能新授课。

（2）讲评式结课：是对全班学习态度和学生作业给予概括地评述和提出优缺点，以此作为结课。

（3）作业评价式结课：是将学生作业有选择的或是学生自愿

的于黑板上展示，予以讨论评价作为结课。其评价法，笔者于教学方法章节中已有论述，这里不再赘述。

（4）延伸升华式结课：这是在将学生作业的评价作为一个教学环节，然后以讲其用途作为全课画龙点睛之笔，将内容延伸与升华作为结课。例如，成都市周萍老师在讲评作业之后，问学生："我们彩绘的陶罐有哪些用途呢?"随着学生的回答，周老师从讲桌里拿出一束花插入罐中，说："可以插花"，接着又将讲桌上的画笔放入罐中说："可以放笔"，又将一纸卷插入罐内说："可以放纸卷"，又说："这么好看的陶罐，本身就是艺术品，可以做陈设用。"这种将学生作业与生活实际联系起来的结课，是对教学内容的延伸，拓展了学生的美的感知力、创造力和实践能力。该课最后由此画龙点睛之笔而升华。贵州张薇老师的《油水分离画法的蓝印花布》的结课与周萍老师结课，有异曲同工之妙。

（5）激励式结课：教师对学生作业及学习态度以充满爱心的激情和话语予以鼓励，并提出寄予厚望的要求作为结课。教师的爱心最能打动学生的心扉，教师的厚望往往可以成为学生学习的志趣。所以，这种结课方式，也多为教师采用。

（6）悬念式结课：在欣赏课中，教师可以针对当前美术界中存在的现象、问题，或展示学生原本疑惑不解的作品，制造悬念，留待下节课解决，或让学生课后去查找资料以留待下节课探索研究作为结课。这种结课，可以使学生以急切的心情期盼下节课的到来，为上好下节课做了铺垫。

（7）游戏式结课：是以学生的作业进行游戏活动，作为结课。这有利于增强学生成功的快乐感。例如，做风车、画风筝、做面具、头饰等课业，这些东西原本就是玩具，学生做完之后让他们去玩，可以提高他们的学习兴趣和成功的快乐感。北京市张美良老师上画面具课，在学生完成作业后让他们戴上，并播放音乐，学生随着音乐声翩翩起舞，乐趣盎然。

（8）布置任务结课：是以布置学生于课后搜集树叶、塑料瓶、废纸盒、石子等物，准备下节课的学具材料作为结课。有的教师明确告诉学生搜集东西是要干什么用，并展示有关范作和提出对所要搜集的材料的处理要求。如压平树叶，石子形状的要求等。学生在搜集过程中，如同进入一种学习的准备状态，有利于下节课的学习。

结课的方式方法很多，不限于此。可根据教学内容和实际情况，既有事先的设计，又有依课堂出现的问题灵活机变的创新（图 11-7）。

图 11-7　北京华嘉学校的剪窗花教学（教师让学生将剪好的窗花，贴在模拟的窗子上，然后进行讨论、总结式结课。）

附：课堂教学艺术的实例

教学成功的关键在于教师有较高的学识修养、艺术水平和高度的教育责任心、事业心。《中国美术教育》1986 年第 4 期发表的上海教育学院魏继昭撰写的题为《让智慧的火花闪光——评周松生的美术教学改革》的文章，使我们认识到什么是真正的教学艺术，对此达到艺术境界的生动的教学实例，录其文如下：

十月金秋的一天上午，笔者来到被誉为培养美术幼苗的“摇篮”——上海卢湾区第二中心小学，听了该校美术教师、业余漫画家周松生老师的一堂画“风”的美术课。在和天真而充满智慧活力的孩子们共同享受美的愉悦之余，我想将这堂课的教学情况做个纪实介绍，也让读者分享这种美的愉悦；同时从这堂课所得到的启示发点议论，与同行们共同讨论研究当前普通教育美术教学改革的问题。

在一间明净的教室里，坐满了40多位四年级的学生。优美的上课信号琴声响了，孩子们动作整齐地起立向老师致敬，老师也彬彬有礼地做了回敬。周老师那种漫画家所特有的风度、神态和气质，一下子就把学生吸引住了，孩子们聚精会神地期待着老师开口讲课。周老师并不先说话，只在黑板上写了“把你所听到的声音画出来”。这时，从学生脸部的表情可以看出，他们被这句话蒙住了，有点儿愕然，感到为难。“声音是用耳朵听的，图画是靠眼睛看的，这是大家都知道的。可是今天的美术课就是偏要你们把看不见的东西画出来。我相信你们一定能做，也能画好它。”周老师幽默风趣的鼓励性语言，立刻消除了孩子们的疑虑心理，兴趣也油然而生，很想听老师再讲下去。周老师不再讲话，按了一下录音机的键钮，从录音机里放出了阵阵音响。这时教师用体态、动作和脸部表情配合着音响的节奏旋律，像在舞台上表演哑剧的演员一样。孩子们全神贯注地听着、看着和想着，随着音响节奏的变化和教师的各种动态，在他们的脸上也显露出各种表情——惊奇、顽强、抗御、轻松、安慰、泰然。音响的形象在孩子们的脑中出现了，一幅幅有关“风”的画面也在脑中酝酿着、构成了，好像就展现在眼前。怎样把形象的风声变成可视的形象呢？教师巧妙地运用“以耳代目，听声类型”的审美通感特征，诱发学生的审美感知力，培养联想、体验的审美感受力和把形象的声音转化为可视的形象构成的思维能力。这种审美通感的运用，在艺术审美教育中起了特殊功能的作用。

当孩子们从联想、想象和创造的意象中清醒过来时，教师启发道：“你们听到什么声音？”孩子们异口同声地回答：“风声”。这时教师在黑板上写上了课题：“画风”。在这个基础上教师提问：“你想怎样画风？”孩子们可活跃了，几十只小手争先举得高高的，渴望着老师能喊他首先回答，多么想把自己脑中所构成的画幅统统展现出来，让大家共同来观赏和评价，以表示自己是一个善于思索、会想象和能创造的有智慧的人。孩子们想的和构成的画面可多啦，“一个风车在转动”、“春天里一群孩子在放风筝”、“沙漠飞扬起风沙”、“狂风掀巨浪”、“龙卷风拔起大树”、“狂风暴雨中的行人的伞被吹成喇叭形”、“花儿被风吹动频频点头”、“冬天里飞舞着的雪花”、“五星红旗迎风飘扬”、“窗帘被风吹拂飘了起来”、“姑娘们的花裙子被风吹动显得格外轻盈”……多么丰富的想象力啊！孩子们从生活中的体验和在小学四年里以及课外阅读中所获得的知识，凡是能够描绘风的词汇都恰当地用上了，而且谁也不愿意重复别人已经说过的话。教师又进一步引导启发学生讲出与风有关的成语和诗句，孩子们又争先恐后地说出了一大串：乘风破浪，波涛澎湃，狂风恶浪，兴风作浪，无风不起浪，飞沙走石，风吹草动，春风吹又生，夜来风雨声，风吹草低见牛羊……至此，“画风”的课题经过声、形、语三者描绘表达事物形态的形象思维和创造能力得到了自然的融合和充分的运用。孩子们沉浸在创造美的思索中；整个课堂洋溢着积极主动、生动活泼和师生和谐配合的气氛。美的感受和陶冶，其方式原来就是轻松、活泼、生动和具有情趣的。

学生想象的翅膀展开了，创造形象的素材也丰富了，教师便提出作业的要求，仍然采用师生共同活动互相促进的方法激励学生的创造热情，调动学生努力完成作业的积极性。教师要求每个学生在图画纸上徒手画出六个方形的框框作为画幅，勾出六幅表现风的画面。有的孩子不等老师下令就争先动手画起来了。当教师一声令下“画”！孩子们动作是那样的敏捷，得心应手，挥笔自如，用简略的线和形勾画起来了。这时，教师也在黑板上画出了八个框框，与学生进行“比赛”，提出“看谁想得多，画得好，画得快”，并作出规定，教师不能画学生已经讲过的素材，学生也不能照抄教师所画的东西。经过 20 分钟紧张的手、脑、眼的协同作战，有 7 个学生较完整地完成了 6 幅，其他的学生 3 至 5 幅不等。教师又根据孩子们好胜不示弱的心理特点，有意留下一个空框，故意说：“真难啊！想不出来了。”表示不如学生，发动学生补充，又进一步鼓励学生进行想象和敢于创造的勇气。孩子们的兴致又来了，又一次展开了想象的翅膀，纷纷举手争先发言，有的说画节日彩色的气球腾空而上，有的说画湖面上五颜六色的风帆，有的说画秋天飘扬的落叶……

这堂课并不到此结束。教师拿出几张与风有关的美术作品让学生欣赏，有吴凡的《蒲公英》、19世纪法国画家柯罗的《阵风》和儿童画《放气球》等，让孩子们再从艺术作品中观赏有关风的表现形式。并讲述我国古代画家画风的小故事，介绍郑板桥的《风竹图》和古人的题《墨竹》诗："君看萧萧只数叶，满堂风雨不胜寒"等审美感受的体验。对于画得又多又好的学生予以表扬鼓励："20分钟画了6幅，真了不起，胜过古人。"孩子们看了自己的作品，都得意地笑了，因为他们在精神上得到了创造美的满足，从中也看到了自己智慧的火花在闪光。

最后，周老师布置这堂课的"回家作业"更为独特别致。"请同学们把自己的作业带回家去，先问问你们的爸爸、妈妈、哥哥、姐姐，'风是怎么画的?'如果他们说：'傻孩子，风声听得到，风形看不见、摸不着，又没有个样子，怎么能画得出来?'你们就把自己画的拿出来告诉他们：'喏，这就是我所画的风。'你们的亲人一定会高兴地说：'好孩子，你真聪明。'"同学们听后又乐开了。就这样，这堂画风的美术课在笑声中结束了。优美的下课信号琴声随之也响了起来。

11.5 课后备课与教学经验总结

美术教师的一个课时的教案，可能教几个同年级的班次。教案写得再周全，也不能完全符合学生实际。因此，教过一个班之后，教师自有成功与失败的体会，并会发现教学中的一些问题及教案写得不足之处，或偶发新的教学想法等等。针对第一个班教学中的问题，在教第二个班之前，很自然地要修正原教案中的某些设想。这种第一个班课后第二个班课前的备课称课后备课。课后备课是十分必要的。有时很可能会出现一个教学内容，两种教法。教师在这种不停顿的改进教学方案和教学效果对比之中，必然加深对教学的体会，有利于教学经验的总结和教学质量的提高。

课后备课的一个重要方面是课堂上学生提出他们疑惑的问题，例如，对装置艺术、现成品艺术提出"这是艺术吗?"或对某幅作品提出"这张画的形象为什么画得这么丑?""这件作品好在哪里?”往往属于艺术哲学问题和美学问题。教师可能一时被问得哑然，那么，就应于课后及时寻找有关资料以求理解，以备下节课回答学生。

课后备课的另一个主要方面是课后小结，注意积累经验。教学是教与学两个方面构成的。教师备课的目的是为了让学生掌握所教的知识和技能，教学效果也是由学生掌握的知识和技能情况而定。因此，一个课题教下来之后，教师根据学生掌握的情况必然会有不少经验体会可以总结。例如：

1）修改教案。通过教过几个班之后，美术教师对自己的课前写的教案必然有许多否定之处或肯定之处，要及时地加以总结。

2）学生对课题内容的接受情况。

3）教学方法运用的成败情况。

4）教学心得。

平时不可忽视教学点滴经验的积累，大江之水为涓涓细流汇成。教学小结要注意对学生进行调查研究，听取学生对教学的意见，了解学生存在的问题，同时对照学生作业配合教育教学的理论进行研究。例如结合学生的年龄特点选择适合的教材；激发学生兴趣、启发学生创意、能力培养等方法和教学设计的经验积累，日久天长，教学经验很可能成为令人刮目相看的鸿篇巨著。

美术教学经验的积累要注意：

1）教法的经验与范画、范作同时积累。

2）教学经验与学生作业同时积累。

12

美术课堂教学评价

课堂教学评价是对课堂教学效果做客观的价值判断，是对教师课堂教学工作的评价和对学生学习评价的总称。课堂教学评价既是教师课堂教学工作的重要组成部分，又是学校教学管理的重要工作。

课堂教学评价，过去是作为对学生学习进行成绩排队和选拔英才的手段，后来随着对其功能认识的深入和予以重视，而将课堂教学评价纳入了教学过程。美术学科的课堂教学评价，由于过去不存在升学的制约以及美术的表现性特点，而未予以理论研究的重视。但教师们在教学实践中，有对学生的课堂学习评价、作业成绩评定和指导时评价，尤其近些年来已将作业评价纳入教学环节之中。

随着对美术课堂教学质量要求的不断提高，也开始重视对美术教师课堂教学工作的评价，并将其作为聘任、定级和教学管理的重要手段。对美术教师课堂教学评价的研究，实质是研究上好美术课的标准。

12.1　对学生学习的评价

对学生学习的评价，是指对学生的学习效果做价值判断。其包括：对课堂教学知识、技能的掌握和对作业效果做评价。由于美术学科的学生作业，是其知识、技能、创意等综合的呈现，是创新精神和实践能力的体现，所以美术课堂教学对学生学习的评价往往将重点放在对其作业的评价上，如指导学生作业时对其作业的评价以及作业成绩评定等评价工作，而很少进行知识的考核。

12.1.1 对学生学习评价的目的意义

（1）认识教学效果

教师要将对学生作业评定过程，视为对教学工作自评的一个方面，从学生作业中看教学效果，从学生作业的"形象"反馈中分析学生掌握美术的状况，反省教学存在的问题，以改进教学设计。

（2）激励学生学习

通过作业评价和成绩评定，让学生认识自己的学习结果和掌握的程度，认识教师对自己学习的肯定、期望与不满，促进学生反省自己的学习态度、学习方法以利于进步。

（3）有利于因材施教

通过对学生学习的评价，可以清楚地了解学生间个体的差异，了解学生个体进步的程度和学习存在的问题，以便有针对性地因材施教。

（4）完善教学管理

成绩评定是教学管理的重要组成部分。美术教师应为学校提供实事求是的客观的学生学习成绩，以保证学校对学生个人有一个完整的学习评价。

12.1.2 对学生学习的评价类型

由于评价的角度的不同，可以有多种类型的评价。布卢姆按教学评价功能，将其分为三种类型：

（1）诊断性评价。这是于学年开始对学生学习水平进行的测试。其目的是为了查明、辨认学生的学习程度、能力、特点与问题，以待其后的教学中长善救失。

（2）形成性评价。这是在教学过程中通过“小考”对学生进行的学习评价。其目的是为了确定学生掌握的程度，以便有针对性地调整进度和改进教学。

（3）总结性评价。这是学期或学年末给予学生的成绩评定。其目的是让学生和家长了解其学习结果。

以上教学评价类型，已为我国学校其他学科所采用。

依美术学科特点，笔者认为美术学科没有必要单独安排时间对学生进行“诊断性评价”、“形成性评价”。因为美术本身的表现性很强，不是标准划一的科目，美术教师通过第1节课堂教学的学生作业，即能了解学生的一切。对学生更没有必要进行“小考”，因为目前美术教材内容缺乏严密的逻辑关系，平时作业即是学生掌握程度的体现。学期末学年末，也没有必要有“考试作业”。如果从对知识掌握要求巩固角度看，目前美术学科出现笔答考试的主张，是值得探讨的。

笔者认为以创新精神与实践能力为重点的美术教学，学生的美术能力、水平主要体现于课堂作业中。学生的平时作业最能代表其学习程度，笔者主张以学生的平时作业的累积成绩作为总评成绩为好。美术学科每节课都有辅导练习，辅导练习是即要对学生的学习予以有针对性的评价。美术教师对学生每节课的作业，都要予以评价。美术学科对学生的这些评价，是及时的，是每节课都进行的。这些评价，既是诊断性评价，又是形成性评价、小结性评价，都是综合性指导评价。如果硬要对美术学科学习评价予以分类，笔者认为可分两种：

（1）课题作业评价。这是对学生课题学习掌握程度予以的判定。旨在指出学生的学习态度、技能掌握、创意表现等的水平及存在问题，以促进改善学生的学习。

（2）学期总成绩评定。这是平时成绩的汇总，是对学生全面学习予以的成绩等级评定。旨在为学生为学校提供成绩等级证明。

12.1.3 学生学习评价方法

(1) 平时课堂作业评价方法

1) 学生自评。即让学生对自己作业予以分析评价。

2) 学生互评。即让学生间互相发表对作业的看法。这一点已在作业评价法中有过论述。

3) 教师指导性评价。即指出学生作业存在的优缺点。

4) 教师予以成绩评定。一般将学生作业按等级分制评分，或按优、良、达标、待达标四等级评定。

(2) 总成绩评定方法

将平时成绩汇总，按平时成绩之比例关系予以优、良、达标、待达标评定。

12.1.4 对学生学习的评价原则

美术作业虽然具有知识性的一面，但主要是学生技能的体现，尚有艺术性、个体创造表现性的一面，这是无法规定“量化标准”的，而且每个人的看法也不尽相同。这就给学习评价尤其是成绩评定带来了很大的困难，即便在美术专业学校，对美术作业的评分也是一件很困难的事情。教师在成绩评定中往往带有很大的主观性成分，对同一张作业，两位教师的评分可能相差甚远。然而，成绩评定对学生来说却是至关重要的。美术课的成绩虽不及语文、数学那样影响其升学，但学生认定它是自己能力的体现。学习成绩的好坏，影响到学生对自己才能的认识和对美术学习的兴趣。所以，对学生学习评价应遵循以下原则：

(1) 导向原则

对学生的学习进行评价，不是为了排名次，评出等级也仅是表面性的工作，而应将其作为使学生认清学习目标，深入理解学习内容，为学生学习进一步指明方向的教育手段。要通过学习评价，使学生了解自己在学习方法、思想方法上存在的问题，明确学习有待改进之处。

因为教育观念、艺术观念决定美术学习的评价标准，所以教师要注意更新自己的教育观念和艺术观念。只有树立正确的教育观念和艺术观念，才能保护学生的创新精神，才能确保美术评价的正确导向。

（2）促进原则

评价是为了对学生学习提供反馈，让学生知道自己学习的程度，了解美术掌握的优点与缺点。通过评价要对学生产生激励、鼓舞作用，使学生增强进取信心。

（3）个性原则

美术的表现性特点决定其评价要遵循注意学生表现个性的差异，不能像数理化史地那样有划一的标准。这既是美术学习评价的难点所在，也是必须遵循的原则。个性原则是为了保护学生的艺术个性，无个性便无艺术的多样性与丰富性。这就要求美术教师要有对美术的深刻理解和艺术的敏锐判断力，要善于把握不同类型学生的作业个性。例如，有的学生属冷静分析型，其作业清洁、整齐、拘谨，色彩涂得匀净，虽然绘画性差，但具有装饰意味和整齐美；有的学生属感情型，其作业可能有些脏乱、无拘无束，但情感表现性与绘画性强。这两类不同类型的作业，具有不同的艺术个性，教师不应以自己的审美偏爱替代评分标准。

（4）慎重原则

由于学生重视学习成绩，视为是自己能力的标志，所以教师对学习评定要极为重视。评定美术作业成绩，应避免不进行比较孤立地评定一张作业的成绩。因为此种方法进行评定，不易准确。应采用先将作业按好、中、差大体分类，然后反复比较、调整，这样评定成绩比较准确。

中小学生的特点是争强好胜，上进心强，优良的成绩可以使他们在心理上得到一种满足。小学生表现出急切地要得到教师赞扬的争取感，得了一个好成绩可以高兴得欢呼雀跃，得了一个不好的分数可以泪流滔滔，所以好的成绩可以调动小学生的学习积极性。中学生对美术作业的评分，虽然不像小学生那般在意，这和美术不是升学考试科目有关。但成绩评定同样会给中学生造成心理影响，因为他们认为分数是老师对他们能力的评价。得到好成绩，可以使原本认为自己美术差而学习不认真的学生，由于自信心的增强而变得认真；也可以使原本有美术学习兴趣的学生，对美术逐渐发展为爱好，以至成为美术特长生。所以，对中小学生应多采取宽松评分和鼓励的办法。

此外，还应注意往作业上写成绩或评语时要靠边角，字迹要工整，不可过大，以免破坏作业的艺术效果。

12.2 对美术教师课堂教学的评价

对教师课堂教学的评价属教学管理工作，本节为了使美术教师明确怎样算是一堂好课，而对其加以简略的介绍。

12.2.1 对教师课堂教学工作评价的目的、意义

(1) 指导和推动教学工作

评价教师的课堂教学工作，就应有评定的标准。标准即是导向。通过按标准评价教师的课堂教学，可以让教师明确怎样才算是一堂好课。通过课堂教学评价，可以使教师反省自己的课堂教学工作存在的优缺点，升华经验，以便改进课堂教学工作，提高课堂教学质量。

(2) 了解教师水平，加强教学管理

评价教师的教学工作，就得组织有关人员进行听课，方能对教师的课堂教学做出客观的评价。这是了解教师课堂教学水平的最好方式之一，也是加强教学管理防止美术课堂教学出现盲目性、随意性的重要措施。

(3) 促进教师间相互学习，以利于提高课堂教学水平

美术教师间通过评价工作的听课与评课，帮助同仁明确教学的优点和查找分析教学中存在的问题，总结经验可以互相学习，共同提高课堂教学水平。

12.2.2 美术课堂教学工作的评价标准

课堂教学是美术教师的中心工作，那么，对美术课堂教学工作的基本要求，即评价一堂课上得好坏的标准是什么呢？这个问题，是每个美术教师必须要明确的，也是学校教学管理者们需要掌握的。笔者认为评价美术课堂教学工作，应从以下几个方面进行：

（1）教学目的

教学目的是指对教养与训育的统一性是否明确。教养目标是显性的，即每节课培养学生在知识掌握、艺术表现、审美、应用等方面要达到的具体目标是否明确与准确。这体现了教师对“教学大纲”、教材与学生的关系的理解与处理能力。教学目标不仅应于教案中明确写出，更主要的是要在教学中体现出来。所以，衡量一节课显性的教学目标是否明确，判定得是否科学，应从以下几个方面予以评价：

1）讲授内容是否紧扣教学主题，教学过程的各个环节是否围绕教学目标予以安排，是否使学生明确学什么和练什么，师生是否共同围绕着教学目的进行积极的教学活动。

2）作业要求与讲授内容是否具有一致性，作业要求是否具有可行性和学生创造的可能性。

3）学生的学习，是否达到了预期的教学效果。

训育目标是隐性的，是教师于教学过程中的一种体现。应从以下两点予以评价：

1）教学过程中，是否能注意学生诸方面能力和非智力因素的培养。

2）教学过程中是否能注意对学生行为的指导。

（2）教学内容

教学内容，是在教学活动中教师所要传授和学生所要掌握的。对教学内容的评价，主要注意以下四点：

1）正确理解与把握教材，吃透教材内容，把握教学的重点与难点。

2）教学内容符合“教学大纲”，符合现代教育观念，适合学生年龄特点，能引起学生的学习兴趣，有利于学生心智的发展和使能力获得锻炼。

3）讲述的内容，要结构清楚、层次分明、准确无误、深入浅出、通俗易懂，能够突出重点和突破难点。内容准确包括：解词释义、字的读音、板书的字、作画与制作的方法步骤等都要正确无误，而且观点正确。

4）教学内容能与训练有机地融合。技能训练，对学生要求恰当，措施可行，方法合适有效。

（3）教学过程

对教学过程的评价应注意以下几点：

1）教学准备充分，包括：教案，技法熟练，教具学具等物质准备齐全实用有效，范画、范作精制以及教室的利用准备等。

2）教学过程设计合理，组织严密。这是指从打上课铃开始至打下课铃止，能充分发挥教学时间的每一分钟的效用，使每个教学环节过渡自然、环环相扣、衔接紧凑，教学方法运用灵活，能精讲善练，教学时间分配合理，能使教学过程按计划顺利地进行。

3）充分发挥教师的主导作用，表现在善于组织教学，能充分调动学生主体的学习积极性，学生学习兴趣盎然，积极思维。一堂好课靠教师的主导作用与学生的能动作用的相互结合。教师教得带劲，学生学得入迷，两相促进，教学氛围好。教师调动学生的积极性具体表现在：善于提问，启发学生积极思维；善于组织讨论，鼓励学生勇于大胆发言，课堂气氛活跃而有秩序；善于启发引导，使学生思维活跃，大胆创新，能动地进行创造表现。

4）正确贯彻教学原则，是指对教学原则理解深刻透彻，依据教学原则进行教学。

5）灵活运用教学方法，表现为各种教学方法能融合优化运用，且运用恰当得体、熟练、有效。例如，讲述与演示配合紧密，演示时机选择合适；提问准确，问答得体；善于辅导；教法运用得不生硬，不呆板，不感到造作，运用得心应手等。

（4）教学能力

教师的课堂教学，是教学能力的集中体现。评价教师的教学能力，实质是评价教师的基本素质。其应着眼于以下几点：

1）讲授能力，主要表现为教态自然、亲切，语言准确、规范、流畅；表达富有情感，能吸引和感染学生；板书设计合理，字迹工整。

2）演示能力，一是指技法、制作步骤演示熟练、准确、生动。熟练是指演示操作经验丰富，不拖泥带水。准确是指造型准确，方法步骤正确，不必修改一蹴而就，或少作修改即可准确完成。生动是指演示得形象生动，用笔用色生动，整体效果生动。二是指演示时机选择恰当，并能有针对性地即兴演示，形象生动地解决学生的问题，并能使学生于难点处得以突破。

3）指导能力

对学生学习的指导，既包括对全班性的指导又包括对个别学生因材施教的辅导，还包括善于对不同课业用不同方法的指导。作为一节课来说，指导能力主要表现在能够有计划的巡视辅导，善于及时发现全班学生在绘画或操作中出现的共同性的问题，并通过启发思维、引导观察、表演示范等及时地予以正确解决；同时又能及时帮助个别学生解决在绘画、设计、制作中的困难。指导能力还表现在教学过程中或结束时，能对学生的学习给予科学合理正确导向的评价。教师的评价对学生要能起到指导、激励和鼓舞作用，起到矫正缺点、树立信心、勇于进取的积极作用。

4）应变能力

应变能力表现在能及时机敏地处理课堂教学中出现的各类问题。例如，学生学具带得不全，出现学生打架，突然病倒，提出难于回答的问题，出现奇特表现的作业，等等，都能迅速、灵活、恰当处理解决。

5）训育能力

训育能力表现在能教书育人，善于紧密结合教学内容与联系学生实际，对学生进行思想品德、行为规范、责任心、意志品质等学会做人做事的教育。

（5）教学效果

教学效果是由学生的学习体现出来的，主要应从以下两个方面予以评价：

1）教学使学生感兴趣，学习积极性高，思维活跃，积极探索，努力创新，爱学乐学，并能获得成功的愉悦。

2）学生作业效果好。学生作业完成良好，说明知识、技法掌握得好，是动脑动手积极思维与操作的结果，是达到教学目标的主要的外在标志。

（6）教学特色

能达到以上标准，就应属于一堂好课。但此外，还应鼓励教师在教学中不断探索、创新，要具有自己的教学特色。例如，在教学内容、教学策略、教学模式、教学方式方法等，有所创新；在媒体利用、教具研制等方面，能进行有效的改革开放和创制。教学具有特色，当属教师难能可贵的品质，应予以特殊的评价。

12.2.3 美术课堂教学工作的评价原则

（1）目的性原则

对教师的教学进行评价，目的是为让教师明确什么是一堂好课，从而促进教学和提高教学质量。这一原则，是每位参评者和被评者都应该明确的。因为教学评价是为了帮助教师认识自己教学中存在的优缺点，以便能够改进和完善教学工作，所以评价工作应该公开、透明，使自评与同行评价、领导评价相结合。教师自身应积极参与评价，在评价过程中虚心听取来自各方面的意见，以期达到促进提高课堂教学质量的目的。对于教学工作优秀的教师，通过评价应帮助其总结经验和举荐推广。

（2）导向原则

评价标准即是一种导向。教师为了达到最高标准，必然按评价标准进行教学准备、教学设计，并按标准进行课堂教学。因此，制定评价标准就要具有导向性，要能体现培养21世纪需要人才的现代教育观念，尤其要体现以培养学生创新精神与实践能力为重点的素质教育观念，还应体现鼓励教师创造性地进行教学改革的探索，而且随着教学不断改革，评价标准不应一成不变，使其发挥导向作用。

（3）科学性原则

教学评价的科学性原则表现在：

1）课堂教学评价标准要符合美术学科教学规律与原理，要符合中小学美术教学实际。评价的项目要全面，权数要合理，要突出主要项目，把握评价重点，不能所有项目一律平均对待。

2）评价方法要科学，既要有自评、同行评价、领导评价，也要听取学生对教师教学的评价。

3）评价要客观，避免主观性。

（4）整体性原则

美术课堂教学，是由美术教师调动一切教学要素导演的一个完整系统的全过程。因此，评课者不能只听完讲授部分，而不注重辅导练习过程和结课部分，每一个教学环节都应不遗漏地予以完整地听下来。尤其是辅导练习这一教学环节，是学生主体活动时间最长的环节。这中间美术教师可能要灵活处理各式各样的备课中所未准备到的具体问题。所以，这是很能体现教师教学素养的重要环节，也是课堂教学评价不可忽视的重要方面。

教学是师生的双向活动。评价教师的课堂教学，既要看教师的主导作用，也要看学生被教师调动的程度、呼应程度，要看学生的投入程度和学习的精神状态。

（5）易行原则

评价标准和评价方法要简便易行，应避免文赎主义制定的烦琐复杂的量化表。其貌似科学，却往往忽略了课堂教学的根本，以其过于分散的指标权数冲淡了教学灵魂的主体，属于抓了芝麻丢掉西瓜。评价标准要使评价者与被评者一目了然，不使评价者在听课时过多分神填写诸多表格。

12.2.4 美术课堂教学工作的评价方法

（1）教师自评

教师自我评价，是对自己课堂教学的优缺点进行的冷静分析与评价。虽然自我评价缺乏客观比较性，但只要努力提高教育理论水平，多观摩同行的课、观摩优秀教学录像课，以及听取学生的反馈，又有自我反省意识，是可以做出比较准确的评价的。

（2）同行、专家评价

这是指校内外同行、教研组长、教研员、美术学科教育专家参与的通过听课、检查教案、看学生作业等，对教师课堂教学进行的评价。是比较全面的客观的评价方式。校内外同行，都有教学实践经验，最熟悉教材、学生和教学中容易出现的问题，可以做出相对客观的评价。教研员听各校课堂教学较多，最有横向比较的经验，评课也最具权威性。美术学科教育专家往往对理论研究较深入，可以从理论上予以指导性的评价。上述三者相结合的评价，是最有指导性的权威评价，也是教师最爱听的评价。

（3）领导评价

校领导的职责是教学管理。校领导的评价，往往关系到聘任、职称评定，关系到教师在领导心目中的地位，所以是教师最重视的评价。校领导应通过教学检查、学生作业、听课以及听取学生的反馈意见等，对教师的课堂教学做出慎重的评价。

（4）学生参与的评价

这是学校教学管理者通过组织学生座谈或填写调查表等方式，让学生对教师的课堂教学进行评价。由于学生是教学的直接对象，他们对教师在教学中表现出的知识、技能、情感、人品、教学态度、教学方法等感受最深，最全面，所以对教师的评价是值得重视的。但学生毕竟受年龄阅历的制约，不可能做出全面性的准确的理性评价，他们的评价只能作为评价教师教学的重要参照。

（5）评价指标

为了科学评价，有关教学管理部门对每一评价项目规定权衡轻重作用的数值分。对此，各有关部门往往会针对本地区教学存在问题，予以导向性的规定，权数是一个可变数。故笔者不予规定，而请参考文后所附的《北京市中小学美术学科课堂教学评价方案》（试行）中“评价指标”。

附：北京市中小学美术学科课堂教学评价方案（试行）

一、确定中小学美术学科课堂教学评价指标的原则

课堂教学评价，既是教学工作的一个重要组成部分，也是学校教育教学评价的一个重要方面。为了使教学评价起到指导、推动教学的积极作用，在确定中小学美术学科课堂教学评价指标时，遵循的主要原则是：

导向性原则：随着教育改革的深入，美术课教学发生了深刻的变化。教师要转变教学观念，使学生在学习基础知识与基本技能的基础上，提高审美能力和美术素养，增进爱国主义感情，陶冶高尚的情操，为提高民族素质努力提高教学质量。

教师要依据教育规律和教学原则进行教学，正确处理教师的主导和以学生为主体的关系；要防止教学中的盲目性和随意性；特别要注意提高学生的观察力、想象力、形象思维能力和创造力。

搞好美术教学的关键在于提高教师的素质。评价课堂教学要有利于促进教师思想和业务水平的提高。

科学性原则：确定美术学科课堂教学评价指标，要按照美术教学的基本规律和客观实际，科学地确定课堂教学评价项目及其权数，力求全面、客观、准确地评价一堂美术课的教学质量。

整体性原则：课堂教学评价是对一节课教学的评价。一方面要评价由师生、教学任务和教学手段所构成的课堂教学全过程，另一方面也要注意在知识和技能方面所表现出来的联系，以克服评价的片面性。

可行性原则：制定美术学科课堂教学评价指标，既要符合教育目标和《九年义务教育全日制中小学美术教学大纲（试用）》（以下简称“教学大纲”）要求，又要从我市中小学美术教学的实际出发，做到要求明确具体，方法简便易行，使学校领导和美术教师都能看得懂、学得会、用得上，在评课时有一个比较科学又简明实用的评价依据。

二、中小学美术学科课堂教学评价指标

中小学美术学科课堂教学评价指标共 6 项、19 个要点（见表 12-1）。

中小学美术学科课堂评价指标中的每个评价项目均分为 A、B、C、D 四个等级。现对 A 级标准做如下说明：

1. 教学目标

教学目标的确定和体现，根本问题在于教师要能正确地处理“教学大纲”、教材与学生实际三者之间的关系。

（1）教学目标的确定　教案中确定的教学目标应体现“教学大纲”的要求，突出美术学科的特点，符合教材和学生实际。一般包括知识、能力、思想品德教育和学习习惯等方面。教学目标要明确、具体、恰当。

（2）教学目标的体现　教学过程中的各个环节都要围绕教学目标安排，并能在教学进程中逐步得到落实。

2. 教学内容

（3）理解和掌握教材内容　正确理解教材内容，把握重点、难点。

（4）教学观念与思想教育　教学内容的选择应寓审美教育、思想品德教育于教学之中，有利于全体学生的审美修养、审美能力和爱国主义优秀思想品德的形成与发展。

（5）知识传授和技能训练　教师讲授的知识、概念，必须准确无误，知识结构清楚，层次分明，重点突出，突破难点，措施具体。技能技巧要求恰当，训练得法，科学有效。

（6）能力培养　教学中注重培养学生的观察能力、想象能力、美术欣赏能力，以及形象思维能力、表现能力和创造力。

3. 教学过程

（7）教案设计　教案确定的深度和负担符合学生的实际，教学方法有利于学生掌握知识和调动学生学习的积极性，教材组织有序，教学环节清楚，结构合理。

（8）教具及学具的准备　教师和学生的课前准备工作是完成教学任务

的基本保证，教具和学生用具应齐全、实用。

(9) 主导作用与主体地位　课堂教学应处理好教与学的关系，在教师的主导作用下，根据教案有计划、有目的地引导学生学习，善于启发和调动学生的学习兴趣和积极性，充分重视学生的主体地位。课堂教学要精讲善练。

(10) 课堂辅导　辅导要有计划、有目的地进行，既要全面，又要注意因材施教。辅导的语言与方法要富有启发性。

4. 教学方法

(11) 教学方法的选择　美术教学方法选择和使用应具有审美性、科学性、趣味性、直观性；要注意学生的心理特征和认知规律，依据学生的心理和年龄特征，选择恰当有效的方法，以利于学生接受、掌握为原则，提高课堂教学的效率，为实现教学目标服务。

(12) 现代化教学手段的使用　重视现代化教学手段的科学运用，并考虑到使用的实效性。教师应充分利用现有条件勇于实践和创新，以求教学效率的进一步提高。

5. 教学能力

(13) 教师基本素质　主要指教态自然、亲切；语言准确、生动；板书设计合理、字迹工整。

(14) 基本技能　教师要掌握所教课业内容的技能技巧，演示、操作规范。要善于处理好每个环节的实施与过渡。

(15) 应变能力　课堂出现的各种情况教师要有应变能力。

6. 教学效果

(16) 预期教学目标的实现　要对预期教学目标的各个方面进行检测，按其实际情况判断其教学效果。

(17) 学生的学习兴趣和积极性　表现为学生能够主动参与教学活动，思维活跃，勇于提出问题，努力实现教师提出的各项要求。

(18) 完成课堂作业情况　按作业要求检查学生作业的数量和质量。

(19) 课后测试　用书面或口试检查学生掌握基础知识的程度，测试结果优良。

教师在教学过程中，全部达到了上述的这些要求，即可评为 A 级；基本达到这些要求，还有某些不足，可以评为 B 级；从总体上看，是按着这些要求去做的，但存在一些明显的缺点，可评为 C 级；基本上没有达到这些要求，缺点和错误严重，应评为 D 级。

三、中小学美术学科课堂教学评价方案的使用

本方案按照定性与定量相结合的原则，采取综合评判的方法。具体评价方法及步骤如下：

1. 做好听课准备和听课记录。评课人听课前要做到熟悉“教学大纲”要求和教材内容，了解本节课的教学目的和教学过程的设计要求。在听课中要认真做好听课记录，以作为评课的依据。

2. 认真评定各个评价项目的等级。听课后，评课人应根据讲课教师的教案及其实施情况，对照《中小学美术学科课堂教学评价指标》（见表 12-1）中的评价项目的标准与要求，分项评定等级，并在《中小学美术学科课堂教学评价表》（见表 12-2）的相应空格中画“√”。

表 12-1　中小学美术学科课堂教学评价指标

评价项目	评　价　要　点	权　数
1. 教学目标	（1）教学目标的确定 （2）教学目标的体现	0.10
2. 教学内容	（3）理解和掌握教材内容 （4）教学观念与思想教育 （5）知识传授和技能训练 （6）能力培养	0.20
3. 教学过程	（7）教案设计 （8）教具及学具的准备 （9）主导作用与主体地位 （10）课堂辅导	0.26
4. 教学方法	（11）教学方法的选择 （12）现代化教学手段的使用	0.14
5. 教学能力	（13）教师基本素质 （14）基本技能 （15）应变能力	0.16
6. 教学效果	（16）预期教学目标的实现 （17）学生的学习兴趣和积极性 （18）完成课堂作业情况 （19）课后测试	0.14

表 12-2　中小学美术学科课堂教学评价表

学校：　　　　　　班级：　　　　　　教师：　　　　　　课题：

<table>
<tr><td rowspan="2">评价项目</td><td rowspan="2">权 数</td><td colspan="4">评价等级</td><td rowspan="2">得　分</td><td rowspan="2">总　分</td></tr>
<tr><td>A</td><td>B</td><td>C</td><td>D</td></tr>
<tr><td>1. 教学目标</td><td>0.10</td><td></td><td></td><td></td><td></td><td></td><td rowspan="6"></td></tr>
<tr><td>2. 教学内容</td><td>0.20</td><td></td><td></td><td></td><td></td><td></td></tr>
<tr><td>3. 教学过程</td><td>0.26</td><td></td><td></td><td></td><td></td><td></td></tr>
<tr><td>4. 教学方法</td><td>0.14</td><td></td><td></td><td></td><td></td><td></td></tr>
<tr><td>5. 教学能力</td><td>0.16</td><td></td><td></td><td></td><td></td><td></td></tr>
<tr><td>6. 教学效果</td><td>0.14</td><td></td><td></td><td></td><td></td><td></td></tr>
<tr><td>教学特色</td><td colspan="5">加 0～5 分</td><td></td><td></td></tr>
<tr><td>评
语</td><td colspan="7"></td></tr>
</table>

评课人：　　　　　　　　　　　　　　　　　　　　年　月　日

3. 计算各评价项目的得分。本方案采取等差赋值的方式计算得分。A 级赋值 95 分，B 级赋值 80 分，C 级赋值 65 分，D 级赋值 50 分。

根据评价表中规定的各评价项目的权数，分别计算出各评价项目的实际得分。其计算公式为：

分项得分＝等级赋值×权数

例如：评价项目 1（教学目标）的 A 等得分为：

95×0.10＝9.5 分

如果是多人评课，还要将几位评课人所给的分项得分相加，再除以人数，求出该项得分平均值。

例如：5 人评课，对评价项目 1 的评定结果为 4 人评 A 等，1 人评 B 等，则该项得分平均值应为：

(9.5 分×4＋8 分×1) ÷5＝46 分÷5＝9.2 分

为了计算方便，现将中小学美术学科课堂教学评价指标的分项各等级分值汇总成表 12-3，供教师和评课人使用。

4. 计算总分。将各个评价项目的实际得分相加，即得出总分。

表 12-3　中小学美术课堂教学评价项目等级分值表

项目＼分值＼等级	A	B	C	D
教学目标	9.5	8.0	6.5	5.0
教学内容	19.0	16.0	13.0	10.0
教学过程	24.7	20.8	16.9	13.0
教学方法	13.3	11.2	9.1	7.0
教学能力	15.2	12.8	10.4	8.0
教学效果	13.3	11.2	9.1	7.0
总　　分	95	80	65	50

（如果是多人评课，则将各个评价项目的得分平均值相加，并求出平均值，也可得出同样的总分。）

上述多人评课的全部计算过程，也可应用能编程序的计算器，编好程序并储存于计算器中，使用时只要将各评价项目评定不同等级的评课人数依次输入计算器，便可很方便地得出总分。

5. 教学特色加分。美术学科课堂教学评价指标中的 6 个项目，是从整体性出发，全面衡量一堂美术课的基本要求。有些美术课不仅能够基本达到这些要求，而且还在某个方面具有突出的特色。为了鼓励这种创造性的劳动，本方案采取特色加分的办法。（可视其特色突出的程度评 0～5 分）加在总分中。

多人评课时，首先要由全体评课人认真讨论，在大多数评课人确认该课具有某个方面突出特色的前提下再由每个评课人分别评定教学特色分，然后求出算术平均值，加在总分中。

6. 填写评课意见。在评定各个评价项目的得分和计算出总分的基础上，评课人应对这堂课的优缺点，进行全面的总体定性分析，并认真听取主讲教师的自评意见和学生的课后反映，然后综合写出对这堂课的评语，明确指出其主要优缺点和进一步改进教学的意见。

如果是多人评课，应根据全体评课人的评课意见，并听取主讲教师的自评意见与学生的课后反映，综合写出对该课的评语。

注：《北京市中小学美术学科课堂教学评价方案》（试行）是20世纪90年代北京市制定的。

13

美术选学课程和课堂教学外延的美术教育工作

学校的美术教育是多方面的，除美术必修课教学之外，尚有美术选学课程和课堂教学外延的许多对学生有影响的美术教育工作。

13.1 美术选学课程

美术选学课程是供学生独立自主选择学习的美术课程。它是美术课程结构中的重要组成部分，是学校不可忽视的教学工作。

13.1.1 美术选学课的性质和任务

依据素质教育和现代基础教育改革的思路，为适应社会需要的结构性，课程体系应是开放性的。美术课程结构，应体现多样性、差异性、选择性的特点，应给学生独立自主选择学习多样性美术课程的机会。从世界教育改革动向上看，各国都重视各式各样的选学课程，并对其称之活动课。俄罗斯甚至规定：半日为必修课，半日为学生自选的活动课。

目前我国中学美术课时有限，美术方面超常学生已不满足于课堂教学，他们渴望在课外得到美术教师的指导，以便学得更多的美术知识和绘画技能得到进一步的提高，并为报考美术院校做专业方面的准备。此外，准备报考如建筑、轻工、电影、戏剧等加试绘画的高等院校的高中学生，也希望能得到美术教师的绘画指导。另外，尚有一些并非想考美术院校却酷爱美术的学生，想于课外得到美术技能的训练和艺术修养的提高。还有一部分学生对美术的某一方面感兴趣，也需要在学校的学习中获得提高和发展。

因此，为了满足国家对不同人才结构的需要，为了满足学生素质特长和个性发展的需要，在中学的美术课程结构中必须设置供学生独立自主选择学习的美术课程。学校有没有给学生设置可供独立自主选择学习的课程，说明学校对学生个性发展的重视程度，说明对学生人格的尊重程度，说明教育观念是否从应试教育转变为素质教育，是否全面贯彻素质教育的具体体现。为一部分学生报考美术学校而设置选学美术课程是不是应试教育呢？不是，因为应试教育是使学校教育围绕着升学指挥棒转的一种教育观念；而选学课程则是以发展学生素质特点为出发点，以培养国家需要的人才结构为出发点，是尊重学生兴趣发展、个性特点和自主选择的体现。因为选学课程是帮助学生于乐学中获得个人发展目标的教育，是没有忽视其他学科学习和坚持全面发展的教育，所以它与应试教育有着本质的区别。正如笔者在前边所述：片面理解素质教育，将教学课程划一、内容相同，忽视学生个人素质特长的培养和发展，其结果所谓的全民素质提高了，却没有培养出立于世界顶尖的人才，笔者认为那也是教育的失败。我们必须注意使学生素质全面发展，同时也使学生的特长素质得到培养和充分发展，这才是以学生发展为本的素质教育。

到目前为止，国家对美术选学课程尚未制定统一的教学大纲，所以课程权力下放到学校，是属于学校级的课程。选学美术课程的设置和教学情况，关键在于学校领导对其重视程度和教师的积极性。选学美术课程，一般是以美术教师自行设计其教学内容与进度。但是，我们必须强调美术选学课程，是中小学美术课程结构中的重要组成部分，是不可忽视的美术教育工作，是关系到全面贯彻素质教育的体现。在学生独立自主选择的基础上，学校和美术教师将选学美术课程的学生组织起来进行训练和培养，这是体现因材施教的重要方面，是美术教师培养人才的义不容辞的天职。

美术选学课程将一些有美术才能的少年儿童集中起来，开展美术活动，使他们在一起作画，互相探讨观摩、切磋技艺，有一个共同语言的艺术环境氛围。使之认识各自的优缺点，自然地互相影响，相互竞争，其劲头之足，作用之大，比之教师的作用不在以下。

美术史的发展也证明了这一点，即成年的画家，往往也是一个地区一个地区，一批一批地出现。少年儿童更不例外，他们自有同年龄之间的共同语言、共同的问题，组织起来的意义，就在于他们能够互相促进地成长，同时也容易形成良好的意志品质。儿童少年容易兴趣转移和踏不下心来，或深入画不下去，在美术小组内的特定环境氛围之中，容易克服上述的缺点。在相互影响之下，自然地形成一种良好的意志品质——对事业坚定不移的信念，不甘于失败的奋进精神，锲而不舍的进取毅力以及专心致志的工作态度。

在技法上他们可以互相切磋，互学所长。绘画技法的学习，不单是理论的指导，还在于观摩。他们在一起作画，就可以互相观摩彼此的习作，而且可以观摩到彼此带来的好的复制品及画家原作的机会，其启发性是相当大的。

实践证明，美术小组开展得好的学校，都有一批美术人才从中涌现。

在我国有不少美术小组开展得成绩显著的学校与教师，为社会培养了许多美术人才。在这样的学校里，由于美术小组活动的影响，学生普遍热爱和重视必修的美术课，美术教师在学生的心目中有重要的位置，课堂教学无纪律问题，教学效果好。

13.1.2 美术选学课程的类型

美术选学课程，按教学目的可分为两类：

（1）进行正规基础训练的选学课程

这是为学生打下良好的美术造型基础，并为其中部分报考美术学校而设置的选学课程。对其教学活动，习惯称美术小组活动。这种小组往往从初一开始组建，组员比较固定、坚持性强，教师需要有三年的活动教学大纲和较周密的教学计划，进行较严格地连续的基本功训练。

（2）为学生发展美术某一方面兴趣而设置的选学课程

由于部分学生对美术某一种美术尤感兴趣，为满足这部分学生对其学习的兴趣和发展的愿望，教师根据自己擅长，设置相应的选学课程。对其教学活动，通常依所学内容，分别称绘画小组、中国画小组、版画小组、书法小组、泥塑小组、工艺美术小组、艺术设计小组等。对其有的学校以兴趣小组统称之。

（3）美术加强班的美术课程

这是一种以招收美术特长生和爱好者，集中为班集体，增加美术课时进行正规基础训练的美术课程。是第一种美术小组的学制化的特例。

上述前两类选学课程，统称为活动课程。由于活动课程尤其第二类兴趣小组的活动课程的教学计划和教学内容，是由各校美术教师依据自己的专业特长制订和自编的，教学活动方式多样，各校无统一性。故下面以第一类选学课程（美术小组）为例探讨有关问题，供其他美术选学课程参照。

13.1.3 美术小组的教学目标与教学内容

美术小组以提高速写、素描、色彩的造型能力为目标。美术教师应制订三年的教学计划，按教学计划安排阶段性的教学内容，应避免盲目的即兴式的安排教学活动，或放任美术小组成员自行活动。

（1）速写教学

图 13-1　北京市京源学校美术加强班的写生课

速写训练是培养、锻炼敏锐的观察能力，迅速捕捉形象能力的重要手段。速写是画家进行创作搜集素材、积累各种形象资料的必要的手段，是重要的基本功。好的速写本身就具有艺术审美价值，且是一种独立的艺术表现形式。速写练习对学生来说切不可因重视素描而予以忽略，从某种意义上来说，它比素描还重要。因为画速写需要组织画面进行构图与艺术的概括处理，需要形象的记忆，需要敏捷的形象思维的过程，学生通过速写练习培养自己对生活的敏锐的观察力和表现力。

速写的表现形式虽然多种多样，但一般以铅笔或钢笔的线条勾勒形式最适合学生。

练习速写不受时间、地点的限制，可以随时练画而不至于占用过多完整的时间，不影响其他学科的学习（不与其他学科争时间）。如果学生能够养成画速写的习惯，就是迈进成才之路的第一步。例如北京画院画家杨刚，在初中时美术教师就注意培养他画速写。以至使其在今后的艺术生涯中受益无穷。史国良等画家也是从中学就开始形成画速写的习惯，由于坚持不懈地努力，使其艺术天才早熟。

训练学生画速写，不妨一开始就以人物为主。在美术小组内让学生们互相做模特，以半小时或二十分钟的慢写入手，逐渐过渡十分钟的速写。当学生知道如何画之后，美术教师则不必在活动时间内组织画速写，以后则主要在于督促检查他们的课外速写作业，以使他们养成画速写的兴趣和随时画速写的习惯。同时要教育学生，初练速写阶段，什么都可以入画，人物、动物、景物、家具、静物，等等，凡是目之所见有所感受，就可随手练画。但选择的对象可由静到动、由简单到复杂、由慢写到速写。

初练速写要以练习写生造型能力为目的。随着速写能力的提高，教师要引导学生，着眼于表现感受及画面的构成，以及赋予速写以一定的情调、情节等内容，使速写更富有生活气息和动人魅力。从速写中提高学生对现实生活美、自然美及艺术美感受的敏锐性及艺术表现的目的性，表达感情的能动性。这样随着速写的练习加进了艺术创作思想的表现成分，也就逐渐提高了学生的艺术创作能力。

(2) 素描的基础训练

美术教师要利用美术小组活动的较完整的时间内对学生进行素描的基础训练。美术家们视素描为造型艺术的基础，俄罗斯美术教育家契斯卡柯夫非常重视美术教学中的素描训练。他认为素描对美术家来说是一个思维过程，没有素描，就不可能有高度的艺术。我国画家徐悲鸿也非常重视素描的基础。目前，我国各美术院校都将素描列为必修的基础课。素描训练可以培养学生对物象的认识能力、观察能力、表现能力和审美能力，从而获得严格的基础知识和技能。

1）以哪种形式的素描练起

在高等美术院校各系科，素描的表现形式取决于专业特点。国画的素描则是以线描为主的强调表现结构的素描，油画的素描则是以明暗色调进行体面造型的调子素描，也称全因素素描，不同专业有不同专业的素描要求和适应其专业特点的表现形式。

作为初中生最基础的训练，以什么样的素描练起为好呢？实践和对中学生的调查结果证明，对初中生的素描训练应以全因素素描作为基础训练为较佳素描形式。其原因：

一是初中学生的年龄特点是进入绘画的写实阶段，其审美心理是欣赏写实绘画。当一个平展的纸面上，描绘出逼真实感的空间以及立体感、质感、量感很强的物象时，他们是激动的，视为神奇般的美妙，具有一种不可名状的审美感情的升华。我曾以浙江美院博巴教授工作室高材生的结构素描与艺术院校一般学生的调子素描同时给一批初中学生看，他们普遍喜欢调子素描。此时期他们的审美能力也仅仅在此水平，一张好的全因素素描（无论是静物还是石膏像）就可以激发起他们的审美快感和情绪的激动，而对毕加索、马蒂斯、莫迪里阿尼的素描或齐白石、黄宾虹的墨稿则无动于衷，甚至表示否定。他们视自然美与艺术美的高度统一为美，他们想画出真实感很强的素描，想掌握这样的本领。这是他们此时期的心理特点。

二是全因素素描的全面写实性，尽管也要有概括的艺术表现，但却仍然具有很大成分的描摹对象外表特征及抄录其物质现象的特点。这与中学生的视觉感知相吻合，是易于被接受的，是其容易从感性认识进入理性认识的基础训练素描手段，是容易取得成果的素描训练手段。如果一开始就让其抛开视觉现象，强调物象本质的艺术表现，与其审美感情和认识能力有距离，几张素描画下来，不见成效，很可能挫伤其学习兴趣。学习兴趣与学习效果是成正比的。强扭其兴趣地教学，会使其产生疏远绘画的情感。

2）素描训练的大致进度

美术小组要进行正规的素描训练，作业安排要由浅入深循序渐进。开始应从石膏几何形体入手。因为世界上的物体形状，归纳起来不外为几种基本的几何形体或基本形的复合形体。几何形体单纯，是认识、表现形体入手的基础形体。石膏是单纯白色，排除了繁杂其他色彩的干扰，便于学生认识以体面色调塑造形体时光线与体面的关系，以及色调的明暗规律。

在几何形体写生基础上，进入静物素描写生，这是由几何形体进入带各种颜色的繁杂形体的阶段。画石膏像素描写生是为了画人像素描写生的过渡，开始可先画局部的五官，再进入画切面像，然后画石膏头像、胸像以至真人头像、胸像素描写生。

3）作业时间要长短结合

对初一学生美术小组成员进行素描训练，开始要画八开纸三四个小时完成的作业，时间不可太长，因为初学，对许多问题尚未认识到，画到一定程度，就会有完成之感而深入不下去。随着对素描规律的掌握和造型能力的提高，逐渐加大作业开纸和时间。同时也要画短期三四小时作业或一二小时的人像素描。

长短作业结合训练，可以通过长期作业对造型规律进行深入研究，在作业上反复推敲修改，深入刻画，打下扎实的造型基础；又可以通过短期作业，锻炼认识对象的敏锐性，快速表现对象的概括能力，从而避免长期作业容易形成死抠、照描、将敏锐的感受搞得迟钝的弊病和短期作业容易空洞、概念的缺点，使学生长期作业可以保持表现的生动性，又可使短期作业有精到的刻画之处。

（3）写生色彩训练

色彩画分装饰色彩画和写生色彩画两大类，其色彩观念和观察方法是不同的，因此，它与素描的基础训练有近似之处，也就是有不同的色彩基础训练方法，对于美术小组的成员来说，要培养写生能力与全因素素描相配合进行写生色彩的训练，以此来提高学生的色彩感受能力和审美能力。写生色彩表现能力的提高，对尔后即便搞装饰色彩画也是有益的。

1）在美术小组用什么画种材料进行写生色彩训练是最佳途径呢?

这个问题的提出，主要针对过去我国中学阶段以水彩画作为色彩训练的基础画种，对此，我们有必要进行认真的研讨。

首先我们分析水彩画对写生色彩训练的利弊：水彩画颜料特点是透明性，是以适量的水分稀释颜料在纸上渲染作画，适宜一次性画完艺术效果最好。水彩画虽然可以层层积染，但毕竟不便于反复修改。几经修改色彩便脏，色彩表现的明晰倾向差，画面也易失去美感。水分多少决定其颜料的透明度，白纸对色彩的色相、明度的影响也很大，色彩的变化有很大成分依赖于此。不适宜美术小组的初中学生在水彩画面上，由于探讨其色彩变化及色彩配置对比协调关系而进行的反复修改。更不适宜大面积的覆盖修改。不利于初学者对写生色彩的认识与研究。20 世纪 50 年代美术院校的学生，画过很多水彩画且画得很好之后，可是对写生色彩的认识尚不明晰。由水彩画过渡到油画时，如同从头开始学习写生色彩，有一个很别扭的过程。

水粉画作为写生色彩训练的基础画种，其效果优于水彩画。水粉画的特点，它似乎介于水彩画与油画之间，颜色不透明，便于覆盖修改，适宜初学者一次画不准的特点。改过的色彩虽然在画纸吸水时有个轻微变色过程，但毕竟最后显现明确，它是主观认定的调配出的色彩，不受或较少受到底层色彩或白纸的影响。作画时对色彩认识必须明晰，因此容易改变学生固有色观念，进入写生色彩表现的观念，容易建立明确的色彩关系的概念，容易提高对色彩的冷暖、色彩的对比调和以及写生色彩画中色彩的脏、灰、生、粉、暗等问题的审美认识。

通过水粉画训练，一旦提高了色彩感受能力、色彩修养和写生色彩的表现能力，尔后便于转入油画或水彩画。

2）写生色彩训练注意的问题

没经过色彩写生的中学生，画起色彩画来便是以固有色的深浅来表现。写生色彩的训练目的，一是让其改变固有色的观念，认识光源色和环境色对物体固有色的影响，培养写生色彩的观察方法。二是提高色彩的审美能力，即认识色彩谐调性和色调冷暖的能力，认识色彩写生画中的脏、黑、灰、粉、生、火气等弊病。

对学生进行室内写生色彩训练，要注意以下问题：

一是光源及光源色固定不变。

之所以提出光源和光源色的固定，是因为中学美术小组活动时间一般为正课之后，已是下午，光线由明至昏暗变化较大。如果开始利用自然光，当天色昏暗之后改为灯光，光源角度，光色变化都很大，不利于色彩写生；如果从开始即以灯光配合自然光，当自然光逐渐转暗以灯光为主光源时，比突然改变为灯光光源要好一些。如以自然光为主光源，天色昏暗即要停止作业。

尤其南面开窗的教室，冬季阳光直射进教室，不利于色彩写生，要将窗子予以遮挡，避免阳光的快速变化，有利于光源和光色的相对固定。

二是注意写生对象的选择。

初练静物色彩写生，开始要选择形体结构不过于复杂、色彩比较单纯的静物作为教具，以利于对色彩的研究。我们见到有些教师摆静物时，开始即摆上造型结构纤细复杂的工艺品，瓷釉色彩变化丰富的工艺品以及色彩斑斓的小玩具，等等，这些物品可能是很美的，但不易作为初学者色彩写生练习的教具。

三是注意静物要摆出明确的条件色。

所谓要摆出明确的条件色，即是加强反光色的显明性。如画沙锅和鸡蛋，以新的木制画板做“静物台面”其条件色与沙锅的色太靠，如以红、蓝、绿等衬布衬之，其物体的反光呈现明显的红、蓝、绿色，有助于初学者对条件色的认识。开始摆静物时，尚要注意选择物体色相明度的区别要大一些，有明显的“黑白灰”色块关系，便于初学者的色彩区分与表现。随着色彩表现能力的提高，可进入近似色物体的静物写生，以区别近似色的微妙色彩变化。

进行风景写生注意引导学生明确目的性。初学者进行风景写生，往往目的性不明确，一提画风景，便是在难得的星期日跑到很远的地方去画名胜古迹或园林风光或山川河流，实在得不偿失。因此，教师有必要对学生讲明，初练风景写生目的要单纯，主要是作为色彩练习，训练对色彩的敏感性，要善于发现和捕捉周围景物的色彩的美。要着眼于画面色调，几大块色彩结构关系的谐调和空间层次的色彩变化，而不必过于苛求形象的具体与细节的准确。

13.1.4 美术小组的教学方式

(1) 集体授课与分散活动相结合

美术小组是组建的新的学习集体，集体上课如同班级上课，应有固定的美术教室，应在学校规定的时间内，教师按照教学计划、内容授课和训练。分散活动，一是指在学校规定的时间之外，教师在美术教室内摆好石膏像或静物，学生于课余时间随时可去练习作画。二是课余学生按教师布置分散练画速写或风景写生。

(2) 室内外相结合，进行绘画基础训练

进行正规的基础训练，首先要在室内进行素描与色彩写生训练，这是美术小组活动的主要方式，也是其他活动方式的基础。

在室内进行训练的基础上，可利用节假日在适宜写生的季节，组织小组成员到室外进行以色彩为主的风景写生和速写练习。开始可在校内或校园附近进行，以后可带领学生到较远的风景优美的地区，住上几日，进行风景写生。这对中学生开阔视野，丰富知识面，激发绘画的表现激情以及培养中学生独立的生活能力，吃苦奋斗精神都大有好处，而且可以在风景写生中解决室内写生不易碰到的绘画难点。

(3) 定期收看业余习作，并予以讲评

美术小组集体活动时间必定是有限的，许多学生课余在家画了一些习作，尤其速写习作，教师定期收看，并给予集体或个人讲评。

（4）组织小画展

组织小画展，既是美术小组活动成果的汇报，也是一种活动的方式。通过选画，装裱和布置，使小组成员得到多方面的锻炼，同时也促进小组成员的竞争精神。

（5）组织参观美展

目前我国美术作品展览很多，组织美术小组成员参观美展，可以开阔其美术视野，提高其鉴赏能力，吸取表现技巧，启发艺术形象的思维，开拓创作思路，提高其构思构图能力。经常组织参观美展对学生潜移默化的影响是很大的。

参观美展时，教师应对他们进行讲解和引导，让他们发表对作品的评议。由于现代绘画诸流派的发展，各种表现形式的出现，国外现代派的进入，必然波及中学生的审美观念，教师要使其认识美术的现象，以及创作与基本功的关系。

13.1.5 注意把握兴趣发展与其他文化课的关系

据笔者调查，有许多美术小组成员在初三毕业考美术学校时，文化课成绩普遍下降。其原因是升入初三后，学生面临升学的选择，欲报考美术学校的学生便感到要抓紧时间练画，以便取得美术业务成绩的优势，尤其面临升学考试之前，更是扎进绘画之中，因此文化课的复习便放松或所用时间不多，致使文化课成绩考得普遍偏差。

为了解决这个问题，美术教师要帮助学生在初中三年中分配好练画与文化课学习的时间。

初中一、二年级，虽然各门功课很多，但学生精神压力较小，课余时间纳入正规的绘画基础训练，也便于其利用寒暑假自行练画，使绘画基础提高，各门功课的学习时间又可得到妥善安排，不至于影响其他文化课的学习。进入三年级学生面临毕业升学，精神压力较大。如果在初三为了考学而突击练画，势必影响其他课业的学习成绩。因此对中学生的绘画基础训练从一年级抓起，二年级抓紧是关键。

绘画的技巧性很强，连续作画方能保持对形、色的观察的敏锐性和技法的熟练性。一旦中止再恢复即有生疏感。素描和色彩要同时穿插并进，速写不可间断，创作经常引导，到三年级对报考工艺美术之类学校的学生，尚要补充有关基础知识与技能的训练。因此，抓紧一、二年级的基础训练，初三年级也不能停止练画只顾文化课的学习，所以要练画与文化课两头兼顾。

美术小组的学生智力水平较高，学习成绩却偏差的现象如何改变？

我们接触的许多中学美术小组成员，一个个都很聪明，理解能力很强，且富有个性与自信心。他们智商不低，但学习成绩一般偏差。其原因是：

1）兴趣集中，学习时间分配不当

学习成绩偏差的学生，往往是兴趣集中于绘画。绘画是技巧性很强的技能，需要花费大量的时间进行练习，一张素描作业往往需要十数小时方能完成。美术小组的学生一旦兴趣集中于绘画，往往平时想的是画画，手上也不停地练画，甚至文化课上也偷偷地画速写。一张素描画完还想进行第二张，而且不少学生一旦画起废寝忘食。他们年少，容易被兴趣所左右，尚不会科学分配时间。

2）思想认识片面，轻视基础文化课学习

不少学生认为自己反正是报考美术学校，将来搞美术，用不着理科，所以放松对理科的学习，文科只重视语文，嫌外语太费时间，占去自己画画时间不上算。轻视文化课的思想一旦形成，对文化课学习甚至产生厌烦感，在学习态度和学习成绩上就会反映出来。

美术小组成员这种思想的片面性产生的原因，一是对基础文化学习重要性认识不足，二是过去艺术院校招生不重视文化课的影响所致。

为了改变美术小组成员学习成绩偏差的现象，美术教师既要进行重视文化课学习的教育，也要采取有力的措施，可以从三个方面来进行：

1）做一个有高度文化修养的艺术家的理想教育。美术小组的学生都有当画家、艺术家的理想，针对学生的理想进行教育。要让学生知道画家与画匠之区别所在是其文化修养及其创造性。艺术的创造需要文化知识和修养。学习艺术进步的快慢也在于理解，文化基础差理解得便慢，将来也不可能做更深入地学习研究和创造。绘画虽然是技巧的掌握，但更重要的是表达思想与感情，画能达到一定程度便不是一个技巧问题，而是文化修养的功底问题。任何时代的大画家都是时代文明的代表。文艺复兴时期的达·芬奇、米开朗基罗，既是画家、雕塑家，又是建筑师、科学家、文学家。今天时代与 15 世纪虽然不同，不可能同时在各个领域中都有突出贡献，但是作为艺术家的文化修养必须与时代同步，而且要走在时代的前列。进行做一个有高度文化修养艺术家的理想教育，是最能撞击他们的心灵，成为他们学习好其他学科知识的最持久的最大的动力。

2）与家长、班主任联系，互相密切配合。美术教师要与班主任、学生家长进行必要的联系，共同做学生的思想工作，检查、督促其文化基础课的学习，共同帮助学生支配各学科的学习时间。家长尤其要掌握子女在家的学习时间的安排。

3）相应的组织措施。个别美术小组成员，对绘画兴趣过浓，废寝忘食，不择时间地练画，以致影响其他课业的学习，要采取必要的强制性措施，促其文化课成绩提高。例如停止美术小组学习，令其补上功课，待各科文化课成绩提高后，再吸收进美术小组活动。

13.2 课堂教学外延的美术教育工作

在学校，凡是对学生有美术影响的工作，皆属美术教育工作。例如，校园美化、板报宣传栏美化等。但我们这里所说的，主要是由美术教师从事的课堂教学外延的美术教育工作。

13.2.1 大力办好小美展

办小美展是课堂教学外延的重要内容，也是教学的积极反馈，是学校文化生活的组成部分。小美展是一个学校精神面貌的体现，对全校师生有重大的心理影响，是推动学校文明建设、进行美育的重要手段。

（1）小美展的类型

1）优秀课堂作业展览

优秀课堂作业展览，可以起到示范作用，提高学生学习的积极性，推动教学的进展。由于每个学生都在课堂上实际进行过同样的作业，因此优秀课堂作业展览，与他们关系最为密切，是学生最为关注的展览。课堂优秀作业是从所有学生作业中评选的，参展的面要广，要特别照顾非美术小组成员的作业参展，使之起到积极的反馈作用（图 13-2、图 13-3）。

图 13-2　北京市地安门中学课堂作业展（图中为全国教育劳模，美术教师高景丽）

2）美术作品综合展览

这是面向全校师生征集美术作品（包括绘画、雕塑、工艺、

图 13-3　北京市 171 中学课堂作业展（巩平老师供稿）

模型……）组办的综合性美展。作为一个学校，应该每年举办一届综合性美展，如同体育运动会，音乐比赛一般成为每年例行的美术年展，并要按展出年次排列届次。对美展的优秀美术作品也应予以评奖鼓励。以推动学校的文化生活，这也是教育工作者不可忽视的教育形式。美术教师有义务负责组织举办此项美展。

3）美术教师习作展

每个中学的美术教师，手中都有一批批的习作或创作。将这些作品，隔一定时间展出与全校师生见面，这无疑是对学校文化生活的推动，学生们非常关注自己教师的作品，尤其当教师写生作品中出现了某同学或某教师的画像，且画得很像时，会激起学生激动情绪，其艺术的审美作用远远超出作品在大型画展中出现的效果，甚至被画者本人都有一种自豪感的产生。

当每次画展换的是一批新的作品时，学生也会感受到教师的勤奋，从中汲取了无穷的精神力量。教师的作品展完全超出单纯的审美功能，它推动着师生的感情和信任的加深，活跃学校的精神面貌，促进学校的精神文明建设。

4）美术小组成员习作展览

美术小组活动时所画的素描、速写、色彩写生、风景写生等习作，以及书法、国画等小组成员作品，要经常地以专题展出，这对学校其他学生具有很大影响，尤其对低年级学生的心理影响是不可估量的。这些作品是他们同龄人的习作，又有着一定的审美价值，看这样的小画展对学生的欣赏水平的提高有更直接的影响。对美术小组成员来说习作展具有小结性质的观摩，使每个成员对其作品冷静地考虑优缺点，是一个再认识和提高的过程。

5）美术名作复制品展览

美术名作复制品展览，是美术作品欣赏课的外延。尤其配合欣赏课前后展出，学生们更感兴趣，可以使学生在课下有较长时间仔细欣赏自己所喜爱的名家作品。由于美术名作是印刷复制品，学生与之有相隔的心理，对于名作格外苛求，但这也正是提高他们鉴赏能力所需要的。

6）专题美展

如：油画展、版画展、水彩画展、素描速写展、雕塑展、图案设计展、剪纸展、建筑模型展、小制作展或专题作业展……这些展品可以是师生自己的作品，也可用印刷复制品。这些小型专题美展作品不在多少，它却起到开拓师生艺术视野，提高鉴赏水平的作用（图 13-4）。

7）班级小美展

以班级为单位的小美展，规模小，组办简单，学生可在美术教师指导下自己动手。如优秀美术作业展，只要将学生的优秀作业贴在一张较大的衬纸上，钉在教室的墙壁上即为小画展，且可以经常更换。班级小画展的内容可以多种多样，除优秀作业展之外，也可举办诸如美术作品剪贴一类的小画展，等等（图 13-5）。

（2）美术展览时机的选择

美术展览时机的选择对其所起的作用十分重要，因此要予以重视；优秀课堂作业展览要及时，当学生正盼望作业发回到手，欲知成绩结果时为最佳展出时间，反馈效果最好。

美术小组习作展如能配合课堂教学内容进行，于新课之前展出为最佳展出时间。比如素描写生课前展出美术小组的素描习作展，则可以起到推动正课进行的示范作用，提高学生普遍的学习积极性。

图 13-4　石膏版画作业展

（选自北京地安门中学）

美术小组外出写生归来，正是同学们想观摩作品的时机，及时展出即可满足一般学生想看作品的欲望，又可使美术小组成员享受到自己的作品与广大师生见面的那种精神快慰。

配合校庆或国庆搞综合美术年展，既增加节目的隆重气氛，又可起到爱校、爱国主义的教育作用。

欣赏课后展出名画作品，学生们就有意进入仔细欣赏与分析的境地。

学校复习考试时期搞一些画展，既可使学生受到美的熏陶，又可起到调剂紧张空气，松弛一下紧张疲劳的神经的作用（图 13-6）。

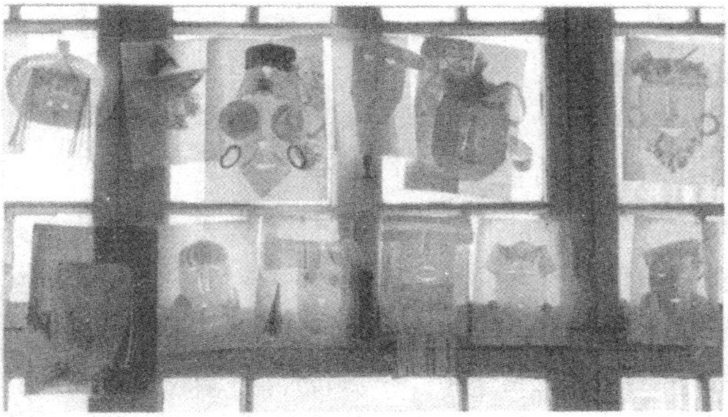

图 13-5　因陋就简，拉条绳子用曲别针别上作业，即是班级作业展（选自北京地安门中学）

图 13-6　学生在课余时间兴致勃勃地观看小美展

总之，美术教师要善于选择有利时机，有预见性地安排时间，组办好小美展。

（3）办好小美展工作中应注意的问题

学校的任何活动都应对学生有着教育作用，举办美展也不例外，因此要注意到以下几个方面：

1）作品的选择

面向全校性的优秀作品展，应注意各班级面的选择，各班作品数量不要差距过大，更不要轻易丢掉某一个班。学生将其入选作品的多少，往往视为班集体的荣誉，因此美术教师不可低估学生这种心理状态。

各班的优秀作品展，选画不必过严，可以照顾学生的进步幅度与完成作业的态度，起到鼓励的作用。

美术小组的作品展，选择要严格，使其起到示范作用。对超常学生的作品可以严选多展。

2）作品的装裱

俗话说“三分画七分裱”虽然是有些夸张其装裱的作用，但装裱作品如同人着装打扮，确能起到美化提神的作用。中小学的财力有限，不可能过于讲究，但展出之前，美术教师应指导学生对画要进行适当的剪裁，用衬纸衬托一下。如学校备有镜框，要注意衬纸的选择，以及作品放在镜框内的位置，要给人以美感。对教师的作品，学校应予以适当的镶框或装裱。

3）展品的布置

展品的布置要考虑到展出地点和展览设备。如在走廊挂镜框的展出，要注意镜框高低大小的安排。如在橱窗内展出要注意整个橱窗的衬纸，画的位置布局。在阅览室内展出要注意布置得与室内谐调。现代化的学校最好建有展厅，这是我们所期待的。

4）撰写前言

面向全校性的小美画，要撰写前言。前言可以由美术教师自己动手写，也可以请校领导或校内有名望的教师写。前言的作用是不可忽视的，它具有指导性，是思想教育，也是审美教育。撰写前言文字要简练优美。前言文字的抄写要工整，要有书法的示范性作用。

5）海报宣传

一个校内展览虽然不用海报即可为全校师生所知，但海报宣传是一种形式。它起到振奋激越人心的作用，海报制作得很美本身就是一种审美教育。海报可以教师动手设计，也可让学生设计制作，都不可草率从事（图 13-7）。

图 13-7　学校美展（学生从中会受到鼓舞、激励、自信、兴趣、创新等多方面的教育与启迪。）

（4）学生优秀作品的收藏

美术课不同于其他学科，学生优秀的美术作品学校要予以收藏，或存放美术教师处，或存放于图书馆，这些作品是下一届学生的范画。有的超常学生的美术作品水平可能多年内不见得有人超过，因此实有保存的必要。

对收藏的作品，美术教师要发给盖校章的“收藏证书”，使学生有荣誉感。美术教师制作收藏证书是很简单的事，但却会使学生永生铭记此事。

优秀的美术作品，可以长期展挂于学校图书馆、会议室、校长室、美术教研室或美术教室等处。学校出了人才，是学校的荣誉，对下届学生起着重大心理影响。可是目前我国许多学校认识不到这点，也未能利用这点。例如有的学校出了名画家，可是学校并未挂起他的画，更没有保存他学生时期的作品，这非常令人遗憾。而我国著名的油画家、美术教育家卫天霖教授在日本留学期间的作品，时隔数十年后的今日，仍然在日本母校悬挂保存。

13.2.2 举办美术讲座

美术课有限，这与学生亟待提高审美能力是一矛盾。为了丰富学生的文化生活，提高学生艺术修养和文化素质，改变单调的知识结构，中学应重视开展“美术讲座”活动，美术教师也应视为分内工作。在个别学校，美术教师举办的如“美术史讲座”或介绍某一艺术品种的讲座，高中学生和教师也蜂拥而至，效果甚佳。

有的学校团队活动邀请美术教师做美术顾问，定期举办美术讲座，使团队活动搞得富有生气。

美术讲座的内容是多方面的，如“美术作品欣赏”“画展论坛”“现代美术思潮”“绘画技法介绍”“生活中的美术”“时代服装”“工业与美术”“民间美术”……准备讲座的备课过程，也是教师专业理论提高的过程。当然作为中学的美术教师经常开展多项专题的美术讲座是困难的，但是可以用请进来的办法，也就是用请同行、请专家、请从事美术工作的家长的办法来解决。也就是充分利用社区的美术教育资源开展美术教育。

14

美术学科教育的关键是美术教师

美术教师的劳动与美术家的劳动，同样都是创造社会精神财富的劳动，是复杂而具有创造性的脑力劳动。美术教师不同于美术家的是他不但可以创造出美术作品，更主要的是与其他教师共同培养国家未来需要的高素质人才。美术教师的工作是传递人类的美术文化，为提高全体学生的美术文化素质和为培养未来的美术人才打下良好基础。美术教师是学生学习美术的启蒙者。美术人才的早期发现、扶植、培养与美术教师的关系极大。美术教师的工作又是塑造人的工作，是通过美术教育使学生具备现代优秀人格特质的神圣工作。

随着时代的发展，人们愈来愈认识到中小学的美术教育的重要性。而一个学校里的美术教师仅只1～3位，其所肩负的使命重大。因此，对美术教师的素质要求，也将愈来愈高。

14.1 美术教师的业务文化素质

14.1.1 具有合格学历的文化基础知识

美术教师从事的是教书育人的神圣事业。文化基础知识是美术教师职业必备的文化修养的重要方面。合格学历或同等学力的文化基础知识，是从事教育和美术教学工作的文化基础，也是美术教师进一步自学、进修的文化基础，是提高教育、教学质量的基础，是美术教师知识结构的重要组成部分。

由于教师在儿童的眼中是“无所不知、无所不晓的知识宝库”。因此，教师具有的知识面愈广博、愈丰富愈好。美术是人类文化的造型载体，美术与环境、文化、社会、宗教、政治、经济等关系密切。没有一定的文化知识，不了解文化社会学、文化人类学，对美术的理解便不会很深。仅以高中美术课本中涉及的作品为例，就需要有历史、地理、宗教、文学、社会学、美学、哲学、民俗学等方面的知识，更不必提美术自身的理论知识了。不具备这些知识，便无法讲授中国古代雕塑、建筑、绘画和工艺美术；不具备丰富的文化知识，无法启动小学生对海洋、星空进行想象的创作；不具备丰富的文化知识，无法引发学生创作有关环保、人口、未来等宣传画构思的灵感，无法让学生理解达·芬奇的《蒙娜丽莎》作为人文主义旗帜的社会意义；没有中西文化知识，无法做好中西美术的比较；没有文化学、美学、艺术哲学的知识，不了解欧洲文化，便不可能理解现代派作品，等等。丰富的文化知识，是教师自身理解美术的基础，更是从事美术学科教学的底蕴。

14.1.2 丰富的美术专业知识

美术教材内容范围广博，涉及美术四大门类的各个方面。这本身就要求美术教师对授课的理论知识要精通。精通才能正确地讲授理论概念、技法知识、名词术语。何况美术教师所接触的学生来自各式各样的家庭，他们可能在本学科领域提出各式各样的问题，美术教师一般应能给予正确的回答。美术学习不同于数学的学习，在数学课上，学生不会提出远远超出其学习范围的更深奥的难题。而在美术课上，学生对美术作品随时一个发问，就可能是高深的美学理论或艺术创作的理论。例如，学生见到一张抽象派的画，就可能问“画的是什么呀?”“乱七八糟的也是画吗?”

"为什么那样画?"对当代先锋艺术学生会有更多不解的问题，回答学生们对行动艺术、波普艺术，解释室内堆放一堆废弃物之类现成品艺术的问题，解释用布将德国国会大厦包起来，用绳子将树林中的树一棵棵拴连起来之类的作品，不仅需要教师精通美术发展史，还要懂得艺术哲学，尤其现代艺术哲学，不然无法为学生们解惑。随着中小学美术欣赏课的增多和高中美术欣赏必修课的开设，美术教师要胜任教学，就得有美术史论、美学的扎实基础。

14.1.3 熟练的专业技能

美术教学不完全是理论的讲述，更重要的是对学生进行技能的训练。因此，美术教师必须有熟练的专业技巧，能在课堂上进行准确、生动、迅速的演示。教师熟练地演示，对学生具有重大的影响，它是美术教师威信的支柱。美术教师能不加涂改地在黑板上画出优美的造型，能放笔直书工整规格的美术字，能随手剪出精美的剪纸图案，能迅速画出形神兼备的中国画写意形象等等，都会使学生为之倾倒，激发起学生的学习热情和对表现技巧的直观感受。反之，教师技巧不熟练，演示时涂涂改改，或造型失真，作品低劣，使学生大失所望，兴趣受挫，必然影响教学效果。

任何美术教师都不可能对美术领域的十八般武艺样样精通，但对课堂上演示的内容必须熟练，并在此基础上逐步发展自己的"一专多能"。

所谓"一专"，是依自己所喜爱的下较多功夫训练而取得的专长技能。"一专"是提高，技能有较高的造诣，对美术有深刻的理解。"一专多能"是以一技之长迁移到其他课业的技巧上，形成多方面的美术能力。"多能"是博学、博会，对教材涉及的各种艺术形式技法都会，都能胜任。

14.1.4 掌握教育科学的基本理论知识

美术教师要具备教育科学的基本理论知识，既要了解普通教育学、教育心理学的基本知识，更要掌握美术学科教育教学理论。这是美术教师理论知识结构的重要方面。美术教师的教育科学理论水平提高了，才能更好地掌握和运用教学规律，才能更合理、更有效地使用教材，教师本人的教学经验也才能获得升华，使经验上升为理论。

14.2 美术教师的能力

14.2.1 美术教学能力

美术教学是美术教师的中心工作。做好美术教学工作，是对美术教师的基本要求。美术教师的教学能力表现在如下几个方面：

(1) 钻研、组织教材，灵活运用教学方法的能力

美术教师是美术教学大纲的具体执行者。有了编写得很好的教学大纲与教材，如果没有相应水平的教师，教材就不能得到很好的实施，美术教学质量也无法提高。有了高水平的教师，即便教材编写水平不高，也会使美术教学有全新的面貌和较高的质量。因此，美术教师是提高美术教学质量的至关重要的因素。

钻研、分析和组织教材，是教师教学的重要的基本功之一。美术教材的实施和教学方法有直接关系，不同的教材要采用不同的教学方法，这在美术教学中显得格外突出。因此，对教材的掌握和施用的教学方法，是提高美术教学质量的重要方面。

教材的教学目的和要求，教学重点和难点的掌握，对教学过程的设计，教具的创制，教学方法独创地运用，都体现出一个教师的水平。同一个教案在不同教师的施教下，教学效果有明显的不同。这在学生作业上会得到显明的体现，学生作业是教师教学的镜子。

(2) 教学组织能力

美术教师应该具备课堂教学与课外美术小组活动两方面的教

学组织能力。

作为科任的美术教师，面对全校各年级班次进行教学，其教学组织能力是很重要的，是保证教学实施的重要因素。美术教师课堂教学的组织能力体现在对课堂教学秩序的掌握，对教学计划的周密安排，对教学的预见性，运用教育智慧以吸引学生的注意力及调动学生学习积极性等方面。美术教师的教学组织能力就是表现在能导演课堂教学这台戏，并能演活。这是教师应具备的重要能力。

领导美术小组的活动，充分展示美术教师全面的组织才能。因为美术小组如同一个班，不但在校内活动，还要有外出写生、参观美展等。美术小组活动计划要由教师自己制订。在活动中教师还要做学生的思想工作，培养美术小组的干部，形成有骨干的团结上进的集体。

（3）言语表达能力

语言，是传递知识和影响学生的重要手段。美术教师的课虽然多数属于操作、技法训练性质，但每节课前十几分钟的讲授、启发学生构思以及中间引导学生操作、绘制中的辅导，都需要言语表达，美术作品欣赏课更需要借助言语。言语表达如何，直接影响教育、教学效果。因此，言语表达能力是所有教师的也是美术教师的基本功之一。

言语表达是一门艺术，美术教师需有意识地进行自我训练，提高言语表达能力，使教学收到良好效果。

（4）教育、教学机智

这是指美术教师在教育、教学过程中，对学生出现的思想、纪律和学习上的问题，能够机敏、迅速地做出判断反应，机智果断地采取恰当措施予以解决的能力。例如，校园写生遇雨；学生忘带工具；原来备课内容很多，课上不能讲完或学生很快做完作业；授课内容已讲完，距下课尚有几分钟；一个学生涮笔水碗突然掉在地上摔碎；一个学生课上突然发病……对于这些随时可能发生的问题，教师应能机敏果断地应变，并妥善地加以解决。授课过程中能随意地用教室中的物象为例，解释难懂的问题，能及时发现学生操作中出现的问题并予以纠正，等等。教师具备教学机智，就能将课上得富有生气与创造性。

（5）丰富的想象力与教学的创造性

美术课对于培养学生的创造性起着重要的作用。因此，美术教师自身要有丰富的想象力与创新精神，方能培养学生的创造性，并使其得到发展。美术教师的想象力与教学创造性体现如下：

1）思想不保守，教学不墨守成规，能不断地接受新的教学思想，勇于探索，更新教学观念。能吸取他人的教学经验，取其所长，充实于自己的教学之中。

2）以创造性教学为乐趣，不满足于同一教案的第一课的成功，不甘于教学的重复，不断想出创新的教学形式和方法。创造性地教学本身也使教师感受到教学的无穷乐趣。

3）辅导学生创作和综合材料造型时，能以自己对生活的经验和对材料的艺术敏感性，结合丰富的想象力，激发学生想象的驰骋。教学中又能在学生作品的启发下产生新的构想，以丰富教学内容，使自己的教学活动经常处于不断产生新的教学灵感状态之中。

4）能从美术家的各类美术作品和民间、工艺美术作品引发下产生新的教学设想，甚至能从自然物象、日常生活、学生活动中产生联想，迁移于教学之中。改进教材、更新教材、发展教材。

5）对教具和教学设备的改进、开发和创造，对教学资源的开发和利用（图 14-1）。

14.2.2 思想教育能力

教书育人是每个教师的天职。因此，美术教师要具备思想教育能力。教师威信的树立与他的思想教育能力分不开。美术教师

图 14-1　富有创造性的教师，总是不断改进教学的方方面面，杨嘉栋老师讲“插彩球”一课，也要将彩球创造性地放在黑板上展示

除在传授知识过程中渗透着思想教育和在处理学生课堂上发生问题要进行思想教育之外，很重要的是对美术小组成员进行思想教育。美术小组的学生对美术教师的感情如同对班主任一般，甚至更有亲近感。美术教师要善于发现美术小组学生的问题，了解分析他们的心理及思想状态，进行必要的有针对性的思想教育。

14.2.3　胜任学校美术教育诸多方面工作的能力

在学校凡是和美术有关工作，都对学生有直接或间接的教育作用。所以，美术教师除胜任美术教学工作之外，还应胜任诸如美化校园、美化教室、出板报、布置会场、写美术字横标、搞展览等工作。学校的教育工作，要求美术教师是全能的美术师。

14.2.4　现代教育技术的运用与电脑工具掌握的能力

现代教育技术，不仅指合理地运用已有的幻灯、投影、录像等设备，而且指多媒体教学及课件设备、网络系统美术教学。因此，美术教师面对电脑时代，必须会熟练操作电脑，而且也有必要运用电脑的教育网络系统和电脑教育情报检索与处理，与世界各地的美术教育沟通，以把握美术教育动态和促进美术教育的科研。

14.2.5 教育科研能力

随着教育形势的发展和三年一届的全国美术教育论文评比活动，要求教师不断增强教育科学研究的能力和论文写作能力。教育科研，是推动教学工作和提高教育教学质量的最好途径。使经验型的教学变为理论自觉型的教学，是今后对教师要求的必然趋势。

14.3 美术教师的基本心理品质

14.3.1 为人师表的自我意识

学生希望自己眼中的教师是“完人”“圣人”，他们以教师为自己言行的楷模。教师对学生的心理影响深远且广。苏联教育家凯洛夫说：“对于新生来说，教师具有无可怀疑的威信。教师是一切美好的化身和可资仿效的榜样，然而决定着儿童对教师的进一步关系的建立的还是教师的工作作风和他的人格的品质。”[①] 因此，教师应该严于律己，注意为人师表。这是教师的职业品德，也应该成为教师的自我意识。孔子说：“以其身正，不令而行；其身不正，虽令不从。”[②] 凡是学校要求学生做到的行为规范，任何教师都应毫无例外地为学生做出表率。

由于美术创作是个体劳动，美术家往往潇洒奔放，我行我素，不愿受任何约束。可是在学校中却约束较紧，甚至服装、发式都要从有利于教育学生出发。当美术家气质与教师工作有矛盾时，美术教师要从教育者身份出发格外注意为人师表的职业

---

① ［苏联］凯洛夫：《教育学》，94 页，人民教育出版社，1957。

② 《论语·子路》。

道德。

14.3.2 热爱美术教育，热爱学生

学生是祖国的未来和希望。现在的学生正是21世纪我国腾飞的重要力量。教师直接接触学生，教育学生，对其有着巨大的感染力。热爱教育事业、热爱学生，是教师工作能否有成就的必备心理因素，是教师诲人不倦的动力，是感动学生使之乐于接受教育的力量。热爱学生是热爱教育事业的体现。教师热爱学生是一种圣洁的感情，是无私的奉献，是对全体学生寄予厚望，希望其成才，乐于看到学生超过自己而无任何狭隘的自私性的感情。

美术教师要尽量熟悉学生。美术教师要面对全校各班级学生，不可能做到像班主任或任课多的老师那样熟悉每位学生，但应当尽量熟悉学生姓名，要有学生的座次表。教师第一次上课时能叫出学生的名字，既可使学生产生亲切感、信赖感，密切师生关系，又有利于加强教学管理。美术教师要经常和班主任联系，向班主任了解学生情况和反映学生的进步，尽量减少“告状”。由于学生对美术的兴趣的差异与能力的不同，因此美术教师对不同的学生要平等对待，不要对某个学生表现出过分的偏爱。美术教师既要善于发现美术人才，也要善于发现不同学生的优点与可爱之处。要多参加各班学生的活动，在一起活动时，为打球的学生予以“加油”助威，对唱歌的学生予以称赞……美术教师的这些举动，很可能就成为这个学生学好美术的起点。

美术教师热爱学生应该是理智的，是与严格要求相结合的，对学生既要和蔼可亲又不可行动放纵。上课时既要稳重、严肃，又不能总是板着面孔，应该是课上是老师课下是朋友。当学生感到教师真诚的爱时，他们会像对待父母一样爱戴自己的老师。教师热爱学生的感情，是开启他们心扉的金钥匙，教师以其精湛的教学艺术和对学生的真诚的感情，定会感染许多学生喜爱美术，甚至走上从事美术工作之路。

14.3.3 具有良好的意志品质

由于教师工作周期性长、见效慢，美术教师任课班级多，接触学生面大，了解学生也会不深，教育对象且是受多方面影响的可变因素。因此，美术教师要有良好的意志品质，主要表现在两个方面：

（1）艺术上坚持不懈地自我追求

美术是技巧性很强的专业。美术教师应具备的熟练的表现技巧，并非一日之功所能达到的。因此，美术教师要坚持自身的专业修养，需要有顽强的毅力，要有吃苦坚持作业的奋斗精神和艺术上孜孜不倦地追求的顽强意志。这对学生是一种潜移默化的影响。正如陶行知所说："要想学生好学，必须先生好学。惟有学而不厌的先生才能教出学而不厌的学生。"①

（2）进行教育，教学工作要具有坚强意志

美术教学是长短目标相结合的工作。课堂教学是一节课即可看到效果，而美术小组培养人才则是坚持多年才能见效果的。因此，美术教师要经得住困难与挫折，要具有长期地为培养人才而努力的坚强意志。

美术教师一般是科任教师，在课堂教学中不可避免地会遇到顽童违反纪律的现象，对其教育往往是双方意志的较量。德国教育家第斯多惠说过，教学中维持纪律的能力……来源于教师的充沛的精力和意志的坚定性，一句话，在于教师的性格的力量。教师坚强意志的内在力量对顽童具有威慑力，这种坚强意志主要不是以暴怒、训斥体现，而是以教育态度的坚定性体现出来的。

对科任的美术教师来说，特别要注意情绪的自我控制，用意志控制自己的感情，遇到顽童捣乱或意外情况时，一定要冷静地运用机智及时应变。

任何一个有志于美术教育的美术教师，只要能够孜孜不倦地

---

① 陶行知：《陶行知文集》，98页，江苏人民出版社，1981。

加强自身修养，努力探索美术教育规律，全身心地投入学校美术教育工作，如同红烛般的无私奉献，定会取得学生的崇敬与热爱，一定会在美术教育事业上做出杰出的贡献和成就。

14.3.4 强化不懈学习、终身学习的意识和实践

只要回顾20世纪最后十年的变化，即可预见21世纪将是各方面飞速发展的时代。随着时代飞速发展的步伐，人类知识的更迭，教学设备的更新，现代教学技术的发展，教育观念的变化，艺术观念的变化等，使得教师用已经掌握的有限知识面对现在的美术教育已是落伍，更不胜任面向未来。要清醒地意识到教育者知识观念的落伍，将被时代和社会所淘汰，所以必须主动接受继续教育，不懈地努力学习，终身学习。

图14-2 北京市京源学校葛金胜老师设计美化的教学楼走廊之一角